中华译学倡导传字与

以中华为根 译与学并重

弘扬优秀文传 促进中外交流

拓展精神疆域 驱动思想创新

丁酉年冬月 许钧撰 罗新东书

"十四五"时期国家重点出版物出版专项规划项目

中华译学馆·中华翻译研究文库

许 钧◎总主编

# 中国文学译介与
# 传播模式研究

## 以英译现当代小说为中心

汪宝荣◎著

ZHEJIANG UNIVERSITY PRESS
浙江大学出版社

# 总　序

改革开放前后的一个时期,中国译界学人对翻译的思考大多基于对中国历史上出现的数次翻译高潮的考量与探讨。简言之,主要是对佛学译介、西学东渐与文学译介的主体、活动及结果的探索。

20 世纪 80 年代兴起的文化转向,让我们不断拓宽视野,对影响译介活动的诸要素及翻译之为有了更加深入的认识。考察一国以往翻译之活动,必与该国的文化语境、民族兴亡和社会发展等诸维度相联系。三十多年来,国内译学界对清末民初的西学东渐与"五四"前后的文学译介的研究已取得相当丰硕的成果。但进入 21 世纪以来,随着中国国力的增强,中国的影响力不断扩大,中西古今关系发生了变化,其态势从总体上看,可以说与"五四"前后的情形完全相反:中西古今关系之变化在一定意义上,可以说是根本性的变化。在民族复兴的语境中,新世纪的中西关系,出现了以"中国文化走向世界"诉求中的文化自觉与文化输出为特征的新态势;而古今之变,则在民族复兴的语境中对中华民族的五千年文化传统与精华有了新的认识,完全不同于"五四"前后与"旧世界"和文化传统的彻底决裂与革命。于是,就我们译学界而言,对翻译的思考语境发生了根本性的变化,我们对翻译思考的路径和维度也不可能不发生变化。

变化之一,涉及中西,便是由西学东渐转向中国文化"走出去",呈东学西传之趋势。变化之二,涉及古今,便是从与"旧世界"的根本决裂转向对中国传统文化、中华民族价值观的重新认识与发扬。这两个根本性的转变给译学界提出了新的大问题:翻译在此转变中应承担怎样的责任?翻译在此转变中如何定位?翻译研究者应持有怎样的翻译观念?以研究"外译中"翻译历史与活动为基础的中国译学研究是否要与时俱进,把目光投向"中译外"的活动?中国文化"走出去",中国要向世界展示的是什么样的"中国文化"?当中国一改"五四"前后的"革命"与"决裂"态势,将中国传统文化推向世界,在世界各地创建孔子学院、推广中国文化之时,"翻译什么"与"如何翻译"这双重之问也是我们译学界必须思考与回答的。

综观中华文化发展史,翻译发挥了不可忽视的作用,一如季羡林先生所言,"中华文化之所以能永葆青春","翻译之为用大矣哉"。翻译的社会价值、文化价值、语言价值、创造价值和历史价值在中国文化的形成与发展中表现尤为突出。从文化角度来考察翻译,我们可以看到,翻译活动在人类历史上一直存在,其形式与内涵在不断丰富,且与社会、经济、文化发展相联系,这种联系不是被动的联系,而是一种互动的关系、一种建构性的力量。因此,从这个意义上来说,翻译是推动世界文化发展的一种重大力量,我们应站在跨文化交流的高度对翻译活动进行思考,以维护文化多样性为目标来考察翻译活动的丰富性、复杂性与创造性。

基于这样的认识，也基于对翻译的重新定位和思考，浙江大学于 2018 年正式设立了"浙江大学中华译学馆"，旨在"传承文化之脉，发挥翻译之用，促进中外交流，拓展思想疆域，驱动思想创新"。中华译学馆的任务主要体现在三个层面：在译的层面，推出包括文学、历史、哲学、社会科学的系列译丛，"译入"与"译出"互动，积极参与国家战略性的出版工程；在学的层面，就翻译活动所涉及的重大问题展开思考与探索，出版系列翻译研究丛书，举办翻译学术会议；在中外文化交流层面，举办具有社会影响力的翻译家论坛，思想家、作家与翻译家对话等，以翻译与文学为核心开展系列活动。正是在这样的发展思路下，我们与浙江大学出版社合作，集合全国译学界的力量，推出具有学术性与开拓性的"中华翻译研究文库"。

积累与创新是学问之道，也将是本文库坚持的发展路径。本文库为开放性文库，不拘形式，以思想性与学术性为其衡量标准。我们对专著和论文（集）的遴选原则主要有四：一是研究的独创性，要有新意和价值，对整体翻译研究或翻译研究的某个领域有深入的思考，有自己的学术洞见；二是研究的系统性，围绕某一研究话题或领域，有强烈的问题意识、合理的研究方法、有说服力的研究结论以及较大的后续研究空间；三是研究的社会性，鼓励密切关注社会现实的选题与研究，如中国文学与文化"走出去"研究、语言服务行业与译者的职业发展研究、中国典籍对外译介与影响研究、翻译教育改革研究等；四是研究的（跨）学科性，鼓励深入系统地探索翻译学领域的任一分支领域,如元翻译理论研究、翻译史研究、翻译批评研究、翻译教学研究、翻译技术研究等,同时鼓励从跨学科视角探索翻译的规律与奥秘。

青年学者是学科发展的希望,我们特别欢迎青年翻译学者向本文库积极投稿,我们将及时遴选有价值的著作予以出版,集中展现青年学者的学术面貌。在青年学者和资深学者的共同支持下,我们有信心把"中华翻译研究文库"打造成翻译研究领域的精品丛书。

许 钧

2018 年春

# 目　录

# 绪　论

　　跨入 21 世纪,增强"文化软实力"被确立为国家战略。而要推动中国文学文化"走出去",翻译是必经之途。顺应这一时代要求,中国文学译介与传播研究趋热,莫言获诺奖后更是吸引了大批研究者,成果相当丰硕。综观研究现状,国内学者对译介与传播的主体("谁来译")、策略("怎么译")、内容("译什么")、出版与传播渠道、目标受众、传播效果及困境与出路等重要问题进行了思考和探究,尤其关注普遍认为收效不理想的国家机构文学外译,同时探讨了国外机构译介中国文学的相对优势。另外,国内学界日益重视中国文学译介与传播模式研究,其关注点呈现出从译介端到出版发行与传播接受端、从考量单一模式(如译者模式、翻译策略模式)到尝试构建综合模式的发展趋势。学者们最初重点探讨哪一种译者模式最有效,包括"西方汉学家模式""华裔译者模式""中国本土译者模式""中西合译模式"等,但译者模式主要关涉"谁来译""怎么译""译什么",一般不涉及项目发起、翻译生产、出版发行、传播接受等过程性行为。近年来,一些学者开始关注中国文学译介与传播项目实施过程,初步探讨了项目发起人或机构、翻译与编辑方式、出版发行模式及其对译作传播与接受的影响。学界已经认识到中国文学译介与传播是一个依靠网络运作的系统工程,其效果不光取决于译者模式、翻译策略或译本质量。

　　当前国内的中国文学译介与传播研究尚有待加强和改进。许钧指出,目前本领域"研究的方法比较单一,很多个案研究出现了程式化的重复现象,缺乏理论思考的深度。同时,具体作家作品译介的分析缺乏对整个译介环境与整体状况的把握,分析的结果往往见树不见林,少见具有普遍参照价值的探索与思考,得出的结论也可能失之片面"①。鉴于布迪厄(P. Bourdieu)和拉图尔(B. Latour)等人的社会学理论适用于分析译介与传播过程及结果,本书从社会翻译学理论视角,以鲁迅、莫言、余华小说英译为个案,尝试考察五种重要译介与传播模式的运作机制,并讨论其对中国文学"走出去"的启示意义。

本书以中国现当代小说英译与传播为考察中心,聚焦于鲁迅、莫言、余华作品,基于以下理由和考虑:

(1)小说是最受西方读者欢迎的文类。2010 年哈里斯民意调查(Harris Poll)结果显示,79%有阅读习惯的成年美国人选择读小说②。金介甫(J. C. Kinkley)指出,20 世纪 80 年代中期,"中国当代小说和根据小说改编的中国电影引起国际受众的兴趣……长篇小说符合欧美读者的口味,因此开始流行起来"③。

(2)英语世界是中国文学"走出去"无可争议的首要目的地。以英美为中心的英语世界一直是中国文学译介与传播主力之一,且随着英语在第二次世界大战后跃升为全球"超级中心语言",纽约、伦敦成为世界文学中心,中国文学被英语世界认可成了被世界文学场域认可的准入路径。因此,要考察中国文学在国外的译介与传播,英语世界是首选。

(3)以鲁迅、莫言、余华作品及其英译为个案具有样本代表性。鲁迅、莫言、余华不仅是中国现当代小说作家群体的杰出代表,而且在同时代作家中,他们的小说被研究和翻译得最多、最活跃,在英语世界的传播影响

---

① 许钧. 试论中国文学外译研究的理论思考与探索路径——兼评《中国现代文学在法国的译介与接受》. 中国比较文学, 2018(1):109-110.

② Anon. Stephen King is America's favorite author. (2010-10-07)[2019-02-22]. https://theharrispoll. com/the-choices-are-endless-fiction-or-non-fiction-then-maybe-science-fiction-a-thriller-or-a-chick-lit-book-finally-which-author-a-recent-harris-poll-showed-that-americans-are-reading-but-what-ar/.

③ Kinkley, J. C. A bibliographic survey of publications on Chinese literature in translation from 1949 to 1999. In Chi, P.-Y. & Wang, D. D.-W. (eds.). *Chinese Literature in the Second Half of a Modern Century:A Critical Survey*. Bloomington & Indianapolis:Indiana University Press,2000:247.

力也最大。因此，这些作家作品在英语世界的译介与传播具有典范意义，是个案研究的首选。此外，选择这些严肃作家的小说，也出于笔者对关注和批判社会现实作品的偏爱。

近年来，国内社会翻译学发展较快，成果颇丰，但引介国外成果较多，创造性应用西方理论偏少，尤其缺乏结合中国翻译实践的原创性研究和理论建构。随着中国文学译介与传播研究趋热，基于社会翻译学视角的个案研究渐增，但系统性成果尚付阙如。今后亟须在以下几方面取得突破：提高研究的原创性、探究性和反思性；整合运用两种或以上社会学理论，基于扎实的个案研究对其做出修正；加强基于第一手材料的实证研究，大胆提出假设，检验理论框架的有效性和适用性，进而构建适合中国翻译实践的理论模式。

综上，中国文学译介与传播模式研究有以下需要拓展深入的空间：

其一，整合西方社会学理论，建构适用于中国文学外译实践的理论模式，以之考察中国文学译介与传播模式的运作机制及过程。

其二，基于"由谁发起＋由谁出版"这个基本运作机制，析出几种常用且行之有效的中国文学译介与传播模式，结合个案研究对它们的运作机制及效果进行考察分析，就传播影响力做出比较，进而讨论哪种模式最有效。

其三，基于精英读者书评、销量馆藏、选集收录、文献引用、上榜获奖等传播影响力衡量指标，考察中国作家作品在西方的传播与接受。从译介与传播模式运作机制的角度，分析该个案成功或不成功的动因，进而讨论该模式对推动中国文学"走出去"的作用。

以上正是本书的研究重点，与之对应的是若干核心研究问题：

(1)建构一个分析译作生产与传播过程的网络模式需借用哪些社会学理论？如何将它们有机整合？项目发起、翻译生产、译作传播过程涉及哪些行动者？各个行动者网络是如何建构、运作的？

(2)假定英语世界的文化生产场域中有一个"中国现当代小说翻译场域"，其结构、运作机制及方式是怎样的？

(3)鉴于社会翻译学视角主要适用于分析语境和功能，文本及翻译策略分析该如何进行？

(4)基于"由谁发起＋由谁出版"机制,可以析出几种常用且有效的中国文学译介与传播模式？其运作机制、方式及效果如何？哪种模式的传播影响力最大？

(5)从译介与传播模式的运作机制看,哪些因素影响中国文学在西方的传播影响力和被认可度？哪些因素制约中国现当代小说在英语世界的传播与接受？本研究对中国文学更有效地"走出去"有何启示？

本书主体由八章构成。前三章阐明本课题研究的背景、采用的理论框架、研究方法及分析模式;后五章是基于个案分析的译介与传播模式专题研究。

第一章述评国内外社会翻译学研究和21世纪以来中国文学译介与传播研究现状及发展动态,旨在厘清本课题研究的背景及进一步研究的空间。

第二章概述三类理论工具,其中对社会学理论和社会翻译学理论模式的梳理介绍较详。

第三章界定本书涉及的几个核心关键词,说明采用的研究路径和方法,析出七种中国现当代小说译介与传播模式,构建一个分析中国文学译介与传播过程的网络模式。

第四章以王际真翻译、美国哥伦比亚大学(哥大)出版社出版的《鲁迅小说选集》为个案,分析华裔学者发起并翻译、西方学术出版社出版模式的运作机制,考量其利弊得失,探讨对中国文学译介与传播的当下意义。

第五章以鲁迅小说杨宪益、戴乃迭译本为个案,分析国家外宣机构发起并资助、外文出版社出版模式的运作机制,考量其利弊得失,探讨对中国文学译介与传播的当下意义。

第六章以美国学者莱尔(W. A. Lyell)翻译、美国夏威夷大学(夏大)出版社出版的鲁迅小说全集为个案,分析汉学家发起并翻译、西方学术出版社出版模式的运作机制,考量其利弊得失,探讨对中国文学译介与传播的当下意义。

第七章以美国汉学家葛浩文(H. Goldblatt)翻译、美国维京企鹅图书公司（Viking Penguin）出版的莫言《红高粱家族》为考察中心，兼及由葛浩文翻译、美国拱廊出版公司（Arcade Publishing）出版的莫言《酒国》，旨在分析汉学家发起并翻译、西方商业出版社出版模式的运作机制，考量其利弊得失，探讨对中国文学译介与传播的当下意义。

第八章以英籍学者白亚仁（A．H．Barr）翻译、美国兰登书屋（Random House）出版的余华小说《第七天》为考察中心，旨在分析中国作家发起、西方商业出版社出版模式，考量其利弊得失，探讨对中国文学译介与传播的当下意义。

"结论"归纳主要结果和结论，集中探讨对中国文学"走出去"的启示意义，指出本课题研究有待拓展深入的空间。

# 第一章　国内外相关研究述评

要考察中国文学译介与传播模式及其运作机制,可从不同理论视角切入,包括翻译学、传播学、译介学、跨文化交流理论等。本书将主要在社会翻译学视阈下展开研究。鉴于此,本章将述评国内外社会翻译学和中国文学译介与传播研究现状,以廓清本课题研究背景,确定有待拓展深入的研究空间。

## 第一节　国外社会翻译学研究现状

早在 1972 年,霍尔姆斯(J. Holmes)就提出"社会翻译学"构想:"关注功能的描述性翻译学感兴趣的不是描述译作本身,而是描述译作在目标社会文化环境中的功能,即研究的是语境,不是文本。……如果我们更注重翻译的功能和语境,将会发展出一个可称作翻译社会学(translation sociology)或社会翻译学(socio-translation studies)的研究领域。"①这一构想在当时未能引起足够关注,直到 20 年后才得到有关学者的响应。勒菲弗尔(A. Lefevere)基于系统论考察赞助人对翻译选材和翻译规范确立的影响②,表明描述性翻译研究学者开始"更多关注翻译的

---

① Holmes, J. S. *Translated ! Papers on Literary Translation and Translation Studies*. Amsterdam: Rodopi, 1988: 72.

② Lefevere, A. *Translation, Rewriting, and the Manipulation of Literary Fame*. London & New York: Routledge, 1992.

社会学问题"①。图里（G. Toury）在《描述性翻译学及其他》中也试图把描述性翻译学引向社会学研究的路径②。

社会翻译学兴起虽仅 20 余年，但发展迅猛。西方学者从 20 世纪 90 年代末开始系统建构社会翻译学，目前已形成描述性社会翻译学、文化产品社会翻译学、基于行动者网络理论的社会翻译学"三足鼎立"的学科格局。这三个研究立场"既有交叉，又各自独立"③。迄今，本学科主要应用了三大社会学理论：布迪厄的建构主义社会学理论，包括社会实践论（又称"场域理论"）、文化生产场域理论、出版社会学理论等；拉图尔、卡隆（M. Callon）、劳（J. Law）等人的行动者网络理论（actor-network theory，简称为 ANT）；卢曼（N. Luhmann）的社会系统论（social systems theory）。布迪厄理论的应用最广泛，ANT 和卢曼理论的应用尚不充分④。描述性社会翻译学和文化产品社会翻译学发展较成熟，基于 ANT 的社会翻译学相对滞后⑤。本节重点述评国外社会翻译学的核心研究领域。

近 20 年来，西方学者围绕四个核心领域展开了卓有成效的研究：翻译职业、翻译机构、翻译产品的国际流通与传播、社会学与翻译学的关系，分别对应当代社会学的四个分支，即职场或职业社会学、组织机构社会

---

① Chesterman，A. Questions in the sociology of translation. In Duarte，J. F.，Rosa，A. A. & Seruya，T.（eds.）. *Translation Studies at the Interface of Disciplines*. Amsterdam：John Benjamins，2006：12.

② Toury，G. *Descriptive Translation Studies and Beyond*. Amsterdam：John Benjamins，1995.

③ Buzelin，H. Sociology and translation studies. In Millán，C. & Bartrina，F.（eds.）. *The Routledge Handbook of Translation Studies*. London & New York：Routledge，2013：186，195.

④ Inghilleri，M. Sociological approaches. In Baker，M. & Saldanha，G.（eds.）. *Routledge Encyclopedia of Translation Studies*. London & New York：Routledge，2009：279-282.

⑤ Buzelin，H. Sociology and translation studies. In Millán，C. & Bartrina，F.（eds.）. *The Routledge Handbook of Translation Studies*. London & New York：Routledge，2013：195-196.

学、文学或文化社会学、科学社会学①。以下述评与本课题密切相关的三个研究领域。

## 一、翻译职业

西方学者着重探讨了翻译职业的社会经济地位与职业译者的相对自治或能动性,涉及以下具体问题:翻译是一种使命(vocation)、职业(profession)还是行业(occupation)? 翻译职业何时、以何种方式被认可? 翻译从业者如何自发组建行业协会? 社会个体如何获得翻译能力并成为职业译者? 职业译者身上是否有一种西梅奥尼(D. Simeoni)所称的"译者惯习"②? 有关学者基于西梅奥尼提出的假说,开展了实证研究:塞拉-谢菲(R. Sela-Sheffy)的个案分析对西梅奥尼的"译者顺从"假说提出了质疑③;比泽兰(H. Buzelin)通过对经典英语教科书《营销管理》(*Marketing Management*)四种法译本的文本分析发现,一位职业译者规规矩矩地翻译该书,对原文没有释义、删减或增译,一位营销学学者也严格按该书结构和顺序翻译,从而证实了"译者顺从"假说④;梅拉埃兹(R. Meylaerts)讨论了多语种社会中存在的社会语言冲突如何影响译者惯习形成及译者自我形象建构⑤;查尔斯顿(D. Charlston)基于个案研究指出,某些译本细节体现了一种试图在目标文化场域中寻求荣耀的"译者姿

---

① Buzelin,H. Sociology and translation studies. In Millán,C. & Bartrina,F. (eds.). *The Routledge Handbook of Translation Studies*. London & New York: Routledge,2013:191-194.

② Simeoni,D. The pivotal status of the translator's habitus. *Target*,1998,10(1): 1-39.

③ Sela-Sheffy,R. How to be a (recognized) translator:Rethinking habitus, norms,and the field of translation. *Target*,2005,17(1):1-26;Sela-Sheffy,R. The translators' personae:Marketing translatorial images as pursuit of capital. *Meta:Translators' Journal*,2008,53(3):609-622.

④ Buzelin,H. How devoted can translators be? Revisiting the subservience hypothesis. *Target*,2014,26(1):86-87.

⑤ Meylaerts,R. Habitus and self-image of native literary author-translators in diglossic societies. *Translation and Interpreting Studies*,2010,5(1):1-19.

态"(translatorial *hexis*)①，对"译者顺从"假说进一步提出质疑②。卡坦
(D. Katan)对25个国家和地区1000名译者的问卷调查结果显示，被调
查者普遍反映翻译是报酬偏低的"护理职业"，区别仅在于译者"护理"的
是文本；被调查者都意识到翻译职业自治程度较低，但对本职业都颇为满
意，甚至相当满意③。卡坦的调查结果进一步显示，被调查者不仅对本职
业颇为满意，有的还紧贴原文翻译，这种"自愿的顺从"似乎是译者世界的
共性；被调查者强烈意识到翻译职业缺乏社会认可，地位较低，但他们很
少提及或明显意识到职业自治问题，也几乎不提翻译质量控制、翻译的社
会功用、从事职业翻译是否需要理论知识或职业认证等问题，这说明"目
前翻译理论与实践脱节，翻译仍是一种行业，而不是一个发展成熟的职
业"④。卡菲(M. Kafi)等对伊朗的翻译从业者做了深度访谈，结果显示，
当前伊朗在职业管理、专业译员培养、社会环境和财务状况等方面问题重
重，对翻译成为一种职业构成了多重挑战⑤。论文集《翻译职业中的身份
和地位》重点关注译者的社会背景和自我意识，以及译者如何为提高职业
地位而斗争⑥。论文集《重绘惯习概念在翻译研究中的位置》对布迪厄核
心概念"惯习"的长处和局限性进行了重估反思，对其概念内涵和在翻译
研究中的应用范围进行了开拓深化⑦。

---

① Charlston，D. Textual embodiments of Bourdieusian *hexis*：J. B. Baillie's translation of Hegel's *Phenomenology*. *The Translator*，2013，19(1)：51-80.

② 参见：汪宝荣. 寻求文化荣耀的译者姿态——《浮生六记》林译本文化翻译策略新解. 外语学刊，2017(6)：116-121.

③ Katan，D. Translation theory and professional practice：A global survey of the great divide. *Hermes*，2009(42)：149.

④ Katan，D. Occupation or profession：A survey of the translators' world. *Translation and Interpreting Studies*，2009，4(2)：206.

⑤ Kafi，M.，Khoshsaligheh，M. & Hashemi，M. R. Translation profession in Iran：Current challenges and future prospects. *The Translator*，2018，24(1)：89-103.

⑥ Sela-Sheffy，R. & Shlesinger，M.（eds.）. *Identity and Status in the Translational Professions*. Amsterdam & Philadelphia：John Benjamins，2011.

⑦ Vorderobermeier，G. M.（ed.）. *Remapping Habitus in Translation Studies*. Amsterdam & New York：Brill & Rodopi，2014. 参见：汪宝荣.《重绘惯习概念在翻译研究中的位置》评介. 天津外国语大学学报，2017(1)：75-79.

## 二、翻译机构

加拿大学者莫索普(B. Mossop)率先提出"翻译机构"概念,指从事或涉及翻译业务的公司、政府机构、报社、教会、法庭、出版社等①。最近,芬兰学者科斯基宁(K. Koskinen)又提出"机构翻译"概念,指出"作为监管组织系统的机构的核心功能是管治,因此这些机构在多语种环境中能够且往往设法使翻译发挥其管治功能,即通过翻译进行管治"②。目前涉足该领域的西方学者重点研究翻译机构及其工作环境如何影响翻译实践、翻译质量及译者的能动性,以及翻译机构如何制订内部翻译操作规范等问题。翻译机构研究一般采用田野调查法之一的参与观察法③。因吉莱里(M. Inghilleri)对在美国移民法庭为政治避难申请人提供口译服务的译员做了研究,发现因资历、经验及对口译语境的认识不同,这些译员会采取不同的翻译规范,有的仅为听证会上语言交流的"通道",有的则成了避难申请人的临时"辩护律师"④。莫索普考察了加拿大政府翻译局内部翻译规范的历史变迁,指出 1995 年前该局主要为社会政治目的而翻译,1996—2005 年则偏重就业和创收;当翻译不再被视为一种社会文化活动,而是以营利为目的,就会出现翻译质量滑坡、译文粗制滥造等问题⑤。比泽兰对加拿大蒙特利尔市三家独立出版社的调查研究表明,由于出版商、经纪人、译者、校订人和赞助人追求的目标各异,他们经过反复协商与交流才确定了编辑方针和译本风格,因此做翻译项目能让他们重新确立或

---

① Mossop,B. Translating institutions and "idiomatic" translation. *Meta*:*Translators' Journal*,1990,35(2):342-355.

② Koskinen,K. Institutional translation:The art of government by translation. *Perspectives*:*Studies in Translatology*,2014,22(4):479-492.

③ Buzelin,H. Sociology and translation studies. In Millán,C. & Bartrina,F. (eds.). *The Routledge Handbook of Translation Studies*. London & New York:Routledge,2013:191.

④ Inghilleri,M. Habitus,field and discourse:Interpreting as a socially situated activity. *Target*,2003,15(2):243-268.

⑤ Mossop,B. From culture to business:Federal government translation in Canada. *The Translator*,2006,12(1):1-27.

颠覆相互间的权力关系。基于这项个案研究，比泽兰强调指出，翻译研究者应加强对出版商采取的翻译出版营销策略(如如何进行出版选题、节约时间和成本、扩大销路)的研究①。

科斯基宁调查了欧盟委员会芬兰语翻译组的日常工作规程及翻译过程，发现欧盟译者的"象征地位"很高，但其经济地位并不高，且欧盟采用的集体翻译模式使译本发出一种反映机构利益和立场、使译者个性丧失的"机构之声"②。科斯基宁对在欧盟赫尔辛基办事处工作的几位芬兰语译者的调查结果进一步显示，"即便在单一机构环境中，译者所处的机构空间和物理空间也会极大改变其自身感受到的地位和工作动机"③。阿卜杜拉(K. Abdallah)对芬兰国内翻译机构和译者的调查结果表明，作为特殊工作环境的翻译生产网络是一个缺乏社会资本的经济结构，对翻译质量和译者能动性产生了负面影响④。达姆和赛特森(H. V. Dam & K. K. Zethsen)用问卷调查和统计分析的方式，对比研究了63位在欧盟工作的丹麦译员和113位在本国工作的丹麦译员对自身职业地位的主观感受，目的是验证其工作假设，即在欧盟工作的丹麦译员比在国内工作的丹麦译员享有更高的职业地位，但研究结论显示：前者不比后者享有更高的职业地位和威望。作者最后指出，翻译职业地位较低是这一职业本身固有的⑤。

---

① Buzelin，H. Independent publisher in the networks of translation. *TTR*：*Traduction*，*Terminologie*，*Rédaction*，2006，19(1)：135-173.

② Koskinen，K. *Translating Institutions*：*An Ethnographic Study of EU Translation*. Manchester：St. Jerome，2008.

③ Koskinen，K. Going localised—Getting recognised. The interplay of the institutional and the experienced status of translators in the European Commission. *Hermes*，2009(42)：93.

④ Abdallah，K. Translators' agency in production networks. In Kinnunen，T. & Koskinen，K.（eds.）. *Translator's Agency*. Tampere：Tampere University Press，2010：11-46.

⑤ Dam，H. V. & Zethsen，K. K. Translators in international organizations：A special breed of high-status professionals? Danish EU translators as a case in point. *Translation and Interpreting Studies*，2012，7(2)：212-233.

### 三、翻译产品国际流通与传播

该领域主要研究翻译图书跨国传播及其参与国际文学文化交流的进程。目前该领域的研究相当活跃,成果丰硕,但存在以下不足:偏重翻译图书产业,忽视口译、机构翻译等翻译实践;过分强调影响国际文学文化交流的政治经济因素,基本上不承认翻译的相对自治①。根据布迪厄的文化生产场域理论,文学、绘画、戏剧、电影等是人类生产、传播和消费的"文化产品"或"符号产品",文化生产场域在权力场域内处于"被统治的位置",但又"相对自治";其运作法则与经济场域恰好相反,即出版商、评论家、作家、译者等文化生产者一般会"集体拒绝商业利益和利润",因此文化产品的生产及传播(包括翻译)主要用于"积累符号资本"②。本领域研究还重点借用了布迪厄的场域理论、埃文-佐哈尔(I. Even-Zohar)的多元系统论、沃勒斯坦(I. Wallerstein)的世界系统经济理论③、德·斯旺(A. de Swaan)的"全球语言系统"概念④等。

该领域代表性研究有:

古安维克(J.-M. Gouanvic)考察了美国科幻小说在20世纪50年代如何突然"降落"在法国文学场域,发现科幻小说这种新文类通过翻译输入法国后,不只是科幻书,就连整个"制度结构"(包括美国的专业性杂志和图书系列及亚文化模式)都被输入、移植到了法国,最终在法国形成一

---

① Buzelin, H. Sociology and translation studies. In Millán, C. & Bartrina, F. (eds.). *The Routledge Handbook of Translation Studies*. London & New York: Routledge, 2013: 195.

② Bourdieu, P. *The Field of Cultural Production*. New York: Columbia University Press, 1993: 37-38, 75.

③ Wallerstein, I. *Geopolitics and Geoculture: Essays on the Changing World-System*. Cambridge: Cambridge University Press, 1991.

④ de Swaan, A. The emergent world language system: An introduction. *International Political Science Review*, 1993, 14(3): 219-226.

个自治的科幻小说场域①。

海尔布伦(J. Heilbron)比较了 20 世纪 80 年代以来翻译图书在法国、荷兰图书市场的双向流动,发现译自法语的图书在荷兰市场占比有所减少,而从荷兰语译入的图书在法国市场占比渐增,指出要解释这种国际翻译图书不均匀流动现象,还需考量翻译图书出版涉及的地理政治和地理文化维度②。凡·艾斯(N. Van Es)和海尔布伦指出,由于全球范围内译作一般都从中心语言流向边缘语言,目前缺乏对译作从边缘语言流向中心语言的研究。他们考察了荷兰文学作品如何经由翻译在英美得以出版和传播,提出用边缘语言写作的作家进入英美文学场域需要运作一套"清障机制":首先在本国文学场域获得经济、符号资本,然后被地区性国际文化中心(如法国、德国)翻译和认可,最后在英美文学场域拥有符号资本的行动者(出版商、文学经纪人、编辑、译者、评论人等)参与翻译出版过程,方能促成边缘语言作家作品获得英美文学场域的认可③。

萨皮罗(G. Sapiro)运用布迪厄的文化生产场域理论,比较了美国和法国的文学翻译市场,发现一方面大规模翻译生产被英语控制,另一方面两国均以支持"文化多样性"为由,通过翻译其他语种文学这种小规模生产"形成了一种抵抗策略"④。萨皮罗对 1990—2003 年在美国翻译出版的法国文学作品书目进行了定量分析,发现法国文学在美国文学场域获得的符号资本来自对法语经典和现当代作品的翻译。通过分析美国出版场

---

① Gouanvic, J.-M. Translation and the shape of things to come: The emergence of American science fiction in post-war France. *The Translator*, 1997, 3(2): 125-152.

② Heilbron, J. Responding to globalization: The development of book translations in France and the Netherlands. In Pym, A., Shlesinger, M. & Simeoni, D. (eds.). *Beyond Descriptive Translation Studies*. Amsterdam & Philadelphia: John Benjamins, 2008: 187-197.

③ Van Es, N. & Heilbron, J. Fiction from the periphery: How Dutch writers enter the field of English-language literature. *Cultural Sociology*, 2015, 9(3): 296-319.

④ Sapiro, G. Globalization and cultural diversity in the book market: The case of literary translations in the US and in France. *Poetics*, 2010, 38(4): 419-439.

域的结构,萨皮罗发现法国文学处于美国小规模翻译生产的一极,从而解释了法国文学在美国越来越"隐形"的现实①。萨皮罗还以享有国际声誉的法国伽利玛出版社(Éditions Gallimard)为考察中心,分析了20世纪法国为输入外国文学作品而采取的译介出版策略,从而积极实践了其提出的注重出版商及出版策略研究的提议②。

沃克(L. Walker)运用布迪厄场域理论和拉图尔等人的行动者网络理论,考察了1955—1977年34部日本现当代文学作品经由美国克诺夫出版集团(Alfred A. Knopf, Inc.)的系统推介和出版进入英语世界的历史轨迹,具体分析了出版商就翻译选目采取的策略和标准、译介传播过程涉及的相关行动者及其构建的网络、译作的市场营销和推介、译作在英语世界的接受情况及对日本文学在英语国家形象的影响等。沃克指出,布迪厄的"场域"和"资本"概念与行动者网络理论"跟随行动者"的思想构成互补关系。其研究结果表明,总体上克诺夫出版的这些译作在日本的流通量比在英语市场的大,而且有些英译本在转译成其他欧洲语言(如法语)后更加有利可图;在出版硬装本后,克诺夫又推出平装本进行长线销售,因此今天不少书在市面上仍可买到;这些书出版时主要面向一般读者,后来则用作美国大学教学研究用的资料,推动了当时萌芽中的日本研究和比较文学③。

综上,近20多年来,西方学者运用相关社会学理论和研究方法,卓有成效地研究了以下论题:译者惯习及能动性、译者姿态、翻译场域结构及

---

① Sapiro, G. Translation and symbolic capital in the era of globalization: French literature in the United States. *Cultural Sociology*, 2015, 9(3): 320-346.

② Sapiro, G. Strategies of importation of Foreign literature in France in the twentieth century: The case of Gallimard, or the making of an international publisher. In Helgesson, S. & Vermeulen, P. (eds.). *Institutions of World Literature: Writing, Translation, Markets*. New York: Routledge, 2016: 143-159.

③ Walker, L. Unbinding the Japanese novel in English translation: The Alfred A. Knopf program, 1955—1977. Helsinki: University of Helsinki (Doctoral Dissertation), 2015; Walker, L. Reshaping the Japanese novel in English translation: The Alfred A. Knopf, Inc. program, 1955. *Archiv Orientální*, 2014, 82(3): 565-580.

运作机制、国际翻译图书系统的结构及运作机制、出版策略及出版机制运作模式、行动者网络的构建运作与翻译生产与传播的过程、翻译职业与翻译机构、翻译产品国际流通传播与国际文学文化交流、世界文学场域等级结构与翻译的不对称流动、翻译从边缘语言流向中心语言的运作机制，等等。其中一些重要概念、假说可用作进一步检验的理论或分析模式，如西梅奥尼的"译者惯习"假说、查尔斯顿的"译者姿态"理论，有的本身就是可借用的分析模式，如海尔布伦的分析模式等。

## 第二节　国内社会翻译学研究现状

### 一、首部专题论文集

国内社会翻译学研究起步略晚于西方，目前正处于寻求稳步发展和扩大影响的关键期。杨柳借用布迪厄的文化生产场域理论，讨论了中国翻译学学科如何建构话语权力[①]；傅敬民借用布迪厄的文化资本理论，分析了《圣经》汉译[②]。这两篇文章属于较早期的成果。近年来，越来越多的国内学者涉足本领域，发表了不少高质量研究成果，且连续推出了四个专栏[③]，扩大了本领域的学术影响。同时，我们注意到以下现状：对西方相关理论和研究成果的引进、吸收存在不足，不少译介或综述文章不够全面准确；活跃并专注于本领域的研究者尚有限；引介国外成果较多，创造性应用西方理论偏少，缺乏结合中国翻译实践的原创性研究和理论模式建构。在西方，社会翻译学已被认可为翻译学的一门子学科[④]，而国内学者仍在

---

① 杨柳. 文化资本与翻译的话语权力. 中国翻译，2003(2)：8-10.
② 傅敬民.《圣经》汉译与文化资本. 上海大学学报（社会科学版），2005(3)：99-106.
③ 参见：《天津外国语大学学报》2017 年第 4 期、《外国语文研究》2018 年第 3 期、《上海翻译》2019 年第 2 期、《解放军外国语学院学报》2020 年第 2 期。
④ 张汨，沃尔夫. 翻译研究中的"社会学转向"——米凯拉·沃尔夫教授访谈及启示. 东方翻译，2017(6)：48.

讨论其学科名称该是"社会翻译学"还是"翻译社会学",欠发达的现状由此可见一斑。

王洪涛主编的论文集汇集了截至 2016 年国内的代表性成果①,集中反映了本领域研究现状。该书上篇"社会翻译学的基础理论"收入的论文多为对西方社会学理论及社会翻译学研究成果的译介或综述,往往融入作者的独立思考,如胡牧援引赫尔曼斯(T. Hermans)在《系统中的翻译》一书中对描述性翻译研究不足之处的批评性反思,较早探讨了社会学视角翻译研究的因由和依据、指导性原则及具体研究方法和内容,指出布迪厄的场域理论和卢曼的社会系统论能为翻译研究带来新的视角和分析工具,"我们力图建立的社会翻译学,重心在翻译学,而不是社会学"②;武光军介绍了布迪厄的社会实践论、卢曼的社会系统论、拉图尔等人的行动者网络理论的基本特征及核心概念工具,述评了它们在翻译社会学研究中的进展,指出"翻译社会学研究要保持其范式的生命力,在未来还需在两个方向上发展:适度的本体回归与解释力的深化"③;唐芳译介了以色列学者塞拉-谢菲的研究成果,尤其是她对译者策略多样性、翻译场域动态建构性及译者行为模式独特性的论析④;王运鸿重点述评了近 20 年来国际上描述性翻译研究的发展和嬗变,指出其研究对象与范围已大大拓宽,即"从单一的目标语取向到多维的社会学视角,从单纯关注外在的规范研究转向内外结合的惯习与规范、个体与社会的双向研究"⑤;王洪涛认为,"社会翻译学"从社会学角度探索翻译现象,属于翻译学范畴,而"翻译社会学"侧重从翻译学角度探索社会现象,属于社会学范畴,因此"社会翻译学"这个称谓更合适⑥。

———————————

① 王洪涛. 社会翻译学研究:理论、视角与方法. 天津:南开大学出版社,2017.
② 胡牧. 翻译研究:一个社会学视角. 外语与外语教学,2006(9):48-51,55.
③ 武光军. 翻译社会学研究的现状与问题. 外国语,2008(1):75-82.
④ 唐芳. 翻译社会研究新发展——Sela-Sheffy 的惯习观探索. 外语研究,2012(5):82-86,91.
⑤ 王运鸿. 描写翻译研究之后. 中国翻译,2014(3):17-24.
⑥ 王洪涛. 建构"社会翻译学":名与实的辨析. 中国翻译,2011(1):14-18.

此外，未收入该论文集的重要译介综述类论文有：黄德先介绍了行动者网络理论，指出"翻译不是由译者一个人单独完成的，而是诸多行动者（包括人和物）相互连接构成一个行动者网络，动员网络中各行动者来完成翻译任务"①，该理论为翻译研究提供了一个全新视角；邢杰介绍了布迪厄的"惯习"概念（文中译作"思维习惯"）和西梅奥尼的"译者惯习"假说，指出两者可以补充描述性翻译研究侧重规范的解释框架，"翻译行为的诱因可能并不仅仅在于外部因素的干预，也可能源自主体自发的行为"②；李红满译介了 20 世纪 90 年代末以来西方学者在本书所称"描述性社会翻译学"这个分支领域的主要研究进展③，还评介了重要专题论文集《建构翻译社会学》④，敏锐地指出 90 年代末以来西方社会翻译学"顺应急剧变化的社会现实，不断地充实和完善自身的理论建构，逐渐走向了现代形态，趋向成熟"，但其研究方法论尚不够系统，因此其理论建构仍需加强，而国内的社会翻译学研究还"比较薄弱，不够系统深入，仍然有大量的研究工作需要做"⑤；王悦晨、邵璐均对布迪厄的场域理论及其核心概念进行了细致的解释，并讨论了该理论对翻译研究的适用性⑥；宋安妮（收入王洪涛所编论文集）、覃江华、王军平译介、述评了卢曼的社会系统论及其在翻译研究中的应用⑦。或许由于卢曼的理论较为艰深难懂，国内学者对其译介及

① 黄德先. 翻译的网络化存在. 上海翻译，2006(4)：6-11.
② 邢杰. 译者"思维习惯"——描述翻译学研究新视角. 中国翻译，2007(5)：10-15.
③ 李红满. 布迪厄与翻译社会学的理论建构. 中国翻译，2007(5)：6-9.
④ Wolf, M. & Fukari, A. (eds.). *Constructing a Sociology of Translation*. Amsterdam：John Benjamins，2007.
⑤ 李红满. 探索翻译研究的社会学途径——评介 Michaela Wolf 与 Alexandra Fukari 的《建构翻译社会学》. 中国翻译，2008(6)：30-33.
⑥ 王悦晨. 从社会学角度看翻译现象：布迪厄社会学理论关键词解读. 中国翻译，2011(1)：5-13；邵璐. 翻译社会学的迷思——布迪厄场域理论释解. 暨南学报（哲学社会科学版），2011(3)：124-130.
⑦ 宋安妮. 卢曼的社会系统理论与翻译研究探析. 外国语文，2014(3)：132-134；覃江华. 西方翻译社会学研究的最新进展——《翻译与社会导论》述介. 上海翻译，2015(1)：89-94；王军平. 作为社会系统的翻译——《卢曼社会学理论在翻译研究中的应用》评介. 外语教学理论与实践，2015(3)：89-93.

应用的关注远不及布迪厄社会学理论。

王洪涛编的论文集中篇题为"社会翻译学的研究视角",其中包括上述宋安妮的译介文章、傅敬民的反思性文章和2项个案研究,而严格意义上的"研究视角"或分析模式建构性论文仅有2篇:仲伟合、冯曼基于布迪厄的场域理论及研究方法,并参照沃尔夫(M. Wolf)界定的行为者社会学、翻译过程社会学、文化产品(译作)社会学三个分支领域①,勾画了"中国文化外译研究"宏观、中观、微观层面的整体框架,划分了各层面的研究对象与研究内容,从而初步建构了该领域的研究体系②;王传英探讨了规范的社会作用、获得和发展,试图从个体行为与集体结构的契合、翻译能力的后天养成、规范的动态发展三个层面重建译者的职业行为,作者自创的"社会—文化网络"概念所指行为体包括目标语社会的资助人、译者、出版审查机构、读者、评论家、翻译协会等③,与"行动者网络"概念有共通之处。

该论文集下篇题为"社会翻译学的研究方法"(又称"方法论探索"),但所收论文多为个案研究,尽管有的论文包含了某种分析模式或研究方法,如笔者提出了"译作生产过程分析模式"④。仅有杨晓华一文属于"方法论探索":作者以卢曼的社会系统论为框架,探讨、分析了翻译系统的自律与他律,描述了翻译系统对其环境系统即语言服务系统的激扰通过沟通进行自我指涉和自我生产,将翻译系统与环境的复杂关系加以简化的必要性和手段⑤。

此外,傅敬民、赵巍(均收入该论文集)、覃江华等对西方社会学及社

---

① Wolf,M. Introduction:The emergence of a sociology of translation. In Wolf,M. & Fukari, A.(eds.). *Constructing a Sociology of Translation*. Amsterdam:John Benjamins,2007:13-18.

② 仲伟合,冯曼. 翻译社会学视角下文化外译研究体系的建构.外语研究,2014(3):57-62.

③ 王传英. 翻译规范理论的社会学重释.上海翻译,2013(3):14-19.

④ 汪宝荣. 葛浩文英译《红高粱》生产过程社会学分析.北京第二外国语学院学报,2014(12):20-30.

⑤ 杨晓华.翻译社会学的理论构架与研究.上海翻译,2011(3):7-12.

会翻译学理论和研究方法的优长和不足进行了批判性反思①，颇具参考价值和启示意义。尤其值得一提的是，胡牧指出：当前翻译研究的社会学转向表明翻译理论演进到了新的阶段，是对翻译研究的语言、文化视阈的拓展，对译本建构社会的重视，进而提出"以马克思的生产实践与社会交往理论为理论依据，我国可以在转型期建构中国化的社会翻译学派"②。

收入该论文集的个案研究均运用了布迪厄场域理论，主要有：邵璐考察了严复、林纾的译者惯习及个人资本结构，认为在当时的中国文学场域和翻译场域中，此二人能在权力场域中争夺到各种资本，最终通过翻译创立了"中国近代文学场域"③。陆志国指出，"五四"前后茅盾译者惯习的变化、文学翻译场域的张力及茅盾在场域中的利益倾向能够解释其翻译选材和翻译策略的改变④。蔡瑞珍考察了鲁迅小说在美国译介与研究的历史变迁，指出在20世纪二三十年代，美国文学场域中左翼文类作品成为文学主潮，鲁迅小说译介开始萌芽；在五六十年代，美国政治场域中反共浪潮高涨，文学场域中的英美出版商抵制鲁迅，导致鲁迅小说译介进入低潮期；中美建交后，特别是20世纪90年代以来，美国权力场域对文学场域的制约相对放松，因而美国的鲁迅小说译介与研究进入了复苏繁荣期⑤。王洪涛考察了中国文学在英国传译的6个阶段，通过高度语境化和深度历史化的方式对其进行关系主义解析，诠释了不同阶段传译活动与当时社会文化之间的共变关系，揭示出中国文学在英国近400年传译活

---

① 傅敬民. 社会学视角的翻译研究：问题与前瞻. 上海大学学报（社会科学版），2014(6)：101-111；赵巍. 关于"社会翻译学"的再思考. 西安外国语大学学报，2013(1)：109-112；覃江华. 交互报偿：翻译社会学研究新视角. 民族翻译，2013(3)：23-32.

② 胡牧. 翻译研究：转向社会——对转型期我国译论研究的思考. 外国语，2013(6)：72-79.

③ 邵璐. Bourdieu 社会学视角下的重释中国近代翻译史——以并世译才严复、林纾为例. 中国外语，2012(1)：77-83.

④ 陆志国. 茅盾"五四"伊始的翻译转向：布迪厄的视角. 解放军外国语学院学报，2013(2)：89-94.

⑤ 蔡瑞珍. 文学场中鲁迅小说在美国的译介与研究. 中国翻译，2015(2)：37-41.

动的运作轨迹与规律①。

## 二、本领域几部专著

近年来,国内出版了几部社会翻译学研究专著,择要简评如下。

胡牧以马克思社会学理论为指导,围绕译作在何时何地生产及产生何种社会文化影响,提出翻译研究应回归社会世界,深入分析了译者主体与他者的关系、社会选择、社会操控、社会传播与文化消费等诸多层面。作者视野宏阔,论析谨严,提出了不少新见和洞见,属于宏观的研究范式反思性批评,对国内翻译研究社会学转向有引领和启迪作用。②

刘向军借鉴社会学、哲学等理论,从抽象、宏观的层面论述翻译社会学的制度运行框架,在探讨该制度框架中的几个核心概念即"信任""缺省""偶在"的结构及其内在关联中,为翻译研究探寻其作为独立学科的理论合法性。该书主要采用社会学新功能主义分析范式,将功能分析方法与现象学的反思研究方法结合在一起,在把翻译社会学研究推向深入方面做出了可贵的尝试③。

陈秀借用布迪厄场域理论,对中国语境下及中西文化交流中的翻译行为进行梳理,以典型翻译事件为例,分析了语言与权力的关系、翻译与社会的关系,以及翻译涉及的各种因素④。美中不足的是,该书较粗糙,且多引用二手文献资料。

刘立胜、邹素参照布迪厄场域理论,通过对晚清与 1949—1966 年文学翻译的比较,提出译者行为解释模式,以便对不同时期的译者行为进行

---

① 王洪涛. 社会翻译学视阈中中国文学在英国传译的历时诠释. 外语学刊,2016 (3):146-151.

② 胡牧. 译本世界与现实世界的碰撞——翻译社会学视阈. 上海:上海外语教育出版社,2011.

③ 刘向军.信任、缺省与偶在:翻译社会学的制度性研究框架构建(英文版). 上海:上海交通大学出版社,2016.

④ 陈秀. 翻译研究的社会学途径——以布迪厄的社会学理论为指导. 杭州:浙江大学出版社,2016.

评价和分析①。

杨超探讨了翻译场的基本特点,指出其往往受到"结构性约束",并分析了译者在翻译场中发挥能动性的基本机制②。该书以思辨性研究为主,学术性较强,时有洞见闪现。

骆雯雁的《翻译的行动者网络》基于拉图尔等人的行动者网络理论,以出版社的历史档案为主要资料,尝试还原了20世纪40年代英国汉学家韦利(A. Waley)的《西游记》节译本(书名为《猴:中国民间故事》③)在英国的生产及其在英语国家的传播,对出版商、译者、封面设计师等人类行动者和战争、通信、翻译文本等非人类行动者,以及他们(它们)在翻译网络构建中的作用、地位与角色做了深入分析④。这是笔者所见把行动者网络理论应用于翻译研究的第一部专著,也是用该理论系统研究中国文学译介与传播个案的首次尝试。

## 三、重要个案研究

随着中国文学译介与传播研究趋热,近年来从社会学视角开展的个案研究渐增。兹择要述评如下。

孔思文整合运用布迪厄的"资本"概念和拉图尔等人的行动者网络理论,分析了20世纪80年代以来推动我国台湾现当代小说在美国译介与传播的行动者网络(包括译者主导网络和蒋经国基金会资助网络)的构建与运作,指出通过机构资助网络能把中国文学译介到所谓强势文化中,但由此生产的译本往往不能完全符合目标文化的期待,导致其传播接受效

---

① 刘立胜,邹素. 译者行为研究的社会学路径——基于晚清与"十七"年间文学翻译的比较研究(英文版). 武汉:武汉大学出版社,2016.

② 杨超. 社会学视域中的翻译场结构性约束与能动性发挥. 南京:江苏人民出版社,2017.

③ Wu, C. E. *Monkey: A Folk-Tale of China*. Waley, A. (trans.). London: George Allen & Unwin, 1942.

④ Luo, W. Y. *Translation as Actor-Networking: Actors, Agencies, and Networks in the Making of Arthur Waley's English Translation of the Chinese* Journey to the West. London & New York: Routledge, 2020.

果不佳①。

鄢佳运用布迪厄的场域理论,系统考察了葛浩文的译者惯习和翻译策略及风格的历时变化,指出其家庭背景、参军经历和学术生涯驱使他偏好严肃文学作品,其早期的翻译选材基于个人学术兴趣和政治因素,1991—2000 年基于个人文学偏好和市场因素,而 2001—2010 年市场考虑增多;在翻译策略方面,1990 年前葛浩文非常忠实于原著,此后对原著的改写明显增多,但对文化特色词的异化多于归化;葛浩文的翻译观主要体现为以读者为导向、目标语取向和改写原则②。

徐敏慧借用布迪厄的文化生产场域理论,通过分析有限生产场域及大规模生产场域的特点及运作模式,对中国文学外译应该"译什么、由谁译"的大讨论进行探究,指出严肃文学翻译通常属于有限生产,参与者竞争的重点是象征资本,而大众或通俗文学翻译是大规模生产,竞争的重点是经济资本,这决定了后者可依赖市场运作,而国家战略支持应向前者倾斜③。

董琇基于布迪厄的文化生产场域理论,分析了造成《三国演义》罗慕士(M. Roberts)译本和《水浒传》赛珍珠(P. S. Buck)译本审美再现差异的三个外部因素,即翻译协助者、赞助者和消费者,指出文学翻译策略不全是译者的个人选择,还取决于翻译场域中上述三因素对译者的制约和影响④。

① Kung, S.-W. C. Translation agents and networks: With reference to the translation of contemporary Taiwanese novels. In Pym, A. & Perekrestenko, A. (eds.). *Translation Research Projects 2*. Tarragona: Intercultural Studies Group, 2009: 123-138; Kung, S.-W. C. Network & cooperation in translating Taiwanese literature into English. In Fawcett, A., García, K. L. G. & Parker, R. H. (eds.). *Translation: Theory and Practice in Dialogue*. London & New York: Continuum, 2010: 164-180.
② Yan, J. A study on Howard Goldblatt's translation habitus from the Bourdieusian sociological perspective. Ji'nan: Shandong University (Doctoral Dissertation), 2013.
③ 徐敏慧. 文化生产场域与文学译介模式. 中国翻译, 2016(3): 41-45.
④ 董琇. 布迪厄理论视角下翻译审美再现研究——以罗慕士、赛珍珠的汉语典籍英译为例. 同济大学学报(社会科学版). 2016(4): 107-116.

骆雯雁、郑冰寒运用行动者网络理论,考察了韦利节译的《西游记》涉及的两组非人类行动者,即英译本所附"译者序"及译者与出版商的通信等副文本和 20 世纪 40 年代爆发的第二次世界大战及大流感,指出这些非人类行动者对《猴》的翻译出版过程及结果产生了积极影响①。最近,骆雯雁又运用行动者网络理论,并基于韦利节译《西游记》的第一手出版资料,描述并讨论了该译本的生产过程、参与其中的翻译行动者,以及这些行动者在翻译过程中如何行动并建立联系②。

蒋梦莹基于卡萨诺瓦(P. Casanova)的世界文学场域等级结构分析模式③,考察了残雪如何通过翻译在英美文学场域取得文学地位,分析了作家、译者、出版商、评论家、学者、主流媒体等如何共同促成残雪在美国的"神圣化"(consecration)④。

邢杰等人从场域和资本历时变化的视角,尝试分析、解释了葛浩文英译莫言小说《红高粱家族》和《蛙》时采用不同翻译策略的动因⑤,最近又探讨了葛浩文翻译《蛙》时采用的直译策略,认为这可归因于葛浩文不断形塑的惯习、恪守的忠实原则和他与莫言在场域中积累的象征资本⑥。

蒋梦莹与笔者梳理了英语世界中国当代小说翻译场域的演变进程,探讨了这种演变背后的内外部原因,指出该翻译场域形成于 20 世纪 80

① Luo, W. Y. & Zheng, B. H. Visiting elements thought to be "inactive": Non-human actors in Arthur Waley's translation of *Journey to the West*. *Asia Pacific Translation & Intercultural Studies*, 2017, 4(3): 253-265.

② 骆雯雁. 行动者网络理论在翻译生产描述研究中的应用——以亚瑟·韦利英译《西游记》为例. 外语研究, 2020(2): 84-90.

③ Casanova, P. Consecration and accumulation of literary capital: Translation as unequal exchange. In Baker, M. (ed.). *Critical Readings in Translation Studies*. London & New York: Routledge, 2010: 285-303.

④ 蒋梦莹. 资本、场域与文学"神圣化"——残雪小说在美国的译介研究. 山东外语教学, 2017(5): 96-103.

⑤ 邢杰,刘聪,张其帆. 场域及资本视角下《红高粱家族》和《蛙》英译本对比研究. 东方翻译, 2018(1): 19-25.

⑥ 邢杰,陈俊娜. 场域理论视阈下葛译《蛙》翻译策略解析. 解放军外国语学院学报, 2020(2): 59-67.

年代,当时英语世界迫切想要了解新时期中国的政治和社会现状,小说成为提供信息的重要媒介,大量短篇小说选集本在英语世界翻译出版。此后随着中西文化交流的增强,各种行为者纷纷加入译介队伍,翻译出版策略也不断革新,历经 30 多年的发展,该翻译场域的结构发生了重大转变①。

综观近年来国内主要研究成果,可以得出以下结论:第一,从研究性质和数量看,较多的是对西方社会学理论及社会翻译学研究成果的译介或综述。这类研究不具原创性,但有向国内同行引介国外最新研究动态之功,有助于启迪、触发、推动国内相关研究。最缺的是对社会与翻译及社会学与翻译学的关系进行高屋建瓴的理论模式建构和反思性批评。这类研究具有理论独创性,目前数量不多的有关成果颇有创见,但大多不属于当前西方主流社会学理论的范畴,因此也算是另辟蹊径。较缺少的是对西方有关理论和研究方法进行批判性反思和比较分析。这类研究具有思辨性、探究性,有助于我们看清各种理论和研究方法论的优缺点,进而在研究中尝试对它们进行修正或整合运用。同样缺少的是结合中国翻译实践提出有效可行的分析模式,而适用性高的最终可以上升为理论,但这需要研究者熟稔相关理论,并善于由具体事例演绎到一般规律。西方学者大多长于分析性思维,善于提出系统性强的理论框架或分析模式,很值得国内学者学习。第二,从所用理论框架看,目前运用最多最频的是布迪厄的场域理论,而他的其他社会学理论尚未得到足够的关注;行动者网络理论和卢曼的社会系统论的应用有渐增之势,而其他社会学理论尚有待开掘、应用。第三,从研究方法论看,目前相对缺乏的是"扎实的实证研究"②,即通过问卷调查、田野调查、访谈、参与观察等方法收集数据资料,为提出理论假设或检验理论假设而展开的研究。此外,现有个案研究大多止步于对个案本身的考察和分析,而与实证研究一样,个案研究的意义

① 蒋梦莹,汪宝荣. 试论英语世界当代中国小说翻译场域的历史演变. 外国语文研究,2018(3):102-111.
② 王宏印. 筚路蓝缕,锲而不舍——关于我国当下社会翻译学的可贵探索//王洪涛. 社会翻译学研究:理论、视角与方法. 天津:南开大学出版社,2017:23.

也在于提出假设和检验理论框架的有效性①。另一个普遍问题是只用一种理论，有的甚至仅用一种理论中的某个概念(如布迪厄的"惯习"或"资本")，这样既割裂了理论本身的完整性，也削弱了理论工具的解释力。第四，近年来应用西方理论考察中国翻译实践的个案或对策性研究渐增，且日益关注中国文学译介与传播，但由于多为论文，其覆盖面有限，缺乏系统性，分析也不够细致、深入，从社会学视角系统研究中国文学译介与传播模式的成果尚付阙如。

## 第三节　21世纪以来中国文学译介与传播研究

跨入21世纪，提升中国"文化软实力"被确立为国家战略。而中国文学文化要"走出去"，"文学的译介和传播是必经之路"②。在此背景下，中国文学文化译介与传播研究趋热③，莫言获诺奖后更是吸引了大批研究者。除了外语和翻译学人，不少中文和比较文学学者也参与了该领域研究，成果相当丰硕。总括而言，国内学者对中国文学译介与传播的主体(尤指译者，即"谁来译")、策略("怎么译")、内容("译什么")、出版传播渠道、目标受众、传播效果及困境与出路等重要问题进行了思考、探讨和研究。以下述评其中较重要的成果。

潘文国率先探讨了中国典籍"谁来译""译什么""怎么译"等问题。他指出："母语使用者具有天然的优势"，但翻译涉及原文和译文两种语言、理解和表达两个过程，"具有译入语优势的未必具有译出语优势，具有表达优势的未必具有理解优势"，因此在目前缺乏两种优势俱备的翻译人才的情况下，国人"译出"很有必要。潘文国认为，我方主动"译出"中国典籍是为了对异义化进行干预：要译介中国文学文化，不能只靠西人的"译

---

① Saldanha，G. & O'Brien，S. *Research Methodologies in Translation Studies*. London & New York：Routledge，2014：209.

② 周新凯,许钧. 中国文化价值观与中华文化典籍外译. 外语与外语教学，2015(5)：70.

③ 参见：中国作协创研部. 2015年中国文学发展状况. 人民日报，2016-05-03(16).

人",那样我们就会失去弘扬中国文化的自主权;"译什么"的原则是"从大处着眼,完整地呈现本国或本民族的现象",或把西方人不易觉察的中国典籍译介出去;在"怎么译"方面,不鼓励硬译、死译,而应努力译成地道的英语,同时"尽量减少损害中国文化的形象"①。潘文国关于国人应主动"译出"的主张顺应时代需要,有一定的引领作用,但他对这种"译出"在目标国的实效性有所回避,因而其观点有些偏颇甚至偏激。汪榕培也认为,"要把中国文学作品翻译成英语,英国人也不见得能翻译好,中国人也不见得一定翻译不好,而在于译者的综合素质",包括通晓外语并擅长用外语表达,文学修养高,精通中国文学文化等,因此外国人关于中国文学作品不宜由中国人翻译的偏见"不足挂齿",但培养高层次本土翻译人才确是当务之急②。汪榕培的观点后来渐趋冷静,他指出:"说到典籍英译,其实要翻成英语国家的人愿意看的文本,还是由英语国家的译者来翻译更好",并承认入选《大中华文库》、由中国学者翻译的"有些译文不尽如人意"③。

许钧指出,外国翻译家在中国文学"走出去"中起着"非常大的作用","应加强对传播途径和方式的研究"④。后来他又提出要开展"多元的译者模式研究,探索不同模式开展翻译实践的有效性",并认为"较理想的是以译入语为母语的译者,而非中国本土译者"⑤。近年来,国内学界对于政府主动"译出"中国文学文化也颇多争议,主要围绕译者的文化身份、立场与翻译策略,出版机构的运作与翻译图书的传播,政府在文化"走出去"进程中扮演的角色等重要问题。针对这种争议,许钧援引了由日本政府资助

---

① 潘文国. 译入与译出——谈中国译者从事典籍英译的意义. 中国翻译,2004(2):
  41-43.
② 汪榕培. 中国人不应翻译本国作品吗? // 王宏. 翻译研究新论. 哈尔滨:黑龙江
  人民出版社,2007:135-137.
③ 黄新炎. 翻译和中国文化——汪榕培教授访谈录. 东方翻译,2014(1):55-57.
④ 高方,许钧. 现状、问题与建议——关于中国文学走出去的思考. 中国翻译,2010
  (6):7-8.
⑤ 许方,许钧. 关于加强中译外研究的几点思考——许钧教授访谈录. 中国翻译,
  2014(1):74.

向英美输出日本文学的成功先例，认为只要我们尊重翻译出版的规律，调整"译出"的定位、策略与措施，在资金、技术和政策方面提供强大的支持，"译出"也能取得积极的效果①。此外，许钧还就中国文学的翻译策略和当前国内学界的某些心态及倾向指出，"在目前阶段，为了更好地推进中国文学在西方的接受，译者在翻译中有必要对原著进行适当调整，使之在更大程度上契合读者的阅读习惯与期待视野"②；国内学界有一种不当倾向，即"把译本的市场销售等同于翻译的效果"，但事实上提升中国"文化软实力"需要几代人长期不懈的努力，因此"决不可抱着急功近利的心态并以短视的行为对待中国文化'走出去'当下的效果"③。

谢天振认为，汉学家译介模式的效果一般好于我国国家机构"译出"模式，并指出"译出"是一种"逆势"翻译，须根据译介学规律制度相应对策，如培育国外读者群、扩大外国译者队伍及为他们提供各方面支持等，才能提升"译出"模式的效果④。王宁指出，"在当今的全球文化和世界文学的语境下，中国文学的边缘化地位并没有得到根本的改变，主要原因是长期以来的东方主义固有思维模式、翻译的衰弱甚至缺席以及西方的文学市场的现状"；"将优秀的中国文学作品译成优美地道的英文从而进入英语国家的出版流通渠道"是一大难题，对策之一是与国外汉学家通力合作，重点译介莫言、余华、阎连科、苏童、贾平凹等当代优秀作家的作品⑤。最近，王宁又强调指出，"好的文学作品加优秀的译者是文学作品得以在国外传播的保障"，"翻译之后，更重要的是传播出去，在国外同样也能产生影响，这样才实现了一部作品的价值"⑥。

张春柏认为，中华人民共和国成立后几十年中国文学外译本在西方

---

① 许钧. 译入与译出：困惑、问题与思考. 中国图书评论，2015(4)：111-117.
② 许钧. "忠实于原文"还是"连译带改". 人民日报，2014-08-08(24).
③ 许钧，周领顺. 当前译学界应该关注的若干倾向. 山东外语教学，2015(4)：98.
④ 谢天振. 中国文学、文化走出去：理论与实践. 东吴学术，2013(2)：44-54；谢天振. 中国文学走出去：问题与实质. 中国比较文学，2014(1)：1-10.
⑤ 王宁. 世界文学与中国. 中国比较文学，2010(4)：10-22.
⑥ 王宁. 文化翻译"走出去"的传播路径与策略. 中国社会科学报，2018-01-08(4).

遭冷遇，"主要不能归因于我们的官方赞助人、意识形态和翻译策略，而是因为当时译入语文化尚无了解中国文化和文学的迫切需要"；如今随着中国综合国力的增强，中西文化交流日益深入，西方社会了解中国文化和文学的愿望也日益强烈，因此越来越多的中国文学作品正在被译成外语，西方译者采取的翻译策略也开始"趋向异化"，这因应了西方读者对原汁原味的中国文化和文学日益增长的需求和期待，因此，"中国文学要真正走出去，也应该着眼于如何满足这种需求和期待"①。王东风则尖锐地指出，"翻译原本是宿主文化的一种文化诉求，因此只有宿主文化自发的翻译活动才能引起宿主文化本身的兴趣和关注，这是翻译活动能否成功的关键"；"从翻译史的角度看，成功的翻译多是拿来主义的翻译，因为它反映出的是宿主文化的呼唤；而送去主义多难成功，除了语言上的问题之外，还有宿主文化对外来宣传攻势的本能抵制"②。王东风的观点鲜明而明确：中国政府资助的对外译介几乎不可能成功，中国文学译介要靠海外汉学家和翻译家。该观点犀利、有洞见，却也失之偏激。我国政府资助的对外译介受制于运作机制，传播效果往往不尽如人意，却始终是不可或缺、不可替代的重要译介传播渠道。

以上外语与翻译界名宿对中国文学译介传播的诸多重要问题进行了高屋建瓴的论述，而众多中青年学者围绕这些问题展开了具体个案和实证研究。胡安江基于葛浩文翻译现当代中文小说的成功案例，认为汉学家译介模式"理应成为国内翻译界在中国文学走出去战略中的共识"③。吕敏宏基于对中国现当代小说英译历史与现状的梳理，认为近年来海外华人译介模式"日渐衰微"，中国本土译者的译作"很难得到国外行家和读

---

① 张春柏. 如何讲述中国故事：全球化背景下中国文学的外译问题. 外语教学理论与实践，2015(4)：9-14.
② 王东风. 中国典籍走向世界——谁来翻译？汉语言文学研究，2014(1)：7-8.
③ 胡安江. 中国文学"走出去"之译者模式及翻译策略研究——以美国汉学家葛浩文为例. 中国翻译，2010(6)：10-16.

者的高度认可"，汉学家译介模式则能保证译本进入西方国家图书流通渠道①。马会娟认为，20世纪80年代以来，英语世界译介中国文学主要有两种"翻译模式"：一是非营利性的大学出版社的翻译模式；一是市场机制运作下的商业出版社的翻译模式②。但从其论文内容看，马会娟探讨的实际上是出版发行模式。王颖冲、王克非梳理了现当代中文小说"译入"与"译出"简史，认为从发起地来看，现当代中文小说译介可分为"译入""译出"两大类，前者由英语世界国家主导，后者为汉语世界积极外推，并逐渐从"译出"向"译入"拓展；同时指出当前英语世界逐渐重视"译入"中国当代小说，而中文世界主动"译出"也是中国文学海外传播的重要途径③。王颖冲通过考察20世纪50年代以来出版的中文小说英译本，指出有"官方组织""学术引导""商业驱动""个人主持"四个译介渠道④，并探讨了项目发起人或机构(initiator)这个之前关注不够的重要问题⑤。

最后简评几部重要专著。鲍晓英综合运用谢天振的译介学理论⑥和美国学者拉斯韦尔(H. D. Lasswell)的传播学理论模式⑦，以莫言作品在美国的译介与传播为个案，提出一个较全面的中国文学"输出性"译介传播模式：以西方汉学家为翻译主体或采用中外合作翻译模式；翻译选材应避免与目标国意识形态或诗学观念(poetics)正面冲突，既有世界文学的普适性又有中国文学的异质性，侧重现当代作品；翻译策略以归化为主，异化为辅；加强中外合作出版和优秀文学作品的影视改编，引入文学代理人制度，中国政府加大对国外翻译家和出版商的资助力度，等等；遵循"以

---

① 吕敏宏. 中国现当代小说在英语世界传播的背景、现状及译介模式. 小说评论，2011(5)：11.
② 马会娟. 英语世界中国现当代文学翻译：现状与问题. 中国翻译，2013(1)：65.
③ 王颖冲，王克非. 现当代中文小说译入、译出的考察与比较. 中国翻译，2014(2)：33-38.
④ 王颖冲. 中文小说译介渠道探析. 外语与外语教学，2014(2)：79-85.
⑤ 参见：王颖冲. 中文小说英译研究. 北京：外语教学与研究出版社，2018.
⑥ 谢天振. 译介学. 上海：上海外语教育出版社，1999.
⑦ 拉斯韦尔. 社会传播的结构与功能//郭建斌，吴飞. 中外传播学名著导读. 杭州：浙江大学出版社，2005：125-138.

受众为中心"原则,专业读者和大众读者并重;科学制定译介、内容、途径和受众模式,遵循传播规律,注重译介效果①。该模式为推动中国文学"走出去"而专门设计,具有较强的对策性和实用价值。

耿强梳理了从晚清到现代国内译者对外译介中国文学的史实,挖掘了一批在翻译史上默默无闻的译者,考察了特定历史、文化、社会环境对翻译行为的影响,以及译作与目标文化系统的互动②。马士奎、倪秀华对晚清、民国和中华人民共和国成立后 30 年期间中国文学对外翻译活动进行了历时考察,重点分析了不同时期的翻译环境、文本选择原则、翻译策略、译作传播和接受,以及这些译作在域外塑造中国文化形象中所起的作用,披露了若干被历史湮灭的译人、译事和译作,并对晚清和民国时期的个人翻译行为和中华人民共和国成立后国家机构翻译模式的利弊进行了比较分析③。这两部专著均为中国文学"译出"史专门研究,虽非完整的"译出"史(未涉及改革开放至今的"译出"史),具体内容及论述分析上也有一些瑕疵,但具有重要的拓荒和补白意义。

姜智芹较全面系统地考察了中国新时期文学(重点是小说)在西方(尤其英语、法语世界)的译介与传播、研究及影响与接受情况,从历时、宏观的视角梳理了中国官方资助的对外译介输出项目和国外学者开展的译介和研究,并详细探讨了莫言、余华、苏童、贾平凹、王安忆等重要作家作品在西方的译介、影响和研究,分析了他们在国外受欢迎的原因,最后对中国新时期文学如何更好地"走出去"提出建议和对策④。姜智芹从中国当代小说发展史的视角梳理其英译史及历时变化,既有系统性,又脉络清晰,是该书的一大亮点;她依据西方人发表的英文书评和研究文献分析中

① 鲍晓英. 中国文学"走出去"译介模式研究——以莫言英译作品译介为例. 青岛:中国海洋大学出版社,2015.

② 耿强. 晚清至现代中国文学的对外译介研究—— 一段隐形的翻译史. 广州:世界图书出版公司,2015.

③ 马士奎,倪秀华. 塑造自我文化形象——中国对外文学翻译研究. 北京:中国人民大学出版社,2017.

④ 姜智芹. 中国新时期文学在国外的传播与研究. 济南:齐鲁书社,2011.

国作家作品在西方的传播、影响与接受，也是有效可行的研究方法，但作者旨在重点考察分析传播、影响与接受的结果，因而对其过程语焉不详，也没有深入探讨其运作机制和方式。

## 小　结

社会翻译学兴起至今 20 余年，发展惊人，已形成描述性社会翻译学、文化产品社会翻译学、基于行动者网络理论的社会翻译学三个分支，学科基础基本确立。目前存在以下不足：三种社会学理论"三分天下"，在某些理论假定和概念体系上互相冲突，缺乏综合兼容的理论框架；有忽略文本及翻译策略分析的倾向；社会学理论与翻译研究的契合和对接不够，影响了理论适用性和解释力等。但是，它带来的新理论和研究方法为翻译研究注入了活力，拓宽了翻译研究的途径和视角。

西方学者运用社会学理论和研究方法卓有成效地研究了以下问题：译者惯习及能动性、译者姿态、翻译场域的结构及运作机制、国际翻译图书系统的结构及运作机制、出版策略及出版机制运作模式、行动者网络构建及运作与翻译生产传播过程、翻译职业、翻译机构、翻译产品国际流通传播与国际文学文化交流、世界文学场域等级结构与翻译的不对称流动、翻译从边缘语言流向中心语言的运作机制，等等。其中一些重要概念或假说可用作进一步检验的理论或分析模式，有的本身就是可借用的分析模式。

近年来，国内的社会翻译学研究发展很快，成果颇丰硕，但目前仍以引介国外成果和应用西方理论为主，原创性、实证性研究和理论建构有待加强。对照西方同行相对前沿的研究，我们需要在以下几方面取得突破：加强原创性、探究性和反思性研究；整合运用西方社会学理论或分析模式，基于扎实的个案研究对其做出修正和完善；加强基于第一手材料和数据的实证研究和个案研究，并由此提出假设，检验理论假设的适用性和解释力，进而构建适用于中国翻译实践的理论或分析模式。

综观 21 世纪以来中国文学译介与传播研究现状，国内学者对"谁来译""怎么译""译什么",以及出版传播渠道、目标受众、传播效果、困境与出路等重要问题进行了较全面深入的思考、探讨和研究,尤其关注被普遍认为高投入却总体上较低效的国家机构"输出性"译介实践及其症结和问题,也重点探析了国外出版机构"输入性"译介实践的相对优势。另外,近年来日益重视中国文学译介与传播模式研究,总体上关注点呈现出从译介端到出版传播端、从考量单一模式到试图构建综合模式的发展趋势:不少学者最初重点关注、探讨的是哪一种译者模式最有效,而译者模式主要关涉"谁来译""怎么译""译什么"等过程性翻译决策和行为,一般不涉及出版、传播、接受等重要环节;随后,一些学者开始关注译介传播项目本身及其过程和结果,探析了项目发起人或机构、出版发行模式及其对传播效果的影响,如鲍晓英运用译介学和传播学的理论模式,构建了一个旨在推进中国文学"输出性"译介传播的综合模式。季进认为,麦家小说《解密》在海外传播大获成功,依靠了译者、出版商、媒体、评论界等非文本因素的成功运作[1]。由此可见,国内学界逐渐认识到中国文学译介与传播是一个依靠网络运作的"系统工程"[2],其效果不光取决于"译者模式"或翻译质量及风格。

关于近年来的中国文学译介与传播研究,许钧指出:"探索的视野不断扩大,研究也开始呈现多样、深入和系统的趋势。但从目前的研究现状看,研究的方法比较单一,很多个案研究出现了程式化的重复现象,缺乏理论思考的深度。同时,对具体作家作品译介的分析缺乏对整个译介环境与整体状况的把握,分析的结果往往见树不见林,少见具有普遍参照价值的探索与思考,得出的结论也可能失于片面。"[3]这与笔者基于国内研究现状梳理得出的结论基本相符。笔者特别认同许钧指出的"研究方法比

---

① 季进. 从中国文本到世界文学——以麦家小说为例. 人民日报海外版,2018-04-11(7).

② 卢巧丹. 跨越文化边界——中国现当代小说在英语世界的译介与接受. 杭州:浙江大学出版社,2018:191.

③ 许钧. 试论中国文学外译研究的理论思考与探索路径——兼评《中国现代文学在法国的译介与接受》. 中国比较文学,2018(1):109-110.

较单一""个案研究程式化、重复""缺乏理论思考的深度""少见具有普遍参照价值的探索与思考"等问题。张奂瑶、马会娟指出，中国现当代文学英译研究的不足之处有：定量研究偏少，实证研究方法尚未普及，缺乏对出版传播途径的深入探索和对接受效果的追踪调查，鲜见专门研究文学经纪人、编辑、出版商、读者等行为者，偏重研究"译出"，相对忽视"译入"，采用的理论框架单一，等等①。鉴于此，中国文学译介与传播模式研究在以下几方面有待拓展深入：

(1)整合西方社会学理论及分析模式，建构适用于中国文学译介与传播的分析模式，以之考察中国文学译介与传播的运作机制及过程。

(2)从"由谁发起＋由谁出版"角度，析出几种常用而有效的中国文学译介与传播模式，包括海外华裔学者或西方汉学家发起并翻译、西方学术出版社出版，国家外宣机构发起并资助、外文出版社出版，西方汉学家发起并翻译、西方商业出版社出版，西方商业出版社系统策划推介、招募汉学家翻译出版等，并基于典型个案对这些模式的运作机制、方式及效果进行对比分析，从而检验以上理论模式的有效性，并就"传播影响力"进行比较，进而确定最有效的译介与传播模式。

(3)基于西方精英读者发表的书评，以及图书再版重印及销量、选集收录、文献引用、进入图书排行榜、纳入学校课程中、获得重要提名及国际奖项等"被认可度"衡量指标，对中国作家作品在西方的传播、影响与接受做出评估，并从译介与传播模式运作机制及方式的角度分析该个案取得成功或不甚成功的动因，进而讨论中国文学如何得以更有效地走进西方、走向世界。

以上正是本书研究重点。

---

① 张奂瑶，马会娟. 中国现当代文学英译研究——现状与问题. 外国语，2016(6)：82-89.

# 第二章　理论框架

当前制约中国文学译介与传播研究的瓶颈之一是"研究方法的单一和研究模式的雷同",而"方法的使用要基于研究对象、研究目标来确定"①。本书研究中国文学译介与传播模式的运作机制,既要考察译介与传播诸要素,分析翻译生产与传播过程,也不能回避文本分析,即须"外部研究"与"内部研究"兼顾②。这要求本研究不能仅限于一种理论工具或研究模式。本研究主要采用以下三类理论工具:

(1)西方社会学理论,包括布迪厄的社会实践论和文化生产场域理论;拉图尔等人的行动者网络理论。

(2)社会翻译学理论模式,包括海尔布伦的国际翻译图书系统分析模式、卡萨诺瓦的世界文学场域结构与翻译类型分析模式、西梅奥尼的"译者惯习"假说、查尔斯顿的"译者姿态"理论等。

(3)描述翻译学经典理论。作为当前翻译研究主流范式,描述性翻译研究(descriptive translation studies)旨在"描写在我们的经验世界中呈现出来的翻译活动和翻译产品等现象,同时确立一般原则,以便对这些现象进行解释和预测"③。简言之,"描写""解释"并重是其基本研究方法。事

---

① 许钧. 试论中国文学外译研究的理论思考与探索路径——兼评《中国现代文学在法国的译介与接受》. 中国比较文学,2018(1):114-115.

② 参见:李伟荣. 中国文化"走出去"的外部路径研究——兼论中国文化国际影响力. 中国文化研究,2015(3):29-46.

③ Holmes, J. S. *Translated! Papers on Literary Translation and Translation Studies*. Amsterdam:Rodopi,1988:71.

实上，社会学路径翻译研究也尽量避免"规定"，偏重描写与解释，因此两者在研究立场上是高度一致的。鉴于西方社会学理论或社会翻译学理论模式大多笼统地强调资本、权力、结构等社会力量，一般不适用于描写翻译文本，对译本面貌也缺乏解释力，本研究也将用到描述翻译学经典理论，包括勒菲弗尔的重写理论和图里的翻译规范理论等①。

## 第一节　布迪厄的社会学理论

### 一、布迪厄理论的性质与特点

布迪厄(1930—2002)是继福柯(M. Foucault)之后具有国际影响的法国社会学大师，被誉为当代欧洲社会学界代表人物之一②。美国学者华康德(L. J. D. Wacquant)指出，20 世纪 80 年代中后期，布迪厄出版了《区隔：趣味判断社会学批判》③和《实践的逻辑》④两部英文专著，随即获得国际声誉；到了 90 年代，其理论探索拓展至宗教、科学、文学、绘画、符号产品社会学(sociology of symbolic goods)等，同时他在法国乃至欧洲的政治舞台上更加活跃，由此继萨特(J.-P. Sartre)、福柯之后赢得"思想大师"的美誉，"并成为国际知名的公共知识分子和新自由主义的批评者"。2002 年 1 月，布迪厄猝然离世，欧洲乃至全球各界很多重要人物纷纷哀悼和致敬，其国际影响由此可见一斑⑤。

布迪厄社会学理论有以下重要特点：(1)对社会行为、社会结构和知

---

① 参见：汪宝荣. 异域的体验——鲁迅小说中绍兴地域文化英译传播研究. 杭州：浙江大学出版社，2015：11-13，161-162.

② 武光军. 翻译社会学研究的现状与问题. 外国语，2008(1)：76.

③ Bourdieu, P. *Distinction：A Social Critique of the Judgement of Taste*. Nice, R. (trans.). Cambridge, MA：Harvard University Press, 1984.

④ Bourdieu, P. *The Logic of Practice*. Nice, R. (trans.). Cambridge：Polity Press, 1990.

⑤ Wacquant, L. Pierre Bourdieu. In Stones, R. (ed.). *Key Sociological Thinkers*. 2nd ed. London & New York：Palgrave Macmillan, 2006：262-263.

识持一元论(monist)观点,坚决反对二元对立论。布迪厄致力于避免和消解长期主导社会科学的二元对立论,包括主观主义与客观主义、社会生活的物质维度与符号维度、阐释与解释、历时与共时、微观分析与宏观分析。(2)其科学思想和实践跨越了多种学科、理论、方法论的边界,是真正综合性的。在研究方法论上,布迪厄综合运用了统计法、直接观察法、人际交互和话语及文献阐释法等。(3)布迪厄认为社会本质上是"竞争性的"(agonistic),社会世界是无休止的无情竞争的场所,通过竞争且在竞争中产生的差异是社会存在的基础,因此斗争是占据其思想内核的核心隐喻。(4)布迪厄的哲学人类学是建立在认可观的基础上的。他的社会行动理论不是功利性的,而是认为人类行为的最终动力是对尊严的渴望,而这只有获得社会的认可(consecration),即在一个团体或机构中获得头衔、位置或职务才能满足①。

布迪厄指出,传统社会学在"两个看似不可调和的观点之间摇摆":一是客观主义(objectivism),即遵循涂尔干(E. Durkheim)提出的"视社会事实为客观事物"②这句箴言,"认为社会世界中的一切事物都是知识和认知或错误认知的客体";二是主观主义(subjectivism),即"把社会世界简单理解为行为者对社会世界的认知再现,认为社会学的任务无非就是'对社会主体对社会世界的各种解释进行解释'"③。布迪厄一生致力于克服这种根深蒂固的二元对立。他用两个词定性自己的研究:"建构主义的结构主义"(constructivist structuralism),也可称为"结构主义的建构主义"(structuralist constructivism)。"结构主义是指社会世界及语言、神话等符号系统中存在着独立于行为者意识和意志的客观结构,这些结构能够引导并规约行为者的社会实践或实践的表征","建构主义是指社会演变

---

① Wacquant,L. Pierre Bourdieu. In Stones,R.（ed.）. *Key Sociological Thinkers*. 2nd ed. London & New York：Palgrave Macmillan,2006：264-265.

② Wacquant,L. Pierre Bourdieu. In Stones,R.（ed.）. *Key Sociological Thinkers*. 2nd ed. London & New York：Palgrave Macmillan,2006：267.

③ Bourdieu,P. Social space and symbolic power. *Sociological Theory*,1989,7 (1)：14-15.

与生成有双重机制,一方面是由我称作'惯习'的机制建构的感知、思维和行为体系,另一方面是我称作'场域'的社会结构,也包括一般称作社会阶级的社会结构"①。汪宏伦指出,布迪厄承袭并扩大了结构主义对"结构"的定义与用法,用于指称一个社会空间或场域中各种不同组成要素之间的位置或关系,包括外在的社会结构与内在的心理结构②。布迪厄指出,一方面,客观的社会结构通过设立约束机制和规定可能的途径,塑造着行为者的社会实践;另一方面,也须考虑行为者的主观表征及作为其基础的心理结构,因为它们引导着个人和集体的斗争,而行为者正是通过这种斗争试图维护或改变客观结构③。不难看出,在布迪厄的社会学理论中,主观主义与客观主义"处于一种辩证的关系"④,而主体(行为者)与客体(结构)、个体与社会,以及他重点阐述的"惯习"与"场域"都是相互建构的。布迪厄走的是一条中间道路,这决定了他的理论不可能引发即时性的轰动效应,却也留下了更为广阔的理论上的回旋空间。因此,长期以来他的社会学理论受到欧洲及英美学界的青睐。

华康德还把布迪厄的理论定性为"反思性社会学"(reflexive sociology)⑤。"反思性"是指"把社会学理论工具反过来用在社会学家身上,以便更好地控制客体建构中产生的偏差"。这种偏差源于三个因素:一是研究者的性别、阶级、国籍、种族、教育等;二是研究者在知识场域中所处的位置;三是"学术偏见"(scholastic bias),即研究者从"公正的旁观者"的视角,居高临下地观察社会世界,从而在对知识、美学、道德的认知

---

① Bourdieu, P. Social space and symbolic power. *Sociological Theory*, 1989, 7 (1): 14.

② 汪宏伦. 将汉字罗马化:一个"跨语际实践"的文化政治学分析. 台湾社会学, 2004(7): 130.

③ Wacquant, L. Pierre Bourdieu. In Stones, R. (ed.). *Key Sociological Thinkers*. 2nd ed. London & New York: Palgrave Macmillan, 2006: 267.

④ Bourdieu, P. *In Other Words: Essays Towards a Reflexive Sociology*. Adamson, M. (trans.). Cambridge: Polity Press, 1994: 125.

⑤ Bourdieu, P. & Wacquant, L. J. D. *An Invitation to Reflexive Sociology*. Chicago: University of Chicago Press, 1992.

中产生系统性偏差①。

  布迪厄超越了经典社会学理论的二元对立,有着长盛不衰的国际影响。因此,他的社会学理论最早被一些欧洲翻译学者关注,且目前在翻译研究中的应用最广泛。

  布迪厄的社会学著述卷帙浩繁,包括 37 部专著和近 400 篇论文。其中,最博大精深的是他在 20 世纪 70 年代提出、后经不断修正的实践论(theory of practice),又称"场域理论"(field theory),其核心概念包括"场域"(field)、"惯习"(habitus)、"资本"(capital)。它们是构成布迪厄社会学理论体系的三个核心概念②,旨在把主观主义与客观主义整合起来③。

## 二、社会实践论

  布迪厄的社会实践论的核心思想包含在以下公式中:

$$[(惯习)(资本)] + 场域 = 实践④$$

  该公式旨在说明社会实践的产生及运作机制。有学者指出,这是一个"简要但含糊的公式",因为它既不能被当成一般的数学公式来理解,也不能以代数模式来运算;布迪厄想要说明的,无非是一组他所谓的"变数系统"之间的关联,也即要分析某种"社会实践",就须考虑"场域""惯习""资本"这三个要素;加号左边用括弧括起来的"惯习"和"资本"指实践行为者拥有的特质,而右边的"场域"指产生实践的外在客观结构即社会空

① Wacquant,L. Pierre Bourdieu. In Stones,R.(ed.). *Key Sociological Thinkers*. 2nd ed. London & New York:Palgrave Macmillan,2006:273.

② Bourdieu,P. & Wacquant,L. J. D. *An Invitation to Reflexive Sociology*. Chicago:University of Chicago Press,1992:94-95.

③ Wacquant,L. Pierre Bourdieu. In Stones,R.(ed.). *Key Sociological Thinkers*. 2nd ed. London & New York:Palgrave Macmillan,2006:267.

④ Bourdieu,P. *Distinction:A Social Critique of the Judgement of Taste*. Nice,R.(trans.). Cambridge,MA:Harvard University Press,1984:101.

间①。以下先梳理"场域""惯习""资本"的定义及相互关系。

"惯习"的完整定义如下：

> 持久稳定且可转置的性情倾向系统，是倾向于作为具有结构功能的结构运作的被结构的结构（structured structures）。具有结构功能的结构（structuring structures）也就是生成并组织实践及其表征的原则。这种实践及其表征客观上能与其结果相适应，并不预设行为者有意达到某个目的或掌握了达到目的所需的手段。②

在被过去的实践或历史建构即"被结构"的同时，惯习也"根据历史产生的方案生成个体及集体实践"即"具有结构功能"③。华康德指出："惯习在过去的影响与现在的刺激之间进行调解，因此它既被生成它的社会力量所结构，同时又具有结构功能，即它为一个人在不同领域从事的各种活动提供形式和连贯性。因此，布迪厄对它有多种界定，包括'结构的产物、实践的生产者、结构的再生产者''既统一实践又生成实践的原则'，等等。"④惯习的另一个特征是生成行动策略，而不是制定实施规则。惯习的机制"在意识和语言的层面下运作"，这正是上述定义中"并不预设行为者有意达到某个目的或掌握了达到目的所需的手段"之意，因此，尽管个体行为通过社会化而受到客观社会结构的约束，却不是恪守规则的结果⑤。这就肯定了惯习具有主体性和能动性。惯习还有开放性和不断累积的特点。"开放性"是指惯习的结构会随着个体经历而改变，"持久稳定"并不

---

① 汪宏伦. 将汉字罗马化：一个"跨语际实践"的文化政治学分析. 台湾社会学，2004(7)：129-130.

② Bourdieu，P. *The Logic of Practice*. Nice，R. (trans.). Cambridge：Polity Press，1990：53.

③ Bourdieu，P. *The Logic of Practice*. Nice，R. (trans.). Cambridge：Polity Press，1990：54.

④ Wacquant，L. Pierre Bourdieu. In Stones，R. (ed.). *Key Sociological Thinkers*. 2nd ed. London & New York：Palgrave Macmillan，2006：268.

⑤ Bourdieu，P. *Distinction：A Social Critique of the Judgement of Taste*. Nice，R. (trans.). Cambridge，MA：Harvard University Press，1984：53，466.

意味着惯习是永远不变的①；行为者在某个时期循着其社会轨迹养成的惯习既构成后来养成的惯习的基础，也会被后者重新结构②，在此意义上，惯习是不断积累的。

布迪厄把社会结构称作"场域"，而场域是生产社会实践的场所，"一个[拥有]潜在和活跃力量的社会空间"③，可见惯习、实践及场域相互建构，这体现了布迪厄社会学理论的鲜明特性即"结构主义的建构主义"。

布迪厄指出："惯习是作为一种第二天性被内化④因而被遗忘的具象化的历史，是生成它的整个过去的活跃存在，因此它在面对当前外部决定性因素时会赋予实践相对自治"，但惯习"是一种没有意识或意志的自发性行为"⑤。惯习兼具社会连续性和不连续性原则："连续性"是因为惯习把生成它的各种社会力量存储在个人机体内，这样它们就能穿越时空；"不连续性"是因为行为人养成新的性情倾向后，其惯习可能被改变，或在遇到一个与生成它的社会环境不同的环境时，惯习会引发创新⑥。

布迪厄区分了个体惯习与阶级惯习。个体惯习之所以互不相同，"是因为个体的社会运行轨迹（social trajectory）具有独特性，而与社会轨迹相对应的是按时间顺序排列的互不可约的决定性因素"；"个体惯习根据过去的经历生成的结构，每时每刻都在结构新的经历，而新的经历又在其

---

① Bourdieu，P. & Wacquant，L. J. D. *An Invitation to Reflexive Sociology*. Chicago：University of Chicago Press，1992：133.

② Bourdieu，P. *Outline of a Theory of Practice*. Nice，R. (trans.). Cambridge：Cambridge University Press，1977：86-87.

③ Bourdieu，P. & Wacquant，L. J. D. *An Invitation to Reflexive Sociology*. Chicago：University of Chicago Press，1992：101.

④ 惯习是行为人"从幼年开始接受的长期灌输和教育的结果，因而成为其第二天性"。参见：Johnson，R. Editor's introduction：Pierre Bourdieu on art，literature and culture. In Bourdieu，P. *The Field of Cultural Production*. New York：Columbia University Press，1993：5.

⑤ Bourdieu，P. *The Logic of Practice*. Nice，R. (trans.). Cambridge：Polity Press，1990：56.

⑥ Wacquant，L. Pierre Bourdieu. In Stones，R. (ed.). *Key Sociological Thinkers*. 2nd ed. London & New York：Palgrave Macmillan，2006：268.

选择权限定的范围内改变着过去的经历，从而与本阶级成员的共同经历产生一种独特的结合"；对惯习形塑而言，"早期经历特别重要，因为惯习倾向于确保自身的稳定性，防御任何改变"①。约翰逊（R. Johnson）解释道："被结构的结构"指行为人在接受长期的灌输和教育后习得的性情倾向系统（即惯习）"不可避免地体现了这种灌输的客观社会条件，这解释了来自同一社会阶级的行为人的惯习往往相似，因此可以说有一种阶级惯习"②。

惯习是生成实践的原则，而要充分分析社会实践，还须纳入两个要素：一是行为者的资本，二是社会结构即场域。布迪厄指出，"关系性思维"（relational mode of thinking）关注事物间相互关系，其场域概念充分体现了这一准则③。由此，他把"场域"定义为：

> 由位置间客观关系构成的一个网络或构造。这些位置本身的存在及其施加于位置占据者即行为者或机构的决定性影响，都是由位置本身在场域结构中的实际和潜在情况即各种资本（或权力）的结构及其分布客观界定的④。哪个位置占据者拥有了资本，就能在场域争斗中获取特定利益。同时，这些位置也是由它们与其他位置之间的客观关系（支配、从属、同构等）客观地界定的⑤。

由上可知，场域是一个由"行为者或机构"占据并通过资本及其转化运作的"网络"，但与拉图尔等人构想的"行动者网络"不同，场域是一个重

---

① Bourdieu，P. *The Logic of Practice*. Nice，R.（trans.）. Cambridge：Polity Press，1990：59-60.

② Johnson，R. Editor's introduction：Pierre Bourdieu on art，literature and culture. In Bourdieu，P. *The Field of Cultural Production*. New York：Columbia University Press，1993：5.

③ Bourdieu，P. & Wacquant，L. J. D. *An Invitation to Reflexive Sociology*. Chicago：University of Chicago Press，1992：96-97.

④ 布迪厄几乎把"资本"与"权力"等同起来，把两者视为可相互转化，在论述中又偏好使用"资本"，但权力很难用"资本"来概括，这是布迪厄理论的一个瑕疵。详见：汪宏伦. 将汉字罗马化：一个"跨语际实践"的文化政治学分析. 台湾社会学，2004（7）：132.

⑤ Bourdieu，P. & Wacquant，L. J. D. *An Invitation to Reflexive Sociology*. Chicago：University of Chicago Press，1992：97.

点关注人类行动者的网络,因为机构背后的真正实践者也是人类行动者。再者,正如惯习与场域相互建构一样,场域与资本也是分不开的。仍由以上定义可知,场域是"由资本的结构和分布客观界定的",即通过资本及其转换运作的。"场域的运作原理在于它的结构形式,尤其是相互对抗的各种力量之间的距离即不对称","正是场域中活跃的各种力量界定了特定的资本",因此,"资本只有与场域相关,才能存在并发挥作用"①。换言之,资本分布的结构是被场域内部的客观关系或结构界定的。布迪厄指出,场域与资本之间存在着一种"阐释学的循环"(hermeneutic circle):"要建构一个场域,必须先确定场域中运作的特定资本的形式;而要建构特定资本的形式,又必须知道资本所处场域的特定逻辑"。由此,布迪厄给"场域"下了一个简短的操作定义:"场域结构是由活跃在场域中的特定形式资本的分布结构界定的。"②由此可见,在布迪厄的实践论中,场域与资本是相互建构的。

布迪厄指出,"在高度分化的社会中,社会世界是由许多相对自治的微观世界即客观关系构成的空间组成的";根据这些结构空间各自遵循的特定逻辑,可以区分艺术场域、宗教场域、经济场域、文化场域等,例如,艺术场域和文化场域通过拒绝或反转物质利益法则而构成,而经济场域则遵循"在商言商"这一市场准则而出现③。"作为一个[拥有]潜在和活跃力量的社会空间,场域也是一个争斗的场域,其目的是维护或改变这些力量的配置";"场域支持并指导位置占据者采取的策略,以便以个体或集体方式保护或提高他们的位置,并把对他们的产品最有利的等级原则加诸场域"。场域概念强调"争斗"和"历史性":"行为者和机构根据这个游戏空间的规律和规则不断地争斗……以便占有对游戏来说至关重要的特定产

---

① Bourdieu, P. & Wacquant, L. J. D. *An Invitation to Reflexive Sociology*. Chicago: University of Chicago Press, 1992: 101.

② Bourdieu, P. & Wacquant, L. J. D. *An Invitation to Reflexive Sociology*. Chicago: University of Chicago Press, 1992: 108.

③ Bourdieu, P. & Wacquant, L. J. D. *An Invitation to Reflexive Sociology*. Chicago: University of Chicago Press, 1992: 97-98.

品;场域主导者能使场域的运作对他们本身有利,但必须与被主导者的抵制、要求或争论进行不断的斗争";场域的"历史性"是指其必然经历一个动态的历史演变进程。"每个场域都有自身逻辑、规律和规则……都构成一个潜在的开放空间,其边界是动态变化的,而这正是场域内部争斗的基础。"①

华康德认为场域有三个特性:(1)场域是被结构的位置空间,即将其决定性影响加诸进入者身上的"力量场域"(force field);(2)场域是行为者和机构角逐资本的场所;(3)场域自治的程度,即"在发展过程中获得的不受外部影响和维护自身评价标准的能力,从而能不为相邻或入侵场域的评价标准主导"。② 由此可见,布迪厄的场域观承袭了他的基本理论思想,即社会本质上是"竞争性的"。

如上所述,惯习与场域相互建构,场域又与资本相互建构,而行为者养成的惯习"取决于他们在社会(即场域)中连续占据的位置即拥有的特定资本";"任何个人、团体或机构在场域的位置或地位,可根据他们拥有的资本总量及构成来确定,而其拥有的资本总量及其构成的历时变化,记录了行为者及机构在社会空间中的运行轨迹,同时揭示了他们占据当前位置的方式和路径,从而为确定他们的惯习提供了宝贵的线索"③。场域理论充分反映了布迪厄强调的"关系性思维":"除了系统的定义,概念本身是没有定义的。……场域、惯习、资本等概念只有在它们构成的理论体系中才能被定义,而不能被孤立地定义。"④"场域、惯习、资本三者联系紧密,其中任何一个概念只有与其他两个合用才有充分的分析效力。"⑤

---

① Bourdieu, P. & Wacquant, L. J. D. *An Invitation to Reflexive Sociology*. Chicago: University of Chicago Press, 1992: 101-104.

② Wacquant, L. Pierre Bourdieu. In Stones, R. (ed.). *Key Sociological Thinkers*. 2nd ed. London & New York: Palgrave Macmillan, 2006: 268-269.

③ Wacquant, L. Pierre Bourdieu. In Stones, R. (ed.). *Key Sociological Thinkers*. 2nd ed. London & New York: Palgrave Macmillan, 2006: 268.

④ Bourdieu, P. & Wacquant, L. J. D. *An Invitation to Reflexive Sociology*. Chicago: University of Chicago Press, 1992: 96.

⑤ Wacquant, L. Pierre Bourdieu. In Stones, R. (ed.). *Key Sociological Thinkers*. 2nd ed. London & New York: Palgrave Macmillan, 2006: 270.

　　布迪厄指出:"场域结构无非就是资本分布的结构,而后者决定着行为者在场域的成功及赢得特定利益(如文学声望)。"①由此可见资本对场域运作的重要性。"资本是累积的劳动(表现为物化或具象化的形式),行为者或行为者团体一旦独占了它,就能以具体化或活劳动的形式占有社会能量。"②"资本指在一个特定社会斗争场所中起作用的任何资源,它能使参与场域斗争的行为者获取特定利益。"③

　　布迪厄指出,"要解释社会世界的结构和运作,必须把所有形式的资本重新引入";除了物质形式的资本,还可以区分非物质形式的资本。"资本的运作倚赖一个特定的场域,以或多或少昂贵的转化为代价,而转化是资本在场域中起作用的先决条件";各种形式的资本可相互转化,如经济资本可转化为非经济资本,反之亦然;经济资本可直接转换成金钱,"会以产权的形式制度化";文化资本指个体在社会空间中所受的教育(如学历)、从事的职业及获得的文化资源(如著作、译作);社会资本指个体在社会空间中的各种人际关系(即"人脉")和社会义务④。"经济资本是所有其他类型资本的来源","不同种类的资本可能都源于经济资本","但这必须以做出巨大的转化努力为代价";"资本的可转化性是为了确保资本再生产以及行为者在社会空间中的位置而采取的策略的基础"⑤。

　　文化资本有三种存在形式:一是具象化状态(the embodied state),即

① Bourdieu, P. *The Field of Cultural Production*. New York: Columbia University Press, 1993: 30.
② Bourdieu, P. The forms of capital. In Halsey, A. H., Lauder, H., Brown, P. & Wells, A. S. (eds.). *Education: Culture, Economy, and Society*. Oxford & New York: Oxford University Press, 1997: 46.
③ Wacquant, L. Pierre Bourdieu. In Stones, R. (ed.). *Key Sociological Thinkers*. 2nd ed. London & New York: Palgrave Macmillan, 2006: 268.
④ Bourdieu, P. The forms of capital. In Halsey, A. H., Lauder, H., Brown, P. & Wells, A. S. (eds.). *Education: Culture, Economy, and Society*. Oxford & New York: Oxford University Press, 1997: 46-47.
⑤ Bourdieu, P. The forms of capital. In Halsey, A. H., Lauder, H., Brown, P. & Wells, A. S. (eds.). *Education: Culture, Economy, and Society*. Oxford & New York: Oxford University Press, 1997: 53-54.

以心智和身体持久的性情倾向形式存在，"具象化的文化资本是转化成个人的一个组成部分即惯习的外部财富"，也即惯习可由行为者的文化资本体现出来；二是物化状态，即以文化产品的形式存在；三是制度化状态，即以一种特殊的物化形式（如学历）存在。社会资本是"与拥有一个稳定的相互认识和认可的制度化关系（即一个团体里的会员身份）网络相关的实际和潜在资源的总和"，因此，"行为者拥有的社会资本的总量取决于他能够调动的人际关系网的大小，也取决于其关系网里所有行为者拥有的经济、文化、符号资本的总量"①。

对于符号资本（也译作"象征资本"），布迪厄给出了至少三种定义：（1）"在一种知识关系或准确地说是认可与错误认可的关系中被象征性理解的任何一种形式的资本。"②由此可以推导，足量的符号资本能促使场域认可行为者的社会实践及其生产的产品。（2）在市场法则被拒绝认可的艺术或文学实践场域，经济资本只有经过转化并被认可才能发挥效能，符号资本即是"这种被视为合法即被误作资本的被否认的资本"（this denied capital, recognized as legitimate, that is, misrecognized as capital），"在经济资本不被认可的情况下，符号资本也许是资本积累的唯一方式"③。（3）符号资本是指"不被认可或错误认可而由此被认可因而合法的经济或政治资本，一种在特定情况下且从长远来看才能保障经济利益的'信誉'"④。由此可见，符号资本指"被象征性理解的任何一种形式的资本"，包括经济资本和非经济资本；它关涉行为者的信誉和场域的认可

---

① Bourdieu, P. The forms of capital. In Halsey, A. H., Lauder, H., Brown, P. & Wells, A. S. (eds.). *Education: Culture, Economy, and Society*. Oxford & New York: Oxford University Press, 1997: 47-51.

② Bourdieu, P. The forms of capital. In Halsey, A. H., Lauder, H., Brown, P. & Wells, A. S. (eds.). *Education: Culture, Economy, and Society*. Oxford & New York: Oxford University Press, 1997: 56.

③ Bourdieu, P. *The Logic of Practice*. Nice, R. (trans.). Cambridge: Polity Press, 1990: 118.

④ Bourdieu, P. *The Field of Cultural Production*. New York: Columbia University Press, 1993: 75.

机制,也即它能为行为者带来信誉,使其社会实践及生产的文化产品获得场域的认可;它还关涉资本的转换机制,即经济资本可转化为符号资本,但由于往往"不被认可""被错误认可""被否认",符号资本被认可和合法化要比经济资本困难得多,因而在转化为经济资本方面具有不确定性。

综上,行为者或机构在场域的位置取决于他们拥有资本的总量及其分布结构,拥有资本总量多者在场域占据主导地位,会采取保守策略以维持目前的资本分布结构,而处于被主导地位或新加入的行为者会采取颠覆策略,以挑战当前秩序和评价标准①。资本可分为经济资本和非经济资本,后者包括文化资本和社会资本,各种形式的资本可以相互转化,这会引起场域内部资本分布结构的变化,从而引起所有行为者或机构在场域位置的变化,进而使场域结构发生变化,同时造成行为者惯习的变化。场域通过资本转化及其引起的资本分布结构的变化而运作,而资本的运作倚赖一个特定场域。追求利益最大化的经济场域受制于市场法则,主要通过经济资本而运作,而文学艺术场域主要通过符号资本的积累而运作,最终未必能转化为经济资本,即为行为者或机构赢得经济利益。

在厘清"场域""惯习""资本"的定义及关系后,尝试解析布迪厄的社会实践公式如下:个体在社会化即家庭熏陶、接受教育和职业培训等过程中养成个人惯习,同时通过接受教育和职业培训等获取学历、职称、职位等文化资本,通过参加社交活动或加入机构团体获得社会资本,然后带着其惯习和初始资本进入某个场域,参与场域实践,个体的社会实践由此产生。这就是说,"实践的产生需要惯习与位置相遇,即心理结构与社会结构相对应(或分离)"②。根据布迪厄的阐释,"位置"取决于行动者在场域占有的资本总量;惯习即心理结构,社会结构即资本分布的结构。而参

① Wacquant,L. Pierre Bourdieu. In Stones,R. (ed.). *Key Sociological Thinkers*. 2nd ed. London & New York:Palgrave Macmillan,2006:269.
② Wacquant,L. Pierre Bourdieu. In Stones,R. (ed.). *Key Sociological Thinkers*. 2nd ed. London & New York:Palgrave Macmillan,2006:269.

与场域实践又会不断形塑行为者的惯习,使其惯习按照场域自身的逻辑、规律和规则做出自我调整,以便在场域争斗中获取特定利益,进而不断积累符号资本。由此可以考察行为者在场域的运行轨迹即职业发展轨迹。

布迪厄还提出"占位"(position-taking)概念,指行为者在场域占据的位置或所持立场的具体体现,既包括文学、艺术作品,也包括政治行为、政治话语、宣言、论战等①。"当特定行为者的惯习(由其社会轨迹塑造)与他们在位置场域(由一种特定形式的资本的分布来界定)中的位置相遇时,占位就发生了。"②由此可见,占位的生成机制与社会实践相同,但它是指参与社会实践的结果,即行为者在场域占据的位置。

目前,场域理论主要用于考察译者惯习形塑、译者如何通过其符号资本参与及影响场域运作、译者惯习形成的翻译风格等。显然,场域理论也可用于考察出版商、文学经纪人、编辑、评论者等重要翻译行为者的职业惯习及其资本如何生产社会实践,进而影响翻译实践的过程和结果。

## 三、文化生产场域理论

该理论是场域理论的拓展,重点分析文化生产场域的运作机制。布迪厄关注的对象和引用的案例主要是 19 世纪中叶以后法国文学艺术作品的生产和流通。

布迪厄指出,文化生产场域的运作机制不同于经济场域,它本质上可描述为一个"翻转"的经济世界③,其运作既受制于市场法则即"追求经济利润",也依靠"符号资本累积"。在市场法则被拒绝认可的文学艺术场

---

① Bourdieu, P. *The Rules of Art*: *Genesis and Structure of the Literary Field*. Emanuel, S. (trans.). Cambridge: Polity Press, 1996: 231.

② Bourdieu, P. The field of cultural production, or: the economic world reversed. *Poetics*, 1983, 12(4-5): 311.

③ Bourdieu, P. *The Field of Cultural Production*. New York: Columbia University Press, 1993: 29.

域,经济资本需要转化成符号资本才能发挥效能。

布迪厄认为,社会中占主导地位的政治经济权力关系集构成一个竞争不断的"权力场域"①,"它在阶级关系场域中处于主导的一极",而文学艺术场域处于权力场域之中②,其结构及运作必然受到后者的影响。文化生产场域行为者包括作家、艺术家、研究者、评论者、出版商等,他们"在符号资本方面占主导地位,但在经济上处于被主导地位"③。因此,该场域主要基于符号资本运作,而权力场域主要依赖政治经济资本运作;"不管文学艺术场域的独立(即自治)程度有多高,它都会受到权力场域即政治经济利益法则的影响"④,其结果是文化生产场域在权力场域中"处于被支配的地位"。文学艺术场域的运作基于双重原则:一是"他治原则",即用图书销量、演出场次、荣誉头衔等指标来衡量商业成功;二是"自治原则",具体体现为对作品创作者的认可,如获得文学或艺术声望⑤。由此可见,这个"翻转"的非经济场域拥有相对自治,且他治与自治是一种此消彼长的动态发展关系。

根据自治、他治原则相互争斗的客观关系,布迪厄界定了文化生产场域的二元结构,认为其结构"基于两种根本的颇为迥异的对立":一是"大规模生产子场域"与"有限制生产子场域"的对立,即"两种经济、时间维度和受众的对立"(详见下文);二是"有限制生产子场域内部的对立",如被认可的先锋艺术与未被认可的先锋艺术、成名作家与新晋作家、文化正统与文化异

---

① Johnson, R. Editor's introduction: Pierre Bourdieu on art, literature and culture. In Bourdieu, P. *The Field of Cultural Production*. New York: Columbia University Press, 1993: 14.

② Bourdieu, P. *The Field of Cultural Production*. New York: Columbia University Press, 1993: 37-38.

③ Bourdieu, P. *The Field of Cultural Production*. New York: Columbia University Press, 1993: 44.

④ Bourdieu, P. *The Field of Cultural Production*. New York: Columbia University Press, 1993: 39.

⑤ Bourdieu, P. *The Field of Cultural Production*. New York: Columbia University Press, 1993: 38.

端之间的对立①。布迪厄指出，文化生产场域越自治，即越不受权力场域的制约，"其符号权力平衡对最自治的生产者就越有利，大规模生产子场域与有限制生产子场域的分野也就越清晰"；大规模生产子场域的生产者"为市场而生产"，而有限制生产子场域的生产者"为其他生产者而生产"；至少在文化生产场域中最自治的领域（即以"其他生产者"为唯一读者群），其运作基于"对所有普通经济之基本原则的系统翻转"，即"排除对利润的追求，且不保证投入能带来相应的经济收益"②。概言之，文化生产是"为其他生产者而生产"的有限制生产，文化生产场域主要通过符号资本积累而运作。

布迪厄指出，鉴于文学艺术作品只有被社会认定并被有能力识别和认可它们的读者接受才能存在，不仅要研究这些作品的物质性生产，也要研究其"象征性生产"即作品价值或对其价值的信任的生产。因此，除了作家、艺术家等作品的"直接生产者"，还须考虑"作品意义和价值的生产者"即评论者、出版商、画廊主管、研究者等对文化生产的贡献③。这些"象征性生产者"合力"生产"出有能力识别和认可文学艺术作品的消费者（即"其他生产者"），因此文学艺术作品价值的真正生产者不是作家或画家，而是出版商或画商。出版商或画商通过展览、出版、搬上舞台等方式把作品推向市场，使他们"发现"的产品获得社会的认可；"文化商人本身被认可程度越高，就越有能力帮助产品获得认可"，而这种认可取决于出版商在场域中的位置即拥有的资本。出版商不仅赋予文学作品以商业价值，还能"宣告他维护的作者的价值"，最重要的是，为了推介一位作者，他把自己的声望即符号资本全部投进去。这种"文化投资"也需要投入经济资本，它能把作者带进"认可循环中"④。

---

① Bourdieu，P. *The Field of Cultural Production*. New York：Columbia University Press，1993：53.
② Bourdieu，P. *The Field of Cultural Production*. New York：Columbia University Press，1993：39.
③ Bourdieu，P. *The Field of Cultural Production*. New York：Columbia University Press，1993：37.
④ Bourdieu，P. *The Field of Cultural Production*. New York：Columbia University Press，1993：76-77.

就有限制生产子场域而言,"在经济资本不被认可的情况下,符号资本也许是资本积累的唯一方式"①。对作者、评论者、出版商等场域行为者来说,"积累符号资本的唯一合理途径是使自己出名,进而赢得公认的声誉即一种认可符号产品及其作者的资本(capital of consecration),从而为其赋予价值并从中获利"②。鉴于"社会本质上是竞争性的",有限制生产场域可界定为"争夺文化认可权力的竞争场所,也是专门用于发挥认可功能的系统"③。

布迪厄把文学艺术作品界定为"符号产品",以凸显"象征性生产"的重要性,揭示文化生产场域主要通过符号资本积累而运作的特点;他把出版商视为文学作品价值的"真正生产者","作者的创造者"(creator of the creator),作品消费者的生产者,强调评论者、出版商、研究者等在文化产品生产及认可中的重要作用,从而准确把握了文化生产场域的运作机制。布迪厄未曾论述翻译或译者及其在文化生产实践中的作用,却提醒我们在研究文学译介与传播运作机制时,必须重点考察包括译者在内的"作品意义和价值的生产者"。

布迪厄还提出"场域同构"(homology)概念,指虽然不同场域相对自治,但在结构和功能上都相互联结,会形成"异中有同"的关系④,从而影响每个场域内部的动态变化。该概念的提出,主要基于布迪厄指出的不同类型资本可以相互转换,行为者和机构的惯习可以转置,即"从一个场域转置到另一个场域去"⑤。由于文化机构参与符号产品生产、营销与流通,就必然与包括权力场域在内的其他场域形成同构关系,也就必然受后者的影响。

---

① Bourdieu, P. *The Logic of Practice*. Nice, R. (trans.). Cambridge: Polity Press, 1990: 118.
② Bourdieu, P. *The Field of Cultural Production*. New York: Columbia University Press, 1993: 75.
③ Bourdieu, P. *The Field of Cultural Production*. New York: Columbia University Press, 1993: 121.
④ Bourdieu, P. & Wacquant, L. J. D. *An Invitation to Reflexive Sociology*. Chicago: University of Chicago Press, 1992: 105-106.
⑤ 汪宏伦. 将汉字罗马化:一个"跨语际实践"的文化政治学分析. 台湾社会学,2004(7): 130.

　　布迪厄还提出文化生产场域两极化分析模式,以阐明"大规模生产子场域"与"有限制生产子场域"的对立,即"两种经济、时间维度和受众的对立"①。他认为,文化生产场域与其他场域的界线不是静态分割的,因为文化生产场域有主导与被主导、自治与他治两极,并且通过场域成员相互争斗而运作,而争斗导致场域结构和资本分布不断变化,从而引起与其他场域同构关系的变化②。在文化生产场域内部,有两派立场相左的行为者:一派试图捍卫场域自治,认为文化产品生产应遵循场域自身规律和规则;另一派则认为文化产品是为政治、经济和社会目的服务的,因而文化生产场域必然是他治的③。支持场域自治的行为者会赞成有限制生产方式,其产品面向小众消费者(一般是知识精英或其他文化生产者);而支持场域他治的行为者会采用大规模生产方式,其产品面向社会大众。大规模生产的目的是积累经济资本,因而受制于市场规则;而有限制生产旨在积累符号资本,一般只注重文化产品的审美功能④。

　　汉纳(S. Hanna)借用布迪厄的场域两极化分析模式,考察了戏剧翻译场域的结构和运作机制。他认为,用于舞台演出的戏剧翻译属于"商业翻译",译者只忠诚于译本用于舞台演出的商业成功,而不顾及"忠实"原则,往往对原作肆意删改,因此这种翻译模式在戏剧翻译场域中占据他治的一极(即为大规模生产);用于阅读的戏剧翻译则属于"审美或学术翻译",译者通常遵循"为艺术而艺术"的原则,追求在语言和形式上最大限度地忠于原作,而不太考虑译本能否在读者大众中取得成功,也即不在乎布迪厄所说的"市场裁决"⑤,

---

① Bourdieu,P. *The Field of Cultural Production*. New York:Columbia University Press,1993:53.

② Bourdieu,P. & Wacquant,L. J. D. *An Invitation to Reflexive Sociology*. Chicago:University of Chicago Press,1992:105-106.

③ Bourdieu,P. *The Rules of Art:Genesis and Structure of the Literary Field*. Emanuel,S. (trans.). Cambridge:Polity Press,1996:223.

④ Bourdieu,P. *The Field of Cultural Production*. New York:Columbia University Press,1993:115.

⑤ Bourdieu,P. *The Field of Cultural Production*. New York:Columbia University Press,1993:62.

因此这种翻译模式在戏剧翻译场域中占据自治的一极(即为有限制生产)。汉纳指出,以上分析表明,"戏剧翻译场域所接受的翻译策略不仅受制于戏剧场域及文学场域的生产方式,也取决于戏剧市场及文学市场的消费方式",因为反映消费者偏好的符号产品市场在选择翻译策略方面有发言权①。

布迪厄基于场域理论分析了19世纪中叶以后法国文学艺术作品生产和流通的方式,揭示了该场域的运作机制,进而提出文化生产场域理论。但他的理论基于对法国文学艺术实践史的考察分析,未必完全适用于当下语境或别的国家,将其直接用于分析文学翻译场域更需谨慎。文学翻译是一种被普遍贬为"次要活动"②的特殊的文学生产,属于文学生产场域中一个相对边缘的子场域,其运作机制自然不同于文学生产场域。古安维克认为,翻译实践严重受制于各种外部影响,往往难以维护自身评价标准,即自治程度很低,因此不能自成为一个场域,而应将其视作文学场域的一部分③。但为便于分析,可以假定翻译场域是相对独立存在并运作的。

布迪厄的理论也有自相矛盾之处,如:一方面,他把文学艺术作品定性为"为其他生产者而生产"的有限制生产,认为文学艺术生产场域主要通过符号资本积累而运作;另一方面,他又提出一个文化生产场域两极化分析模式,认为该场域存在着大规模生产与有限制生产之间的对立——前者的目的是积累经济资本,后者则旨在积累符号资本。这不仅削弱了理论工具本身的解释力,而且降低了对翻译研究的适用性(布迪厄的理论原本就不是为翻译研究而设计的)。汉纳对戏剧翻译场域结构和运作机制的分析有一定说服力,因为戏剧翻译是比较特殊的翻译,即它可区分出两种截然不同的生产目的、用途和受众,因而其生产方式有所不同,同时

① Hanna, S. *Bourdieu in Translation Studies: The Socio-cultural Dynamics of Shakespeare Translation in Egypt*. London & New York: Routledge, 2016: 54-56.
② Bassnett, S. *Translation Studies*. 3rd ed. London & New York: Routledge, 2002: 45.
③ Gouanvic, J.-M. The stakes of translation in literary fields. *Across Languages and Cultures*, 2002, 3(2): 160.

要求译者采取不同的翻译策略。但即便是这种特殊的翻译，也不能排除译者选择"第三条道路"的可能性，即兼顾戏剧译本的可演出性和可读性，如此一来，汉纳指出的"自治"与"他治"的界线就会变得模糊。再者，就西方出版业现状而言，出版社的性质（商业性、非商业性），规模（大型、中型、小型）及类别（独立、非独立）会对图书流通及传播的效果带来不同的影响，而布迪厄没有对此做出清晰的界定，这是其理论的又一个瑕疵。

总之，布迪厄社会学理论对本课题研究的适用性不容怀疑，但任何一种理论都有盲点和缺陷，需要我们批判性地、创造性地运用它。

## 第二节　行动者网络理论

比泽兰指出，一般认为布迪厄的场域理论和拉图尔等人的行动者网络理论"根本上是对立的"，其实就翻译研究而言，后者可补前者之不足，它们是翻译研究中"意外的盟友"[①]。以下概述行动者网络理论的核心内容，简论其与布迪厄理论的互补性。

行动者网络理论（actor-network theory—ANT）[②]，由法国学者拉图尔、卡隆和英国学者劳等人创立于 20 世纪 80 年代中期[③]，也被称作"招募理论"（enrolment theory）或"转译社会学理论"（the sociology of translation），90 年代中期被整合为单一理论[④]。拉图尔是当代科学知识社会学（sociology of scientific knowledge）研究的重要人物，也是法国新

---

① Buzelin，H. Unexpected allies：How Latour's network theory could complement Bourdieusian analysis in translation studies. *The Translator*，2005，11(2)：193-195.

② 该理论缩略为"ANT"，其英文全称中的连字符有三种写法："actor network theory""actor-network theory""actor-network-theory"。这也反映了该理论不够成熟、精细的事实。

③ 除了卡隆和劳，还有其他学者也对该理论做出过贡献。参见：Latour，B. *Reassembling the Social：An Introduction to Actor-Network-Theory*. Oxford & New York：Oxford University Press，2005：ix.

④ Crawford，C. S. Actor network theory. In Ritzer，G. (ed.). *Encyclopedia of Social Theory：Vol. 1*. Thousand Oaks，CA：Sage Publications，2005：1-3.

社会学派的名家。行动者网络理论的提出标志着科学研究的一个新学派即"巴黎学派"的诞生①。由于拉图尔、卡隆等人特别关注科技活动,行动者网络理论主要用于科学技术与社会研究②,近年来开始拓展至护理、公共卫生、图书馆与信息技术、城市研究、区域规划等应用学科领域,在翻译研究中的应用也日渐增多。

　　行动者网络理论具有内容庞杂、理论性质模糊、应用较广泛却又颇受争议的特点。杰克逊(S. Jackson)指出,过去 20 年,社会科学界对行动者网络理论的认识和兴趣渐增,尤其是运用该理论对"非人类行动者"在社会生活中的作用进行理论思考,从而考察人工制品与人类的关系维度,但将其用作一种研究方法或分析工具在当前社会学研究中仍处于边缘地位,这是因为它缺乏理论上的统一,即从分析方式和研究方法论角度看,对该理论及其思想的应用往往大相径庭;几位主要倡导者各自强调的理论观点有异,导致该理论实际上有几个不同版本,令应用者莫衷一是③。此外,该理论还有性质难以界定的特点。克劳福德(C. S. Crawford)指出,行动者网络理论在 20 世纪 80 年代中期创立时,被定性为"科学技术社会学"理论,随后又与符号学、结构主义、后结构主义关系密切,与福柯的物质符号学(material semiotics)也有相似之处。行动者网络理论并不区分科学(知识)与技术(人工制品),其倡导者也不赞成把社会与自然、能动性与结构、人类与非人类等分开,说明它具有反本质主义(anti-essentialism)和不同于社会建构主义(social constructivism)的特点,但这是宽泛意义上的建构主义,不同于布迪厄倡导的"结构主义的建构主义"。克劳福德还指出,行动者网络理论既是一种理论,也是一种方法,其本质

① 吴莹,卢雨霞,陈家建,王一鸽. 跟随行动者重组社会——读拉图尔的《重组社会:行动者网络理论》. 社会学研究,2008(2):218.

② Oppenheim,R. Actor-network theory and anthropology after science,technology,and society. *Anthropological Theory*,2007,7(4):471-493.

③ Jackson,S. Toward an analytical and methodological understanding of actor-network theory. *Journal of Arts & Humanities*,2015,4(2):29-44.

是福柯提倡的"物质符号学"的方法①。拉图尔也指出,行动者网络理论是一种"关于如何研究行动者的理论",准确地说是一种"关于如何让行动者有自我表达空间的理论";在此意义上,"它是一种方法,且大多数情况下是一种消极的方法,因为它没有说用它描述的事物的形态是什么"②。

鉴于行动者网络理论内容庞杂,我们从"行动者"与"网络"这两个重要概念切入,简要梳理其核心观点。拉图尔等人认为,以往的社会科学多以人类为考察的中心,因而将"自然"与"社会"、"人类"与"非人类"(non-humans)对立起来,这种二元对立的思想不利于分析社会世界,因为社会世界中还有机器、动物、文本、杂合物等非人类③。也就是说,所有参与科学知识生产的行动者,不论其是不是人类,都应被视为同等重要的研究对象。拉图尔指出,"任何发挥重要作用并确实改变了事态发展的人和物都是行动者",换言之,我们要确定一个行动者,只需要问:"它有没有影响其他行为者的行动?"④因此,该理论所称的"行动者"既包括人类行动者,也包括观念、知识、技术、生物、文本、产品等非人类行动者。卡隆解释说,行动者网络理论不是建基于"稳定的行动者"之上,而是假定行动者在本质上是不确定的,行动者"可能是一种招募(enroll)和支配(其他行动者)的权力,或反过来是一个没有主动权、只好听凭招募的行为者";该理论的提出,正是为了用于分析那些难以把人类与非人类分开的情形(如市场),因此,赋予非人类一种能动性正是这个理论的长处,必须予以保留⑤。拉图尔强调指出:"行动者网络理论从来就不是一种关于社会由什么构成的理

① Crawford, C. S. Actor network theory. In Ritzer, G. (ed.). *Encyclopedia of Social Theory: Vol. 1*. Thousand Oaks, CA: Sage Publications, 2005: 1-3.

② Latour, B. *Reassembling the Social: An Introduction to Actor-Network-Theory*. Oxford & New York: Oxford University Press, 2005: 142.

③ Murdoch, J. Inhuman/nonhuman/human: Actor-network theory and the prospects for a nondualistic and symmetrical perspective on nature and society. *Environment and Planning D: Society and Space*, 1997, 15(6): 731-756.

④ Latour, B. *Reassembling the Social: An Introduction to Actor-Network-Theory*. Oxford & New York: Oxford University Press, 2005: 71.

⑤ Callon, M. Actor-network theory—The market test. In Law, J. & Hassard, J. (eds.). *Actor Network Theory and After*. Oxford: Wiley-Blackwell, 1999: 181-183.

论,而是遵循常人方法学(ethnomethodology)路径的另一种方法……它旨在研究行动者做了什么、怎么做的、为什么那么做。"①

　　该理论界定的"网络"也不是一般意义上的社会关系网络。劳指出,行动者网络是诸多互动的行动者通过异质工程(heterogeneous engineering)构建的关系网络,行动者的行动使得异质因素形成网络,而网络能够重新定义或转变其构成因素②。他解释说,行动者网络理论"将社会关系(包括权力和组织机构)视为网络运作的结果",其独特之处在于它坚持认为网络具有"物质上的异质性","如果社会或机构仅仅是社会的,就不会存在",因此,"行为者、文本、设备、建筑物不仅全都在社会网络中产生,而且都是网络不可或缺的组成部分",所以在具体分析时应对人类和非人类一视同仁③。劳进一步指出:"行动者网络"是一个有意运用矛盾修辞法而创造出来的术语,因为"行动者"指向主观能动性,而"网络"指向客观结构,所以该术语旨在"将结构与能动性结合起来,同时消弭两者的差别",但它被转化为"一种平稳且一致的理论"后,"该术语蕴含的张力消失了,使得该理论极易被取代、批评或应用"④。

　　卡隆指出:"行动者的身份及其行动都依赖这些网状结构,我们只有承认非人类拓展了人类的行动,才能认清每个行动者。正是由于人类的行动既是有人性的,也被有着复杂结构的网络格式化,行动本身以及行动者的多样性才是可能的。"⑤换言之,行动者网络理论强调网络的重要性,

① Latour，B. On recalling ANT. In Law，J. & Hassard，J. (eds.). *Actor Network Theory and After*. Oxford：Wiley-Blackwell，1999：19.
② Law，J. Technology and heterogeneous engineering：The case of Portuguese expansion. In Bijker，W. E.，Hughes，T. P. & Pinch，T. J. (eds.). *The Social Construction of Technological Systems：New Directions in the Sociology and History of Technology*. Cambridge，MA：The MIT Press，1987：113-114.
③ Law，J. Notes on the theory of the actor-network：Ordering，strategy，and heterogeneity. *Systems Practice*，1992，5(4)：379-393.
④ Law，J. After ANT：Complexity，naming and topology. In Law，J. & Hassard，J. (eds.). *Actor Network Theory and After*. Oxford：Wiley-Blackwell，1999：1-14.
⑤ Callon，M. Actor-network theory—The market test. In Law，J. & Hassard，J. (eds.). *Actor Network Theory and After*. Oxford：Wiley-Blackwell，1999：194.

是因为无论单个行动者有多强，都不可能独自完成一项行动，而是需要从网络中其他行动者那里获得能量，才能共同完成行动。总之，行动者与网络相互建构，网络由行动者联结而成，但离开了网络，行动者就无法行动。

　　行动者网络理论并不包含"结构主义的建构主义"思想，未能令人信服地阐明行动者网络的建构机制，且在论述行动者网络的建构方式和过程时，过于强调行动者相互招募和利益关系协调①，对人类你争我夺的本性有所忽略，而布迪厄强调指出，"场域"与卢曼的"系统"（也包括拉图尔等人的"网络"）的本质区别是"争斗"②。这是行动者网络理论的一个瑕疵，而布迪厄的社会实践论正好可以弥补其不足。

　　行动者网络理论最受争议的是"非人类有能动性"这个提法。赛耶斯（E. Sayes）指出，拉图尔等人强调他们的理论"主要是一种方法论"，这就可以回避人们对"非人类有能动性"这个观点的批评；"只有将其放在行动者网络理论的总体方法论框架中进行阐释，才能更准确有效地理解该观点"；该观点本身也许站不住脚，却"为阐释我们与其他人及非人类的复杂联结关系提供了有用的出发点"③。此外，20 世纪末以来，该理论在应用范围逐渐扩大的同时也遭到严厉批评，被指责为"管理主义""强调尼采式的统治""马基雅维利主义"（Machiavellian，指鼓吹权术和谋略）"对'他者'实施殖民化""反人道主义""代表强权阶层"等④。难怪拉图尔用自嘲

① 参见卡隆提出的促成行动者网络建构的"转译四步骤"，即"明确问题"（problematization）、"利益赋予"（interessement）、"招募"（enrolment）、"动员"（mobilization）。Callon，M. Some elements of a sociology of translation：Domestication of the scallops and the fishermen of St. Brieuc Bay. *The Sociological Review*，1984，32（S1）：203-218.
② Bourdieu，P. & Wacquant，L. J. D. *An Invitation to Reflexive Sociology*. Chicago：University of Chicago Press，1992：102.
③ Sayes，E. Actor-network theory and methodology：Just what does it mean to say that nonhumans have agency? *Social Studies of Science*，2014，44（1）：144-145.
④ Crawford，C. S. Actor network theory. In Ritzer，G.（ed.）. *Encyclopedia of Social Theory*：*Vol. 1*. Thousand Oaks，CA：Sage Publications，2005：3.

的口吻把行动者网络理论称作"另类的社会理论"①。

即便如此,行动者网络理论提供了一个"网络或联络模式"②,尤其把非人类行动者纳入网络运作中,这是它的一大特色和贡献。布迪厄界定的"场域"本质上是一个人类行动者与社会结构相互建构的网络,基本上排除了非人类行动者参与社会实践的可能性,而拉图尔等人构想的是一个人类与非人类交互构建的"行动者网络"③。翻译生产与传播过程既涉及作为实践主体的人类行动者,也离不开非人类行动者,而后者是布迪厄场域理论难以描述和揭示的。在此意义上,行动者网络理论可以弥补场域理论解释力之不足。比泽兰分析指出,布迪厄认为,要解释社会世界,只能通过分析行为人的社会实践及其在社会世界中的位置和在场域中的行动轨迹,拉图尔等人则主张,必须分析人类行动者和非人类行动者(如机器、动物、文本、杂合物、技术等)的互动,分析社会中流通的人工制品的生产过程,才能理解社会。因此,比泽兰认为 ANT 能弥补布迪厄理论之不足,尤长于分析人类行动者(作者、译者、出版商、评论家、读者等)和非人类行动者(文本、影视作品、技术、观念等)联结而成网络的运作机制及翻译生产过程④。比泽兰还指出,"运用布迪厄理论的翻译研究者注重考察参与文化产品流通过程的行为者和机构,往往忽略对文本处理过程(包括翻译、修改、校对等)的研究",采用拉图尔的常人方法学路径则有助于分析译本生产过程,包括翻译选材、翻译模式等过程性行为⑤。

①　Latour, B. *Reassembling the Social: An Introduction to Actor-Network-Theory*. Oxford & New York: Oxford University Press, 2005: ix-x.

②　Chesterman, A. Models in translation studies. In Gambier, Y. & van Doorslaer, L. (eds.). *Handbook of Translation Studies: Vol. 3*. Amsterdam: John Benjamins, 2012: 111.

③　有学者质问"场域"与"网络"究竟是何关系,这里笔者尝试做了区分。详见:武光军. 翻译社会学研究的现状与问题. 外国语, 2008(1): 80-81.

④　Buzelin, H. Unexpected allies: How Latour's network theory could complement Bourdieusian analysis in translation studies. *The Translator*, 2005, 11(2): 193-218.

⑤　Buzelin, H. Translations "in the making". In Wolf, M. & Fukari, A. (eds.). *Constructing a Sociology of Translation*. Amsterdam: John Benjamins, 2007: 142-143.

## 第三节　社会翻译学理论模式

### 一、海尔布伦：国际翻译图书系统分析模式

海尔布伦认为，翻译图书构成一个"文化世界系统"，而跨国文化交流是一个"相对自治"的场域。国际翻译图书系统的运作基于一个"核心与边缘对立的结构"，语言群是该系统的基本单位，占全球翻译图书市场份额最大者占据系统的中心。他基于联合国教科文组织的"翻译图书索引"（Index Translationum）数据库和相关国家公布的图书出版数据（截至 20 世纪 80 年代末），划分了 4 个语言群：译自英语的图书占全球翻译图书市场的份额超过 40%，英语无疑是"超级中心语言"；占 10%～12% 的法语、德语、俄语为"中心语言"；占 1%～3% 的西班牙语、意大利语、丹麦语、瑞典语、波兰语、捷克语为"半边缘语言"；份额不到 1% 的都是"边缘语言"，包括汉语、日语、阿拉伯语、葡萄牙语。海尔布伦指出，"这几门语言的使用者数量都很大，但它们在国际翻译图书系统中位处边缘，说明语言群规模不能决定其中心位置"[1]，或者说"使用者数量不足以解释这个由'中心语言'与'边缘语言'构成的等级结构"[2]。

国际翻译图书系统的结构是动态变化的：中心语言可能被挤到边缘位置，边缘语言则可能上升到中心位置。例如，18 世纪末之前，法语是欧洲的中心语言，比英语、德语更重要，但此后就衰落了，其中心位置逐渐被英语取代[3]。又如，到了 20 世纪 90 年代，英语所占份额上升到 59%，"进

[1] Heilbron, J. Towards a sociology of translation: Book translations as a cultural world-system. *European Journal of Social Theory*, 1999, 2(4): 431-434.

[2] Heilbron, J. & Sapiro, G. Outline for a sociology of translation: Current issues and future prospects. In Wolf, M. & Fukari, A. (eds.). *Constructing a Sociology of Translation*. Amsterdam: John Benjamins, 2007: 96.

[3] Heilbron, J. Towards a sociology of translation: Book translations as a cultural world-system. *European Journal of Social Theory*, 1999, 2(4): 434-435.

一步巩固了其超级中心地位"①。海尔布伦发现,国际翻译图书系统内部这种对立的结构,导致语言群之间翻译流动不均匀,进而指出该系统运作有三个基本规律:一是总体上,翻译一般从中心语言流向边缘语言;二是边缘语言间通过翻译开展的文学交流往往以某种中心语言为中介语,"越是中心语言,其充当中介语的能力就越强";三是越是中心语言,从其译成其他语言的图书文类就越多。海尔布伦还指出,与中心语言相伴而生的是纽约、伦敦、巴黎等世界文学中心,跨国图书传播很大程度上依赖这些中心,"一本书被一家权威出版社译成一门中心语言,就会立即引起世界上其他地区出版社的注意"②。最后,国际翻译图书系统的结构也决定"文化输入"的规模,即"越是中心语言,译成该语言的图书比例就越低",这就解释了英美每年出版的图书中翻译图书占比是全世界最低的③。

借用海尔布伦的分析模式,可以解释尽管汉语的使用者众多,但它在当今世界文学场域中仍是一种"边缘语言"或"较少被翻译的语言"。近年来,"汉语、韩语在提升新的国际形象",在全球翻译图书市场"能见度越来越高","但相较于译自英语的图书,它们在国际文化交流中的地位还很低"④。该模式也能有效解释翻译图书在世界图书系统中占据不同位置的语言群之间的不均匀或不对称流动,如我国学界广泛关注的"译入""译出"图书的巨大逆差,也可以解释翻译在不同语言群中相差悬殊的文化地位。萨皮罗指出,比利时、以色列、荷兰等国(根据海尔布伦的模式,以色列和荷兰是"边缘语言"国家)高度重视翻译研究,而"翻译在美国文化中

① Sapiro, G. The sociology of translation: A new research domain. In Bermann, S. & Porter, C. (eds.). *A Companion to Translation Studies*. Hoboken, NJ: Wiley Blackwell, 2014: 85-86.

② Heilbron, J. Towards a sociology of translation: Book translations as a cultural world-system. *European Journal of Social Theory*, 1999, 2(4): 435-438.

③ 海尔布伦给出的数据是"不到5%"(截至20世纪80年代末)。韦努蒂(L. Venuti)基于21世纪初的数据指出:"现在只有2%多一点。"详见:Venuti, L. *Translation Changes Everything: Theory and Practice*. London & New York: Routledge, 2013: 158.

④ Billiani, F. Francesca Billiani speaks to Gisèle Sapiro: Translating sociology. *The Translator*, 2014, 20(2): 237-238.

的认知度很低"①。又如，中国文学文化"走出去"国家战略的提出和实施，既反映了中国想要扩大对外文化交流、提升文化软实力的强烈愿望，也揭示了当前汉语在全球翻译图书系统中的边缘地位。总之，海尔布伦的模式对跨国图书传播及国际文化交流有较强解释力，也对我们反思中国文学文化"走出去"的问题和对策有重要启示。

## 二、卡萨诺瓦：世界文学场域结构与翻译类型

卡萨诺瓦借用布迪厄的场域理论，提出一个用于分析世界文学场域等级结构与翻译运作的模式。她根据每门语言拥有的"语言文学资本"(linguistic-literary capital)，即该语言的声望、文学信仰及文学价值(衡量指标包括该语言的"年龄"、用其创作的诗歌的声望、文学形式的典雅程度、由其译出的翻译图书总量及影响力等)，把全世界语言界定为"主导与被主导"的关系，认为这种对立意味着"一个主导和权力斗争的结构"②。由此角度看，翻译本质上是占主导地位的文学场域与被主导文学场域间的"不平等交流"：从主导语言(如英语)译入被主导语言(如汉语)，翻译是后者积累语言文学资本的手段，故称作"积累型翻译"；从被主导语言译入主导语言，则能帮助用边缘语言写作的作家获得世界文学场域的"认可"(consecration)③，

① Billiani，F. Francesca Billiani speaks to Gisèle Sapiro：Translating sociology. *The Translator*，2014，20(2)：231.

② Casanova，P. Consecration and accumulation of literary capital：Translation as unequal exchange. In Baker，M.（ed.）. *Critical Readings in Translation Studies*. London & New York：Routledge，2010：288-289.

③ Casanova，P. Consecration and accumulation of literary capital：Translation as unequal exchange. In Baker，M.（ed.）. *Critical Readings in Translation Studies*. London & New York：Routledge，2010：290-295. "consecration"至少有四种译名：傅敬民译作"圣化"，蒋梦莹译作"神圣化"，曾文雄译作"奉献"，高方译作"认可"。详见：傅敬民. 社会学视角的翻译研究：问题与前瞻. 上海大学学报(社会科学版)，2014(6)：106；蒋梦莹. 资本、场域与文学神圣化——残雪小说在美国的译介研究. 山东外语教学，2017(5)：96-98；曾文雄. 当代翻译研究的界面前瞻——《翻译研究批评性读本》述评. 中国翻译，2012(2)：66；高方. 世界文学与翻译的构建力量——卡萨诺瓦《文学世界共和国》评析. 中国翻译，2017(4)：56-57.

即作家作品"以被自治评论家认可的形式跨越了文学边界"①,故称作"认可型翻译",但这取决于译者、出版商、评论者、专家、文学代理人等"认可者"(consecrators)在世界文学场域中的位置即拥有的资本。认可者本身"声望越高,译作越尊贵,其认可权力就越大"②。卡萨诺瓦还界定了"输入型翻译"与"输出型翻译",认为可以根据目标语和源语在文学空间所处的位置来确定文本传输的方向:占主导地位的语言文学一般通过翻译"输出"到被主导语言,而被主导语言通常通过翻译"输入"占主导地位的语言文学,以便"攫取他国的文学资源,推动本国文学场域的自治化",同时通过翻译积极"输出"本国文学作品,以便"争取世界文学中心(对本国文学)的合法化和认可"③。

　　卡萨诺瓦的分析模式对本课题研究的启示是:在当今世界文学格局中,汉语和中国文学仍是一种资本贫瘠的"被主导"语言和文学,只有通过翻译"输入"当今世界上占主导位置的语言文学,不断积累自身的语言文学资本,包括中国作家提升写作水平,写出世界级作品,同时要重点依赖国际声誉卓著的译者、出版商、媒体、评论者、专家学者来翻译、出版、评论、研究中国文学作品,才能有效提高中国文学在世界文学场域的被认可度。我国的外宣机构通过翻译主动"输出"中国文学也有助于扩大其国际认可度,但同样取决于国内译者和出版社的国际声誉即在世界文学场域拥有的符号资本。文学输出一旦带有文学文化交流之外的动机,就容易在输入国遭到冷落甚至抵制。为使中国文学更好"走出去",进而"走进去",需要在翻译出版方面加强中外合作。

① Casanova, P. *The World Republic of Letters*. DeBevoise, M. B. (trans.). Cambridge, MA: Harvard University Press, 2004: 126.
② Casanova, P. Consecration and accumulation of literary capital: Translation as unequal exchange. In Baker, M. (ed.). *Critical Readings in Translation Studies*. London & New York: Routledge, 2010: 299.
③ Casanova, P. Consecration and accumulation of literary capital: Translation as unequal exchange. In Baker, M. (ed.). *Critical Readings in Translation Studies*. London & New York: Routledge, 2010: 295.

### 三、西梅奥尼：译者惯习假说

西梅奥尼认为，"只有聚焦于实践行为者，才能分析产品和过程"①。基于布迪厄的"惯习"概念，他提出"译者惯习"（translator's habitus）概念，试图以之解释(1)译者在翻译过程中做出的各种重要决策；(2)为何译者的翻译风格各不相同，且往往表现为一致性差异；(3)哪些内力和外力形塑译者的翻译风格和专业技能②。

为此，西梅奥尼提出了"译者惯习"假说，包括两个核心观点：一是认为可从惯习角度解释翻译实践及译者行为和决策；二是认为主动或被动顺从于现行规范是译者惯习的基本特征，"译者的顺从"在西方翻译传统中是一个原始规范③。

西梅奥尼假设有一种特定的"翻译惯习"，即"在翻译转换过程中居间促成文化产品生产、既被预先结构又具有结构功能的行为者的性情倾向系统"④。西梅奥尼认为，我们作为社会行为者都有一种"社会惯习"，但并非所有人都有一种"专门的职业惯习"，"要成为译者，需将其社会惯习细化为一种专门惯习，其前提是把翻译场域视为一个专业场域"。但是，"这个假想的或我们希望存在的翻译场域远不及文学场域那么组织谨严有序，即其他治程度比文学场域高得多，这与根深蒂固的译者顺从有很大关系"。由此推断，"翻译产品无非就是分布不同的社会惯习或专门惯习的产物，而译者惯习受到翻译场域规则的支配"⑤。由此他揭示了惯习与场域相互建构的关系：译者惯习在场域中生成翻译实践和翻译产品，而场域

---

① Simeoni，D. Translating and studying translation：The view from the agent. *Meta*：*Translators' Journal*，1995，40(3)：445.

② Simeoni，D. The pivotal status of the translator's habitus. *Target*，1998，10(1)：1-2.

③ 转引自：Buzelin，H. How devoted can translators be? Revisiting the subservience hypothesis. *Target*，2014，26(1)：63.

④ Simeoni，D. The pivotal status of the translator's habitus. *Target*，1998，10(1)：1.

⑤ Simeoni，D. The pivotal status of the translator's habitus. *Target*，1998，10(1)：18-19.

规则或结构制约或形塑译者惯习。

　　西梅奥尼发问:"是什么力量使规范成为强大的操控工具,以至于所有行为者,包括那些有能力改变规范的行为者,都听命于规范?""为何行动者几乎总是选择遵循现行规范?"为解答这些问题,他提出如下假设:"相较于活跃在文化场域的其他行为者,译者的能力具有更大程度上遵循规范的特点",这反映在"译者在文化领域主要职业中一直处于从属的位置"①。他由此推测,"至少在有文字记载的西方翻译传统中,存在一种根深蒂固的译者顺从"②。西梅奥尼认为,导致"译者顺从"现象的,不是翻译活动或译者本人,也不是图里认为的客观规范,"译者在实践场域中内化的位置才是唯一的决定因素"③。换言之,这种译者惯习是被译者在场域所处的从属位置结构的。西梅奥尼指出,从惯习角度解释译者行为和决策,强调了"译者在维护现行规范及制订规范方面发挥的作用"④,即译者惯习有其能动性。这就回答了上述第三个问题,即内力(惯习)和外力(规范)合力形塑了译者的翻译风格和专业技能。

　　关于基于惯习的译者研究,西梅奥尼认为:第一,可用访谈和生平研究法等考察个人职业发展轨迹,以确定其译者惯习。译者惯习是"环境的副产品,社会条件多年内化的结果",但惯习"会随时做出微调以适应场域提出的实际需要"⑤。因此,"要把翻译实践视为不断变化的惯习支配的性情倾向的产物加以研究"⑥。第二,重点考察译者做出的风格方面的决策

① Simeoni, D. The pivotal status of the translator's habitus. *Target*, 1998, 10(1): 7-9.
② Simeoni, D. The pivotal status of the translator's habitus. *Target*, 1998, 10(1): 25.
③ Simeoni, D. The pivotal status of the translator's habitus. *Target*, 1998, 10(1): 12.
④ Simeoni, D. The pivotal status of the translator's habitus. *Target*, 1998, 10(1): 26.
⑤ Simeoni, D. The pivotal status of the translator's habitus. *Target*, 1998, 10(1): 14.
⑥ Simeoni, D. The pivotal status of the translator's habitus. *Target*, 1998, 10(1): 31.

多大程度上是惯习的产物，进而考察不同译者翻译风格差异是否可以归因于他们职业惯习的差异。第三，可以假设与译者的生活经历或社会轨迹一致的高度专业化偏好揭示了译者后天习得翻译技能的过程①，这需要实证研究加以验证。总之，基于惯习的译者研究有助于细致分析译者获得翻译能力和生产译作的社会—认知机制，尤其在译者风格变化的微观层面上②。

"译者惯习"假说揭示了翻译实践、翻译场域及译者行为和决策的"他治"，却遭到一些学者的质疑或批评③。事实上，西梅奥尼明确承认这是有限定条件的"推测"。也就是说，他的假说可以被证实，也可以被证伪。同时，该理论本身有一些瑕疵。如对于"译者惯习由什么构成"④，或者说具体体现在哪些方面，西梅奥尼没有阐明。邢杰指出，译者惯习主要体现在翻译选材、翻译策略、翻译风格和翻译观（或翻译思想）等方面⑤。汉纳认为，译者惯习不仅被翻译场域形塑，也会被译者在翻译场域外获得的历史经验所改变和重新结构⑥。这些都有助于增强该假设的适用性和解释力。

## 四、查尔斯顿：译者姿态理论

基于布迪厄的"身体姿态"（body *hexis*）概念，查尔斯顿提出"译者姿态"（translatorial *hexis*）理论，认为译作的某些文本细节体现了一种试图在本国文化生产场域中"寻求荣耀"的译者姿态。这显然挑战了西梅奥尼

① Simeoni，D. The pivotal status of the translator's habitus. *Target*，1998，10(1)：21.

② Simeoni，D. The pivotal status of the translator's habitus. *Target*，1998，10(1)：33.

③ Buzelin，H. How devoted can translators be? Revisiting the subservience hypothesis. *Target*，2014，26(1)：63-64.

④ Buzelin，H. Sociology and translation studies. In Millán，C. & Bartrina，F. (eds.). *The Routledge Handbook of Translation Studies*. London & New York：Routledge，2013：188.

⑤ 邢杰. 译者"思维习惯"——描述翻译学研究新视角. 中国翻译，2007(5)：13.

⑥ Hanna，S. *Bourdieu in Translation Studies：The Socio-cultural Dynamics of Shakespeare Translation in Egypt*. London & New York：Routledge，2016：45.

的"译者顺从"假说,为解释译者基于性情倾向采取的某些翻译策略提供了新的分析工具,也是对社会翻译学研究轻文本分析倾向的一种反拨。

"hexis"一词最早见于亚里士多德的哲学论述,是布迪厄早期理论体系中的一个重要概念,与布迪厄界定的"惯习"部分重合①。布迪厄把"身体姿态"定义为:

> 与涉及身体和工具的整个技巧系统有关联的、负载大量社会意义和价值观的、既是个体也是系统性的姿势模式,包括行走坐立和使用工具的姿势、面部表情、歪头等,往往与个体的声音语调、言语风格和某种主观经验相联系。……身体姿态是成为现实的、具象化的政治神话,并由此转变成一种持久的性情倾向,即一种持久稳定的站立、说话及感受和思考事物的方式。②

由定义可见,"身体姿态"与"惯习"的相同点主要集中在后天习得的"一种持久的性情倾向"上:它是一种没有意识或意志的自发性行为,仅仅因为或通过行为人的实践及其与其他行为人和环境的互动才存在,体现在行走坐立、手势、说话等身体姿态上。而"惯习"概念更复杂,内涵更丰富,主要体现在:惯习的"生成性",即具有生成各种产品(包括思想、感受、表情和行动)的无限潜能,从而揭示了场域与惯习的辩证关系;惯习的分类功能,即可区分"个体惯习"与"阶级惯习"③。而"身体姿态"的形成主要基于行为人的主观经验和社会实践(如使用工具),且由文化价值观决定。再者,布迪厄指出身体姿态"既是个体的,也是系统性的",但并未明确区分个体和群体的身体姿态。

布迪厄认为,身体姿态体现了人们共享的社会文化价值观,同时,人们知道他们的态度和行为方式被本社群认为是荣耀的、值得尊重的,因此

---

① Charlston, D. Textual embodiments of Bourdieusian *hexis*: J. B. Baillie's translation of Hegel's *Phenomenology*. *The Translator*, 2013, 19(1): 55.

② Bourdieu, P. *Outline of a Theory of Practice*. Nice, R. (trans.). Cambridge: Cambridge University Press, 1977: 87, 93-94.

③ Jenkins, R. *Pierre Bourdieu*. London & New York: Routledge, 1992: 74.

身体姿态也体现和表达了他们的自尊;"人们对本文化把哪些行为视为荣耀或不荣耀有所预期,而这种预期是由文化决定的,人们的身体姿态(即手势、姿势和立场)恰恰体现了这种预期"①。

查尔斯顿把"译者姿态"定义为"译本体现的一种寻求荣耀的身体姿态……这种姿态表明译者参与了历史场域的动态发展"②。基于对英国道德哲学家贝利(J. B. Baillie)翻译黑格尔(G. W. F. Hegel)《精神现象学》的个案研究,他指出:"针对当时哲学场域中的对立,这位哲学家译者采取了一种挑战权威、寻求荣耀的态度。"据此他提出,可把译者的各种翻译决策(包括选词措辞)解释为"译者姿态的具体体现"③。查尔斯顿推断:"译者通过文本和副文本细节,表达自己对思想价值观的忠诚和拥护,将教会、国家、学会等机构的合法性和正统性在目标文化中再现出来";"从译者姿态入手分析译本的文本细节,可以揭示哲学翻译涉及的复杂的决策过程";"哲学家译者无疑关心原作与译作的对等关系……但也用一种寻求荣耀的方式,关心译本在哲学思想上的一致性、在目标文化中的潜在作用和接受及其本人在场域的声誉"。在应用译者姿态理论时,不仅要考虑译作的特定背景,还要重点考察译作产生时"历史子场域的微观发展与嬗变以及相关的意识形态或政治权力场域"。具体说来,就是要考察场域中对资本分配起着结构作用的对立关系(如权力不平衡、位置不对称),因为"这种对立会影响译者的自我定位,最终影响其翻译决策"④。显然,查尔斯顿重申了布迪厄场域理论的核心思想:只有考察特定场域及行为人在场域中的客观位置,才能分析其惯习和采取的行动策略。

---

① 转引自:Charlston,D. Textual embodiments of Bourdieusian *hexis*:J. B. Baillie's translation of Hegel's *Phenomenology*. *The Translator*,2013,19(1):55-56.

② Charlston,D. Textual embodiments of Bourdieusian *hexis*:J. B. Baillie's translation of Hegel's *Phenomenology*. *The Translator*,2013,19(1):51.

③ Charlston,D. Textual embodiments of Bourdieusian *hexis*:J. B. Baillie's translation of Hegel's *Phenomenology*. *The Translator*,2013,19(1):55-57.

④ Charlston,D. Textual embodiments of Bourdieusian *hexis*:J. B. Baillie's translation of Hegel's *Phenomenology*. *The Translator*,2013,19(1):57-58.

帕斯马兹(K. Pasmatzi)应用译者姿态理论,考察了英文历史小说《科雷利上尉的曼陀林》(*Captain Corelli's Mandolin*)的希腊语译本。小说以第二次世界大战时被德、意占领的一个希腊小岛为背景,正面写到希腊历史,但对某些历史事件的描写是失实的,如抹杀了一支希腊共产党部队在抵抗法西斯侵略中的作用,对其成员进行了诋毁。帕斯马兹发现,在处理原作中与史实不符的内容时,译者采取了目标文化可以接受并认为是荣耀的翻译策略,包括委婉化、净化、纠正、删削等,体现了一种试图寻求本国(指希腊)文化荣耀的译者姿态①。该文揭示了译者为寻求本国文化荣耀而采取某些翻译策略,颇有启示意义②。

---

① Pasmatzi，K. Translatorial *hexis* and cultural honour：Translating *Captain Corelli's Mandolin* into Greek. In Vorderobermeier，G. M.（ed.）. *Remapping Habitus in Translation Studies*. Amsterdam & New York：Brill & Rodopi，2014：80-85.

② 参见:汪宝荣. 寻求文化荣耀的译者姿态——《浮生六记》林译本文化翻译策略新解. 外语学刊,2017(6)：116-121.

# 第三章　关键词、研究方法与分析模式

本章将界定本书涉及的若干核心关键词,说明研究路径方法,列出七种中国现当代小说译介与传播模式,最后提出一个分析中国文学译介与传播过程的网络模式。

## 第一节　核心关键词释义

### 一、"中国文学译介与传播"

许钧指出,当前对翻译的思考语境发生了根本性变化,一是"由西学东渐转向中国文化'走出去'",二是"转向对中国传统文化、中华民族价值观的重新认识和发扬",这就要求国内译学界"把目光投向'中译外'的活动"①。他呼吁学界"积极响应国家的战略需求,对中国文学文化在国外的译介与传播展开多方位研究"②。谢天振也提出,鉴于当前国内翻译研究滞后于时代需要,必须加强中译外即"译出"研究③。

在中国语境下,"译出"一般指从汉语译成外语即"中译外","译入"则指"外译中"。国内学者提及这对重要概念时,一般不考虑翻译方向即"译

① 许钧. 总序//许钧,李国平. 中国文学译介与传播研究:卷一. 杭州:浙江大学出版社,2018:1-2.
② 许钧. 试论中国文学外译研究的理论思考与探索路径——兼评《中国现代文学在法国的译介与接受》. 中国比较文学,2018(1):117.
③ 谢天振. 新时代语境期待中国翻译研究的新突破. 中国翻译,2012(1):14.

者将一门外语译成其母语或相反"。前者有时被称作"顺向翻译",后者称作"逆向翻译"(一些西方学者认为它有负面含义)①。谢天振在上文中讨论"译入""译出"时提及"翻译方向",但未明确界定这三个概念,更没有提到译者的母语。再者,谢天振把"译入""译出"分别译为"in-coming translation""out-going translation",可见他所称的"翻译方向"与西方译学概念"翻译方向"不同。笔者曾指出,"译入""译出"与西方译学概念"顺译""逆译"并不严格对应;这对概念反映了国人根深蒂固的"中国乃世界之中心"的文化优越感,因此,"译入"指从非世界中心的域外译入世界文明的中心即中国,而"译出"正好相反。如果说对处于鼎盛期的中国文化来说,"译出"是一种无上的荣耀,满足了国人的文化优越感,那么晚晴以降的"译出"对日渐式微的中国文化来说是一种无奈的诉求,折射出国人的文化焦虑感②。潘文国把"译入""译出"分别译作"translating into/out of one's mother tongue"③,则有混淆中西译学概念之虞。

本书研究中国文学译介与传播运作机制及模式,以中国现当代小说英译为个案,涉及的译者既有中国本土翻译家、西方汉学家、华裔学者,也有中西译者组合。就译者母语而言,有时情况颇复杂,如王际真的英语水平与其母语即中文不相上下,因此不易界定他从事的是"顺译"还是"逆译";又如,杨宪益与戴乃迭合译时依仗各自母语之优势,也难以界定他们是"顺译"还是"逆译"。译者母语会影响甚至决定译文质量或风格,因此在论述中国文学译介与传播时不能不予以考虑。而从"译入""译出"这对概念入手去界定这些具体个案的性质更难操作,因为这对概念涉及翻译出发地和目的地,即从国外"译入"中国还是从中国"译出"到国外。本书

---

① Beeby, A. Directionality. In Baker, M. & Saldanha, G. (eds.). *Routledge Encyclopedia of Translation Studies*. London & New York: Routledge, 2009: 84.

② Wang, B. R. Translation practices and the issue of directionality in China. *Meta: Translators' Journal*, 2011, 56(4): 896-914. 参见:苏艳. 从文化自恋到文化自省:晚清中国翻译界的心路历程. 武汉:华中师范大学出版社, 2018.

③ 潘文国. 译入与译出——谈中国译者从事典籍英译的意义. 中国翻译, 2004(2): 40-43.

考察的个案大多不是"译出"到国外，而是由西方译者或机构将中国文学"译入"其所在国。同时，有些个案（如王际真在美国翻译出版鲁迅小说）不易界定：从翻译项目发起地和目的地看，王译属于"译入"，但从王际真的文化身份看，又是旨在对外传播中国文学的"译出"。鉴于此，本书避免使用"译入""译出"这对目前尚未明确界定的概念，同时谨慎使用"顺译""逆译"这对存在争议的西方译学术语，而是采用国内学界常用的"中国文学译介"。"中国文学译介"之谓因简洁而易生歧义，如被理解为"在中国开展的文学译介"。因此，"中国文学对外译介"似较妥，但它有广义与狭义之分：前者指"国外对中国文学的译介及我国的主动对外译介"，后者指"中国主动对外译介中国文学"，如马士奎把"对外翻译"界定为"由译者所从事的将本文化作品译入其他语言的翻译活动"①。

　　鉴于本书的研究对象和内容，笔者以"中国文学译介与传播"作为论述所用的核心关键词，其中"中国文学译介"指广义上的"中国文学对外译介"。"译介"涵盖"翻译"与"推介"，不同于谢天振的"译介学"概念②；"推介"指有关机构或个人发起翻译出版项目，向目标读者群推介作家作品。译介是译作得以传播的手段和过程性行为，传播既是译介后的一种手段和过程性行为，也是译介的最终目标，而传播的成功又会推动更多作品的译介。因此，"译介"与"传播"相辅相成，同等重要。目前所见的同类研究多以"……的传播与接受"为题名，对两者一般不做严格区分。本书所称"传播"涵盖"接受"，即把"接受"视为作为手段和过程性行为的"传播"的结果。为便于论述，笔者首先考察中国作家作品在英语世界的接受③，然后对其传播过程做出推论和分析。目前对中国文学在目标国的"落地"研究相对缺

---

① 马士奎，倪秀华. 塑造自我文化形象——中国对外文学翻译研究. 北京：中国人民大学出版社，2017：2.
② 谢天振. 译介学. 上海：上海外语教育出版社，1999.
③ 理论上说，影响是接受的重要体现，应将其纳入接受研究中。白亚仁认为，这种影响表现为中国作家的写作手法被目标国作家模仿借用，但据他所知，目前还没有中国作家（包括莫言）在西方有这样的影响。参见：白亚仁，杨平. 美国汉学家白亚仁谈中国小说在英美的翻译与传播. 国际汉学，2019(4)：21.

乏,较为薄弱,可说是"瓶颈"之一。有鉴于此,本书注重研究传播过程与接受结果。

## 二、"传播影响力"与"被认可度"

"传播影响力"(dissemination impact)是衡量译介与传播效果的评判标准和基本依据,包括一些具体指标:有的可以准确量化,如图书销量、书评数量等;有的则难以准确量化,只能进行定性描述,如列入图书排行榜、编入文集、纳入学校课程、获提名及国际奖项等。所谓传播影响力,是指中国文学经由某种译介传播模式的有效运作,具体通过涉及项目发起、翻译、编辑出版、评论推介、营销流通等基本环节的行动者网络建构和运作,助推作家作品进入目标国图书市场,进而得到评论、列入排行榜、购买、阅读、研究、编入文集、进入学校课程、提名、获奖等接受行为所体现的实际传播效果和影响力。

"被认可度"(degree of consecration)是译介与传播效果的重要表征,体现在中国作家作品被目标国文化生产场域中有认可权力的行为者和机构所认可,进而被世界文学场域中有认可权力的行为者和机构(如瑞典文学院)所认可。作家作品一旦被认可,就完成了"经典化"过程,步入了世界文学的殿堂。由此可见,中国文学译介与传播是通过生产、营销、流通等手段,最大程度发挥译作传播影响力进而被认可的过程。换言之,传播影响力是具体手段,被认可是终极目标。

"英语世界"指以英语为第一语言或官方语言的国家和地区(括号内的数字指说英语的人数),主要包括:美国(2.3 亿)、英国(6000 万)、加拿大(2000 万)、澳大利亚(1700 万)、爱尔兰(480 万)、新西兰(480 万)[①]。此外,印度、南非、新加坡等国,以及中国的香港等地也有不少英语读者,但对中国文学获得国际认可的推动比较有限。参照海尔布伦提出的核心与边缘对立的结构模式,我们根据其对中国文学获得国际认可的推动作用

① Anon. English-speaking World. (2018-12-24)[2021-06-06]. https://en.wikipedia.org/wiki/English-speaking_world.

之大小，可划分三个目标市场：美国、英国、加拿大是"中心市场"，澳大利亚、爱尔兰、新西兰是"半中心市场"，印度、南非、新加坡等属于"边缘市场"。显然，中国文学译介与传播及其产品应主要面向"中心市场"和"半中心市场"，衡量其传播影响力也应主要基于这些市场的指标。

在确定上述衡量指标时，笔者参考了韦努蒂和布迪厄的相关论述。韦努蒂认为，译作在目标文化中的接受方式包括被评论和研究、用于课程教学等①。布迪厄指出，作家作品被认可的方式包括进入图书排行榜，获文学大奖，编入教科书或文集，进入大学课程，作家以肖像、雕像、半身塑像等形式被纪念；被认可的指标包括图书销量、书评、研究文章等；有认可权力的机构和行动者包括教育系统、文化机构、评奖委员会、权威专家、知名学者和评论家等。通过分析作家作品"被文学殿堂拥抱的不同形式"，可以确立其"经典化"的过程②。鉴于有的数据资料（如准确的图书销量、编入文集、进入学校课程）不易获取，可基于英文书评（"精英读者"评价）、被重要文献引用或推荐、图书重印再版、全球馆藏量、进入图书排行榜、被提名或获奖等指标，定性或定量考察一部译作在目标国的接受。

韦努蒂指出，"读者趣味取决于读者的文化和社会身份，在阅读一部经典作品译作的体验中起着决定性作用"，"不同读者把不同文化趣味和能力带进阅读中，因而对文本采用不同处理方式"③。布迪厄区分了"精英趣味"与"大众趣味"，前者指"读者运用专业知识，用超然的态度欣赏文化

---

① Venuti, L. Translation, interpretation, canon formation. In Lianeri, A. & Zajko, V. (eds.). *Translation and the Classic: Identity as Change in the History of Culture*. Oxford & New York: Oxford University Press, 2008: 27.

② Bourdieu, P. *The Rules of Art: Genesis and Structure of the Literary Field*. Emanuel, S. (trans.). Cambridge: Polity Press, 1996: 225. 国内学者有相似的论述，参见：朱徽. 英译汉诗经典化. 中国比较文学, 2007(4): 22.

③ Venuti, L. Translation, interpretation, canon formation. In Lianeri, A. & Zajko, V. (eds.). *Translation and the Classic: Identity as Change in the History of Culture*. Oxford & New York: Oxford University Press, 2008: 46.

产品,在艺术与生活之间划清界限"①。事实上,英语世界的"精英读者"往往对中国当代文学进行政治性解读,未必都以"超然的态度"在文学与现实之间划清界限。韦努蒂据此区分了"精英读者"与"大众读者"。前者指受过良好教育的专业人士,包括专栏撰稿人、记者、教师、学者、评论者、译者等,这类读者在阅读译作时往往寻求语言流畅,"把流畅等同于经典",而大众读者往往寻求阅读愉悦感和意义及价值观方面的认同②。大众读者也会评论中国文学译作,但大多发表在商业或社交平台上,而精英读者的书评一般刊登在主流媒体或学术刊物上,属于"有影响的书评",即"具有极大公信力因而实际上发挥着舆论导向功能的意见","在接受文化语境中形塑公众的日常阅读习惯、阐释策略及价值判断"③。本书主要基于后者来衡量中国作家作品在英语世界的传播和接受。

当前,英美两国的翻译文化还很不发达,表现为每年出版的图书中,英译作品仅占3%左右④。韦努蒂提供的数据更让人气馁:2007年美国有关机构公布的出版数据显示,这个比例"只有2%多一点"。韦努蒂将其归因于英语国家现行出版惯例,尤其一项执行多年的"不成文政策":出版商会先买下某个外国作家一本书的翻译版权,如该书出版后亏损,就不再翻译出版该作家作品;如不盈不亏或有薄利,就会继续翻译出版该作家其他作品,希望能培育一个稳定的读者群,最终获得盈利。早在20世纪40年代,该政策就导致了一个行业标准即"翻译图书首印不过5000册"的确立。20世纪初至今,很少有英译图书能突破这个销量上限,其结果是有一

---

① 转引自:Venuti, L. Translation, interpretation, canon formation. In Lianeri, A. & Zajko, V.(eds.). *Translation and the Classic: Identity as Change in the History of Culture*. Oxford & New York: Oxford University Press, 2008: 46.

② Venuti, L. Translation, interpretation, canon formation. In Lianeri, A. & Zajko, V.(eds.). *Translation and the Classic: Identity as Change in the History of Culture*. Oxford & New York: Oxford University Press, 2008: 48-49.

③ 刘亚猛,朱纯深. 国际译评与中国文学在域外的"活跃存在". 中国翻译, 2015 (1): 8.

④ Anon. About Three Percent. (2018-12-24)[2021-06-06]. http://www.rochester.edu/College/translation/threepercent/.

本书被翻译出版的外国作家大多不会被再次翻译出版。现行出版惯例不仅导致英美市场中翻译图书很少，而且"形成了对翻译图书普遍不感兴趣的盛气凌人的单语读者群"。韦努蒂建议应着力培育一种"翻译文化"，以推动翻译研究和翻译实践，更要培育一个"内行的读者群"，这些读者将会支持和鼓励翻译图书出版①。刘绍铭也指出，有兴趣阅读中国文学英译本的西方读者主要有两类：一是对中国"情有独钟"，因而有兴趣探索中国现代作家笔下"感时忧国"的文学世界，二是主修中国文学专业的研究生②。由此可见，目前中国文学英译本在英美只有一个小众市场，主要受众是专业读者，被大众读者热情拥抱的机会还不大。因此，如何培育"内行"的大众读者群是需要应对的一大挑战，也是需要从"传播影响力""被认可度"角度进行探讨的重要课题。

## 三、"中国现当代小说翻译场域"

场域是"为便于分析而建构的一个系统"③。惯习、场域在"假设"的层面上运作④。故可假定在英语世界文学文化生产场域中，存在一个"中国现当代小说翻译场域"。"中国现当代小说"是一个复杂的概念，首先是"起点问题"。当前学界对中国现代文学的起点问题仍有争议，但不少学者同意"肇始于五四运动前后"一说⑤。至于当代文学，一般把1949年7月召开的中华全国文学艺术工作者代表大会视为其起点，但在学界也存

---

① Venuti，L. *Translation Changes Everything：Theory and Practice*. London & New York：Routledge，2013：158-160.

② 刘绍铭. 入了世界文学的版图——莫言著作、葛浩文译文印象及其他//杨扬. 莫言研究资料. 天津：天津人民出版社，2005：506-508.

③ Bourdieu，P. *The Field of Cultural Production*. New York：Columbia University Press，1993：34.

④ Gouanvic，J.-M. A model of structuralist constructivism in translation studies. In Hermans，T.（ed.）. *Crosscultural Transgressions：Research Models in Translation Studies II*. Manchester：St. Jerome，2002：99.

⑤ 殷齐齐，王爱萍. 中国现代文学起点问题研究述评. 徐州师范大学学报（哲学社科版），2006(5)：28-34.

在多个"中国当代文学"时间起点版本①。其次,中国现代小说与当代小说各自可分为不同流派,如改革开放以来的"新时期文学"先后经历了伤痕文学、反思文学、改革文学、寻根文学、先锋小说、新写实小说等阶段②。这些流派、风格各异的小说在不同时期有不同译介与传播特点,在英语世界的接受度和认可度也不同,但根据市场总体表现,划分为严肃小说和通俗小说两大类更有意义。要在严肃文学(或称作"精英文学")与通俗文学之间画出清晰的分界线,其实并不容易。黄永林认为,两者的分野主要体现在:精英文学追求传统理性,崇尚永恒价值,重视社会作用和文学创新,而通俗文学追求世俗理性,祈盼市场流通,重视娱乐功能和传统继承。但这样的划分并不精确,因为二者也有相通之处,有"两可"即"过渡地带"的作品③。真正的作家都追求自己的作品有永恒的价值,也都祈盼能广泛流通。事实上,有永恒价值的经典作品大多是严肃文学,这也是"诺贝尔文学奖"只考虑严肃文学的重要原因。鉴于此,本书重点考察中国现当代严肃小说的英语译介与传播。

中国现当代小说翻译场域具有场域的一般特性:它是被结构的位置空间,行为者或机构在场域的位置取决于资本结构及分布;它是行为者和机构角逐资本的场所;它是社会实践和文化生产的场所,即中国现当代小说译作生产的场所。基于布迪厄的场域理论,对其结构、运作机制及方式分析如下④。

其一,它主要通过有限制生产及符号资本积累而运作。2008—2010年美国出版的中国当代文学英译本"品种少,销量低,且没有什么名气,几乎无一进入大众视野"⑤。尽管目前这种情况有明显改观,但由此可以推

---

① 罗长青. "中国当代文学"时间起点争议问题考察. 海南大学学报(人文社科版), 2015(6):97-102.
② 姜智芹. 中国新时期文学在国外的传播与研究. 济南:齐鲁书社,2011:10-22.
③ 黄永林. 精英文学与通俗文学的分野. 文艺理论与批评,2004(5):55-60.
④ 参见:蒋梦莹,汪宝荣. 试论英语世界当代中国小说翻译场域的历史演变. 外国语文研究,2018(3):102-111.
⑤ 康慨. 一少二低三无名:中国当代文学在美国. 中华读书报,2011-01-12(4).

断,英语世界中国现当代小说翻译场域严重受制于各种外部因素,难以维护自身评价标准,自治程度较低①,因而基本上采用有限制生产的方式,有关行为者和机构的主要目的是积累符号资本,但也不能排除追求经济利益的动机和意图。该场域的行为者和机构包括文学经纪人、作者、译者(学者型、非学者型、职业型、混合型)、出版社(商业性与非商业性,大型、中型与小型,独立与非独立)、编辑、评论者、研究者、消费者等。评论者、研究者和消费者不直接参与生产,却是"作品意义和价值的生产者",即参与作家作品的认可过程。基于符号资本积累运作的方式是:经纪人、译者、出版社及编辑把自己的声望即符号资本投入出版项目中,把作家作品带进"认可的循环",从而获得认可作家作品的符号资本。如该试验品的市场表现较好,出版社会继续翻译出版该作家其他作品,逐步培育一个忠诚的读者群,增加存书目录中获得盈利的图书数量,从而不断积累符号资本,最终实现适当营利的目的。

总体上,严肃小说和通俗小说的市场表现颇异。英语世界翻译出版的中国现当代小说一向多为严肃作品,以专业读者为主要受众。但近年来,一些通俗小说被翻译出版,很受欢迎,甚至引起轰动,如麦家谍战小说《解密》热销海外②。截至2017年10月,该书在英联邦国家卖出1.5万册以上,在北美销出3万册以上(含纸质书和电子书)③。这一方面说明,当前中国现当代小说翻译场域结构基于自治(有限制生产)与他治(较大规模生产)的对立,但总体上偏向自治一极。同时也表明,"翻译场域内文学类型的等级结构正在慢慢转变,严肃文学和通俗文学之间的竞争可能会引发一系列的变革,进一步改变场域的结构"④。

---

① Gouanvic,J.-M. The stakes of translation in literary fields. *Across Languages and Cultures*,2002,3(2):160.

② 缪佳,汪宝荣. 麦家《解密》在英美的评价与接受——基于英文书评的考察. 中国现代文学研究丛刊,2018(2):229-239;季进,臧晴. 论海外"《解密》热"现象. 南方文坛,2016(4):82-85.

③ 笔者2017年11月16日与麦家对谈时由麦家提供。

④ 蒋梦莹,汪宝荣. 试论英语世界当代中国小说翻译场域的历史演变. 外国语文研究,2018(3):109.

其二,它与其他场域形成同构关系。长期以来,无论中国现当代小说创作,还是西方的研究和评论,都与政治因素和意识形态密不可分,导致"不少美国读者把中国文学当作政治的副产品而心存抵触"①。同时,不少西方译者本身是学者、汉学家,因此中国现当代小说翻译场域与英语世界中的文学场域、文学评论场域、政治场域、学术场域都密切相关。另外,一部译作必然涉及流通传播、市场营销等经济行为,因而该场域又与经济场域形成同构关系。此外,一些当代小说借助"电影先行,小说跟进"模式,在英美图书市场有不俗表现,因此该场域与影评场域也形成同构关系。电影改编及评论会影响翻译选材(如电影《红高粱》的轰动使葛浩文决定先翻译《红高粱家族》)、翻译策略和图书营销策略,促进不同类型资本的转化,其作用不容小觑。借电影之力,莫言、苏童、余华的小说不仅较早在翻译场域的争斗中胜出,而且积累了可观的符号资本,因而一直占据主导地位②。目前在美国最受欢迎的当代作家是莫言、苏童、余华③,这不是没有缘由的。

其三,场域内部争斗不断,会引起场域结构和行为者位置的变化,进而使场域边界发生动态变化。"每个场域都构成一个潜在的开放空间,其边界是动态变化的,这正是场域内部争斗的基础。"④场域的变化通常由新加入者引起,因为新加入者与已在场的行为者在场域中的占位不同,往往会引入新的选材策略、翻译策略、传播理念和阅读趣味。随着行为者积累的符号资本越来越多,在场域中逐渐占据主导地位,他们往往竭力维护当前秩序和评价标准,如葛浩文会坚决维护学术性与商业性兼顾的翻译标准(参见第七章)。而处于被主导地位或新加入的行为者为了占据更好位

---

① 桑稟华. 解读中美文化交流中的差异//中国作家协会外联部. 翻译家的对话Ⅲ. 北京:作家出版社,2015:193.
② 蒋梦莹,汪宝荣. 试论英语世界当代中国小说翻译场域的历史演变. 外国语文研究,2018(3):108.
③ 刘江凯. 认同与"延异":中国当代文学的海外接受. 北京:北京大学出版社,2012:342-343.
④ Bourdieu, P. & Wacquant, L. J. D. *An Invitation to Reflexive Sociology*. Chicago:University of Chicago Press, 1992:104.

置,获取更多符号资本,会采取颠覆策略以挑战现行秩序和评价标准。于是,场域争斗不断,成为资本角逐的场所,场域的结构即资本分布的结构也就处于不断的变化中。"维护派"与"颠覆派"的争斗不一定是消极的,它能为场域带来变化,为把其他中国作家作品和新的译介传播手段引入场域开辟道路。换言之,这种争斗是场域运作的内动力。

以上关于中国现当代小说翻译场域结构、运作机制及方式的论述以图1呈现①,简要说明如下:该场域主要行为者包括大学出版社和商业出版社、学者型译者和非学者型译者。大学出版社一般出于纯学术目的而出书,即便亏本也在所不惜,但由于大学的财力有限,有时会削减给出版社的运营补贴,因而迫使大学出版社另寻资金来源②。学者型译者的特征体现在翻译选材、译者序或跋、翻译策略等方面;他们惯用文内解释、文外注释等"厚译"策略③。本书所称"学者型译者"(scholar-translator),不仅指其本身是汉学家、学者或某领域专家,翻译只是其兼职或业余为之,也指其走学术性翻译之路,即把对作家作品的精深研究融入翻译中,追求忠实准确,很少删节原文,注释一般较多且详尽,因而译文充分性很高,学术性很强。根据该标准,鲁迅小说译者莱尔、阎连科作品译者罗鹏(C. Rojas)、余华作品译者白亚仁等都可归入此类。葛浩文从20世纪90年代起开始兼顾译作的学术性与商业性,可视为非典型的学者型译者,但他在职业生涯早期却是一个典型的学者型译者。出版社和译者基于自身惯习和拥有的资本在一系列位置中做出选择,并在场域中形成对立和竞争的关系,从而维护场域的动态运作和位置及资本的动态变化。该场域受到文学场域、学术场域、政治场域等的严重影响,目前自治程度较低。权力

---

① 参见:蒋梦莹,汪宝荣. 试论英语世界当代中国小说翻译场域的历史演变. 外国语文研究,2018(3):105-106.

② Givler,P. University press publishing in the United States. In Abel,R. E. & Newlin,L. W. (eds.). *Scholarly Publishing:Books,Journals,Publishers,and Libraries in the Twentieth Century*. New York:John Wiley,2002:112.

③ 徐敏慧. 汉学家视野与学术型翻译:金介甫的沈从文翻译研究. 中国翻译,2019(1):60-67.

场域在社会空间中处于最高位,操控着包括中国现当代小说翻译场域在内的文化生产场域。随着新的行为者、纸托邦(Paper Republic)等民间机构、亚马逊跨文化事业部(Amazon Crossing)等网络出版商及新型职业译者加入场域,他们带来的不同惯习会导致场域内部结构发生变化①。

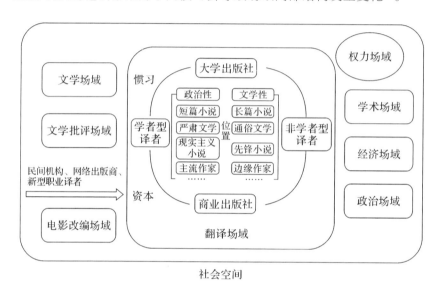

图 1　中国现当代小说翻译场域结构示意

　　最后,翻译策略可能受到场域生产方式的影响,但受译者惯习的影响可能更大。汉纳认为,与用于演出的戏剧翻译不同,用来阅读的戏剧翻译面向的受众较少,一般不追求商业成功,因而属于"有限制生产";这决定了译者一般采用"审美或学术性翻译",即遵循"为艺术而艺术"的原则,在语言和形式上最大程度忠于原作②。汉纳的研究对象是在世界文学场域已经经典化的莎士比亚剧作,同时戏剧翻译是一种特殊的翻译,可区分出两种截然不同的生产目的、用途和受众,因而要求译者(或译者会自觉)采

① 蒋梦莹,汪宝荣. 试论英语世界当代中国小说翻译场域的历史演变. 外国语文研究,2018(3):105-106.

② Hanna, S. *Bourdieu in Translation Studies*: *The Socio-cultural Dynamics of Shakespeare Translation in Egypt*. London & New York: Routledge, 2016: 54-56.

取不同的翻译策略。而中国现当代小说一般尚未取得经典化地位，且小说翻译不同于戏剧翻译，因此并非所有的中国现当代小说英译者都会采取"审美或学术性翻译"。事实上，即便是戏剧翻译，译者也可能选择"第三条道路"，即兼顾译本可演出性和可读性。由此可见，翻译策略会受到场域生产方式的影响，但受译者惯习的影响可能更大。同时，随着积累的个人符号资本增多，译者有可能调整其翻译策略（参见第七章）。

概言之，在本质上是"有限制生产"的中国现当代小说翻译场域中，存在着自治与他治、积累符号资本与追求经济利益、严肃文学与通俗文学、面向小众读者与瞄准大众读者、"维护派"与"颠覆派"、"商业性翻译"与"学术性翻译"的张力。这种张力支配、协调着英语世界中国现当代小说翻译场域结构和运作方式。

## 四、"译介与传播行动者网络"

切斯特曼（A. Chesterman）对"网络或联络模式"的特点做了如下阐明：

> 由于影响译作的因素多种多样，译作生产过程中又往往牵涉很多人，一些学者提出了网络模式①。与简单的过程模式不同，网络模式不是直线性的。在网络模式中，译作被描述为一个复杂过程的产物，涉及一个行动者或行为者网络，其中一些行动者可能是集合体（如机构）或非人类（如电脑）。翻译学者们借用拉图尔等人的行动者网络理论，构建了翻译生产网络模式，以再现参与该过程所有行为者的相互关系和互动。……网络模式不涉及明确的因果关系，但有一定的解释力：能有效地把翻译生产过程置于特定语境中，揭示围绕并构成该过程的各种关系，由此把翻译生产过程"搞清楚"。②

---

① 参见：Koskinen，K. *Translating Institutions*：*An Ethnographic Study of EU Translation*. Manchester：St. Jerome，2008.
② Chesterman，A. Models in translation studies. In Gambier，Y. & van Doorslaer，L.（eds.）. *Handbook of Translation Studies*：*Vol. 3*. Amsterdam：John Benjamins，2012：111.

切斯特曼重点关注翻译生产过程,未涉及译作传播过程。本书所称的"译介与传播行动者网络"的涵盖面要广得多:它涉及项目发起、翻译生产(包括翻译、编辑、出版)、译作传播(包括评论推介、营销流通、学术或社会认可等)三个过程,每个过程都依赖一个特定行动者网络的建构和运作。在空间结构上,项目发起和翻译生产主要在英语世界的翻译场域展开(我国主动"输出型"项目除外),评论推介和认可主要在传媒场域和学术场域进行,营销流通主要在经济场域或机构内部场域(如学校、图书馆)开展。由于行动者网络在某个特定场域中运作,必然受到场域的影响,因而有关行动者必须遵守场域规则,译作才能发挥最大传播影响力。

"实践的产生需要惯习与位置相遇,即心理结构与社会结构相对应(或分离)。"①由此推断,行动者网络中制订的行动方案,要基于行动者惯习和资本的运作才能实施。中国现当代小说翻译生产过程一般涉及以下行动者:(1)人类行动者(既有主体性,也有能动性),包括中国作家、文学经纪人、译者、出版商、编辑等;(2)非人类行动者(仅有能动性),包括根据小说改编的电影、小说中英文文本等。译作传播过程通常涉及以下行动者:(1)人类行动者,包括中国作家、文学经纪人、译者、出版商、评论者、研究者、书商、读者等;(2)非人类行动者,包括主流媒体、学术刊物、售书电商平台、专业网站、电影、小说中英文文本等。

以上人类行动者带着各自惯习和初始资本进入场域,参与场域实践即翻译生产和传播。惯习促使行动者做出行动决策,采取某种策略,而初始资本保证行动者有能力招募其他行动者,或有资格被其他行动者招募。初始资本往往需要经过转化才能发挥效用,例如,译者的文化资本可以转化成社会资本,从而去招募其他行动者;又如,出版商的经济资本可以转化成社会资本,从而成功招募其他行动者。行动者网络构建需要"初始行动者"来发起或动员,他们有自身惯习生成的行动目标和方案,会利用其拥有的资本去设法招募其他行动者进入网路,被招募的行动者又会利用

---

① Wacquant,L. Pierre Bourdieu. In Stones,R. (ed.). *Key Sociological Thinkers*. 2nd ed. London & New York:Palgrave Macmillan,2006:269.

其社会资本去招募其他行动者。借助资本的不断转化,经过招募和被招募的复杂过程,人类行动者和非人类行动者纷纷加入,最终构建起一个译介与传播行动者网络。中国现当代小说译介与传播有赖于该网络的有效运作,但这未必就能确保项目的成功,因为任何一个行动者如违反场域的现行规则或其资本实力不强,都会削弱译作的传播影响力。参与网络构建与运作的所有行动者都不可或缺,但译介与传播模式不同,行动者网络的结构即资本分布也就不同,例如,大学出版社更看重译者的文化资本(如学术地位、职业声誉),而商业出版社会更注重译者的社会资本(如市场号召力),各种形式资本的价值和效用也就不同,行动者对网络的贡献也有所不同。

## 第二节　研究路径与方法

### 一、翻译研究的描写与解释

霍尔姆斯、图里、切斯特曼、勒菲弗尔、赫尔曼斯等学者倡导"描写"与"解释"并重的翻译研究方法,即尽量客观、中立地"描写在我们的经验世界中呈现出来的翻译活动和翻译产品等现象,同时确立一般原则以便对这些现象进行解释和预测"①。这种描写和解释的基础是语境还原法(contextualization)。图里指出,"要穷尽地描述和有效地解释翻译文本,就需要进行适当的语境还原",因此语境还原理应成为译本研究的一部分;"一个译本归根结底是目标文化的既成事实,因此目标文化系统最适合用来解释翻译产品及其功能和过程,换言之,对语境还原研究法的最终检验是它能否帮助研究者解释翻译产品及其功能和过程"②。具体说来,语境还原研究法是指将翻译实践及其产品放回到其特定时空和语境中,

---

① Holmes, J. S. *Translated! Papers on Literary Translation and Translation Studies*. Amsterdam: Rodopi, 1988: 71.
② Toury, G. *Descriptive Translation Studies and Beyond*. Amsterdam: John Benjamins, 1995: 29.

进而探究影响或制约译者翻译决策的各种社会文化因素,包括权力关系、翻译政策、赞助人、意识形态、诗学观念、主流翻译规范等,以便对译本进行相对客观的描述,对翻译现象做出尽量合理的解释。这正是本书第二章提及的描述翻译学经典理论倡导的研究路径。

以上学者倡导"描写""解释"并重,以"反对'规定性'翻译研究"①,但这种描写和解释只能做到相对客观中立。韦努蒂认为"翻译研究从来都不可能只是描述性的……不能把翻译研究看作是不涉及文化及政治利益的"②。斯内尔-霍恩比(M. Snell-Hornby)则批评图里坚持中立客观的立场,认为价值判断在翻译研究中不可避免③。赫尔曼斯也指出:"翻译研究者总是立足于某个机构立场,不会无缘无故地观察或评论翻译现象。事实上,宣称研究立场上的中立或客观本身就是一种意识形态宣言。"④此外,这种描写和解释往往有推测的特点。图里承认,我们就译者翻译决策得出的结论是偏重描述的,即提出"或多或少有说服力的解释性假设",但未必就是"符合事实的解释","对此研究者从来都不可能是有把握的"⑤。赫尔曼斯则认为,"我们研究现有译本时只能看到译者决策的产物即译本,而对译者的动机以及能揭示译者决策的指令模式只能进行推断",这种研究方法本质上是英国进化生物学家道金斯(R. Dawkins)所说的"逆向工程"(reverse engineering)分析法,即面对一个现成的人工制品,我们首先提出一个工作假设,推测其用途是什么,然后对它进行分析,以便推

① Hermans, T. *Translation in Systems: Descriptive and System-Oriented Approaches Explained*. Manchester: St. Jerome, 1999: 7.
② Venuti, L. *The Translator's Invisibility: A History of Translation*. London & New York: Routledge, 1995: 312-313.
③ Snell-Hornby, M. *Translation Studies: An Integrated Approach*. Amsterdam: John Benjamins, 1988: 25.
④ Hermans, T. *Translation in Systems: Descriptive and System-Oriented Approaches Explained*. Manchester: St. Jerome, 1999: 36.
⑤ Toury, G. *Descriptive Translation Studies and Beyond*. Amsterdam: John Benjamins, 1995: 59.

断它能解决什么问题①。

## 二、汉英文本比较分析法

汉英文本比较分析法属于切斯特曼界定的"比较模式"。它是"静态的、基于产品的"，研究者预设原作与译作的关系应该是"近似对等或等值"②，进而确定译作相对于原作的对等程度。换言之，这种研究旨在确定两个文本对应的方式，由此找出译者行为的规律性③，进而去描述译本面貌。尽管"对等""等值""等效"等概念饱受描述翻译学派的批评，被斥为不顾翻译事实和现象的"规定性"研究，但基于文本细读的比较分析法仍是研究所需的硬功夫，是译本研究和译者研究的基础。实际上，它与描写与解释并重的描述性研究并行不悖。韩南(P. Hanan)指出："尽管评价在描述性翻译研究中没有一席之地，我认为它完全可以紧随翻译描写之后，去尝试回答翻译描写提出的问题。"④

## 三、三级分析法

社会学研究可区分三个层面的分析，即宏观、中观、微观分析法⑤。微观分析聚焦于某个特定行为人或某种实践，旨在揭示其行为或实践的复杂性，如鄢佳考察了葛浩文译者惯习(包括翻译观、翻译选材、翻译风格

① Hermans，T. *Translation in Systems：Descriptive and System-Oriented Approaches Explained*. Manchester：St. Jerome，1999：23.

② Chesterman，A. Models in translation studies. In Gambier，Y. & van Doorslaer，L.（eds.）. *Handbook of Translation Studies：Vol. 3*. Amsterdam：John Benjamins，2012：108-109.

③ Williams，J. & Chesterman，A. *The Map：A Beginner's Guide to Doing Research in Translation Studies*. Manchester：St. Jerome，2002：7.

④ Hanan，P. A study in acculturation—The first novels translated into Chinese. *Chinese Literature：Essays，Articles，Reviews（CLEAR）*，2001，23：55.

⑤ Buzelin，H. Sociology and translation studies. In Millán，C. & Bartrina，F.（eds.）. *The Routledge Handbook of Translation Studies*. London & New York：Routledge，2013：190.

等)的动态演变①,又如陆志国描述了五四运动前后茅盾译者惯习的变化②。中观分析(meso-analysis)用于考察不同类别行为人及其实践的互动关系,例如,通过分析有关行动者如何构建和运作一个行动者网络,笔者考察了葛译《红高粱家族》在美国的生产和传播③。宏观分析以民族国家或世界系统为分析单位,重点考察一国翻译场域的运作机制及其动态发展(包括文学输入或输出)④,或提出一个用于描述和解释翻译产品在国与国之间不均匀流动的分析模式⑤。目前国内的社会翻译学研究最缺乏的是这种宏观层面上的分析。显然,作为社会学基本研究方法的宏观、中观、微观分析是动态的,偏重过程的。它们不是相互排斥的,而是相辅相成的,在一项研究中都缺一不可,这样的研究才有深度和广度。本课题研究主要采用微观分析和中观分析,前者突出体现在运用场域理论考察译者惯习及其职业发展轨迹,而后者主要体现在通过重构"译介与传播行动者网络"去描述和解释译作的生产和传播过程。与此同时,要分析中国文学译介与传播遇到的外部阻力并提出对策,必须把汉语及中国文学置于跨国图书传播及国际文化交流的大背景下进行考察,包括国与国之间权

① Yan, J. A study on Howard Goldblatt's translation habitus from the Bourdieusian sociological perspective. Ji'nan: Shandong University (Doctoral Dissertation), 2013.

② 陆志国. 茅盾"五四"伊始的翻译转向:布迪厄的视角. 解放军外国语学院学报, 2013(2):89-94.

③ 汪宝荣. 资本与行动者网络的运作:《红高粱家族》英译本生产及传播之社会学探析. 编译论丛, 2014(2):35-72.

④ 参见:Heilbron, J. Responding to globalization: The development of book translations in France and the Netherlands. In Pym, A., Shlesinger, M. & Simeoni, D. (eds.). *Beyond Descriptive Translation Studies*. Amsterdam & Philadelphia: John Benjamins, 2008:187-197; Sapiro, G. Globalization and cultural diversity in the book market: The case of literary translations in the US and in France. *Poetics*, 2010, 38(4):419-439.

⑤ 参见:Casanova, P. Consecration and accumulation of literary capital: Translation as unequal exchange. In Baker, M. (ed.). *Critical Readings in Translation Studies*. London & New York: Routledge, 2010:285-303. Heilbron, J. Towards a sociology of translation: Book translations as a cultural world-system. *European Journal of Social Theory*, 1999, 2(4):429-444.

力关系不平衡、语言文学资本分布不均匀、世界文学场域的等级结构等。本研究将参照海尔布伦、卡萨诺瓦等人提出的分析模式展开必要的宏观分析。

## 四、社会学实证研究方法

常用的社会翻译学研究方法有文献研究、问卷调查、访谈、参与（直接）观察等①。本书主要采用以下实证研究方法。

### （一）半结构式访谈法

访谈是一种常用的定性研究方法。根据访谈人对被访谈人反应的控制程度，访谈可分为结构式、半结构式和无结构式三种。其中对被访谈人反应进行适度控制的半结构式访谈最常用，即事先拟定访谈主题，准备一份粗线条的问题清单，访谈时针对被访谈人的反应或回答机动、动态地提出问题，从而实现较高的交互性②。本研究将对有关译者和作家进行半结构式访谈，以获取第一手资料。

### （二）文献研究法

本研究所用文献主要包括英文书评、英文研究文献、译者生平资料、翻译图书出版清单、再版重印资料、图书销量、全球馆藏量等。销量是衡量传播效果的一个重要指标，但要获取准确数据不容易。大众读者也会评论中国文学译作，但大多发表在商业或社交平台上（如亚马逊"用户评论"），而精英读者的书评一般刊登在主流媒体或学术刊物上，属于有影响力的书评，本书把后者作为衡量译作接受的重要指标。热奈特（G. Genette）认为"评论者的趣味必然反映读者大众的趣味"③。从书评可知评论者"对作家作品的整体反应"，因此对书评进行细读是考察一部作品

---

① Buzelin，H. Sociology and translation studies. In Millán，C. & Bartrina，F. (eds.). *The Routledge Handbook of Translation Studies*. London & New York：Routledge，2013：190-191.

② Bernard，H. R. *Research Methods in Anthropology：Qualitative and Quantitative Approaches*. 2nd ed. Thousand Oaks，CA：Sage Publications，1994：208-212.

③ Genette，G. *Figures V*. Paris：Editions du Seuil，2002：8.

接受情况的有效方法①。评论者是"超级读者",他们对作品的评论为我们
提供了一个抽象或虚拟受众对作品反应的一种"书面痕迹",因此书评是
"了解文学作品短期内接受情况的有价值的信息来源"②。何明星认为,通
过检索联机计算机图书馆中心(OCLC)的 WorldCat(联机联合目录数据
库)获取某本书的全球馆藏数据,用以衡量作家作品的世界影响力,是一
个"经得起推敲"的评估标准③。刘江凯发现,WorldCat 提供的中国当代
文学翻译图书全球馆藏数据有遗漏,且目录重复,造成检索结果不一致④。
笔者认为,全球馆藏量显示了一本书在全球图书馆系统的流通情况,但不
一定能帮助我们准确衡量其全球影响力,这是因为:各国图书馆及各类图
书馆筛选和采购图书的标准或"口味"不一,"好书"未必被选中;不同性质
和类别出版社的营销重点或目标市场不同,商业出版社一般瞄准社会大
众,而学术出版社主要面向学术界和图书馆。因此,WorldCat 数据有一
定的参考价值,但要根据实际情况使用,基于数据进行分析则更须谨慎。

需要注意的是,社会学路径翻译研究存在固有不足,最突出的是"语
境与文本的分裂",即偏重分析翻译的社会语境及功能,往往忽略或难以
涉及文本及翻译策略分析⑤。这是理论本身关注点不同造成的,因为社会
学理论一般不关心文本及文本分析,对翻译问题也缺乏兴趣。社会学家
一般很少直接或正面探讨翻译问题,如布迪厄、拉图尔、卢曼等人几乎不
关注翻译。行动者网络理论的核心概念"translation"(一般译作"转译")

① Munday, J. *Introducing Translation Studies*. 2nd ed. London & New York: Routledge, 2008: 154.
② Steemers, V. The effect of translating "big words": Anglophone translation and reception of Ahmadou Kourouma's novel *Allah N'est Pas Oblige*. *Research in African Literatures*, 2012, 43(3): 45.
③ 何明星. 莫言作品的世界影响地图——基于全球图书馆收藏数据的视角. 中国出版, 2012(21): 12.
④ 刘江凯. 认同与"延异":中国当代文学的海外接受. 北京:北京大学出版社, 2012: 200-203.
⑤ Buzelin, H. Sociology and translation studies. In Millán, C. & Bartrina, F. (eds.). *The Routledge Handbook of Translation Studies*. London & New York: Routledge, 2013: 195-196.

与翻译几乎没有关系①。布迪厄的社会学理论并非用于翻译,他在《论思想国际传播的社会条件》一文中论及翻译,但没有深入讨论②。这三种社会学理论原本就不是为翻译研究而设计的,如何使它们与翻译研究相"契合",是一个棘手的问题,需要研究者的智慧。事实上,不仅这三种社会学理论对文本分析几乎束手无策,就连古安维克、海尔布伦、卡萨诺瓦等人提出的理论模式,也都不能有效地分析译本及译者采用的翻译策略。西梅奥尼的"译者惯习"假说和查尔斯顿的"译者姿态"理论可以说是例外,但它们的解释力各有局限:前者适用于分析译者在规范制约下做出的"顺从"性质的选择,后者适用于解释译者采取的某些翻译策略。鉴于社会学理论及社会翻译学理论普遍拙于文本及翻译策略分析,本研究不偏废对描述翻译学理论的运用。

人文社会学科的理论、概念、术语大多具有探索或推理的性质,是为便于分析而设计的。布迪厄在建构社会学理论时遵循的"关系性思维"准则即如此,他将场域视为一个"系统"就是为了便于分析③。古安维克也指出,惯习、场域等概念的生成模式是"假设性的",即是在"假设"的层面上运作的,例如,"我们在撰写论文时'假设'法国存在着一个文学场域,包括译者在内的文化生产者在场域内互相争斗,设法使自己的产品胜过他人的产品,这种争斗又得到文化生产者在以往的争斗中获得的惯习的支持"④。本书提出的"中国现当代小说英译场域""译介与传播行动者网络"等也都建基于假设的层面上。

---

① Buzelin，H. Sociology and translation studies. In Millán，C. & Bartrina，F. (eds.). *The Routledge Handbook of Translation Studies*. London & New York：Routledge，2013：189.

② Gouanvic，J.-M. Outline of a sociology of translation informed by the ideas of Pierre Bourdieu. *Monti*，2010(2)：121.

③ Bourdieu，P. *The Field of Cultural Production*. New York：Columbia University Press，1993：29，34.

④ Gouanvic，J.-M. A model of structuralist constructivism in translation studies. In Hermans，T. (ed.). *Crosscultural Transgressions：Research Models in Translation Studies II*. Manchester：St. Jerome，2002：99.

## 第三节　中国现当代小说译介与传播模式

　　有关学者曾探讨中国文学译介与传播模式,对本研究颇有启发。杜博妮(B. S. McDougall)基于她在中国外文局任专职译者的亲身经历,指出 20 世纪 80 年代中国及国外开展的中国文学英译有四种模式:学术性翻译、商业性翻译、政治目的驱动的翻译、私约型翻译。它们在项目发起人、出版社、译者身份、翻译模式、出版风格、目标读者等方面往往各异:学术性翻译一般由译者本人发起,译作由学术出版社出版,主要面向学术受众,译文普遍忠实可靠,注释较多,但出版程序烦琐复杂,图书生产成本高,因此一般读者几乎读不到;商业性翻译通常由译者、出版商或文学经纪人发起,译作由商业出版社出版,有关各方目标一致即吸引广泛的读者;杜博妮所谓的"政治目的驱动的翻译"指由中国外文局发起赞助的中国文学外译,也指某些西方出版社为政治目的出书;私约型翻译指未经第三方委托或授权、作者约请译者进行翻译,随后落实出版社,主要为了获得出版译作带来的满足感①。杜博妮指出,外文局及外文出版社以一种"非欧洲模式"运作,具体体现为:它担负着国家对外宣传的使命;采用从译者母语译成外语的非主流翻译模式;重视译文准确,却不注重创造性;很少主动获取或考虑目标读者的反馈;图书出版发行采用"内产外销"模式,国外接受很不确定②。

　　美中不足的是,杜博妮的分类法不够严谨,如为政治目的出书的出版社也有商业或学术考虑,故也可归入商业性翻译或学术性翻译,其论述不够细致周详,尤其对商业性翻译语焉不详,且重点探讨外文出版社机构模式,因而其分类法的适用性受限。

　　孔慧怡根据相关参与者在项目实施过程中的作用,指出中国现当代

---

① McDougall, B. S. *Translation Zones in Modern China : Authoritarian Command versus Gift Exchange*. Amherst, NY: Cambria Press, 2011: 5-7.

② McDougall, B. S. *Translation Zones in Modern China : Authoritarian Command versus Gift Exchange*. Amherst, NY: Cambria Press, 2011: 2-11.

小说在英语世界的翻译出版主要通过以下四个渠道(见图2,黑体字指项目发起人)①:

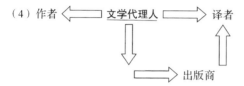

图2 中国现当代小说翻译出版模式示意(资料来源:孔慧怡)

如图2所示,孔慧怡提出四种翻译出版模式,分别由译者、作者、作者与出版商、文学代理人发起,并联络相关行为者共同实施项目。其分类、描述、分析比杜博妮严谨、细致、周详得多,很有参考价值,但在笔者看来仍有以下疏漏:

一是未涉及国家机构译介与传播模式,其理由是:"外文出版社的体制和翻译出版政策与国外出版界迥异,本文不可能讨论该社的出版物。"②外文出版社被英国汉学家霍克斯(D. Hawkes)誉为"了不起的翻译工厂"③,是20世纪50—70年代中国文学译介主力(孔慧怡在上引注释中也指出,在出版物数量上,外文社是英译中国现当代文学的"领头羊"),因此,对这种国家机构模式不该回避,而应重点探讨。

二是未明确区分西方出版社性质(商业性、非商业性),规模(大型、中型、小型),类别(独立、非独立),更没有考虑我国外文局下属出版社的特

①  Hung,E. Blunder or service? The translation of contemporary Chinese fiction into English. *Translation Review*,1991(36/37):39.

②  Hung,E. Blunder or service? The translation of contemporary Chinese fiction into English. *Translation Review*,1991(36/37):45.

③  Hawkes,D. Told over the tea-cups:Review of *The Scholars*. *The Times Literary Supplement*,1958(2939):364.

殊性,即不求营利,只求文化输出,而译作由哪一类出版社出版会直接影响其传播效果。

三是对文学代理人的作用及其与出版商关系的阐述不够精细准确。孔慧怡指出,20 世纪 80 年代中期,西方商业出版社对中国当代文学的兴趣渐增,文学代理人开始进入该出版场,"他们能决定哪些书可以出版","有自己的关系网,能促成大型商业出版社出版他们代理的作家作品"①。事实上,在英美出版翻译文学(尤其严肃作品译作)营利的概率很小,文学代理人往往不愿涉足这个"小众市场",像曾在法国菲利普·毕基埃出版社(Éditions Philippe Picquier)担任中国文学丛书主编的陈丰②那样既内行又敬业的文学代理人实属罕见,因此目前由文学代理人直接发起的翻译出版项目还不多见。更常见的做法是:代理人向多家商业出版社提出出版选题申请(附有翻译样章或完整译稿),最后由出版社策划编辑决定是否翻译出版。这就是说,文学代理人利用自己的业务关系网积极联系出版商,但一般无权决定哪本书可以出版。

中国现代文学译介与传播肇始于民国时期,具有出发文化发起的性质。1918 年 5 月,《新青年》杂志发表鲁迅小说《狂人日记》,标志着中国现代小说的开端。中国现代文学译介与传播活动随即在民国语境中展开,一直持续到抗战后期才有所回落。参与这些活动的主体有中国本土译者、在华西人、商务印书馆及外国在华出版机构③。中华人民共和国成立后,外文局及其下属机构担负起"文学输出"的重任,可视为民国时期中国文学外译的延续,但译介主体从个人和民间机构转为国家机构。民国时期中国文学译介与传播模式较为特殊,其中之一是由在华西人发起,中国

---

① Hung, E. Blunder or service? The translation of contemporary Chinese fiction into English. *Translation Review*,1991(36/37):40,44.
② 详见:新经典文化微信公众号. 菲利普·毕基埃出版社:中国大腕作家走向世界的桥头堡.(2016-04-28)[2018-12-19]. http://cul.qq.com/a/20160428/054564. htm.
③ 如别发印书馆(Kelly & Walsh, Ltd.)、美华书馆(American Presbyterian Mission Press)等. 参见:孙轶旻. 近代上海英文出版与中国古典文学的跨文化传播(1867—1941). 上海:上海古籍出版社,2014:8-41.

译者协助翻译，在国外出版发行①，如美国著名记者斯诺(E. Snow)发起
的中国现代文学选集《活的中国》编译项目②，由姚克(姚莘农)、萧乾、杨刚
等人初译，斯诺负责编辑和落实出版社，1936、1937 年分别在英国伦敦和美
国纽约出版。一些在华西人凑巧结识了中国作家，"于是自告奋勇充当译者
或文学经纪人"③。例如，美国记者伊罗生(H. R. Isaacs)在上海结识鲁迅和
茅盾后，也编辑了一本英译中国现代文学选集《草鞋脚：1918—1933 年中国
现代短篇小说选》，但直到 1974 年才得以在美国出版。在特定历史条件下，
外国译者与中国作者的"不期而遇"能成就一段"翻译姻缘"，但它往往是短
暂的、浅尝辄止的，因为该译介模式的特点是译介项目大多由业余译者发起
并主导，而他们往往"全凭个人爱好，并无计划，而且有的译者纯属兴到为
之"④。民国时期另一种中国文学译介与传播模式是：由精通外语的中国
人或外籍华侨发起并翻译，由国内机构出版发行(多用双语对照形式)，例
如，梁社乾英译的鲁迅《阿 Q 正传》由上海商务印书馆出版⑤；林文庆英译
的《离骚》由上海商务印书馆出版⑥；林语堂翻译的《浮生六记》由上海西风
社刊行⑦；杨宪益、戴乃迭合译的《老残游记》由南京独立出版社印行⑧。

---

① 另有一些中国古典文学作品由在华西人翻译，并由外国在华出版机构出版。参
见：孙轶旻. 近代上海英文出版与中国古典文学的跨文化传播(1867—1941). 上
海：上海古籍出版社，2014：46-67.

② Lu，X. et al. *Living China：Modern Chinese Short Stories*. Snow，E.（ed.）.
London：G. G. Harrap，1936；New York：Reynal & Hitchcock，1937.

③ Hung，E. Blunder or service? The translation of contemporary Chinese fiction
into English. *Translation Review*，1991(36/37)：41.

④ 马祖毅，任荣珍. 汉籍外译史. 武汉：湖北教育出版社，1997：703.

⑤ Lu，H. *The True Story of Ah Q*. Leung，G. K.（trans.）. Shanghai：The
Commercial Press，1926.

⑥ Chu，Y. *The Li Sao：An Elegy on Encountering Sorrows*. Lim，B. K.（trans.）.
Shanghai：The Commercial Press，1929.

⑦ Shen，F. *Six Chapters of a Floating Life*. Lin，Y. T.（trans.）. Shanghai：
Xifeng Press，1939.

⑧ Liu，N. *Mr. Decadent*. Yang，H. Y. & Tayler，G. M.（trans.）. Nanking：Tu-
li Press，1947. 次年，这部译作改名后在伦敦出版，遂转为"出口外销"。参见：
Liu，N. *Mr. Derelict*. Yang，H. Y. & Tayler，G. M.（trans.）. London：
George Allen & Unwin，1948.

该模式中自主发起译介项目并亲自翻译的林语堂、杨宪益等人后来成为国际知名翻译家,但这些译作的主要读者是国内外语学习者及想要了解中国社会文化的在华西人,难以直接影响到英语世界。该模式是当前大力实施的以《大中华文库》为代表的中国文学文化"走出去"战略的先声,其成败得失足资今人借鉴和参考。

上述民国时期所用译介与传播模式中,第一种早已退出历史舞台,第二种仍有国内译者沿用,但显然是非主流做法。参照历史上常见且目前仍采用和当前主流的做法,基于"由谁发起+由谁出版"这个运作机制,至少可以析出七种中国现当代小说译介与传播模式(因篇幅及资料所限,本书着重探讨前五种):

(1)海外华裔学者发起并翻译、西方学术出版社出版模式,如王际真英译《鲁迅小说选集》;

(2)国家外宣机构发起并资助、外文出版社出版模式,如杨宪益与戴乃迭英译鲁迅小说;

(3)汉学家发起并翻译、西方学术出版社出版模式,如美国学者莱尔英译鲁迅小说全集《狂人日记及其他》;

(4)汉学家发起并翻译、西方商业出版社出版模式,如葛浩文英译莫言小说《红高粱家族》《酒国》;

(5)中国作家发起、西方商业出版社出版模式,如白亚仁翻译余华小说《第七天》;

(6)西方商业出版社发起并出版、招募汉学家翻译模式,如英国企鹅图书公司约请蓝诗玲(J. Lovell)重译鲁迅小说全集①;

(7)西方商业出版社系统策划并出版、招募汉学家翻译模式,如美国格罗夫大西洋出版社(Grove/Atlantic, Inc.)系统推介阎连科作品②。

这里强调发起人或发起机构的重要性,是因为发起者既是翻译出版

---

① 参见:汪宝荣.鲁迅小说英译面面观:蓝诗玲访谈录.编译论丛,2013(1):147-167.

② 参见:汪宝荣,阎连科.关于阎连科作品在欧美译介与传播的对谈.燕山大学学报(哲学社科版),2021(2):32-39.

项目的启动者,通常也是招募其他行动者的"初始行动者";其作用相当于一台"工作母机",离开了它,项目不可能启动,更谈不上实施。再者,笔者强调出版机构的重要性,具体理由有:一方面,布迪厄认为,出版商是文学作品价值的"真正生产者""作者的创造者""作品消费者的生产者",也即是重要的认可者①;另一方面,出版社的性质、规模、类别及运作方式很大程度上影响着文学译介与传播的效果,因而"由谁出版"对本书考察的运作机制来说同等重要。布迪厄指出:"出版商们非常清楚一本书的成功取决于它由谁出版。他们能够分辨哪些书应由他们出版,哪些书不适合他们出版,因而常常发现一本'本该由他们出版的书'却交给另一家出版社出版了,其结果往往很糟。……这正应了出版界的一句至理名言:'专出某类图书,遂成本行翘楚'。"②当然,除了考虑西方出版社的类别及专业分工,更需着重考察其运作方式对中国文学译介与传播效果的影响。

笔者提出"由谁发起 + 由谁出版"这个运作机制,正是为了凸显项目发起者和出版社在中国文学译介与传播中所起的核心作用,同时也是为了便于分析。基于这个运作机制,不仅可以析出几种行之有效、仍在实践的中国现当代小说译介与传播模式,而且便于我们基于典型个案进行深入分析。然而,我们强调项目发起者和出版社的核心地位,并不意味着轻视或低估其他译介与传播行动者(如评论者、研究者、书商、读者等人类行动者以及非人类行动者)和机构(如教育机构、主流媒体、学术刊物等)的作用。所有这些行动者都同等重要,都是构建、运作行动者网络不可或缺的,而译介与传播依赖网络的有效运作。

## 第四节  中国文学译介与传播行动者网络模式

上文基于行动者网络理论,提出了"译介与传播行动者网络"概念。

---

① Bourdieu, P. *The Field of Cultural Production*. New York: Columbia University Press, 1993: 76-77.

② Bourdieu, P. *The Rules of Art: Genesis and Structure of the Literary Field*. Emanuel, S. (trans.). Cambridge: Polity Press, 1996: 373-374 (see Note 42).

本节基于该概念,尝试构建一个分析中国文学在西方译介与传播的网络模式。需要说明的是,仅用行动者网络理论尚不足以有效分析译介与传播过程,因为该理论没有阐明行动者网络的建构机制,对社会实践的发生机制也语焉不详,而布迪厄的社会实践论可以弥补这种不足①。"场域""惯习""资本"相互建构;"场域"指由行为者或机构占据并通过资本及其转化运作的"网络"②,这有助于阐明"行动者网络"的建构机制。再者,社会实践论的核心思想可用一句话概括——"实践的产生需要惯习与位置相遇,即心理结构与社会结构相对应(或分离)"③,这就阐明了社会实践的产生及运作机制。由此推论,行动者网络中制订的行动方案,必须基于行动者的惯习和资本的运作才能实施,进而生成社会实践。总之,译介与传播行动者网络模式融入了这两种社会学理论的核心思想。

纵观中国文学译介与传播发展史,行动主体主要有三类:一是西方汉学家及华裔学者与西方学术出版社;二是我国外文局及其下属的外文出版社,以中外合作团队(如杨宪益、戴乃迭)为翻译主力;三是西方汉学家及职业译者与西方商业出版社。西方商业出版社直到20世纪80年代中期才有兴趣出版中国现当代文学译作,因此此前汉学家和海外华裔学者是译介主体,译作多由西方学术出版社出版④。世纪之交,我国外宣机构在20世纪50年代初启动的中国文学外译项目"遭遇了前所未有的挫折"⑤。其中涉及多种原因,但无疑与西方商业出版社逐渐重视中国文学翻译出版有很大关联。此外,长期以来,一些英美的大学出版社也愿意出

---

① 前文提到,比泽兰认为行动者网络理论可弥补布迪厄理论之不足,而笔者反其道而行之,可见将这两种社会学理论整合运用于翻译研究的潜能还有待挖掘。
② Bourdieu, P. & Wacquant, L. J. D. *An Invitation to Reflexive Sociology*. Chicago: University of Chicago Press, 1992: 97.
③ Wacquant, L. Pierre Bourdieu. In Stones, R. (ed.). *Key Sociological Thinkers*. 2nd ed. London & New York: Palgrave Macmillan, 2006: 269.
④ Hung, E. Blunder or service? The translation of contemporary Chinese fiction into English. *Translation Review*, 1991(36/37): 41.
⑤ 耿强. 国家机构对外翻译规范研究——以"熊猫丛书"英译中国文学为例. 上海翻译, 2012(1): 1.

版中国文学译作，但因财力物力所限，很少做图书推介广告，流通范围主要限于专业读者群与图书馆，传播影响力相对有限①。当前，西方商业出版机构已成为中国文学国际推介的主力。萨皮罗指出：在当今全球化时代，出版业务更加集中在大型商业出版集团手中，加剧了对全球翻译图书市场的经济钳制；由于出版成本高，翻译耗时费力，主导英美出版场的大型出版集团不太愿意出版翻译书，因此"翻译业务很大程度上被小型独立出版社接手"②。以下着重讨论的是当前西方商业出版社的运作模式。

## 一、项目发起过程分析的网络模式

就中国文学在英语世界的译介与传播而言，主要有四类发起主体：一是英语国家的译者；二是中国作家及其海外经纪人；三是西方商业出版机构；四是我国外文出版社。本节以西方商业出版社为考察中心，故不讨论第四种模式，第二种将在第八章单独讨论。

### （一）西方译者发起项目及招募出版社

相较于商业出版社直接发起模式，由输入国译者发起多了一道环节即招募出版社，自然也就多了不少风险，因为译者往往基于其职业惯习进行翻译选题，而出版社可能不接受其选题。葛浩文发起《红高粱家族》翻译项目的个案表明，有时译者发起项目的运作机制可能颇为复杂，不仅牵涉不少人类行动者和非人类行动者(电影、文本等)，也需要资本的转化和行动者职业惯习的介入。这种情况下，可从"译者发起项目行动者网络"构建与运作的角度考察发起过程③。

译者(目前一般通过代理人)招募出版社可分为两种情况：一是在取得作者授权、译完书稿后与出版社接洽，落实出版合同；二是译出样章后

---

① 葛浩文，林丽君. 翻译不是一人完成的. 姜智芹，译. 南方文坛，2019(2)：38.

② Sapiro，G. Editorial policy and translation. In Gambier，Y. & van Doorslaer，L. （eds.）. *Handbook of Translation Studies*：*Vol*. 3. Amsterdam：John Benjamins，2012：35.

③ 汪宝荣. 葛浩文英译《红高粱》生产过程社会学分析. 北京第二外国语学院学报，2014(12)：23-24.

联系出版社,落实翻译及出版合同。无论是哪种情况,招募出版社都可视为译者发起项目行动的重要一环,只不过第一种情况牵涉的风险更大:万一找不到出版社,译者付出的大量时间和精力就会付之东流。因此,有经验的译者一般会采取第二种做法。这种情况下,一旦出版社接受翻译选题,就会与作者签下图书版权,然后与译者签署翻译协议,翻译工作随即展开。然而,英美两国的翻译文化很不发达,译作在每年出版的图书总量中仅占 2%～3%。韦努蒂指出,现行出版惯例导致英美市场中翻译图书很少,"形成了对翻译图书普遍不感兴趣的盛气凌人的单语读者群"[1]。在此背景下,商业出版社对出版译作极为谨慎,译者招募出版社尤其大型商业出版社的难度不小。过去的实践证明,在美国能成功招募出版社的一般是声誉卓著的汉学家或海外华裔学者,这是因为他们在学术场域公认的资历、学术地位和声誉(即文化资本),以及与出版社、同行及有关机构建立的良好关系(社会资本),能够转化成可观的符号资本,从而"说服"出版商接受翻译选题。从理论上说,这涉及"译者招募出版社行动者网络"的构建与运作。

在英美现行出版机制下,初出茅庐的译者招募出版社的胜算往往微乎其微,就连已在场域崭露头角的译者也会受挫。例如,之前美国汉学家白睿文(M. Berry)翻译出版了三种中文小说,其中余华的《活着》由大牌的兰登书屋出版[2]。即便如此,他在译完王安忆的《长恨歌》后,联系了 20 多家美国主流出版公司,却均遭拒绝,最后依靠其导师王德威的社会资本,哥伦比亚大学出版社才同意出版[3]。此外,译者招募出版社的运作涉及一个渐进升级的过程,即随着译者符号资本逐渐累积,一般会从大学出版社或小型商业出版社拓展到大型商业出版社。

(二)西方商业出版社发起模式

20 世纪 90 年代以来,西方越来越关注中国;同时,中国当代文学在

---

① Venuti, L. *Translation Changes Everything: Theory and Practice*. London & New York: Routledge, 2013: 159-160.

② Yu, H. *To Live: A Novel*. Berry, M. (trans.). New York: Anchor Books, 2003.

③ 季进. 另一种声音——海外汉学访谈录. 上海: 复旦大学出版社, 2011: 104-105.

20世纪80年代中期再度繁荣，不少作品既有较高的文学艺术价值，也为西方了解当代中国提供了一个便捷的窗口，因此西方商业出版社开始积极主动发起译介项目。例如，苏童的《米》《我的帝王生涯》和姜戎的《狼图腾》就是有关出版社主动约请葛浩文翻译的①。美国译者罗鹏向笔者透露，西方大牌商业出版社发起翻译出版项目的常规做法是：先由策划编辑确定翻译选题，通常选择有一定声望、获过奖或被认可的作家作品，同时也会考虑出版经纪人的建议，签下图书版权，然后约请译者或确认译者人选②。商业出版社一般会通过其业务关系网约请国际声誉卓著的译者；在难以确定译者人选或作者不放心由出版社找译者的情况下，也可由作者或其海外经纪人提议合适的译者人选，最后经出版社确认即可。余华在《兄弟》写竣前"预订"罗鹏、周成荫为译者即属于这种情况。译者人选一旦确定，出版社与译者签订翻译协议，翻译工作随即展开。在西方商业出版社发起模式下，项目发起行动者网络主要由出版社策划编辑、文学经纪人、中国作家、译者等参与构建，同样需要资本的转化和行动者惯习的介入。

20世纪90年代，专为一位作家提供文学代理服务、收取高额佣金的"超级经纪人"迅速崛起，目前基本上占据了出版场域的中心，很大程度上影响了英美商业出版社的运作方式。汤普森（J. B. Thompson）指出，超级经纪人的出现利弊并存：他们帮助出版社编辑筛选出版选题，为编辑节省了不少时间，但他们向出版社索取高额预付款，使出版社面临更大的财务压力，其出版利润空间被进一步挤压。"英美现行出版系统以实现收益最大化为目标，而不是旨在扶植一个作者终身的文学事业"，这就导致大牌商业出版社在做出出版决策时往往很谨慎，许多作家只好转而求助于小型商业出版社（往往有长远发展的眼光）或大学出版社③。汤普森的研究结果与萨皮罗对当今英美出版场域结构的分析互相支持：在当今英美

---

① 葛浩文，林丽君. 翻译不是一人完成的. 姜智芹，译. 南方文坛，2019(2)：37.

② 资料来源：2018年10月笔者对罗鹏的电邮访谈（未公开发表）。

③ 转引自：Reeve，K. The book of the week：Review of *Merchants of Culture*. *Times Higher Education*，2010-09-09(48).

翻译出版场域,大体上是大牌商业出版社(包括大型商业出版集团)、中小型独立出版社与大学出版社"三分市场"的格局。以上表明,在开展商业出版社发起模式下的个案研究时,既要重视文学经纪人在行动者网络运作中所起的作用,也要接受很多中国文学翻译项目由小出版社发起的事实。

鉴于出版社的性质、规模及类别对图书的传播有着很大的影响,翻译出版项目由大牌商业出版社直接发起最为理想,但对希望其作品能打进英美市场的中国作家和在物色出版社的译者来说,更有市场开拓意识和进取心的小型独立出版社和立足于稳定销售的大学出版社也是不错的选择。

## 二、翻译生产过程分析的网络模式

一部译作的生产过程主要涉及翻译、编辑和出版。这里讨论翻译生产过程也指由商业出版社主导的情形,但提交译稿之前译者的翻译行为及过程一般不受出版社的影响,因为此时编辑尚未介入。翻译是一个艰难的"决策过程",犹如博弈时走出的每一步,要求译者在一系列选项中做出决定①。翻译的过程是痛苦的,因此译者往往不愿提及,尤其对于删改、添加等违反翻译伦理的决定,译者更是讳莫如深或倾向于推诿卸责(如葛浩文),以免遭人诟病。如缺乏可靠的文献资料,要回溯性考察翻译过程就会困难重重,但对译者的深度访谈会有所帮助,而材料的获取必将带来研究上的突破。此外,要重构译者的翻译过程,还可采用"逆向工程"分析法②,即从译作面貌、特点和风格入手,对译者采用的翻译策略和方法及遵循的翻译规范做出推断,进而回溯性考察其翻译过程。事实上,即使译者独立进行翻译,也需要依赖一个网络。如果原文中有疑难不清之处,译者会直接联系作者(如作者在世),或求教于既精通中文又熟稔原作的同事

---

① Levy. J. Translation as a decision process. In Venuti, L. (ed.). *The Translation Studies Reader*. London & New York: Routledge, 2000: 148.

② Hermans, T. *Translation in Systems: Descriptive and System-Oriented Approaches Explained*. Manchester: St. Jerome, 1999: 23.

好友。葛浩文翻译《红高粱家族》①、蓝诗玲翻译鲁迅小说就是这么做的②，由此构建起一个由译者发起的"释疑解惑行动者网络"。作为翻译生产过程的一个重要环节，它有助于减少"硬伤"性误译，提高翻译精确度。

翻译之后是编辑阶段，一般在译者提交译稿后进行。编辑译稿往往是译者及作者与出版社编辑沟通、协商乃至争论的过程。葛浩文、林丽君指出，一般不懂中文的西方商业出版社编辑会根据当代英美小说评价标准和英语读者的阅读习惯，对译稿提出修改意见，编辑"最喜欢做的就是删和改"，而他们往往要"站在作者的立场与编辑据理力争"，以"保留更多的原文"；"编辑最爱提的另一个要求是调整小说的结构"，尤其注重小说的开头(要立即吸引读者)和结尾(要把故事结局讲完整)③。针对编辑的修改意见，译者有时会欣然接受，有时则在与编辑据理力争无果后被迫接受。这种情况下，译者需要与作者协商，请求作者调整小说的开头或结尾，然后基于作者发来的修改稿重译(如葛浩文重译莫言小说《天堂蒜薹之歌》的结尾)，或就需要修改的地方征求作者的意见，然后做出必要的修改。西方商业出版社编辑对中国当代文学作品的干预性介入较普遍，例如，兰登书屋的编辑曾要求余华删去《十个词汇里的中国》中"鲁迅"一章④，因此译稿编辑、修改直至定稿既是翻译过程的延续，也是决定译本质量及面貌的重要环节。这个过程一般涉及出版商、编辑、译者、作者等人类行动者和小说的中英文本、诗学观念(文学评价标准)、阅读趣味等非人类行动者，即他们(它们)构建和运作一个由编辑主导的"译稿编辑行动者网络"。

英国大型出版社的编辑部通常由以下人员组成：编辑部主任

① 参见：汪宝荣. 葛浩文英译《红高粱》生产过程社会学分析. 北京第二外国语学院学报，2014(12)：26.
② 参见：汪宝荣. 鲁迅小说英译面面观：蓝诗玲访谈录. 编译论丛，2013(1)：155-157.
③ 李文静. 中国文学英译的合作、协商与文化传播——汉英翻译家葛浩文与林丽君访谈录. 中国翻译，2012(1)：59-60.
④ 黄咏梅，陈霄. 余华：西方读者并不只想读"中国政治书". 羊城晚报，2011-10-23(B3).

(editorial director)，负责本部门组织管理工作，协调与其他部门的关系，研究图书市场信息；高级编辑(senior editor)，即策划编辑，是选题策划专家、市场营销高手、编辑部的核心，负责选题策划与组织工作，寻找合适的作者并与之签订出版合同；文字编辑(copy editor)，负责审读书稿并提出修改建议，审看校样，与生产部门联系设计及印刷事宜；助理编辑(assistant editor)，协助高级编辑和文字编辑工作①。由此可见，受理出版选题及负责选题策划的主要是策划编辑，而负责译稿编辑加工、审校、安排设计印刷的主要是文字编辑。有鉴于此，在分析翻译项目发起过程和译稿编辑、修改过程时，应分别关注策划编辑和文字编辑及其与译者和作者的沟通和协商。

编辑出版专业人士通常对他们视为"商业秘密"的业务内情讳莫如深，加之编辑一般是"隐身"的，访谈编辑也就较难进行，而译者大多不愿透露与编辑交涉的细节(美国俄克拉荷马大学收藏的葛浩文翻译档案实属珍贵资料)，因此编辑过程研究不好做，尤其不易确定译本中的删改是译者的决定还是编辑干预的结果。译稿定稿后进入排版、设计、印刷、出版环节，一般涉及审读校对、装帧设计、印刷等，依赖一个"出版行动者网络"的构建与运作，但这个过程属于"后台操作"，相关行动者通常比编辑更"隐身"，使出版过程研究更难开展，因此目前这类研究很少见②。

概言之，商业出版机构主导下的翻译生产过程一般涉及释疑解惑行动者网络、译稿编辑行动者网络和出版行动者网络。这些网络相互联结成一个"翻译生产行动者网络"，确保一部作品得以顺利翻译出版。

### 三、译作传播过程分析的网络模式

译作传播过程主要涉及图书评论推介、营销流通、学术和社会认可等。西方学术出版社主导下的传播也有这些环节，但其推介和营销力度

---

① 驻英使馆经商处. 英国出版业调研. (2012-02-14) [2018-12-31]. http://gb.mofcom.gov.cn/article/i/201202/20120207965543.shtml.

② 参见：骆雯雁. 行动者网络理论在翻译生产描述研究中的应用——以亚瑟·韦利英译《西游记》为例. 外语研究，2020(2)：84-90.

往往不及商业出版社。我国外宣机构曾长期采用"内产外销"、重意识形态的传播模式，不利于译作在国外的推介和营销。这里讨论的是西方商业出版社主导下中国文学译作的传播过程。该过程同样依赖一个复杂的行动者网络，其构建与运作模式及实施路径分析如下①。

一是图书营销流通行动者网络。在译作出版前后，商业出版社依靠其业内声誉（符号资本）、业务关系（社会资本）、财力物力（经济资本），招募亚马逊、书库（Book Depository）等图书电商和图书分销商（书店、图书批发公司、大型连锁超市等）加入图书营销流通行动者网络。此外，各类各级图书馆和图书俱乐部也是图书流通的重要渠道。出版社的资本越多，招募的书商和图书馆就越多，整体营销流通实力也就越强。在经济全球化的今天，英美出版业呈现出国际化、集团化、专业化、网络化的发展趋势，跨国出版集团和大型出版社都定位于图书的国际化出版和营销。就中国文学译作而言，大型出版公司会通过全球各地的办事机构或分公司，在主要英语国家和地区同步发行，而不会囿于国内狭小的市场。因此，一部译作由企鹅、兰登书屋等跨国出版集团出版发行，本身就是有效营销传播的保障。

二是图书评论推介行动者网络。在译作出版前后，商业出版社会利用自己的资本招募尽可能多的媒体、报章杂志和书评人加入图书评论推介行动者网络②。作为"精英读者"的书评人因其在场域享有的地位和声誉而被招募，而职业惯习也驱使他们愿意撰写并发表书评，他们通过书评引导和影响潜在受众的购买与阅读决策。出版社的资本越雄厚，招募的媒体、报章杂志和书评人就越多，影响力和声望也越高，书评的影响力也就越大，就越能推动图书的传播。与此同时，作者、译者、出版代理人等利益相关的行动者也会利用各自的社会资本积极招募媒体、报章杂志和书

---

① 参见：汪宝荣. 中国文学译作在西方传播的社会学分析模式. 天津外国语大学学报，2017(4)：1-7.

② 这里的媒体，准确地说指的是除报章杂志以外的媒体。关于媒体、报章杂志和书评人的分类，可参见：汪宝荣. 阎连科小说《受活》在英语世界的评价与接受. 南方文坛，2016(5)：61-62.

评人,最终合力构建起一个图书评论推介行动者网络。不过,拥有更多资本的商业出版社往往是招募行动的主力。

三是作家作品认可行动者网络。布迪厄指出,作家作品被认可的方式包括进入图书排行榜、获文学奖、编入教科书或文集、进入大学课程、作家以各种形式被纪念等;被认可的指标有图书销量、书评、研究文章等;有认可权力的机构和行动者包括教育系统、文化机构、评奖委员会、知名学者和评论家等。通过考察以上被认可的方式和指标,可以确立作家作品的"经典化"过程①。据此假定有一个"认可行动者网络",以便分析作家作品被认可的过程。以葛浩文翻译的莫言《红高粱家族》为例,其学术或社会认可体现在:(1)进入重要图书榜单,包括美国国家图书俱乐部畅销书排行榜,被世界文学专业重要期刊《今日世界文学》评为 1927—2001 年出版的"40 部世界文学佳作"②;(2)被著名学者在重要学术文献上评论和引用。这种学术或社会认可表明,在莫言获诺奖前这部小说已被列入世界文学经典名录。以上机构和个人合力构建了一个认可行动者网络,其运作同样有赖于资本和惯习的介入,但作品被译介和传播的前提是莫言小说质量超卓、异于凡品。事实上,文本、电影等是重要的非人类传播行动者。优秀的原作和译作及根据原作改编的电影拥有利于向受众传播的文化资本,且能够让评论家乐意写评论。因此在考察译作传播过程时,不能忽略非人类行动者的作用。

商业出版机构主导下的译作传播,一般涉及营销流通行动者网络、评论推介行动者网络和认可行动者网络。它们依靠资本和惯习而运作,联结成一个"译作传播行动者网络",确保翻译书出版后得以有效传播。

综上所述,从"译介与传播行动者网络"的视角,能有效揭示项目发起、翻译生产和译作传播过程涉及的复杂交互活动,不仅依靠各种形式资

① Bourdieu, P. *The Rules of Art: Genesis and Structure of the Literary Field*. Emanuel, S. (trans.). Cambridge: Polity Press, 1996: 225.

② Simonsuuri, K., Ziolkowski, T., Vendler, H. et al. *World Literature Today*'s top 40 list, 1927—2001: Celebrating 75 years of publishing excellence. *World Literature Today*, 2001, 75(3/4): 73.

本的运用及转化，也牵涉行动者惯习的介入，且每个过程都依赖一个特定行动者网络的构建与运作。这三个子网络各自独立运作，本身又由若干更小的网络构成，促成各自行动任务的完成，因而是相对自足的。同时，它们不仅在行动进程上有递进关系（从项目发起到翻译生产再到译作传播），而且在结构上环环相扣，互有重叠，交互联结成一个"译介与传播行动者网络"，由此构成一种系统性的网络模式。

# 第四章 华裔学者发起并翻译、西方学术出版社出版模式

## 引 言

西方商业出版社对中国现当代文学的兴趣始于 20 世纪 80 年代中期,因此,此前中国现当代文学的译介主体以西方的中国研究学者为主(包括汉学家和华裔学者),译作多由西方学术出版社出版①。本章考察的美籍华裔学者王际真英译《鲁迅小说选集》②项目就是该译介与传播模式下的一个典型个案。传统上,西方国家——包括荷兰、法国、德国、俄罗斯、捷克等传统汉学重镇,以及 20 世纪 50 年代兴起的美英等国际汉学新贵③——的汉学家以中国语言文字及古典文学为主要研究对象,对中国现当代文学很不重视。由于中国现当代文学在创作技巧及理念上较多借鉴西方文学,一些中国作家所做的创新又往往囿于本土语境,使不少西方精英读者感到失望,久而久之便形成一种根深蒂固的偏见:中国现当代文学

---

① Hung, E. Blunder or service? The translation of contemporary Chinese fiction into English. *Translation Review*, 1991(36/37): 41.

② Lusin. *Ah Q and Others: Selected Stories of Lusin*. Wang, C. C. (trans.). New York: Columbia University Press, 1941.

③ Eber, I. The reception of Lu Xun in Europe and America: The politics of popularization and scholarship. In Lee, L. O.-F. (ed.). *Lu Xun and His Legacy*. Berkeley: University of California Press, 1985: 243-244.

至多是"对西方成熟的文学风格的模仿"，"总是与现实主义小说联系在一起"①。第二次世界大战结束后，中国研究在欧美的很多高校兴起，对中国现代文学的研究才开始走上了正轨。在这之前，由于既有能力又有兴趣翻译中国现代文学作品的欧美汉学家屈指可数，向西方译介鲁迅作品的任务落在了精通欧洲语言的中国译者身上。以色列学者伊爱莲（I. Eber）在重点评论了敬隐渔、梁社乾、王际真等人对鲁迅作品的译介后指出："他们使西方读者开始关注鲁迅作品，可谓厥功甚伟，但其重要性往往被忽略"；王际真翻译的《鲁迅小说选集》则不然，由于"当时的美国政府试图让国内民众支持正在抗日的中国"，它在 20 世纪 40 年代的美国曾"广受关注"②。

王际真被誉为"美国当代汉学的开山隐者""把鲁迅和中国现代小说作家群介绍到美国的播火者"③"最先向西方推介鲁迅作品的既严肃又成功的译者"④。夏志清也盛赞他为"中国文学翻译的先驱"，为在英语世界推进中国文学做出了杰出贡献⑤。古大勇、黄科安指出：当时鲁迅作品的经典化尚未得到确认，王际真在《鲁迅小说选集》"导言"中率先对鲁迅的文学地位予以肯定，可见他"独具慧眼，其发现确乎超前，难能可贵"⑥。

王际真最负盛名的是他在 1929 年节译的《红楼梦》，因此长期以来国

① Jenner，W. J. F. Insuperable barriers? Some thoughts on the reception of Chinese writing in English translation. In Goldblatt，H.（ed.）. *Worlds Apart：Recent Chinese Writing and Its Audiences*. Armonk，N. Y.：M. E. Sharpe，1990：189，182.

② Eber，I. The reception of Lu Xun in Europe and America：The politics of popularization and scholarship. In Lee，L. O.-F.（ed.）. *Lu Xun and His Legacy*. Berkeley：University of California Press，1985：243-244.

③ 王海龙. 从海到海：哥伦比亚大学与现代中国. 上海：上海书店出版社，2007：99.

④ Kao，G. Chi-chen Wang：An appreciation. In Kao，G.（ed.）. *Two Writers and the Cultural Revolution：Lao She and Chen Jo-hsi*. Hong Kong：The Chinese University of Hong Kong Press，1980：132.

⑤ 夏志清. 王际真和乔志高的中国文学翻译. 董诗顶，译. 现代中文学刊，2011（1）：96.

⑥ 古大勇，黄科安. 意识形态偏见、众声喧哗与经典认同——美国华人文化圈的鲁迅研究. 中南大学学报（社会科学版），2012（6）：137.

内外学界对他的关注和研究主要集中在这本经典译作上。近年来,国内学者逐渐重视他对中国现代小说尤其是鲁迅小说的译介,发表了以下重要研究成果:

管兴忠指出,王际真翻译的《鲁迅小说选集》推动了中国现代文学在海外的早期传播,王译本英文地道,既照顾到了目标国的诗学规范与目标读者,具有很高可读性,又保留了浓郁的中国情调,对中国文学"走出去"有重要的借鉴意义①。徐晓敏比较了王译本、杨译本和莱尔译本,指出他们都是"最有影响的鲁迅作品英译者",认为王译本"明显面向目标语言文化系统",早在20世纪40年代就帮助鲁迅在西方获得了一定知名度②。李慎、朱健平指出,王际真运用了三方面的叙事建构策略:在恰当的社会历史语境下选择译介鲁迅作品,对作家作品进行了更高层次的选择性采用(指对鲁迅小说的选择)和文本内选择性采用(指删减原文内容),通过"译者导言"将鲁迅作品的精神与西方价值观关联起来;借助这三种叙事建构策略,王译本成为"早期鲁迅小说英译水平最高的译本"③。张奂瑶从译本再版重印、读者评价、选集收录、文献引用等方面梳理了鲁迅小说王译本在美国的接受④。黄勤、范千千基于研究现状述评指出,今后需借用布迪厄等人的社会学理论和热奈特的副文本理论,重点考察王际真的职业发展轨迹和译者惯习、翻译行为和决策及其译本的传播与接受⑤。

综上,目前未见从社会翻译学视角研究王际真及其《鲁迅小说选集》。本章基于该典型个案,分析"华裔学者发起并翻译、西方学术出版社出版"模式的运作机制及方式,考量其利弊得失,并探讨对中国文学译介与传播的当下意义。

---

① 管兴忠. 王际真英译作品在海外的传播和接受. 外语教学,2016(3):104-108.
② Xu, X. M. A comparative study of English translations of Lu Xun's works. *Babel*,2011,57(3):327,338.
③ 李慎,朱健平. 王际真英译《阿Q及其他》叙事建构研究. 中国翻译,2018(2):83-89.
④ 张奂瑶. 鲁迅小说英译本在美国的接受研究——以王际真译本、杨氏夫妇译本和莱尔译本为例. 北京第二外国语学院学报,2018(5):84-96.
⑤ 黄勤,范千千. 华裔翻译家王际真研究:现状与展望. 翻译论坛,2017(3):72-76.

## 第一节　王际真的职业发展轨迹与译者惯习

### 一、王际真的职业发展轨迹

王际真(1899—2001)，原籍山东省淄博市桓台县，出身于书香门第。其父王寀廷(1877—1952)为光绪癸卯科进士，丁未年(1907)会考，用为知县，任职广东，民国初年曾任山东省副参议长，"他多读异书，尊古学而不薄新知；喜好收藏，于古籍碑刻、书画鼎彝收藏颇夥"①。王际真幼年就读于私塾，11岁那年从广东考入清华学堂(又称"留美预备学校")②，后从清华学校高等科毕业，亲历了五四运动和多次学潮。1922年公费赴美留学，在威斯康星大学攻读经济学，获学士学位；1924—1927年又在哥伦比亚大学商学院和新闻学院学习，同时选修了该校政治学、哲学等专业的硕士课程，但在这两所大学读书时，他"并不是一个好学生"，所以没有攻读更高的学位，最后"仅有学士文凭"③。王际真随后选择了留美发展，"以卖文为生"开启了他的职业生涯。同时，1928—1936年他被纽约大都会艺术博物馆聘为远东艺术部顾问，曾发表多篇文章介绍或考证该馆收藏的中国古代艺术品④，显示了

---

① 陈汝洁.《红楼梦》翻译家王际真. (2007-01-25) [2019-01-04]. http：//blog. sina. com. cn/s/blog _ 4c00d0a1010007d9. html ♯ cmt _ 4DF5F0B2-7F000001-4AF6D8EF-900-8A0.

② 1912年10月更名为清华学校(Tsinghua College)，学制8年，分中等、高等两科，高等科学生毕业后一般插入美国大学二、三年级。详见：松风. 100年前，究竟什么人能进清华. 文史博览，2018(6)：50-51.

③ 夏志清. 王际真和乔志高的中国文学翻译. 董诗顶，译. 现代中文学刊，2011(1)：96，100. 王际真自称"不喜欢学校，向来喜欢自己念书". 参见：王海龙. 从海到海：哥伦比亚大学与现代中国. 上海：上海书店出版社，2007：102.

④ Wang, C. C. Notes on Chinese ink. *Metropolitan Museum Studies*，1930，3(1)：114-133；A gift of four Chinese picture panels. *Metropolitan Museum of Art Bulletin*，1933，28(10)：174-177；A gift of a Chinese painting. *Metropolitan Museum of Art Bulletin*，1934，29(3)：44-46；A gift for the Far Eastern Department. *Metropolitan Museum of Art Bulletin*，1935，30(7)：147-148.

他对中国传统艺术文化的浓厚兴趣和渊博知识。最初有一家美国杂志请他写文章介绍《西游记》，发表后"备受称赞"，遂又请他撰文介绍《红楼梦》。这篇长篇论文"展开了一个奇情绚丽的感情世界""吊起了美国读者的胃口"。纽约道布尔迪与多兰出版公司（Doubleday，Doran & Company）很快找上门来，与他签订了翻译协议，并预付 600 美元稿费，要求他编译《红楼梦》的主要故事情节①。为了能专心翻译《红楼梦》，王际真搬到了乡下，苦干大半年，终于完成译稿，带回纽约修改，于 1929 年在纽约、伦敦同步出版，"甫一付梓即佳评如潮"②。在哥大东亚系任教的美国汉学家富路特（L. C. Goodrich）遂邀请他到校任教。同年，王际真受聘为哥大东亚系中文教师，讲授高级中文、中国文学史等，1946 年升为助理教授，1958 年晋升教授，1965 年自请退休，2001 年在纽约逝世③。王际真在 20 世纪三四十年代致力于翻译中国古代及现代短篇小说，出版了四本译文集（均由哥大出版社出版）④，其中《鲁迅小说选集》的影响最大。他在 50 年代着手修订其《红楼梦》节译本，1958 年出版了增译修订版⑤，此后发表过若干单篇译作，但没有再出版单行本译作⑥。

基于布迪厄的社会实践模式，试将王际真的职业发展轨迹描述如下：通过在私塾和清华学校接受启蒙教育和基础教育，又在美国威斯康星大

---

① 20 世纪 20 年代的美国涌起一股"中国浪潮"，中国题材读物在美国畅销书市场占有一席之地，因此《红楼梦》节译项目是"市场需要驱动的"。详见：江帆. 他乡的石头记——《红楼梦》百年英译史研究. 天津：南开大学出版社，2019：89-91.
② 王海龙. 从海到海：哥伦比亚大学与现代中国. 上海：上海书店出版社，2007：103-105.
③ Devitt，J. Professor Emeritus Chi-chen Wang dies at 102. *Columbia University Record*，2001-12-14(8).
④ 另三本是：《中国传统故事集》(1944)，《中国现代小说选》(1944)，《中国战时小说选》(1947). 参见：管兴忠. 王际真英译作品在海外的传播和接受. 外语教学，2016(3)：104-108.
⑤ Tsao，H.-C. *Dream of the Red Chamber*. Wang，C. C.（trans.）. New York：Twayne Publishers，1958.
⑥ 详见：夏志清. 王际真和乔志高的中国文学翻译. 董诗顶，译. 现代中文学刊，2011 (1)：98-102.

学和哥伦比亚大学深造多年，王际真不仅养成了向西方传播中国文学文化的个人惯习，而且积累了进入美国的翻译场域所需的语言资本和文化资本：他不仅谙熟美国文化及西方读者心理，而且通过长年刻苦自学和不断淬砺，其英文已相当出色①。这种初始资本加上他从小浸淫于中国传统文化，使他成为翻译《红楼梦》的合适人选，而惯习又驱使他欣然接受出版社的约请。节译《红楼梦》的成功使他一举成名，由此介入美国汉学场域，同时帮助他积累了社会资本，扩大了文化资本，这直接促使富路特把他招进哥大东亚系。随后，美国学术场域和教育场域的需求及其职业惯习驱使他翻译了鲁迅小说及其他现代短篇小说和传统故事；利用他在美国学术场域的"占位"，王际真通过哥大出版社出版了四本译文集，积累了更多符号资本，最终确立了"中国文学翻译的先驱"之地位。

## 二、王际真的译者惯习

本小节从三方面分析王际真的译者惯习。在翻译选材方面，从小浸淫于中国古典文学传统、有国学根基的王际真偏爱古典文学作品。汤普森认为："个人惯习是在灌输和教育过程中逐渐获得的，其中童年经历尤为重要。"②夏志清指出，由于受胡适的影响，王际真主要从事中国古典小说的研究和翻译③。在1929年版《红楼梦》节译本的导言中，王际真充分吸收利用了胡适和俞平伯刚刚出炉的"新红学"研究成果，可见胡适对他的学术影响之深④。徐晓敏也指出，王际真倾向于选择翻译"他认为最能

---

① 美国汉学家华兹生（B. Watson）指出："王际真年轻时显然很刻苦，才掌握了出色的英文能力，这从他翻译的中国古典和现代文学作品中可以明显看出来。"详见：Watson, B. The *Shih Chi* and I. *Chinese Literature：Essays，Articles，Reviews*（*CLEAR*），1995，17：199.

② Thompson，J. B. Editor's introduction. In Bourdieu, P. *Language and Symbolic Power*. Cambridge，MA：Harvard University Press，1991：12.

③ 夏志清. 王际真和乔志高的中国文学翻译. 董诗顶，译. 现代中文学刊，2011（1）：97-99.

④ 参见：江帆. 他乡的石头记——《红楼梦》百年英译史研究. 天津：南开大学出版社，2019：65-66.

反映中国文化精华和内核以及现实的作品"①,而《红楼梦》正是这类作品的杰出代表之一。显然,对这类作品的偏爱与他对中国传统艺术文化的兴趣乃是一体两面,主要是家庭熏陶和早年接受的教育所致。再者,王际真对小说这种文类情有独钟,应该与其父"多读异书"有很大关系。小说一向被贬为"稗官野史",是以君子弗读也,因此思想开明的王父所读的"异书"应该包括了小说。有趣的是,晚清来华西人很重视中国古典小说,如伟烈亚力(A. Wylie)指出:"小说能为我们提供许多知识,比如各个时代的风俗习惯、不断变化的语言的某一时段的特征,是一大部分人获取历史知识的唯一渠道。"②可见王际真专注于中国小说英译是幸运的,也是明智的。另外,王际真翻译了不少现代短篇小说,对鲁迅小说尤其喜爱(详见第二节)。夏志清对此的解释是:王际真"拥护新文学","把鲁迅看作民族英雄"③。鉴于王际真就读于清华学校期间亲历了五四运动和多次学潮,这应是他拥护新文学的重要原因,但还另有原因:其一,现代小说直面中国的现实和社会问题,使时刻关注祖国命运的王际真很容易认同,进而产生译介的冲动;其二,受其父"尊古学而不薄新知"这一习性潜移默化的影响,王际真偏爱古典文学,同时并不排斥新文学。总之,家庭熏陶和早年接受的教育及成年后的学习和社会经历形塑了王际真的翻译选材偏好:最能反映中国文化精华或批判中国历史、揭露社会现实的小说作品。

王际真的翻译思想主要体现为两方面:一是奉行目标读者接受的原则,采取"以读者为中心的翻译立场"④,二是主张通过翻译向西方传播中

① 徐晓敏. 王际真翻译思想初探. 长沙铁道学院学报(社会科学版),2014(3):122.

② 转引自:孙轶旻. 近代上海英文出版与中国古典文学的跨文化传播(1967—1941). 上海:上海古籍出版社,2014:53.

③ 夏志清. 王际真和乔志高的中国文学翻译. 董诗顶,译. 现代中文学刊,2011(1):97-99.

④ 江帆. 他乡的石头记——《红楼梦》百年英译史研究. 天津:南开大学出版社,2019:84.

国传统文化①。王际真奉行读者接受的原则,首先因为他有着目标文化的翻译取向和明晰的读者意识:考虑到当时的美国读者对中国颇感兴趣,但对中国文学文化知之甚少,同时考虑到中西文化差异造成的阅读障碍,他认为译文要尽量简洁平易、通顺流畅,方能吸引英美读者。其次,王际真"富于常识,深明西方读者之心理"②,因而坚持认为英译中国小说要切合美国读者的阅读期待。再者,也因其译作在美国本土出版,有着明确的读者定位:《红楼梦》由商业出版社出版发行,主要面向英美大众读者,因而可用节译、改编之法;鲁迅小说由大学出版社出版,以专业读者为主要对象,因此译文既要简洁流畅,也要忠实准确。同时,从小浸淫于中国文化传统的王际真还有着出发文化的翻译取向,因而主张通过翻译向西方传播中国传统文化。例如,他在翻译《红楼梦》时,"试图把展现中国特色的风俗、习惯或特质的片段和章节翻译出来"③。江帆指出,《红楼梦》王译本"着重彰显原文的'异国情调'"(如采取特殊的人物姓名翻译方式),"强调中国风俗土物的移译"④。又如,王际真指出:"要真正了解一个国家,最佳途径之一是阅读该国的文学,因为文学是民族遗产中最丰富、最能揭示真相、最永存不朽的部分。……透过鲁迅这位现代中国最有洞察力、最有原创思想的作家的双眼,读者将瞥见真实的中国。"⑤这表明王际真译介鲁迅小说的一个重要目的是让西方读者了解中国,以及向西方传播中国文

---

① 徐晓敏. 王际真翻译思想初探. 长沙铁道学院学报(社会科学版),2014(3):122. 汪宝荣. 译者姿态理论与中华文化外译——以王际真英译《阿Q正传》为例. 燕山大学学报(哲学社科版),2018(1):37.

② 馀生. 王际真英译节本《红楼梦》述评//人民文学出版社编辑部. 红楼梦研究参考资料选辑·第三辑. 北京:人民文学出版社,1976:70-71.

③ Wang,C. C. Introduction. In Tsao,H.-C. & Kao,N. *Dream of the Red Chamber*. Wang,C. C.(trans.). New York:Doubleday,Doran & Company, 1929:xx.

④ 江帆. 他乡的石头记——《红楼梦》百年英译史研究. 天津:南开大学出版社, 2019:58.

⑤ Wang,C.-C. Introduction. In Lusin. *Ah Q and Others:Selected Stories of Lusin*. Wang,C. C.(trans.). New York:Columbia University Press,1941:vii.

化①。总之,王际真的"双文化"身份深深影响了他的翻译思想:其目标文化取向的译者惯习在美国文化的环境中养成,出发文化取向的惯习则由其早年国内经历形塑而成。

针对《红楼梦》和鲁迅小说的翻译,王际真的翻译策略既有变也有不变:前者以节译、改编或压缩为基本翻译策略,很大程度上牺牲了译文的忠实和充分性,而翻译后者时他力求忠实与通顺兼顾,充分性与可接受性并重;另一方面,他试图忠实直译《红楼梦》涉及的中国文化信息,同时又采用"相当自由的意译",且尽量使用"浅显易懂"的当代英语词汇②,这些策略在他翻译鲁迅小说时基本上都得以沿用(详见第四节)。王际真翻译策略上的变与不变符合惯习既持久稳定又具有开放性和累积性的特点,而这种变化主要是对目标读者的定位不同而引起的。换言之,王际真本质上是一个忠实与通顺并重、力求在保留中国文化与保证读者接受之间取得平衡的译者。

## 第二节　王际真译介鲁迅小说的动因

王际真英译鲁迅小说始于 1935 年。是年 11 月,他翻译的《阿 Q 正传》第一部分刊于纽约《今日中国》(China Today)月刊,全部译文分三期载完③。1938—1940 年,他又在《远东杂志》(The Far Eastern Magazine)、《天下月刊》(T'ien Hsia Monthly)、《中国杂志》(China Journal)上发表了多篇鲁迅小说译文。1941 年,他将 11 篇译作结集为《鲁迅小说选集》④,由哥大出版社出版。

---

① 李慎,朱健平. 王际真英译《阿 Q 及其他》叙事建构研究. 中国翻译,2018(2):85.
② 江帆. 他乡的石头记——《红楼梦》百年英译史研究. 天津:南开大学出版社,2019:77-79.
③ Lu, H. Our story of Ah Q. Wang, C. C. (trans.). China Today, 1935, 2(2):37-39;1935, 2(3):60-62;1936, 2(4):80-83.
④ 其中,《风波》《阿 Q 正传》《孤独者》《伤逝》《祝福》在杂志上发表过,《故乡》《肥皂》《离婚》《在酒楼上》《头发的故事》《狂人日记》均为该选集而专门翻译。

根据布迪厄的社会实践模式，社会实践的发生需要"场域""惯习""资本"的合力。以下分析这三个要素如何驱使王际真发起鲁迅小说译介项目。

首先，当时美国的文学、学术及教育场域对译介鲁迅作品有内在需求①。1929 年，美国陷入世界性的经济危机，国内左派势力抬头，美国人纷纷向"左"转，"左翼文学破天荒地成为美国文学的主潮"，鲁迅作为"东方受压迫民族的斗士"，很自然地得到了美国知识界的青睐，但起初他们注重介绍的是鲁迅的政治思想②。在美国文学场域中左翼作品成为主潮的背景下，鲁迅作品译介活动萌芽并获得了一定程度的发展③。正是在这股潮流的激荡下，王际真信心满满地发起了鲁迅作品翻译项目。另外，当时美国的学术及教育场域对译介鲁迅作品也有需求，即开展中国现代文学教学与研究。在 20 世纪 30 年代的美国，中国现代文学研究尚未兴起，但一些大学(包括哥伦比亚大学)开设了相关课程，如王际真在哥大东亚系即讲授中国文学史，因此需要准确可靠的鲁迅作品英译本作为教材或核心读物。然而，当时可供选用的几种鲁迅小说英译本，不仅收入的篇目很有限，而且质量不尽如人意：无论是梁社乾翻译的《阿 Q 正传》，或是英国人米尔斯(E. H. F. Mills)转译的《阿 Q 正传》《故乡》《孔乙己》，还是斯诺编辑的《活的中国》收录的 5 篇鲁迅小说，都有译文不够忠实准确或英文佶屈聱牙、可读性差的缺陷，显然无法满足中国现代文学教学与研究之需④。这促使王际真着手翻译鲁迅的作品，不仅因为他自信有能力译得更准确通顺，而且由于他的教学工作有此紧迫需要。王际真在"译者导言"中指出："中国传统文学和艺术所描绘的中国人的生活往往是不真实的、没有个性的，这令崇拜中国的普通美国人着迷。我的这些译作面向的是

---

① 张西平指出，中译外是由于外国的文化有内在需要，中国译者所从事的是文化输出；只有在目标语文化有内在需求时，翻译才会在目标语文化中产生效能和影响。详见：张西平."外译中"和"中译外"差异论研究. 汉学研究，2021(30)：129，138.

② 郑心伶，梁惠玲. 美国鲁迅研究与国际文化交流. 韶关大学学报(社会科学版)，1994(1)：76-77.

③ 蔡瑞珍. 文学场中鲁迅小说在美国的译介与研究. 中国翻译，2015(2)：37.

④ 详见：汪宝荣. 异域的体验——鲁迅小说中绍兴地域文化英译传播研究. 杭州：浙江大学出版社，2015：30-45.

那些厌倦了这种不真实的、没有个性的描绘,想要透过表象洞悉人性的读者。"①这表明其目标受众主要是修读中国现代文学的学生和研究中国历史、文学及文化的专业读者。

其次,译者惯习驱使他翻译鲁迅小说。王际真对鲁迅极为崇拜,对鲁迅小说情有独钟。夏志清指出:"作为五四青年知识分子一代,王际真视鲁迅为英雄,拥护新文学。"②王际真在《鲁迅小说选集》题记中说:"我将这些译作献给亡弟王际可。……在中国古代和现代作家中我们最钦佩的是鲁迅。鲁迅为我们的人生道路扫除了传统陋习的芜草,清除了吃人者给年轻的、无戒备之心的、无告的人们设置的种种陷阱。他在这方面的功绩无人能及。"王际真把鲁迅誉为"最伟大的中国现代作家"与"中国最富洞察力、最有创见的思想者之一",认为鲁迅充分体现了"一种义愤填膺的品质和奋起反抗的精神",尤其"对吃人者的反抗和谴责",这种精神将激励中国人坚决抗日,继续"这场伟大的自由之战"直至胜利③。王际真还认为,鲁迅是对"人吃人"的中国历史和现状的"无情批判者",坚决摧毁旧迷信和旧礼教的"革新者"④。在接受王海龙的采访时,王际真说,他与鲁迅"并无特殊私交",他之所以"最喜欢鲁迅",是因为他也痛恨中国黑暗的历史,因而"服膺鲁迅批判孔孟及中国历史的精神"⑤。王海龙指出:纵观王际真一生的思想和学术主张,其"反封建、提倡人道主义的理想仍然是一以贯之的"⑥。以上引证表明,王际真与鲁迅在心灵、思想和对中国历史的

① Wang, C. C. Introduction. In Lusin. *Ah Q and Others*:*Selected Stories of Lusin*. Wang, C. C. (trans.). New York:Columbia University Press,1941:ix.
② 夏志清. 王际真和乔志高的中国文学翻译. 董诗顶,译. 现代中文学刊,2011(1):97.
③ Wang, C. C. Introduction. In Lusin. *Ah Q and Others*:*Selected Stories of Lusin*. Wang, C. C. (trans.). New York:Columbia University Press,1941:vii-ix.
④ Wang, C. C. Introduction. In Lusin. *Ah Q and Others*:*Selected Stories of Lusin*. Wang, C. C. (trans.). New York:Columbia University Press,1941:xv-xvi.
⑤ 王海龙. 从海到海:哥伦比亚大学与现代中国. 上海:上海书店出版社,2007:109-110.
⑥ 王海龙. 从海到海:哥伦比亚大学与现代中国. 上海:上海书店出版社,2007:110.

批判态度上高度契合，因而钦佩甚至崇拜鲁迅，这驱使他热切地翻译鲁迅作品。而这种惯习是他在清华学校接受的新式教育及其五四运动的经历形塑的结果。事实上，译者惯习还影响了他对具体篇目的选择。王际真翻译的都是鲁迅小说，且全部选自《呐喊》《彷徨》①，而不是他相当看重的鲁迅杂文，因为他认为："杂文在表达鲁迅的满腔义愤和抗议方面既有效又重要，但最终能存世的很可能是他的小说。鲁迅的大多数杂文是他对自己所见所闻所读时事的即兴评论，很多材料只有等后世汉学家附上大量注释才能被西方读者理解。"②近百年的鲁迅作品英译传播史证明，最受西方读者欢迎的鲁迅作品是小说，因此王际真的判断是正确的，他的决定是明智的。同时，这也体现了王际真对小说文类的偏爱，是他翻译《红楼梦》的选材惯习的自然延续，因为与《红楼梦》一样，鲁迅小说也是现实主义的。夏志清指出，王际真偏爱翻译"讽刺和喜剧"类作品③。确实，王际真所译鲁迅小说大多符合他对"讽刺"的偏爱，其中至少包括：《肥皂》《离婚》《头发的故事》《风波》《阿Q正传》《在酒楼上》《孤独者》《伤逝》等。

最后，其发起行动有充足的非经济资本作保障。在译者发起译介项目的情形下，译者一般需要自行招募出版社，这会牵涉不小的风险，因为出版社可能不接受其选题。过去的实践证明，在美国能成功招募出版社的一般是声誉卓著的汉学家或华裔学者。王际真在发起鲁迅作品译介项目前已经具备了这种资本实力：中西兼备的教育及文化背景和出色的英文能力使他拥有了充足的文化资本，成了被信赖、受尊敬的中国文学译者；《红楼梦》节译本的成功，使他获得了美国汉学场域的认可，并在翻译场域积累了初始符号资本，因此他有信心和把握招募到出版社。鉴于译

---

① 王际真把《故事新编》所收的8篇作品称作"披上现代外衣的古代传奇故事"，即不把它们视为原创小说。详见：Wang, C. C. Introduction. In Lusin. *Ah Q and Others*: *Selected Stories of Lusin*. Wang, C. C. (trans.). New York：Columbia University Press, 1941：xxv.

② Wang, C. C. Introduction. In Lusin. *Ah Q and Others*: *Selected Stories of Lusin*. Wang, C. C. (trans.). New York：Columbia University Press, 1941：xx.

③ 夏志清. 王际真和乔志高的中国文学翻译. 董诗顶，译. 现代中文学刊, 2011 (1)：97.

者招募出版社依赖资本的转化及其运作,下一节将详细论述,此处不赘。

以上侧重于分析项目发起的动因。我们也可从"译者发起项目行动者网络"构建与运作的角度考察发起过程。它不仅依赖人类行动者(如王际真)和非人类行动者(如鲁迅小说文本),也需要资本的转化和行动者职业惯习的介入。

## 第三节　王际真招募出版社的运作机制及过程

与商业出版社不同,英美的大学出版社通常不以营利为目的,较易被译者(尤其学者型译者)"招募"。在"已逝的出版黄金年代",美国的大学出版社能得到学校的资助,而且对那些"不可能畅销但十分重要"的翻译作品来说,大学出版社几乎是译者唯一可选的出版渠道①。可见对王际真来说,把《鲁迅小说选集》交给大学出版社出版,不仅可行性较高,而且是不错的选择。学者型译者较易招募到大学出版社,这是因为他们在学术场域的地位和声誉(文化资本)及与有关机构的良好工作关系和社会关系(社会资本)能转化成符号资本,从而"说服"出版社接受其翻译出版选题。王际真招募哥大出版社所依赖的,正是这套基于资本及其转化的运作机制,而具体行动是通过行动者网络的构建与运作来完成的。

第一,成功节译《红楼梦》为他积累了可观的符号资本。王际真节译《红楼梦》是当年美国文坛的一大盛事,轰动一时,这首先体现在一篇重量级序言的推介上——英国汉学家韦利指出:王际真的译文"不仅特别准确,而且改编手法高明","原著经王先生之手传递过来,英文读者大可放心"②。一篇序言"包含了一种认可,一种符号资本的转移",即序言作者将

---

① 葛浩文,林丽君. 翻译不是一人完成的. 姜智芹,译. 南方文坛,2019(2):38. 葛浩文没说"出版黄金年代"是哪个时期,但可以推断以前的大学出版社不用"自负盈亏"。

② Waley, A. Preface. In Tsao, H.-C. & Kao, N. *Dream of the Red Chamber*. Wang, C. C. (trans.). New York: Doubleday, Doran & Company, 1929: xiii.

其符号资本给予作者及其作品①。之前韦利翻译了多部中国古典诗歌选集和日本古典文学作品，且均由英美知名商业出版社出版②，因此他作为汉学家及文学翻译家的地位已经获得英美学术场域的认可。韦利在序言中盛赞王际真的翻译，相当于将其个人符号资本给予了译者及其译作，这自然有助于王际真获得场域的认可。其次体现在商业出版的有效运作上。《红楼梦》王译本的美国出版商是道布尔迪与多兰出版公司，英国出版商是劳特利奇公司（George Routledge & Sons），均为英语世界中历史悠久、实力雄厚的商业出版社。出版商是"作品意义和价值的生产者"，"本身被认可程度越高，就越有能力帮助产品获得认可"③，而这取决于出版商在文化生产场域中占据的位置。因此，王译本由这两家出版社出版发行，不仅能进入商业流通渠道，而且容易获得场域内重要认可机构和行动者的认可。此外，出版商请韦利作序，可视为对知名汉学家的"商业性利用"，由此能有效提高译本的知名度④，其所基于的仍是资本转化这个运作机制。再者体现在重要书评的推介上。该书出版后获得了重要书评的评论：美国新闻记者、专栏作家卡特（J. Carter）在《纽约时报》上发表书评，认为《红楼梦》是一部"来自东方的罕见的现实主义杰构"⑤；被誉为"朝鲜裔美国文学之父"的姜镛讫（Y. Kang）在《星期六文学评论》周刊上评论指出："东方人对人类的伟大理想和崇高哲学有着深刻的认识，《红楼梦》即代表这个古老的东方思想王国"，而王际真是翻译这部杰作的"不二人

① Bourdieu，P. A conservative revolution in publishing. Fraser，R.（trans.）. *Translation Studies*，2008，1（2）：123.

② 详见：Chen，H. A study on Arthur Waley's translation. Changsha：Hunan Normal University（Doctoral Dissertation），2010：297-298.

③ Bourdieu，P. *The Field of Cultural Production*. New York：Columbia University Press，1993：76-77.

④ 详见：江帆. 他乡的石头记——《红楼梦》百年英译史研究. 天津：南开大学出版社，2019：61.

⑤ Carter，J. That rara avis, a realist novel out of the Orient. *The New York Times*，1929-06-02（BR2）.

选"①。综上所述,韦利、英美出版商和书评人等把各自的符号资本转移给王际真及其《红楼梦》节译本,帮助该书获得了商业成功,迄今在英美大众读者中产生的影响力超过了其他英译本②,从而确立了王际真的职业地位和声誉,为他积累了招募出版社所需的符号资本。

第二,王际真充分利用了哥大教员这一职业身份赋予他的社会资本和便利。王际真的个性"有些孤僻"③,"某种程度上是个古怪反常的人,他说话率直,经常得罪朋友"④。王际真则称自己"曾是架子最大的人,看不起别人"⑤。一个行事如此特立独行的人,其社交面一般不会很广,即社会资本有限。而在哥大,他可利用任教之便,也有同事朋友相助于他,因此比较容易在本校的出版社获得出版机会。王际真后来编译的《中国传统故事集》《中国现代小说选》(收入鲁迅小说《端午节》《示众》)和《中国战时小说》均交给哥大出版社出版,既表明这几个选集主要用于中国文学教学及研究,其出版社的选择适得其所,也说明王际真的社会资本为他提供的出版社选择余地有限。

第三,鲁迅小说蕴含了独特的语言文学资本,能说服同行评议专家认可书稿,从而为王际真招募出版社打开了通途(详见下文)。

葛浩文介绍了美国的大学出版社审理书稿的一般流程⑥。基于他提供的有关信息,试对王际真招募出版社的过程分析如下:王际真把11篇译作编定后,附上一篇"译者导言",连同出版选题申请提交给哥大出版社,正式启动其招募出版社的行动程序;出版社收到书稿后,指派策划编

① Kang, Y. Oriental life: Review of *Dream of the Red Chamber*. *The Saturday Review of Literature*, 1929-04-20(900).

② 江帆. 他乡的石头记——《红楼梦》百年英译史研究. 天津:南开大学出版社, 2019:58-59.

③ 此为夏志清语。参见:王海龙. 从海到海:哥伦比亚大学与现代中国. 上海:上海书店出版社, 2007:110.

④ 夏志清. 王际真和乔志高的中国文学翻译. 董诗顶,译. 现代中文学刊, 2011(1):99.

⑤ 王海龙. 从海到海:哥伦比亚大学与现代中国. 上海:上海书店出版社, 2007:110.

⑥ 葛浩文,林丽君. 翻译不是一人完成的. 姜智芹,译. 南方文坛, 2019(2):38.

辑组织本领域专家进行同行评议；策划编辑收到评议报告后反馈给译者，如有必要，译者得根据评议意见修改其译文；策划编辑把书稿修改稿提交给大学出版社董事会或学校教员委员会进行终评（有时在提交之前还要再次进行同行评议），通过后书稿即进入编辑、出版流程。至此，译者招募出版社行动者网络的构建与运作顺利完成。

显然，对译者招募大学出版社行动而言，同行评议是网络运作至关重要的一环，而译者提出的出版选题能否被同行评议专家认可并通过，既依靠译者在学术场域的地位和声誉，也有赖于其与同行评议专家的社会关系，更取决于作品本身的价值及译文质量。葛浩文指出，有些评议者注重作品本身的价值，也会专注于编辑方面的问题，比如建议改用某个词或用语[1]。借用卡萨诺瓦提出的"语言文学资本"概念[2]，可把作品本身的价值视为一种语言文学资本。这种资本是译作出版后有效传播和接受的前提，因此能使同行评议专家认可出版选题。由此看来，作为"非人类行动者"的文本在招募中发挥了重要作用。

笔者不知道这些同行评议专家如何评价王际真提交的书稿，但乔志高（G. Kao）的这番评论很值得参考："鲁迅小说属于中国的活的遗产，不管依据什么标准来评判，它们都是最好的文学作品"；这个集子里有几篇小说"略显单调且缺乏情节"，但美国读者必须知道鲁迅写小说是出于"宣传"这个崇高的目的，即"呐喊几声，以惊起较为清醒的几个人"[3]。乔志高评价公道，持论公允，却明确肯定了鲁迅小说的主题思想和文学价值。此外，译文质量也是同行评议关注的一个重要方面。由于学术出版社出版的图书主要面向学术界和图书馆，一般要求译文既忠实又通顺，如能适当注重学术性则更佳。出版社对译文质量的这种要求，王际真都可以做到

---

① 葛浩文，林丽君. 翻译不是一人完成的. 姜智芹，译. 南方文坛，2019(2)：38.

② Casanova，P. Consecration and accumulation of literary capital：Translation as unequal exchange. In Baker，M.（ed.）. *Critical Readings in Translation Studies*. London & New York：Routledge，2010：288-290.

③ Kao，G. Review of *Ah Q and Others*. *The Far Eastern Quarterly*，1942，1(3)：280-281.

(参见下文),因而有利于书稿被接纳。

如果说以上仅为推论性分析,下面这个小插曲则真切说明了作品本身价值的重要性:王际真曾与哥大出版社的一位策划编辑面谈选题事宜,事后该编辑在备忘录中写道:"我告诉他,中国题材的图书在市场上已经饱和,今后再要出版面向大众读者的同类书,就得与赛珍珠和林语堂的书竞争、比较①。王际真显然没有想过这个问题,即使想过,也不认为它很重要。"王际真最终听取了编辑的建议:他在"译者导言"中强调了鲁迅作品的独异性,指出鲁迅笔下的现代中国要比赛珍珠和林语堂描写的复杂得多②。他还巧妙地把"鲁迅精神"与中国抗战联系起来,指出鲁迅身上有"一种义愤填膺的品质和奋起反抗的精神",这种精神将激励中国人坚决抗日直至胜利。王际真有意凸显鲁迅作品的独特价值与现实意义,无疑有助于出版社最终接受他的书稿出版申请。

王际真招募哥大出版社出版了《鲁迅小说选集》,有赖于成功节译《红楼梦》为他积累的符号资本、任教于哥大的职业身份赋予他的社会资本及鲁迅小说中英文本蕴含的语言文学资本。由王际真发起的招募出版社行动者网络,主要由译者本人、大学出版社、出版社策划编辑、同行评议专家、鲁迅小说文本等行动者参与构建。其运作基于非经济资本及其转化,也涉及人类行动者职业惯习的介入(例如,其学者惯习促使同行评议专家更看重作品本身的价值),以获取出版社的经济资本为招募行动的最终目的。

## 第四节  王译本质量、特色及翻译策略

王际真译本不是真正意义上的学术性翻译,但作为中国文学研究者兼教师,他的翻译态度是严肃认真的。这从他关于鲁迅小说翻译的简短

---

① 关于这些书及其在美国市场的反响,参见:江帆. 他乡的石头记——《红楼梦》百年英译史研究. 天津:南开大学出版社,2019:90.

② 参见:Hsu,H. *A Floating Chinaman:Fantasy and Failure across the Pacific*. Cambridge,MA:Harvard University Press,2016:170-171.

说明即可看出："鲁迅借助于讽刺性的曲笔和隐语，尤喜引用典故和当代流行语，由此形成了幽默、犀利的写作风格，这给翻译带来了特殊困难。我深知自己力有不逮，不能把鲁迅作品有效地译成英文，但仍希望我的译文或多或少传达了原作的某些效果。"①王际真的终生好友乔志高透露：王际真给他的翻译"自定了极高的标准"，自己不满意的翻译绝不会拿去发表；他喜欢贬低自己的翻译，总是说——"这不是谦虚，而是因为我觉得自己本来可以译得更好。"②

在译文的忠实准确和可读性方面，王际真译本明显超越了之前出版的鲁迅小说英译本。夏志清选取《肥皂》的两段文字，对王译本和杨译本进行了细致的比较，认为王译本比杨译本更准确、恰切，"《肥皂》的两个段落展示了王际真译文的高明"③。美国汉学家克莱德(P. H. Clyde)在评论《中国战时小说》时指出："王际真再次展示了他作为翻译家的才能。这些翻译小说不仅英文极棒，而且原著的中国味很大程度上得以保留。"④在译文语言方面，王译本通顺晓畅、简洁易懂，可读性与可接受性俱佳。乔志高评价道：王际真的翻译"英文精湛，风格平易朴实(a spare, understated style)"⑤。吴宓("馀生"为其笔名)对王译《红楼梦》的评论，"译笔明显简洁"，"轻清流畅"，"毫无土俗奇特之病"⑥，显然也适用于他翻

① Wang，C. C. Introduction. In Lusin. *Ah Q and Others*：*Selected Stories of Lusin*. Wang，C. C.（trans.）. New York：Columbia University Press，1941：xxiv.

② Kao，G. Chi-chen Wang：An appreciation. In Kao，G.（ed.）. *Two Writers and the Cultural Revolution*：*Lao She and Chen Jo-hsi*. Hong Kong：The Chinese University of Hong Kong Press，1980：131-132.

③ 夏志清. 王际真和乔志高的中国文学翻译. 董诗顶，译. 现代中文学刊，2011（1）：97-98.

④ Clyde，P. H.，Review of *Stories of China at War*. *Pacific Historical Review*，1947，16(4)：467-468.

⑤ Kao，G. Chi-chen Wang：An appreciation. In Kao，G.（ed.）. *Two Writers and the Cultural Revolution*：*Lao She and Chen Jo-hsi*. Hong Kong：The Chinese University of Hong Kong Press，1980：132.

⑥ 馀生. 王际真英译节本《红楼梦》述评//人民文学出版社编辑部. 红楼梦研究参考资料选辑·第三辑. 北京：人民文学出版社，1976：70-71.

译的鲁迅小说。

以上基于有关评论对王译本的质量特色做了总体描述。笔者以《阿Q正传》为例,通过细致的文本分析,发现王译本具有以下特点:虽略有删削,间或也有引申发挥,但基本上忠实于原文①,且尽量保留原作蕴含的中国文化因素;译文简洁流畅,英文娴熟地道,可读性很强。首先,《阿Q正传》王译本中轻度删削有28处,其中九成左右为短小的单句,删削较严重的有以下3处:

(1)但上文说过,阿Q是有见识的,他立刻知道和"犯忌"有点抵触,便不再往底下说。②

(2)"女人,女人!……"他想。

"……和尚动得……女人,女人!……女人!"他又想。

…… 但大约他从此总觉得指头有些滑腻,所以他从此总有些飘飘然;"女……"他想。(第81页)

(3)他生怕被人笑话,立志要画得圆。(第106页)

只需稍做分析就能看出,王际真所做的删削都不是随意为之的,而是有自己的考虑的:删削(1)显然是考虑到这一句在内容上与前文重复("上文说过"即是重复的标记语);删削(2)是由于采用了缩译法,即用"Ah Q could not banish these thoughts from his mind"③一句概述了阿Q的心理活动④,同时,"觉得指头有些滑腻""飘飘然"在前文刚刚出现过;删削(3)可能是考虑到后文反复提到阿Q对画不成圆圈(画押)的纠结。《阿Q

---

① 有学者指出:王译本"在整体上是忠实于原作的,删节的内容所占比例很低"。详见:李慎,朱健平. 王际真英译《阿Q及其他》叙事建构研究. 中国翻译,2018(2):83-89.

② 鲁迅. 鲁迅小说全编. 北京:人民文学出版社,2006:74. 以下引用仅标明页码。

③ Lusin. *Ah Q and Others: Selected Stories of Lusin*. Wang, C. C. (trans.). New York: Columbia University Press, 1941:92.

④ 针对他认为的《红楼梦》中的次要内容,王际真"往往将细节描写变成简单的概述,将对话的直接引语形式变成间接的转述"。详见:江帆. 他乡的石头记——《红楼梦》百年英译史研究. 天津:南开大学出版社,2019:72-73. 可见这种节译策略在他翻译鲁迅小说时有所沿用。

正传》原为北京《晨报副刊》的《开心话》栏目而写。夏志清指出，"它的结构很机械，格调也近似插科打诨"，并认为这些缺点可能与其创作环境有关①。王际真自然也看出了这些缺点。同时，如以西方现代小说批评标准衡量，鲁迅小说有重复赘言、时常离题发表议论、情节推进不快等缺陷，对这些内容进行适度删削显然有助于改进原作，增强译文的可读性。

其次，有时王际真也对原文进行引申发挥式的改写。例如，翻译《故乡》中"母亲和我都叹息他的景况：多子，饥荒，苛税，兵，匪，官，绅，都苦得他像一个木偶人了"（第 65 页）这一句时，他把"都苦得他像一个木偶人了"扩展翻译成"*all these contributed to make the burden heavy for the poor peasant，crushing him and draining the life out of him* until he was scarcely more than a wooden image"（p. 12）。译文中笔者标出的斜体部分均为译者所加，无疑提升了原文的表现力，却降低了译文的忠实度。

但是，上述轻微删削和偶尔的改写除外，王际真不仅忠实翻译原文，且译文相当准确到位，而且刻意保留了某些中国文化信息，具体体现为：借助直译、音译、注释、增译等手段，尽量保留了称谓语、客套话、佛教用语、成语、典故、习俗的本来面目②。前文提到，王际真把引经据典视为鲁迅小说写作的重要手段，而他的译文试图忠实再现原作的风格，因此他特别注重运用直译、注释等手段保留中文成语典故的本来面目。同时，王际真时常借助于文内注或脚注，补充解释原文中缺省的文化背景知识。例如，他把"赵府上请道士被除缢鬼，费用由阿 Q 负担"（第 85 页）译作"Ah Q was to foot the expenses incurred in exorcizing the evil spirits *that might be trying to induce Wu-ma to commit suicide*"（p. 97）。译文中笔者用斜体标出部分点明了"被除缢鬼"这种古怪习俗的迷信渊源：一个女人上吊自尽后会变成缢鬼，然后想方设法"讨替代"，即诱惑一个现世中的

① 夏志清. 中国现代小说史. 刘绍铭，等译. 香港：香港中文大学出版社，2001：33-34.
② 汪宝荣. 异域的体验——鲁迅小说中绍兴地域文化英译传播研究. 杭州：浙江大学出版社，2015：50.

女子自杀,拉来做垫背①。此外,还时常在译文中补足有助于理解原意或厘清逻辑关系的语句,例如,英文读者看到"但闺中究竟是闺中,所以也算得一件神异"(第92页)的译文时,如不回头去看前一句"然而不多久,这阿Q的大名忽又传遍了未庄的闺中"(第92页)的译文——"Presently Ah Q's fame invaded the 'inner apartments' of Wei"(p. 105),就会不明白"也算得一件神异"的所指。鉴于此,王际真把"但闺中究竟是闺中,所以也算得一件神异"增译为"But women do have a world of their own and it was strange *that Ah Q's fame should have penetrated therein*"(p. 106)。

笔者基于查尔斯顿的"译者姿态"理论,考察分析了《阿Q正传》王译本的文化翻译策略,得出以下结论:从翻译策略运用的范围和频次看,王际真总体上偏重保留出发语文化(即中国文化);倾向于对他视为荣耀的中华传统文化信息采取忠实的保留性翻译策略,对他认为文化上不荣耀的,则进行委婉化、净化或淡化处理。以上翻译行为体现了王际真旨在"寻求中华文化荣耀"的译者姿态②,而这种译者姿态的形塑力量,主要源于王际真的中华文化身份及其向西方读者阐释中华文化这一翻译目的③。

"双文化"的身份深刻影响了王际真的译者惯习,进而很大程度上影响了他对鲁迅小说的翻译策略:追求忠实与通顺兼顾、充分性与可接受性并重,力求在保留中国文化与确保读者接受之间取得某种平衡,同时尽量保留他认为应该介绍给英文读者的中国文化信息。在翻译方法上,王际真较多采用"相当自由的意译",但并不摒弃直译、音译、注释、增译等。同时,译本附有长篇译者导言,适当添加了文内注,但脚注不多,也不详尽,

---

① 详见:鲁迅. 鲁迅全集:第六卷. 北京:人民文学出版社,2005:637-644.

② 有学者认为,王际真保留了《红楼梦》中很多有关中国传统风俗的描写,是为了迎合英美读者的猎奇心理。详见:江帆. 他乡的石头记——《红楼梦》百年英译史研究. 天津:南开大学出版社,2019:84.

③ 汪宝荣. 译者姿态理论与中华文化外译——以王际真英译《阿Q正传》为例. 燕山大学学报(哲学社科版),2018(1):33-39.

表明王译本有学术性翻译的某些成分。总之，王际真采用的翻译策略圆通折中，译文语言地道流畅，翻译质量上乘，这些都有助于其译本在英语世界的传播和接受。

## 第五节　王译本在英语世界的传播与接受

### 一、王译本在英语世界的接受

本节从三方面尝试考察鲁迅小说王译本在英语世界的接受。

#### （一）再版重印及全球馆藏量

王译本是采用"华裔学者发起并翻译、西方学术出版社出版"模式而运作的典型个案。西方的大学出版社一般出于学术目的而出书，尽管其出版物大多难以进入商业流通渠道，但有固定读者群即专业读者，可多年持续稳定、不温不火地销售，同时适合在各类图书馆长期流通。"国外的大学作为中国文学传播的要地之一，虽然出版的中国当代文学书籍发行量不是很大，但由于每年都有选修中国文学的学生，因而细水长流，多年来也是一股不可小觑的力量。"①从笔者掌握的图书再版、重印情况看，王际真翻译的《鲁迅小说选集》确实具有这些特点：该书1941年由哥伦比亚大学出版社初版；同年，纽约的图书馆图书出版社（主要为各类图书馆提供图书）也出版了这本书；1971年，该书由图书馆图书出版社再版②；同年，主营绝版书重印业务的格林伍德出版社也再版了这本书③。该书迄今为止的总销量不得而知，但可以肯定的是，它曾不温不火地销售了很多年，也曾流通了很多年（至今仍在流通），曾是几代中国文学专业的美国学生及学者、教师的案头必备书。夏志清在2008年写的一篇文章中说，格

① 姜智芹. 英语世界中国当代小说的译介与研究. 国际汉学，2017(4)：50.

② Lusin. *Ah Q and Others：Selected Stories of Lusin*. Wang，C. C.（trans.）. Freeport，New York：Books for Libraries Press，1971.

③ Lusin. *Ah Q and Others：Selected Stories of Lusin*. Wang，C. C.（trans.）. Westport，CT：Greenwood Press，1971.

林伍德出版社的 1971 年再版本"可能还在售"①。

笔者检索了 WorldCat,获得以下馆藏数据(截至 2017 年 2 月):全球(除英美两国外,还有加拿大、澳大利亚、爱尔兰、荷兰等国)共 187 家图书馆藏有 1941 年哥大版《鲁迅小说选集》,其中英国 4 家(牛津大学、剑桥大学、杜伦大学、伦敦图书馆),其他国家 10 家,此外全是美国的图书馆。这些数据反映了王译本的流通范围及影响主要在美国,这显然与该书仅在美国出版发行有很大的关联。

(二)美国学术场域的认可

1942 年 5 月,美国远东研究学会(亚洲研究学会的前身)主办的《远东季刊》组织评选上年度在美国出版的"与远东有关的 10 种畅销书",最终由 25 位远东研究专家选出了 12 本书,《鲁迅小说选集》榜上有名②,表明美国汉学界对鲁迅小说重要性及王际真译文质量的认可,同时有助于扩大该书的知名度及提高销量。该学会创始人普里查德(E. H. Pritchard)评论指出:《鲁迅小说选集》"属于纯文学作品","通过其出色的翻译,王际真把鲁迅这位现代中国杰出小说家的代表性作品呈献给英语读者"③。此外,忠实与通顺兼备的王译本在 20 世纪五六十年代美国鲁迅研究论著中曾被广泛参考引用,包括陈珍珠的博士论文《鲁迅的社会思想》④,舒尔茨(W. R. Schultz)的博士论文《鲁迅创作的年代》⑤;夏志清在《中国现代小说史》中也多处参引王译,并在注释中特意指出:"除了取自《药》的一段文字,在翻译本段及鲁迅小说其他段落时,我参考了王际真翻译的《鲁迅小

---

① 夏志清. 王际真和乔志高的中国文学翻译. 董诗顶,译. 现代中文学刊,2011 (1):97.

② Pritchard,E. H. Outstanding books on the Far East published in 1941. *The Far Eastern Quarterly*,1942,1(3):247-252.

③ Pritchard,E. H. Outstanding books on the Far East published in 1941. *The Far Eastern Quarterly*,1942,1(3):251.

④ Chen,P. The social thought of Lu Hsun. Chicago:The University of Chicago (Doctoral Dissertation),1953.

⑤ Schultz,W. R. Lu Hsun:The creative years. Seattle:University of Washington (Doctoral Dissertation),1955.

说选集》。"①到了 1974 年，韩南在其很有影响力的论文《论鲁迅小说的技巧》中仍在推荐王际真翻译的《头发的故事》《端午节》《示众》②。不过，这也是因为这三篇作品没有收入杨宪益、戴乃迭合译的《鲁迅小说选》中（参见第五章）。一部作品被知名学者或重要研究文献多次参考引用，是其被学术场域认可的重要指标③。王际真的《鲁迅小说选集》不仅入选了美国的学术畅销书排行榜，而且被美国鲁迅研究学者广泛参考引用，表明该书获得了美国汉学界的普遍认可。值得一提的是，后来成为密执安大学中文教授的鲁迅研究专家米尔斯（H. C. Mills），1963 年以论文《左翼时期的鲁迅》④在哥伦比亚大学获得博士学位，据她说自己最初对鲁迅产生兴趣，就是因为读了王际真英译的"优美的"鲁迅小说⑤。王译本激发了一位年轻学子的学术兴趣，进而成为本领域研究专家，这从另一个侧面反映了王译本的学术和社会影响。

（三）英文书评

伊爱莲指出，王际真的《鲁迅小说选集》出版后有不少书评，"肯定引起了广大读者对鲁迅的关注"⑥。笔者掌握的资料显示，该书出版当年及次年，美国主流媒体及学术刊物至少发表了 8 篇书评，英国的《旁观者》杂志和美国教会在华出版的《教务杂志》也刊登了书评（见表 1）。

---

① Hsia，C. T. *A History of Modern Chinese Fiction*. New Haven：Yale University Press，1961：611.

② Hanan，P. The technique of Lu Hsün's fiction. *Harvard Journal of Asiatic Studies*，1974，34：81，89.

③ Bourdieu，P. *The Rules of Art：Genesis and Structure of the Literary Field*. Emanuel，S.（trans.）. Cambridge：Polity Press，1996：225.

④ Mills，H. C. Lu Hsun：1927—1936. The years on the Left. New York：Columbia University（Doctoral Dissertation），1963.

⑤ 参见：Kowallis，J. E. On translating Lu Xun's fiction. *Studia Orientalia Slovaca*，2012，11（2）：196.

⑥ Eber，I. The reception of Lu Xun in Europe and America：The politics of popularization and scholarship. In Lee，L. O.-F.（ed.）. *Lu Xun and His Legacy*. Berkeley：University of California Press，1985：249.

表 1　王译本英文书评一览

| 序号 | 书评人 | 发表刊物及时间 | 刊物所在地 | 备注 |
|---|---|---|---|---|
| 1 | P. S. Buck 赛珍珠 | *Asia*, Sept. 1941 | 美国 | 《亚洲月刊》,赛珍珠主办、编辑的文学文化杂志 |
| 2 | P. S. Buck 赛珍珠 | *New York Herald Tribune Books*, June 29, 1941 | 美国 | 《纽约先驱论坛报》书评版 |
| 3 | K. Woods 伍兹 | *The New York Times*, July 20, 1941 | 美国 | 《纽约时报》,高影响力 |
| 4 | O. Hawes 霍斯 | *Books Abroad*, Winter, 1942 | 美国 | 《域外图书评论》,俄克拉荷马大学主办的世界文学专业杂志,1977 年更名为《今日世界文学》 |
| 5 | G. Kao 乔志高(原名高克毅) | *Far Eastern Quarterly*, May 1942 | 美国 | 《远东季刊》,美国亚洲研究学会主办,1956 年更名为《亚洲研究学刊》 |
| 6 | Anon. 匿名书评人 | *Saturday Review of Literature*, June 28, 1941 | 美国 | 《星期六文学评论》周刊 |
| 7 | N. Wales 威尔斯(斯诺前妻海伦·福斯特的笔名) | *Saturday Review of Literature*, Jan. 31, 1942 | 美国 | 《星期六文学评论》周刊 |
| 8 | H. P. Lazarus 拉扎勒斯 | *The Nation*, Oct. 4, 1941 | 美国 | 《民族》周刊,美国历史最悠久的周刊 |
| 9 | Hsiao Chi'en 萧乾 | *The Spectator*, Dec. 12, 1941 | 英国 | 《旁观者》,英国历史最悠久的周刊 |
| 10 | I. Coleman 科尔曼 | *The Chinese Recorder*, Nov. 1941 | 中国 | 《教务杂志》,美国教会在华出版的英文月刊 |

1938 年诺贝尔文学奖得主赛珍珠在《纽约先驱论坛报》①上评论指出："我不确定这 11 篇出自现代中国大文豪鲁迅之手的小说能不能吸引美国读者"；"当鲁迅举重若轻、不着痕迹地写作即没有明显的说教意图时，他的小说的力量才是最强的"；西方读者也许会觉得有几篇小说"没有情节或情节过于简单"，但是，"读了这些小说他们才能了解真正的中国人"；"王际真的译文用词清晰简洁，译得很不错，会令鲁迅满意，但没有一种英文翻译能再现鲁迅独特的写作风格，即语言精练但蕴意深刻"②。赛珍珠还在《亚洲月刊》上发表书评，奉劝美国读者"不要把鲁迅的小说与西方现代小说做比较"，而应把鲁迅小说与中国传统故事进行比较，认为"只有那样才能充分评估鲁迅小说的清新、幽默和犀利的洞察力；读这些小说就像从一团浓雾中走出来，沐浴在阳光中，看到清晰的风景"。赛珍珠再次肯定了王际真的译文："翻译得很不错，原文的损失被降至最低程度。"③

伍兹(K. Woods)在《纽约时报》评论指出：鲁迅是一位"冷嘲热讽、满怀同情、狂热反抗的现实主义作家"，这 11 篇小说"在主题意义和技巧上都触及了普适性(universality)"，《阿Q正传》更是普适性的典范；《狂人日记》是"对玷污了人类历史的贪婪和虚伪的强烈抗议，它丰富了世界文学"；《故乡》表明鲁迅也能写出"不含嘲讽、温情似水的小说"。伍兹最后指出："我们迫切想要欣赏鲁迅这位勇敢无畏的牛虻的重要性，也热切欢迎他的作品——既是中国的，也是普适的；不仅技巧精湛，而且意义重大——在美国的文学价值。"④

① 该报于 1924—1966 年发行，被普遍视为"作家专属的报纸"，曾九次获得"普利策文学奖"，第二次世界大战期间兴盛一时，几乎可与《纽约时报》匹敌。详见：Anon. New York Herald Tribune.（2019-01-06）[2019-03-09]. https://en.wikipedia.org/wiki/New_York_Herald_Tribune.

② Buck，P. S. Pioneer of realism in China：Review of *Ah Q and Others*. *New York Herald Tribune Books*，1941-06-29(BR4).

③ Buck，P. S. Asia book-shelf：Review of *Ah Q and Others*. *Asia*，1941，41(9)：521-522.

④ Woods，K. Chinese tales：Review of *Ah Q and Others*. *The New York Times*，1941-07-20(BR7，14).

霍斯(O. Hawes)在《域外图书评论》上指出:《阿 Q 正传》在中国影响巨大,以至于阿 Q 的名字成了"精神胜利法和恃强凌弱的代名词";《狂人日记》是"对中国历史上'吃人者'辛辣的抨击";这个集子收入的其他作品,"有的很有趣,但都有一种悲伤的基调,它们描写了中国民众悲惨的生活及其日常生活中逻辑的缺失"①。

拉扎勒斯(H. P. Lazarus)在《民族》周刊上评论指出:"鲁迅是公认最优秀的现代中国作家之一,有的学者认为他的杂文和《中国小说史略》比他的小说更有传世价值,但这 11 篇小说无疑很出色","它们有深度和人情味,我觉得各色人物在故事中仿佛活了起来"。拉扎勒斯很喜欢《孤独者》,但更推崇《阿 Q 正传》,认为它是"一座文学地标",鲁迅辛辣地讽刺了阿 Q 的精神胜利法和欺软怕硬的本性,"这种讽刺是斯威夫特式的,入木三分"。他最后指出:"王际真翻译的鲁迅小说是我见过的最好的译文,他写的译者导言同样出色。我纯粹是把鲁迅小说视为优秀的文学作品推荐给读者……它们也能让我们真正了解今天的中国。"②

乔志高在《远东季刊》上评论指出:目前所见的中国现代文学作品多为"平庸之作",但"鲁迅小说属于中国的活的遗产,不管依据什么标准评判,它们都是最好的文学作品";鲁迅本质上是"一个手中握笔的斗士",他并不讳言自己写小说是出于"宣传"这个崇高的目的;"真正的艺术都是有目的的,因此阿 Q 的形象是永恒的,具有普遍意义"。乔志高认为:"鲁迅小说洗练、犀利的风格在王际真的译文中也能找到,但这已经不只是翻译,里面还包含了译者的创造性;显然,只有像王际真这种与作者心会意通的译者才能做到这一点。"③

匿名书评人在《星期六文学评论》周刊上评论道:"对那些通过赛珍珠作品和中国题材电影了解中国的美国人来说,鲁迅笔下的阿 Q 有点令人

---

① Hawes, O. Review of *Ah Q and Others*. *Books Abroad*, 1942, 16(1): 96.

② Lazarus, H. P. Lusin, a Chinese modern: Review of *Ah Q and Others*. *The Nation*, 1941, 153(14): 311-312.

③ Kao, G. Review of *Ah Q and Others*. *The Far Eastern Quarterly*, 1942, 1(3): 280-281.

困惑"；"鲁迅用这个既朴实又有些可鄙的人物揭示了中国穷苦大众的精神疾患"，"批判了中国人性格中的邪恶和懒惰，指出正是战争、革命和接踵而至的苦难使中国老百姓变得邪恶和懒惰"。其总体评价是："这些描写中国人生活的小说非常有趣"，"这是一本复杂难懂、稀奇古怪却又引人入胜的书"①。

斯诺的前妻海伦·福斯特(H. F. Snow)以"尼姆·威尔斯"为笔名评论道："王际真并不刻意追求译文的新奇有趣和特殊效果，而是把鲁迅简练、讽刺的风格用通俗易懂、直截了当的英文翻译出来"，"这 11 篇小说译得既准确又出色，应该被美国所有的大学图书馆和公共图书馆收藏，尤其会受到研读当代世界文学的学生的欢迎"②。

当时在伦敦大学任教的萧乾在英国《旁观者》杂志上发表书评，首先介绍了鲁迅在中国现代文学史上的尊崇地位，认为鲁迅既是"讽刺大师"，也是"边写作边洒热泪"的良心作家。他最后指出：王际真是一位"既胜任又勤奋的译者"，"在将他的译文与原文比读时，我惊叹于他取得的成就"；有些西人翻译中文作品时会利用汉字表意的特性，赛珍珠翻译的《水浒传》即有此倾向，而王际真避免了这种不当做法。不过，萧乾不赞同王际真音译某些中国文化词汇(如"再见""少奶奶")，认为"这些音译词透出一种异域情调，是没有必要的"③。

科尔曼(I. Coleman)在《教务杂志》上评论指出：由于缺乏戏剧性情节和精彩小说应有的戏剧性高潮，鲁迅小说"在写作技巧上不能与西方小说媲美"，但他用一种很自然的方式讲述笔下人物的故事，"读者因而被展现在眼前的鲜活现实深深吸引"④。同时，科尔曼也对《阿 Q 正传》《狂人

---

① Anon. Books in brief：Review of *Ah Q and Others*. *Saturday Review of Literature*，1941-06-28(16).
② Wales，N. Review of *Ah Q and Others*. *Saturday Review of Literature*，1942-01-31(20).
③ Hsiao，C. A Chinese storyteller：Review of *Ah Q and Others*. *The Spectator*，1941，167(5920)：561-562.
④ Coleman，I. Our book table：Review of *Ah Q and Others*. *The Chinese Recorder*，1941，72(11)：611-612.

日记》与《伤逝》给予了高度评价。

以上评论表明，赛珍珠等英美精英读者在 20 世纪 40 年代初即开始承认鲁迅在中国现代文学史上的地位，且普遍认可鲁迅小说的思想意义及艺术价值，对王际真准确流畅的译文也给予了高度赞誉。

综上所述，王际真翻译的《鲁迅小说选集》曾在美国数次再版或重印，由于出版发行者是大学出版社或小型专业出版社，其流通范围及影响主要在美国的学术界和各类图书馆，尤其在专业读者群中产生过长远的影响。该书从 20 世纪 50 年代起逐渐获得美国汉学界的普遍认可，到了六七十年代，更是参与推动了鲁迅作品在西方的经典化过程，其传播影响力从美国汉学界延伸到了英语世界乃至世界文学场。王译本初版后短期内书评反响颇为热烈，对鲁迅的原作及王际真的翻译均给予了高度赞誉，有助于推动该书在美国的传播和接受。同时，有关书评表明当年该书还引起了一些英国读者和在华西方人士的关注。

## 二、王译本的传播过程分析

基于以上对王译本接受情况的考察，本小节对其传播过程及路径做出推论性分析。

首先是营销流通行动者网络的构建与运作。作为王译本的出版发行主体，哥大出版社借助其作为知名学术出版机构的符号资本及该书蕴含的语言文学资本，不仅招募美国的专业读者进入营销传播行动者网络，使该书得以在美国多年持续稳定地销售，而且发动图书馆、图书出版社参与出版发行，使该书能更快捷有效地进入美国各大学图书馆及公共图书馆，进一步扩大了其传播流通面。当然，哥大出版社本身的资本也足以让各家图书馆收藏该书。该书 1971 年由两家出版社同时再版，表明美国读者尤其专业读者对它一直有稳定的需求。由此可以推断，由哥大出版社主导的营销传播行动者网络的运作是顺畅、高效的，使该书在美国获得了稳定有效且长久的传播。

其次是认可行动者网络的构建与运作。哥大出版社出版《鲁迅小说选集》后不到半年，"珍珠港事件"爆发，美国随即对日宣战，正式介入第二次世界大战。美国政府逐渐意识到亚太地区对其全球战略利益的重要性，开始重视中国研究(美国当代汉学的一个重要领域)，美国民众也由原先同情中国转变为支持中国。在此背景下，有着深邃思想和文化批判洞察力的鲁迅小说备受美国汉学界的关注，也引起了美国大众读者的兴趣。美国远东研究学会把《鲁迅小说选集》列入畅销书目录，表明了该机构及美国汉学界对该书的认可。20世纪50年代中期，中国现代文学及鲁迅研究在美国渐次展开，一跃成为一个"新的研究领域"[①]。在当时翻译鲁迅小说篇目最多、准确流畅的王译本成为学者们参考引用的首选，随即获得美国汉学界的普遍认可，开启了鲁迅作品在英语世界的经典化之旅。以上分析表明，相关的人类行动者和非人类行动者借助各自资本进入认可行动者网络中，包括美国政府(拥有政治资本的机构行动者)、美国汉学界与美国远东研究学会(拥有符号资本的机构行动者)、学者与研究者(拥有符号资本的人类行动者)、美国民众及读者(购买、阅读该书的人类行动者)、鲁迅小说中英文本(蕴含语言文学资本的非人类行动者)等。以上行动者通过复杂的招募过程，如美国政府对华政策的调整使美国学界关注鲁迅，也使美国读者有了阅读鲁迅作品的兴趣，合力构建并运作认可行动者网络，促成了对鲁迅作品的学术和社会认可。

最后是评论推介行动者网络的构建与运作。我们注意到，有4位书评人与中国或鲁迅或王际真有渊源：赛珍珠(1892—1973)在中国生活了近40年，视中国为其"第二故乡"，毕生致力于中西文化交流，由她主办、编辑的《亚洲月刊》成为"一扇向西方展示东方的窗口"[②]；海伦·福斯特(1907—1997)20世纪30年代和斯诺在上海生活期间与鲁迅有过直接交往，此后积极向西方传播中国现代文学和促进中美友好[③]；萧乾(1910—1999)20世纪30年代中期曾参与斯诺编辑的《活的中国》(*Living China*)的翻译工作，这种特殊经历和职业惯习使他成为王译本合适的评论者；乔

---

① Gotz，M. The development of modern Chinese literature studies in the West：A critical view. *Modern China*，1976，2(3)：397.
② 张媛. 赛珍珠与《亚洲》关系考论. 江苏大学学报(社会科学版)，2017(5)：40-47.
③ 余新慧. 海伦·福斯特和鲁迅的友谊. 重庆教育学院学报，1999(4)：43-48.

志高(1912—2008)早在 1935 年就与王际真相识,后来"两人成为终生好友"①。由此可以推论,上述书评人均被有关的"非人类行动者"招进评论推介行动者网络中:赛珍珠被她在中国生活多年的经历及其与中国割舍不断的联系所动员,海伦·福斯特被她与鲁迅生前的友情即社会资本招募,萧乾被他的中国文化身份及职业惯习驱使,乔志高因其与王际真的友情而主动加入网络中。至于其他几位书评人,书评内容显示:鲁迅作品本身的价值促使他们撰写书评推介该书。书评发表平台不同,其受众也有所不同:《纽约先驱论坛报》《纽约时报》《民族》主要面向大众读者,《亚洲月刊》《域外图书评论》《星期六文学评论》《远东季刊》主要针对专业读者。这表明当年该书被同时推介给大众读者和专业读者,但从接受情况看,它主要在专业读者群和汉学圈子里传播。大学出版社的出版模式显然限制了它的传播。

综上所述,通过营销流通、学术和社会认可、评论推介行动者网络的构建及运作,其中既有天时地利之便,也有美国政府、有关机构和个人的助力,鲁迅小说王际真译本在美国实现了有效传播。王译本未能在其他英语国家出版,也就没有系统地构建与运作一个译作传播行动者网络,因此它在这些国家的传播是有限的。

## 小 结

《鲁迅小说选集》由王际真发起并翻译,由美国哥伦比亚大学出版社出版,是通过"华裔学者发起并翻译、西方学术出版社出版"模式运作的一个经典案例。基于个案研究,我们发现该模式的一般运作机制及方式如下:它通常涉及"译者发起项目行动者网络""译者招募出版社行动者网络""翻译生产行动者网络""译作传播行动者网络"的构建与运作,而网络构建与运作不仅依赖人类行动者和非人类行动者的参与,也需要资本的

---

① 夏志清. 王际真和乔志高的中国文学翻译. 董诗顶,译. 现代中文学刊,2011 (1):98-99.

转化和行动者职业惯习的介入。由于场域的内在需求(包括开展中国文学教学及研究),并被个人惯习(钦佩或喜爱中国作家作品)驱使,同时积累了一定的个人符号资本,华裔学者自主发起翻译项目。译者招募学术出版社依赖一套基于资本及其转化的运作机制,通过由译者主导的行动者网络的构建与运作来完成;译者在学术场域的地位和声誉,译者与同行专家的社会关系,作品本身的价值及译文质量,是网络运作所需资本的关键,决定了招募行动的成败。一部译作在目标国的传播与接受,依靠营销流通、学术和社会认可、评论推介行动者网络的构建及运作,既需要人类行动者(包括政府、机构和个人)和非人类行动者(如文本、技术、互联网)的参与,也需要资本的转化和行动者职业惯习的介入。

该模式的特点及利弊:属于目标文化"输入型"译介和传播。译者根据自己对作家作品的喜好及教学研究之需确定翻译选题,一般出于纯学术目的;华裔学者大多中英文功底深厚,误读误译少,译文忠实、流畅兼备,特别适合做教材或辅助读物;大学出版社通常出于纯学术目的出书,比较容易被学者型译者招募;其出版物主要面向学术界和图书馆,一般难以进入商业流通渠道,但有固定读者群,可多年持续稳定、不温不火地销售、流通。在西方商业出版社对出版中国现当代文学缺乏兴趣的年代,该模式曾是中国文学走进西方的重要渠道之一。时至今日,对那些本身很重要但在西方不好卖的中国文学译作来说,西方学术出版社仍是重要(有时甚至是唯一)的出版渠道。因其明确的市场定位及目标读者群,学术出版社出版模式至今仍有不可替代的实践意义。有学者即指出,由我方提供资助并拟定选题、委托英美知名学术出版社出版发行的模式,要比曾长期采用的中国文学译介"内产外销"模式有更大的优势,是推动中国文学"走出去"最现实、最有效的手段之一①。20 世纪 90 年代以来,西方商业出版社对翻译出版中国当代文学日趋积极和活跃,西方本土译者(主要包括汉学家和职业译者)的翻译热情也逐渐高涨。相比之下,曾是译介与传

---

① 江帆. 中国大陆与台湾文学对外译介模式对比研究. 翻译季刊,2013(69):102-104.

播中国文学重要力量的海外华裔学者群体近年来却有日渐沉寂的迹象。有鉴于此,更需要有关机构对他们的译介行动给予鼓励和资助。

　　20 世纪 50 年代前,中国现代文学在欧美基本上被忽视,尚未具备成为一个学术研究领域的条件,由此可以推断,本书假设的"中国现当代小说翻译场域"仍处于萌芽期。到了 70 年代末,中国现当代文学研究在欧美发展成为一个相对独立的学术领域,与之相对应,可以说中国现当代小说翻译场域已经形成,即在英语世界的文化生产场域中形成了一个子场域,但由于它在强势的英美文化生产场域中处于边缘位置,其自治程度还很低。由此看来,王际真、敬隐渔、斯诺、姚克等翻译中国现代小说的先驱们为这个子场域的最终形成做出了历史性贡献。在王际真翻译出版《鲁迅小说选集》后,由于种种原因,在 20 世纪 50—80 年代整整 30 年间,虽有内在的需要,英美正式出版、由本土学者(包括华裔学者)翻译的鲁迅小说选集或单行本却少得可怜。这个空缺将由我国外文出版社出版的鲁迅作品英译本来填补,由此进入第五章的论述对象——国家外宣机构发起并资助、外文出版社出版模式。

# 第五章　国家外宣机构发起并资助、外文出版社出版模式

## 引　言

本章考察的这种译介与传播模式既是近年来国内研究热点，也是争论激烈的话题之一。但目前该模式尚缺乏一个相对统一、公认的描述性术语，例如，耿强先后称之为"国家机构对外译介（中国文学）模式"[①]"中国政府对外译介模式"[②]"政府翻译机构对外译介模式"[③]，任东升则称其为"国家翻译实践"[④]。笔者认为，前者所指较具体明确，但没有界定"国家机构"或"政府翻译机构"的性质，因而仍不够准确；后者所指则过于宽泛，因为"国家翻译实践"既可指对外译介中国文学这种官方行为，也可包括"译入"实践，如中华人民共和国成立初期对苏联文学有组织、有计划的译介。本书基于"由谁发起＋由谁出版"这个运作机制考察中国文学译介与传播模式，故称之为"国家外宣机构发起并资助、外文出版社出版模式"。这里

---

① 耿强. 国家机构对外翻译规范研究——以"熊猫丛书"英译中国文学为例. 上海翻译，2012（1）：1-7.

② 耿强. 中国文学走出去政府译介模式效果探讨——以"熊猫丛书"为个案. 中国比较文学，2014（1）：65-77.

③ 耿强. 中国文学：新时期的译介与传播——"熊猫丛书"英译中国文学研究. 天津：南开大学出版社，2019：203.

④ 高玉霞，任东升. "国家翻译实践"的实与名——任东升教授访谈录. 翻译界，2018（2）：131-140.

的"国家外宣机构"指中国外文出版发行事业局(以下简称"外文局"),也可指其下属的专业翻译出版机构,其中外文出版社成立最早,规模最大,实力也最强。值得指出的是,外文局下属的《中国文学》杂志社于1981年开始翻译出版"熊猫丛书",1987年专门成立了中国文学出版社,负责该丛书的翻译出版,直至2000年该社被撤销,其间出版英文版图书约130种①。本章以外文出版社在1953—1981年出版的鲁迅小说英译本为考察中心,不涉及晚出的"熊猫丛书",但鉴于"熊猫丛书"也由外文局发起并资助,中国文学出版社又是外文局下属的专业出版社,以下讨论的运作机制也大致适用于"熊猫丛书"的翻译生产与传播。从相关研究文献看,当前国内学界重点关注的是上述模式的实际效果:有些论者认为它大体上是可行的、有效的,甚至是不可替代的;更多学者则持怀疑甚至否定的态度,认为它投入大,产出少,总体上是不成功的②。有关学者依据各自的衡量标准,从不同视角对该重要问题提出一己之见,自然见仁见智,其中也不乏洞见。目前,除了耿强借用"施为者"(agent,一般译作"行为者")和布迪厄的"场域""资本"概念,尝试分析了1981—1989年"熊猫丛书"在英美文化场域的传播③,尚未见其他学者从社会翻译学视角探讨这个问题。

本章以鲁迅小说杨宪益、戴乃迭译本(以下简称"杨译本")为考察中心,详细分析"国家外宣机构发起并资助、外文出版社出版模式"的运作机制,考量其利弊得失,并探讨对中国文学译介与传播的当下意义。鲁迅小说是公认的中国现代文学经典,且进入了世界文学的殿堂,而杨、戴是多年来国内翻译研究者聚焦的重要对象,相关研究成果很丰硕,但据笔者了解,目前未见学者从社会翻译学视角考察杨译本生产与传播的过程。

---

① 参见:耿强. 中国文学:新时期的译介与传播——"熊猫丛书"英译中国文学研究. 天津:南开大学出版社,2019:46-53.
② 详见:耿强. 中国文学走出去政府译介模式效果探讨——以"熊猫丛书"为个案. 中国比较文学,2014(1):66-77,65.
③ 耿强. 中国文学:新时期的译介与传播——"熊猫丛书"英译中国文学研究. 天津:南开大学出版社,2019:89-131.

## 第一节　杨宪益、戴乃迭的职业发展轨迹与译者惯习

杨宪益、戴乃迭英译中国文学 40 余年，为中国文学对外传播做出了杰出贡献。本节梳理他们的职业发展轨迹及译者惯习形塑的过程，并比较分析他们的译者惯习。

### 一、杨、戴的职业发展轨迹

杨宪益(1915—2009)，生于天津一个富有的银行家家庭。幼年就读于家中所设私塾，在英国教会学校天津新学书院(Tientsin Anglo-Chinese College)读完中学，打下了良好的古文和英文基础。1934 年秋自费赴英国留学；1936 年入读牛津大学莫顿学院(Merton College)，其间为了"好玩"，试译了屈原的《离骚》①；1940 年毕业，获希腊、拉丁文及英国文学荣誉学士学位。戴乃迭(1919—1999)，原名 Gladys Margaret Tayler，生于北京，父母为英国来华传教士，幼年时没有学过中文。1926 年随母亲返回英国，在教会学校读书。1937 年考入牛津大学，最初学习法语语言文学，与杨宪益相爱后改读中文，成为牛津大学首位中文学士。1940 年秋，杨宪益决定启程回国，戴乃迭随行。两人于 1941 年 2 月在重庆完婚，此后辗转于重庆、贵阳、成都等地，以教授英语为生，课余尝试合作翻译鲁迅、艾青、陶渊明等人的作品②。应梁实秋之邀，杨、戴于 1943—1946 年供职于搬迁至重庆北碚的国立编译馆，负责英译司马光的《资治通鉴》，正式开启他们为官方机构翻译的职业生涯，但最终没有译完这部大书，译稿也未能出版③。不过，其间他们译完了刘鹗的《老残游记》、郭沫若的剧本等。1946 年夏，杨、戴随编译馆迁往南京，1952 年年底，应刘尊棋之邀，调入刚

---

① 杨宪益 12 岁那年初读《离骚》，颇喜爱；上中学后读到林文庆的《离骚》英译本(上海商务印书馆 1929 年初版)，发现林译"比较死板"，还有不少误译，于是有了自己动手翻译《离骚》的念头。详见：雷音. 杨宪益传. 香港：明报出版社，2007：74-76.
② 详见：雷音. 杨宪益传. 香港：明报出版社，2007：96-97.
③ 详见：雷音. 杨宪益传. 香港：明报出版社，2007：111-121.

成立的北京外文出版社任专职翻译。在 20 世纪五六十年代合作翻译了大量中国古典及现当代文学作品,包括《儒林外史》《史记选》《聊斋志异选》《鲁迅选集》(四卷本)等,均由外文出版社出版,向英语世界进行推介。1968—1972 年,二人蒙冤入狱四年,出狱后完成《红楼梦》全译本,1978—1980 年分三卷出版①。杨宪益 1980 年起任英文杂志《中国文学》(*Chinese Literature*)副主编,次年倡议出版"熊猫丛书",并主持选题策划及编辑工作,1986 年离休后基本上终止了翻译工作。戴乃迭从 20 世纪80 年代开始基本上独立翻译现当代文学作品②,包括古华的《芙蓉镇》、张洁的《沉重的翅膀》等③。

　　基于布迪厄的社会实践模式,对杨、戴的职业发展轨迹做如下描述:通过在私塾和教会学校接受启蒙和基础教育,在牛津大学取得荣誉学士学位,杨宪益不仅初步形塑其译者惯习,而且积累了进入翻译场所需的语言资本和文化资本;他就读于牛津大学期间试译《离骚》,表明其偏爱古典作品的译者惯习已初步形塑。回国后的杨宪益为生计所迫教了几年书,但难以压抑其译者惯习,因而利用余暇开始与戴乃迭合作翻译。初到中国的戴乃迭中文水平尚有限,尤其古汉语功底不好,因而与杨宪益合作翻译时负责译文润色,由杨宪益主译,由此确立了"主译 + 润色模式"④。由于文化身份、早年经历及教育背景不同,戴乃迭初步形塑的译者惯习不同于杨宪益,但可以推想的是,在与杨宪益合作翻译的初期(对戴乃迭而言可说是"学徒期"),她会压抑其译者惯习。"中西合璧"的杨、戴既具备成为一对优秀翻译组合所需的语言资本,也拥有牛津大学文凭赋予他们的

① Tsao, H.-C. & Kao, N. *A Dream of Red Mansions*. Yang, H. Y. & Yang, G. (trans.). Beijing: Foreign Language Press, 1978—1980.
② 杨宪益回忆道:"后来她翻译《中国》当代小说时,都是她自己译初稿,我只帮她校对一下。"详见:杨宪益. 此情可待成追忆——记戴乃迭生前二三事. 对外大传播,2003(1):29.
③ 详见:Yang, X. Y. *White Tiger: An Autobiography of Yang Xianyi*. Hong Kong: The Chinese University of Hong Kong Press, 2002;谷鸣. 杨宪益夫妇的译事. 书屋, 2010(4): 44-49.
④ 王颖冲,王克非. 中文小说英译的译者工作模式分析. 外国语文, 2013(2):120.

文化资本，因而被梁实秋招入国立编译馆。虽然《资治通鉴》英译项目半途而废，却帮助杨、戴积累了社会资本，扩大了文化资本，这直接促使刘尊棋把他们招进外文出版社，由此开启了二人辉煌的中国文学外译生涯。"惯习与位置(即积累的资本)的相遇"使杨、戴顺理成章地进入外文局这个特殊的翻译场，而参与场域实践又会不断形塑他们的译者惯习。李欧梵评论指出：《老残游记》原著有二十回，而由杨、戴合译的1948年伦敦版①删掉了六回，这是"不负责任的删削"②。然而，别说是这种大幅度的删削，就连轻微的删减，在外文社出版的《鲁迅选集》《红楼梦》等杨译本中也是找不到的。由此可以推断，"入社"后的杨宪益按照外文局的机构翻译规范(详见下文)调整了自己的译者惯习，尤其是主导译者行为的翻译原则。由于杨宪益严格遵守机构规范进行翻译，才借助大量忠实准确的译作确立了他在外文局很高的职业声誉，而这反过来使其"严格忠于原文"的译者惯习进一步固化。到了20世纪80年代，戴乃迭基本上独立翻译现当代文学，其压抑了近30年的译者惯习才得以充分彰显。

## 二、杨、戴的译者惯习比较分析

长期以来，国内外学界都注重研究翻译家杨宪益，对戴乃迭有所忽略③。事实上，由于文化身份(包括民族、宗教、母语、生活方式等)、早年经历及教育背景不同，杨、戴的译者惯习可说是异大于同，有些方面甚至相互冲突。目前所见的专门研究主要有：韩丽丽通过考察杨、戴合译和戴乃迭独译的作品，指出二人在翻译选材和翻译策略方面"和而不同"，并从文化身份、话语权、翻译思想等角度分析了原因④；袁晓亮也指出，戴乃迭与

---

① Liu，N. *Mr. Derelict*. Yang，H. Y. & Tayler，G. M.（trans.）. London：George Allen & Unwin，1948.

② Lee，L. O.-F. Contemporary Chinese literature in translation：A review article. *Journal of Asian Studies*，1985，44(3)：564-565.

③ 参见：黄勤，刘晓黎. 从幕后到台前：翻译家戴乃迭研究综述. 外语与翻译，2017(2)：1-7.

④ 韩丽丽. 珠联璧合，和而不同：戴乃迭的合译和独译对比研究. 湖北函授大学学报，2012(12)：150-151.

杨宪益的合译和她的独译在翻译选材、翻译策略和翻译主张等方面都存在明显差异①。这两篇文章指出了杨、戴在译者惯习上的差异,但都没有做出充分的论述,也没有讨论杨、戴合作翻译时如何协调处理各自译者惯习上的冲突。以下比较分析杨、戴的译者惯习,其中汉英翻译原则和翻译策略指他们在外文局工作多年后已固化定型的译者惯习。

### (一)翻译选材偏好

从小浸淫于中国古典文学传统、古文功底扎实的杨宪益偏爱翻译古典文学作品②。杨宪益在牛津大学学习期间试译《离骚》,与启蒙老师魏汝舟对他的熏陶和教导不无关系,后者培养了他对中国古典文学和中华传统文化"终生不渝的热爱"③。有些愤世嫉俗的魏汝舟授课时总是推崇屈原和司马迁,把"众人皆醉我独醒""哀民生之多艰"之类士大夫忧国忧民的思想观念灌输给幼年杨宪益④。鲁迅是"感时忧国"的现代中国作家群中的杰出代表,这也是杨宪益成年后最欣赏鲁迅的一个重要原因。杨宪益偏爱鲁迅及其作品,除了被鲁迅"深刻的思想和简洁的文风"所吸引,还因为他与鲁迅有着相似的家庭境遇(家道中落)和人生遭际(幼年丧父),甚至连童年时都有个肥胖的保姆陪着睡觉都很相似。杨宪益生前常笑言:"我跟鲁迅一样,鲁迅有个长妈妈挤对他,我有个陈大肚子'包围'我。"⑤如上所述,在对个人惯习塑造至关重要的人生阶段,戴乃迭主要在英国文化的环境中度过,这种文化身份使其译者惯习(尤其翻译思想和翻译策略)向着目标文化取向发展。戴乃迭成年后才开始学中文,且古汉语功底不及其现代汉语读写水平,因此她偏爱翻译中国现当代文学作品⑥。

---

① 袁晓亮. 戴乃迭合译和独译行为对比研究. 齐齐哈尔大学学报(哲学社科版). 2018(9):134-136.
② 这里指译者自主进行翻译选材的情形。在外文局工作期间,杨、戴的翻译选题自主权很小,直到20世纪80年代才有了一定的自主权。
③ 雷音. 杨宪益传. 香港:明报出版社,2007:16-18.
④ 邹霆. 永远的求索:杨宪益传. 上海:华东师范大学出版社,2001:15.
⑤ 雷音. 杨宪益传. 香港:明报出版社,2007:13-14.
⑥ 王颖冲. 中文小说英译研究. 北京:外语教学与研究出版社,2018:79.

而在当代文学中她又偏爱女性作家作品,这应该与她的性别身份有关。至于她也喜欢鲁迅作品,这主要由于杨宪益对她的熏陶和引导(他们在重庆生活初期即合作试译了《阿Q正传》和《野草》),同时也因为她发现,相较于很多"语法不通""拐弯抹角"的中国当代文学作品,"鲁迅的作品更符合语法规则,因而更容易翻译"[①]。此外,戴乃迭生性坦言无忌、率性爽快,这使她容易认同鲁迅痛斥恶俗、针砭时弊的批评精神,进而喜欢上鲁迅的作品。

### (二)汉英翻译原则

在汉英翻译原则方面,杨、戴的立场观点分歧很大,甚至到了激烈冲突的地步。1980年3月,杨宪益率中国作家代表团访问澳大利亚,戴乃迭应澳方的特邀一同前往。其间,应文艺杂志《半球》(*Hemisphere*)主编亨德森(K. R. Henderson)之请,曾就文学翻译问题举行过一次座谈[②]。当被问到"您认为译者能有多大的自由度?"时,戴乃迭不假思索地回答:"我觉得我们的翻译自由度太小了。有一位我们非常钦佩的翻译家,名叫大卫·霍克斯,他翻译时的创造性比我们大得多。"杨宪益则表示:"我认为不能在译文里做过多的解释;译者应尽量忠实于原文的意象,既不要夸张,也不要增益。如果目标语中没有对等的词语,译文自然会有所损失,但过分强调译者的创造性是不对的,那样做是改写,不是翻译。……总之,译者必须严格忠于原文。"戴乃迭立即针锋相对地指出,译者不应该是过于自由的"改写者",但应该"多一点创造性",而不是亦步亦趋地紧贴原文翻译。亨德森又问:"与您先生比,您是否认为译者应有更大的自由度?"戴乃迭间接回应说:"我认为长期以来我们(中国)的整个翻译传统就是偏重直译,且是过分的直译,因此很多时候译文读者很难理解我们在说什么。这尤其体现在政治社论的翻译上。"杨宪益则再次强调指出:"译者的任务是尽量忠实传递原作的意义,使读者尽可能理解原作。译者不应该把自己的想法过多地放进译文中,那样做是

---

[①] Qian, D. X. & Almberg, E. S-P. Interview with Yang Xianyi. *Translation Review*, 2001(62): 20.

[②] 参见:The wrong side of a Turkish tapestry. 翻译通讯,1981(1): 5-9.

再创造,不是翻译。"①

　　从这场有关"译者自由度"的争论中不难看出,出发文化取向的杨宪益坚持"严格忠于原文"的原则,认为译者应尽量压抑自己的创造性。目标文化取向的戴乃迭则认为,"偏重直译"会影响译文的可读性和可接受性,使目标读者难以理解,从而影响译作的传播效果,因此作为国家外宣机构的外文局应给予译者更大的自由度。付文慧也指出,对各自母语文化的认同导致杨、戴的翻译观有所不同:杨宪益坚持"原作中心论",而戴乃迭奉行"(目标)读者接受"的准则②。值得注意的是,这次座谈发生在中国改革开放之后,且在国外举行,杨、戴才会大胆谈论自己的翻译思想,从而出现一次激烈的交锋。在 20 世纪 50—70 年代,外文局的中国文学外译活动严格执行"忠实于原文"这一机构翻译规范③。在此大气候下,译者的自主权很小,成了杨宪益自称的"受雇的翻译匠"④。可以推断,杨宪益选择了遵守机构内部规范,而译者对规范的遵守久而久之会内化为其译者惯习的一部分,即对现行规范主动或被动的"顺从"⑤。同一时期,作为助手的戴乃迭一直压抑着自己的译者惯习,选择了附和杨宪益遵循的翻译原则即外文局内部翻译规范。而她在上述座谈中大胆亮明其目标文化取向的翻译原则,预示着彰显其译者惯习的独译时期的到来。

　　(三)翻译策略取向

　　杨、戴不同的译者惯习也体现在对翻译策略的选用上。在晚年写的一篇翻译经验谈文章中,杨宪益再次强调指出:"总的原则,我认为是对原作的内容,不许增加或减少。把'一朵花'译成'一朵玫瑰花'不对;把'一

---

① Henderson, K. R. The wrong side of a Turkish tapestry. *Hemisphere*, 1980, 25(1): 34-36.

② 付文慧. 多重文化身份下之戴乃迭英译阐释. 中国翻译, 2011(6): 19.

③ 马士奎, 倪秀华. 塑造自我文化形象——中国对外文学翻译研究. 北京: 中国人民大学出版社, 2017: 147.

④ 杨宪益. 漏船载酒忆当年. 薛鸿时, 译. 北京: 北京十月文艺出版社, 2001: 190.

⑤ Simeoni, D. The pivotal status of the translator's habitus. *Target*, 1998, 10(1): 7-8.

朵红花'译成'一朵花'也不合适。"①这表明杨宪益坚持"严格忠于原文"原则，不赞成任意的增益或删削。上述座谈也反映了杨、戴在翻译策略选择和运用上的明显分歧：对亨德森提出的"您发觉中国古典作品难以译成英语吗？"这一问题，杨宪益回答道："我不认为这个很容易，但既然是做翻译，就得尽自己的能力把原作的意义传递到另一种语言中去。译者只需要在目标语中找到一个与之相近但准确的词语，使译文尽量紧贴原作的意义。"戴乃迭则指出：

> 我觉得中文的四字成语很难翻译，它们内涵丰富，有时还包含一个典故，因此往往要用一两个英语句子才能译出其意；即便如此，译文仍然失掉了成语本身的力量和影响。……例如，"红娘"这个典故会让中国人立即联想到一系列故事情节以及故事人物的关系，但用什么方法把它译成英语呢？译者可用文外加注或文内解释的方法，但其结果是译文总比原文冗长得多，而力量却减弱了。②

戴乃迭没有明说要归化翻译"红娘"之类的文化专有词，但其言外之意相当显豁。杨宪益则明确反对归化翻译或意译法。他在一次访谈中指出，对出自《诗经·小雅·采薇》的"昔我往矣，杨柳依依；今我来思，雨雪霏霏"③，译者或许可用"roses"替换"杨柳"，但"roses"不能准确表达"杨柳"的特定文化含义，因此杨宪益主张"保留原文的意象，并在必要时加注"，但紧接着指出："我的策略是尽量少加注；如果读者要不时地停下来看注释，他们的思路就会被打断，那就太糟糕了。"④笔者曾指出，杨、戴翻译鲁迅小说时总体上偏重直译和异化翻译，但也"经常用归化法，有时也

① 杨宪益. 略谈我从事翻译工作的经历与体会//金圣华，黄国彬. 因难见巧：名家翻译经验谈. 北京：中国对外翻译出版公司，1998：83-84.

② Henderson, K. R. The wrong side of a Turkish tapestry. *Hemisphere*, 1980, 25 (1): 33-34.

③ 这四句诗的大意是："回想当初出征时，杨柳依依随风吹；而今回来路途中，雨雪纷纷满天飞。"这里的"杨柳"比喻含义丰富，包括家人或爱人对出征人的依依不舍。

④ Qian, D. X. & Almberg, E. S-P. Interview with Yang Xianyi. *Translation Review*, 2001(62): 20.

用意译法,处理中国文化专有词"①。这种做法显然违背了杨宪益遵循的
"严格忠于原文"这一翻译原则。鉴于杨、戴在翻译策略的选择及运用上
存在明显分歧,以及采用"主译 + 润色"的翻译模式,杨、戴合译本中这些
并不"严格忠于原文"的做法表明,他们至少就具体翻译策略及方法达成
了折中方案。

针对戴乃迭独立翻译的情况,王颖冲、王克非指出,戴乃迭倾向于站
在目标语文化诗学规范的立场上,推测哪些内容英语读者不易读懂或接
受,并根据她的审美和阅读习惯做出相应的调整,没有执意再现中文小说
的原貌;其结果是"戴乃迭独立署名的英译小说中对原作的删改远多于他
们夫妻合译时的数量"②。付文慧也指出,在翻译张洁小说《沉重的翅膀》
时,有着"明晰的读者意识"的戴乃迭"并未亦步亦趋地模仿原作,而是进
行了大幅删减"③。王颖冲、王克非进而指出,"在这些译作中,戴乃迭的独
立性得以彰显,杨宪益则退居为辅助者"④,换言之,独译时的戴乃迭开始
充分展现其译者惯习。

综上所述,杨、戴的译者惯习异大于同,甚至相互冲突:出发文化取向
的杨宪益主动或被动顺从于"偏重直译"的国内翻译传统和机构翻译规
范,目标文化取向的戴乃迭则一直试图摆脱其制约。在外文局严格执行
"忠实于原文"这一翻译规范的背景中,戴乃迭不得不压抑其译者惯习,在
合译时选择了附和杨宪益遵循的翻译原则,但可以推断的是,她在具体翻
译策略选用上争得了一定的话语权,适当增加了意译和归化翻译的比重,
从而减轻了杨宪益偏重直译的做法对译本传播的不利影响。20 世纪 80
年代后,外文局机构翻译规范对译者创造性的束缚有所放松,戴乃迭才
得以在独译中展现其目标文化取向的译者惯习。在国家外宣机构这种
特殊环境中,译者一般会主动或被动顺从于机构翻译规范,这佐证了西

① 汪宝荣. 异域的体验——鲁迅小说中绍兴地域文化英译传播研究. 杭州:浙江大
学出版社,2015:54-55.
② 王颖冲,王克非. 中文小说英译的译者工作模式分析. 外国语文,2013(2):120.
③ 付文慧. 多重文化身份下之戴乃迭英译阐释. 中国翻译,2011(6):19-20.
④ 王颖冲,王克非. 中文小说英译的译者工作模式分析. 外国语文,2013(2):120.

梅奥尼的"译者顺从"假说——主动或被动顺从于现行社会规范是译者惯习的基本特征。在合作翻译过程中,负责译文润色的副译者被其译者惯习驱使,一般会积极寻求与主译者就翻译策略达成折中方案,因此从理论上说合译本是二人译者惯习交融的产物。但在副译者附和主译者遵循的翻译原则的情形下,形塑合译本风格的主要因素是主译者的译者惯习。

## 第二节 鲁迅小说杨译本及其时代背景

### 一、外文社版杨译本梳理

1940—1941 年在中央大学重庆柏溪分校教书期间,杨宪益和戴乃迭利用余暇开始合作翻译鲁迅的《阿 Q 正传》和《野草》。杨宪益回忆道:当时他们是"试验着翻译的玩儿的",他本人"以游戏和审美的心态进行翻译","非但没有费力之感,反而游刃有余、轻松自如"①。戴乃迭则补充指出:在重庆试译鲁迅作品时,"宪益译出初稿,我对初稿进行编辑,然后我将英文和原文进行比较对读,以便帮助我提高中文水平"②。这是杨、戴合作翻译鲁迅作品的开端,也是他们出于对鲁迅的喜爱自行发起的翻译项目,但译文在当时没有公开发表。

1952 年调入外文局后,他们翻译鲁迅作品不仅有了官方资助的保障,而且可以在系统的选题策划下有条不紊地进行。1981 年,为纪念鲁迅 100 周年诞辰,杨宪益、戴乃迭合译的鲁迅小说全译本(不包括《故事新编》)在中国和美国先后出版,是为杨译本最终版本。在此之前,杨译本经过不断修订完善及篇目扩充,历时近 30 年,可分为三个阶段。

---

① 雷音. 杨宪益传. 香港:明报出版社,2007:96-97.
② Yang, G. I feel I have two motherlands. *Women of China*,2002(3):26.

第一阶段。1953 年,外文出版社出版《阿 Q 正传》单行本①,未署译者名,正文前附有"出版前言",正文后附有冯雪峰的长篇导言"鲁迅的生平及其思想"。该书外文社曾多次再版:1955 年出第二版,删去冯雪峰的长篇导言;1960 年出第三版,首次注明"由杨宪益、戴乃迭翻译"②;1964 年出第四版;1972 年出第五版。1954 年,外文社又推出《鲁迅小说选》单行本③,未署译者名,共收 13 篇:《狂人日记》《孔乙己》《药》《一件小事》《风波》《故乡》《社戏》《祝福》《在酒楼上》《幸福的家庭》《孤独者》《伤逝》,以及选自《故事新编》的《铸剑》。该版本所附"出版说明"指出,鲁迅是"伟大的革命民主主义者和伟大的共产主义者"("a great revolutionary democrat and a great communist"),也是"现实主义大师"④。译文正文前附有鲁迅的"《呐喊》自序",正文后附有冯雪峰的"鲁迅的生平及其思想"⑤及"作者简介"。1954 年版《鲁迅小说选》收入篇目较少,不久即被四卷本《鲁迅选集》第一卷所取代,几乎没有再版过。

第二阶段。1956—1960 年,外文出版社出版里程碑式的四卷本《鲁迅选集》。其中 1956 年出版的第一卷⑥未署译者名,收有 18 篇小说,包括 1954 年版《鲁迅小说选》未收录的《阿 Q 正传》《明天》《肥皂》《离婚》,以及选自《故事新编》的《奔月》。后三卷分别出版于 1957、1959、1960 年,重点收录鲁迅杂文,首次标明"由杨宪益、戴乃迭翻译"。第一卷的"编者说明"

---

① Lu,H. *The True Story of Ah Q*. Peking:Foreign Languages Press,1953. 英文杂志《中国文学》1951 年 10 月出了第一辑,1952 年出了第二辑。这篇译文最初发表于该刊第二辑。参见:徐慎贵.《中国文学》对外传播的历史贡献. 对外大传播,2007(8):47.

② Lu,H. *The True Story of Ah Q*. Yang,H. Y. & Yang,G.(trans.). Peking:Foreign Languages Press,1960.

③ Lu,H. *Selected Stories of Lu Hsun*. Peking:Foreign Languages Press,1954.

④ Anon. Publisher's note. In Lu,H. *Selected Stories of Lu Hsun*. Peking:Foreign Languages Press,1954:3.

⑤ Feng,H. F. Lu Hsun:His life and thought. In Lu,H. *Selected Stories of Lu Hsun*. Peking:Foreign Languages Press,1954:221-252.

⑥ Lu,H. *Selected Works of Lu Hsun:Vol. 1*. Peking:Foreign Languages Press,1956.

指出，"鲁迅是杰出的短篇小说家，但作为杂文家的鲁迅更伟大，因此比起他的短篇小说，我们更重视他在 16 卷杂文中表现出来的光辉思想和艺术"①。目录页前还附有冯雪峰的长篇序言《鲁迅的生平及其著作》。外文社在 1964 年出了四卷本《鲁迅选集》第二版，"关注者较少"；1980 年又出第三版，把原先的威妥玛拼音改为汉语拼音；"每次再版都有改动，多为增补，两位译者也在对译文反复打磨"②。由于第一卷收入的 18 篇小说较受欢迎，外文社在 1960 年另出了《鲁迅小说选》单行本③，署译者名，1963、1969、1972 年分别出了第二、三、四版。1960 年版《鲁迅小说选》删去冯雪峰的长文，代之以叶以群的"鲁迅生平及其短篇小说"作为导言。1961 年，外文社还出版了杨宪益、戴乃迭合译的《故事新编》全译本④，署译者名，1972 年再版。

第三阶段。鲁迅 100 周年诞辰前夕，杨、戴把《呐喊》《彷徨》中尚未翻译的篇目全部译出，并再次全面细致修润译文，由外文社在 1981 年分集出版⑤。鉴于外文社每次推出新版本，杨、戴均会对译文进行不同程度的修订和润色，本章对杨译本在英美传播与接受的分析涉及几种不同版本（包括英美再版本）的比较，但译文分析主要依据 1981 年最终版。此外，这几种版本涉及《故事新编》的篇目不多，《呐喊》《彷徨》所收作品自然成为本章论述的重点。

最后需要指出的是，外文社于 2000—2002 年推出了汉英对照的"经典的回声"系列，其中包括杨宪益、戴乃迭翻译的《呐喊》《彷徨》《故事新

---

① Anon. Editor's note. In Lu，H. *Selected Works of Lu Hsun*：*Vol*．*1*. Peking：Foreign Languages Press，1956（no page nos.）.
② 李晶. 鲁迅在英文世界中的传播. 文汇报，2016-10-17（W01）.
③ Lu，H. *Selected Stories of Lu Hsun*. Yang，H. Y. & Yang，G.（trans.）. Peking：Foreign Languages Press，1960.
④ Lu，H. *Old Tales Retold*. Yang，H. Y. & Yang，G.（trans.）. Peking：Foreign Languages Press，1961.
⑤ Lu，X. *Call to Arms*. Yang，X. Y. & Yang，G.（trans.）. Beijing：Foreign Languages Press，1981；Lu，X. *Wandering*. Yang，X. Y. & Yang，G.（trans.）. Beijing：Foreign Languages Press，1981.

编》三个单行本,但该版本校勘粗糙,错漏甚多,因而遭到国外学者的批评①。该版本采用的是1981年的版本,用汉英对照形式编排,主要面向国内读者,故不在本书研究范围之内。

## 二、杨译本的时代背景

究其实质,鲁迅小说杨译本是国家机构为外宣目的开展的文学外译活动的产物,它在英语世界的发行、传播和接受必然牵涉非文学因素,因此有必要考察其赖以产生的时代背景。以下论述覆盖的时间段为20世纪50—80年代,与外文社出版上述杨译本版本基本上对应。

第二次世界大战结束后不久,"冷战"拉开序幕,其本质是以美国为首的资本主义阵营与以苏联为主的社会主义阵营之间的政治、经济和军事对抗。1949年中华人民共和国成立,随即被卷入冷战中,以美国为首的资本主义阵营把新中国视为意识形态上的敌人,直到1991年冷战及两极格局结束。在此时代背景下,两国之间的文学文化交流必然打上深刻的政治和意识形态的印记,因此,20世纪50—80年代欧美的中国现代文学及鲁迅研究、译介、接受与"冷战政治"有着密切的联系。基于对20世纪30—70年代欧美译介和研究鲁迅作品的历时分析,以色列学者伊爱莲指出:"鲁迅作品在西方国家的接受至少牵涉三个非文学因素",而"政治方面的考虑和世界性事件是影响西方对中国现代文学及鲁迅作品兴趣的首要因素","西方对鲁迅作品的接受往往反映出国际关系的冷暖",也即"是在两国政治关系冰冻和解冻的大背景下发生的"②。具体体现在:在中苏交好的50—60年代初,苏联翻译出版了大量鲁迅作品,但随着中苏关系恶化,不仅翻译基本上停止,而且有关鲁迅的学术和普及性著作也大大

---

① 详见:黄乔生. 杨宪益与鲁迅著作英译. 海内与海外,2010(1):14-15.
② Eber, I. The reception of Lu Xun in Europe and America: The politics of popularization and scholarship. In Lee, L. O.-F. (ed.). *Lu Xun and His Legacy*. Berkeley: University of California Press, 1985: 242-243, 249.

减少①。又如,50 年代中期,中国现代文学研究在美国起步,成为一个"新的研究领域"②,而其主要推动力正是政治因素:美国政府出于了解社会主义中国和反共宣传的需要,加大了资金投入,组织一批学者开展中国研究,例如,夏志清就是在参与编写主要供美国军官参阅的《中国手册》(*China: An Area Manual*)后转向中国现代文学研究的。另一个有利因素是人才资源的到位:第二次世界大战后从中国回去的"中国通"费正清(J. K. Fairbank)、史华慈(B. I. Schwartz)等人纷纷在美国的大学展开中国研究,带动了一批年轻学者(如第四章提到的陈珍珠和舒尔茨)走上中国现代文学及鲁迅研究的道路③。与此同时,"随着以意识形态抗衡为主的冷战格局的形成以及朝鲜战争的爆发,美国与中国进入了对峙状态",尤其50 年代以反共为基调的麦卡锡主义甚嚣尘上,阻碍了美国学术界对鲁迅作品的翻译和研究④。王际真就是这种政治影响的亲历者和受害者:他在朝鲜战争期间"反对美国而执着于对祖国的眷恋",当时正值麦卡锡主义狂潮汹涌,美国人视他为叛徒,在《太平洋事务》(*Pacific Affairs*)杂志上攻击他,使他几乎失去了在哥伦比亚大学的教席⑤,从而严重扰乱了他的翻译和研究工作。

进入 20 世纪 60 年代,冷战对峙仍在持续,但美英对新中国的态度变得"更为灵活变通",因而中国研究在这两个国家发展迅速,但 50—80 年代英美的中国现代文学及鲁迅研究仍然"受到两国政府对中国的政治态

---

① Eber, I. The reception of Lu Xun in Europe and America: The politics of popularization and scholarship. In Lee, L. O.-F. (ed.). *Lu Xun and His Legacy*. Berkeley: University of California Press, 1985: 244-245.

② Gotz, M. The development of modern Chinese literature studies in the West: A critical view. *Modern China*, 1976, 2(3): 397.

③ 王家平. 鲁迅域外百年传播史(1909—2008). 北京:北京大学出版社,2009: 175;张杰. 鲁迅:域外的接近与接受. 福州:福建教育出版社,2001:286.

④ 王家平. 鲁迅域外百年传播史(1909—2008). 北京:北京大学出版社,2009: 175.

⑤ 王海龙. 从海到海:哥伦比亚大学与现代中国. 上海:上海书店出版社,2007: 110.

度的影响"①。另外,从 60 年代末到 70 年代,在一些欧美国家盛行的激进主义导致对中国"文革"的狂热兴趣,鲁迅被西方左派知识分子所推崇,中国国内颂扬鲁迅的文章被他们大量模仿或翻译②。1971 年,中美双边关系开始改善,次年实现了正常化,1979 年中美正式建交。王家平指出,中美关系的改善直接推动了美国的鲁迅研究"向前迈出坚实的步伐",涌现了韩南的论文《论鲁迅小说的技巧》、莱尔的专著《鲁迅的现实观》③、谷梅(M. Goldman)编辑的论文集《五四时期中国现代文学》④等重要研究成果;得益于中美正式建交后两国文化交流的广泛开展,同时改革开放后中国国际地位提升,美国人对中国的兴趣渐增,20 世纪 80 年代更是美国鲁迅研究的"丰产时期"。在鲁迅 100 周年诞辰前夕,"鲁迅及其遗产"国际研讨会在美国举办,随后出版了李欧梵编辑的会议论文集《鲁迅及其遗产》⑤;还接连出版了李欧梵的《铁屋中的呐喊:鲁迅研究》⑥和吴茂生的《中国现代小说中的俄罗斯式英雄》⑦两部专著,詹明信(F. Jameson)⑧、

① Eber, I. The reception of Lu Xun in Europe and America: The politics of popularization and scholarship. In Lee, L. O.-F. (ed.). *Lu Xun and His Legacy*. Berkeley: University of California Press, 1985: 244-248.
② Eber, I. The reception of Lu Xun in Europe and America: The politics of popularization and scholarship. In Lee, L. O.-F. (ed.). *Lu Xun and His Legacy*. Berkeley: University of California Press, 1985: 243.
③ Lyell, W. A. *Lu Hsün's Vision of Reality*. Berkeley: University of California Press, 1976.
④ Goldman, M. (ed.). *Modern Chinese Literature in the May Fourth Era*. Cambridge, MA: Harvard University Press, 1977.
⑤ Lee, L. O.-F. (ed.). *Lu Xun and His Legacy*. Berkeley: University of California Press, 1985.
⑥ Lee, L. O.-F. *Voices from the Iron House: A Study of Lu Xun*. Bloomington: Indiana University Press, 1987.
⑦ Ng, M. S. *The Russian Hero in Modern Chinese Fiction*. New York: State University of New York Press, 1988.
⑧ Jameson, F. Third-World literature in the era of multinational capitalism. *Social Text*, 1986, 15: 65-88.

胡志德(T. Huters)①等知名学者也发表了重要论文②。20世纪50—80年代美国的鲁迅研究在曲折中发展，但几乎没有美国本土学者翻译鲁迅小说，直到1990年莱尔出版了他的美式英语译本。

美国学者戈茨(M. Gotz)梳理了20世纪50—70年代西方的中国现代文学研究，同样揭示了政治因素与学术研究错综复杂的牵连，也有助于我们了解这段时期西方学术界对作为研究文献基础的鲁迅作品英译本的实际需求。戈茨指出，这段时期西方的中国现代文学及鲁迅研究可分为三个阶段：(1)50年代末至60年代初，以夏志清、夏济安兄弟为代表的"冷战反共学派"试图基于冷战政治思维和西方美学价值观来分析中国现代文学史及作品；同期，由捷克汉学家普实克(J. Prusek)和他的一批学生组成的"布拉格学派"(the Prague School)也颇为活跃，他们基于马克思主义和人文主义的立场，重点研究中国现代文学革命的发展进程，对"五四"文学及30年代的中国文学持同情和肯定的态度。(2)60年代中期，美国政府的反共政策宣告破产，"冷战反共学派"偃旗息鼓，"自由学派"随之崛起，又可分为社会学派和文学批评派(后者从事实际的文学分析，但人数少，影响有限)。社会学派以李欧梵、英国的卜立德(D. E. Pollard)、荷兰的佛克马(D. W. Fokkema)、澳大利亚的杜博妮等人为代表，着重研究中国现代文学史、文学理论与西方对中国现代文学的影响。(3)70年代初，英美出现了一个"新生代"学者群体，他们采用一种正面、批评的路径直接分析中国现代文学作品，考察其内容与形式，兼顾外部研究和文本分析，有望超越"自由学派"的学术成就。③

英国在1954年与中国建立了"代办级"外交关系。不同于美国与中国在20世纪50—80年代发生的激烈的意识形态冲突，英国与中国的关

---

① Huters，T. Blossoms in the snow：Lu Xun and the dilemma of modern Chinese literature. *Modern China*，1984，10(1)：49-77.

② 详见：王家平. 鲁迅域外百年传播史(1909—2008). 北京：北京大学出版社，2009：182-198.

③ Gotz，M. The development of modern Chinese literature studies in the West：A critical view. *Modern China*，1976，2(3)：397-416.

系较为温和、弹性。但是,或许由于政治因素相对"淡出"与英国汉学"厚古薄今"的传统,英国的鲁迅研究及鲁迅作品译介一直落后于欧美各大国①。50 年代英国的鲁迅研究"几乎是一片空白"②;60—80 年代从事鲁迅研究的英国学者也不多,成果屈指可数,主要有钦纳里(J. D. Chinnery)的《西方文学对鲁迅〈狂人日记〉的影响》③、《鲁迅与当代中国文学》④两篇论文,卜立德研究鲁迅杂文的论文⑤,徐士文在剑桥大学完成的博士论文《鲁迅作品的风格:词汇与惯用法》⑥,詹纳尔(W. J. F. Jenner)的论文《鲁迅的最后几天及其身后事》等⑦。直到 2002 年,英国学者才出版了一部有分量的学术专著:卜立德的《鲁迅正传》⑧。本时期英国没有出版由本土译者翻译的鲁迅小说,但出版了至少两本以外文社版杨译本为底本的鲁迅作品选集(详见第三节)。澳大利亚在 70—80 年代涌现了几位优秀的鲁迅研究学者,包括杜博妮、陈顺妍(M. Lee)、张钊贻(C. Y. Cheung)、寇志明(J. Kowallis)等⑨。寇志明兼具翻译和研究性质的《全

①　张杰. 鲁迅:域外的接近与接受. 福州:福建教育出版社,2001:317.
②　王家平. 鲁迅域外百年传播史(1909—2008). 北京:北京大学出版社,2009:208。
③　Chinnery, J. D. The influence of Western literature on Lu Xun's "Diary of a madman". *Bulletin of the School of Oriental and African Studies*, *University of London*, 1960, 23(2): 309-322.
④　Chinnery, J. D. Lu Xun and contemporary Chinese literature. *The China Quarterly*, 1982(91): 411-423.
⑤　Pollard, D. E. Lu Xun's *zawen*. In Lee, L. O.-F. (ed.). *Lu Xun and His Legacy*. Berkeley: University of California Press, 1985: 54-89.
⑥　Hsü, R. S. W. *The Style of Lu Hsün: Vocabulary and Usage*. Hong Kong: Centre of Asian Studies, University of Hong Kong, 1979.
⑦　Jenner, W. J. F. Lu Xun's last days and after. *The China Quarterly*, 1982(91): 424-445. 对这些英文著述的述评,可参见:王家平. 鲁迅域外百年传播史(1909—2008). 北京:北京大学出版社, 2009:208-212.
⑧　Pollard, D. E. *The True Story of Lu Xun*. Hong Kong: The Chinese University of Hong Kong Press, 2002.
⑨　详见:王家平. 鲁迅域外百年传播史(1909—2008). 北京:北京大学出版社,2009:199-203.

英译鲁迅旧体诗》一书出版于 1996 年①。笔者掌握的资料显示,澳大利亚本土译者至今没有翻译出版鲁迅小说单行本。

综上所述,在以冷战为主旋律的 20 世纪 50—80 年代,政治因素和两国关系深刻影响着欧美对鲁迅作品的译介、研究与接受,这在美国的鲁迅研究中表现得最为明显:一方面,美国政府的对华政策和战略需要直接启动了美国的鲁迅研究,此后中美关系的冷暖变迁始终影响着美国对鲁迅作品的译介、研究与接受;另一方面,在冷战的时代背景下,新生的中国急需开展对外宣传,以打破国际敌对势力对新中国的封锁和压制,扩大自己的国际影响,于是文学外译成了对外宣传的一件利器。中国外文局选择译介并输出鲁迅作品有其历史原因(详见第四节),却正好满足了英语世界对鲁迅作品英译本的内在需求。

## 第三节　20 世纪 50—90 年代英美出版的鲁迅小说英译本

图里指出:"译作是目标文化的事实",即译作通常由目标文化发起、生产,以满足目标文化的需要;"翻译活动及其产品不仅能够而且确实能够在目标文化引起变革,由此推论,目标文化诉诸翻译,正是把翻译作为填补自身空白的一个主要手段"②。图里的论断基于其"(翻译)面向目标文化的假设",可用于解释一般翻译现象,但难以解释特殊翻译行为。例如,我国外文局从 20 世纪 50 年代开始向欧美持续输出中国文学译作,它们由出发文化(中国)发起、生产,却面向目标文化(欧美)发行和传播,且外文局很可能不了解也不考虑欧美对这些译作是否有需求。又如,50 年代中期,随着中国现代文学研究的起步,美国学术界对鲁迅作品英译本有了迫切需求,但直到 80 年代几乎没有美国学者翻译出版鲁迅小说。这又如何解释呢?

---

① Kowallis, J. E. *The Lyrical Lu Xun: A Study of His Classical-style Verse*. Honolulu: University of Hawai'i Press, 1996.

② Toury, G. *Descriptive Translation Studies and Beyond*. Amsterdam: John Benjamins, 1995: 27-29.

笔者掌握的资料显示,在 50—80 年代整整 40 年间,美英正式出版的由本土人士(包括华裔学者)翻译的鲁迅小说选集或单行本几乎为零①。这个尴尬的局面直到 1990 年才被打破:是年,莱尔出版了他的鲁迅小说全译本。在 30—40 年代,斯诺、伊罗生、肯尼迪(G. A. Kennedy)、王际真等人积极译介鲁迅作品(其中短篇小说最受西方译者关注),而在这 40 年间,美英人士似乎对翻译鲁迅小说失去了热情和动力,这很可能受到了"冷战政治"局势的影响,例如,王际真从 50 年代开始不再翻译鲁迅作品,同时也可能与英美学者对鲁迅小说的评价有关。谷梅指出:"五四"时期的中国现代文学大多"旨在发表政治宣言,同时具有纪实的性质,因此不少欧美的中国研究学者往往轻视其艺术价值"②。欧美学者往往不考虑不少中国现代作家有着"感时忧国"的道德担当,而是倾向于用当前西方主流的文学艺术标准来评判中国现代文学,由此得出其艺术价值普遍不高的结论。这固然有失公允,但也不应否认很多现代中国文学作品(包括鲁迅小说)确实具有这种特点(这在西方学者看来就是缺陷)。以上表明,英美学界从 50 年代开始逐渐注重鲁迅作品的文学价值,而不再只是其社会学文献价值,因而可能使不少译者对鲁迅小说敬而远之。另一个更重要的原因,正如王家平所指出,是我国外文出版社在此期间对外发行的鲁迅小说英译本能满足英美读者和研究者之需③。由此看来,我们需要修正图里的假设,以解释特殊翻译现象:出发文化通过翻译主动"输出"本文化的文学产品,恰好满足了目标文化对该产品的需求,填补了目标文化的某种空白,因此目标文化无须发起翻译出版项目。

据笔者统计,20 世纪 50—90 年代英美出版了以下 10 种鲁迅小说

---

① 在 20 世纪 80 年代,英美译介鲁迅旧体诗较活跃,出版了两本译文选集:一是美籍华裔学者陈颖翻译的《鲁迅诗歌全译注释集》,二是詹纳尔翻译、我国外文社出版的《鲁迅诗选》。

② Goldman，M. Introduction. In Goldman，M. (ed.). *Modern Chinese Literature in the May Fourth Era*. Cambridge，MA：Harvard University Press，1977：5-6.

③ 王家平. 鲁迅域外百年传播史(1909—2008). 北京:北京大学出版社,2009:203.

英译本①。

（1）1959 年，纽约卡梅伦出版公司刊行《中国革命文学导师鲁迅文选》②。经笔者查实，其底本是外文社 1956 年版《鲁迅选集》第一卷，但篇目有较大压缩，且未注明版权归属③。该书保留了冯雪峰的序言，还附有"出版说明"，其中指出：鲁迅"无疑是一位革命作家"、"最值得尊敬的中国作家"，"冷嘲热讽和犀利的社会批判是其写作的突出特点"；"我们去掉了英文版所附的中文原作，删了几篇美国读者难以读懂的小说和散文诗"；"遗憾的是，我们不能确定这些一流的译文是谁翻译的"④。外文社四卷本《鲁迅选集》并非汉英对照，该"出版说明"提供的信息有误，但"不能确定译者"倒是实情，因为外文社版本身未署译者名。除了选自《野草》的 6 篇散文诗和选自《朝花夕拾》的 7 篇散文，该书收入小说 12 篇：《狂人日记》《孔乙己》《药》《明天》《一件小事》《风波》《故乡》《阿 Q 正传》《祝福》《在酒楼上》《伤逝》《离婚》，小说正文前附有《〈呐喊〉自序》。"出版说明"声称该书面向对鲁迅有兴趣的"美国读者"，但从其显眼的副书名《中国革命的文学导师》看，它能吸引的主要是左翼美国读者。出版商卡梅伦（A. Cameron）是一个政治上激进的美国人，在 1953 年创办了这家左翼独立出版社，主要出版西方国家左翼及共产党作家的作品⑤。因此，他改头换面再版了外文社版《鲁迅选集》第一卷，主要出于其政治目的，客观上则有助于扩大鲁迅作品在美国的传播影响力。

（2）1969 年，代理外文社图书海外发行的美国旧金山中国书刊社

---

① 参见：李晶. 鲁迅在英文世界中的传播. 文汇报，2016-10-17（W01）.

② Lu，H. *Chosen Pages from Lu Hsun：The Literary Mentor of the Chinese Revolution*. New York：Cameron Associates，1959.

③ 20 世纪 80 年代前，为了扩大海外发行量，外文局对外发行图书均允许外方"无偿使用版权"。详见：何明星. 新中国书刊海外发行传播六十年. 北京：中国书籍出版社，2010：193.

④ Anon. Publishers' note. In Lu，H. *Chosen Pages from Lu Hsun：The Literary Mentor of the Chinese Revolution*. New York：Cameron Associates，1959：1.

⑤ 详见：Anon. Angus Cameron.（2018-05-23）[2019-01-14]. https://en. wikipedia. org/wiki/Angus_Cameron_(publisher).

(China Books & Periodicals, Inc.)重印外文社 1964 年版《阿 Q 正传》单行本①。

(3)1970 年,詹纳尔编辑的《中国现代短篇小说选》由牛津大学出版社出版②,其中收入杨宪益、戴乃迭翻译的 3 篇鲁迅小说:《孔乙己》《故乡》《祝福》。詹纳尔 1958—1962 年就读于牛津大学,1963—1965 年受聘为外文局"外国专家",与牛津校友戴乃迭、杨宪益结下了深厚的情谊③。曾翻译出版多部中国古典及现代文学作品,包括《西游记》《丁玲小说选》《鲁迅诗选》等。1970 年正值杨宪益、戴乃迭蒙冤身陷囹圄之时,众多外国友人与他们失去了联系,戴乃迭的母亲去世时都不知道女儿究竟发生了什么④。詹纳尔把杨、戴合译的鲁迅小说收入选集中,既有助于推动杨译本在英国的传播,也是对两位狱中好友的一种巧妙的声援。鉴于编者和两位译者都毕业于牛津大学,这个集子由牛津大学出版社出版是深具意义的。

(4)1973 年,牛津大学出版社在纽约和伦敦同步出版《无声的中国:鲁迅作品选》⑤。戴乃迭在"导言"中指出,选集中绝大多数译作选自她和杨宪益合译的外文社四卷本《鲁迅选集》修订版⑥。1973 年是杨宪益、戴乃迭无罪释放的第二年,也是中美关系实现正常化的第二年,牛津大学推出这个注明"由戴乃迭编辑并翻译"的鲁迅作品选,既表达了牛津大学对杨、戴重获自由的欣喜,也可能是出版社考虑到单署戴乃迭之名有利于图书推介,因为戴乃迭一直保留其英国国籍,英美读者容易认同其文化身

① Lu, H. *The True Story of Ah Q*. Yang, H. Y. & Yang, G. (trans.). San Francisco, CA: China Book & Periodicals, 1969.

② Jenner, W. J. F. (ed.). *Modern Chinese Stories*. Jenner, W. J. F. & Yang, G. (trans.). London & New York: Oxford University Press, 1970.

③ 详见:雷音. 杨宪益传. 香港:明报出版社,2007:210.

④ Davin, D. Gladys Yang: Obituary. *The Guardian*, 1999-11-24(24).

⑤ Lu, X. *Silent China: Selected Writings of Lu Xun*. Yang, G. (ed. & trans.). London & New York: Oxford University Press, 1973.

⑥ Yang, G. Introduction. In Lu, X. *Silent China: Selected Writings of Lu Xun*. Yang, G. (ed. & trans.). London & New York: Oxford University Press, 1973: vii-x.

份。同时,牛津大学出版社选择在这个时间点推出该选集,也表明了随着中美关系的改善,英美接受鲁迅作品的大环境也随之改善。除小说外,该选集收入鲁迅散文、散文诗、旧体诗及杂文若干篇,基本上涵括了鲁迅的整个文学创作生涯,因而"是很有代表性的一部选集","出版后颇受好评"①。该书收录了《狂人日记》《阿Q正传》《白光》《在酒楼上》《出关》5篇小说,其中《白光》的译文之前没有在杂志上刊载过,也未见于外文社出版的其他选集,应是为该选集专门翻译的。因其传播模式不同于外文社,下文将该版本与外文社版进行比较。

(5)1974年,伊罗生编辑的《草鞋脚:1918—1933年中国现代短篇小说选》由美国麻省理工学院出版社出版②,收入鲁迅小说《狂人日记》《孔乙己》《药》《风波》《伤逝》,原由肯尼迪翻译,出版前经他人校订润色而成。据伊罗生所写的"编者序",《草鞋脚》的出版之路颇为坎坷,其翻译及编辑完成于1934—1935年,但事隔40年后才得以出版,而这主要是由于政治原因:伊罗生在1934年与斯大林左翼决裂,原本有出版兴趣的美国出版商担心没有美国共产党的支持,出书肯定会亏本,因而放弃了出版计划;该书终于在1974年付印,有赖于哈佛大学教授韩南的大力推荐和出版社编辑的慧眼独具③,但当时中美关系已经实现正常化,这无疑为其出版提供了有利的政治条件。

(6)1977年,美国诺顿出版公司在纽约和伦敦同时出版《鲁迅小说选》④,其底本是外文社1972年版《鲁迅小说选》;2003年又出了第二版⑤,

---

① 李晶. 鲁迅在英文世界中的传播. 文汇报,2016-10-17(W01).
② Isaacs,H. R.（ed.）. *Straw Sandals：Chinese Short Stories*,1918—1933. Cambridge,MA & London：The MIT Press,1974.
③ Isaacs,H. R Introduction. In Isaacs,H. R.（ed.）. *Straw Sandals：Chinese Short Stories*,1918—1933. Cambridge,MA & London：The MIT Press,1974：xliv.
④ Lu,H. *Selected Stories of Lu Hsun*. 1st ed. Yang,H. Y. & Yang,G.（trans.）. New York & London：W. W. Norton,1977.
⑤ Lu,H. *Selected Stories of Lu Hsun*. 2nd ed. Yang,H. Y. & Yang,G.（trans.）. New York & London：W. W. Norton,2003.

附有哈金撰写的长篇导言,指出:相信只要中文没有消亡,这部选集中的几篇小说将被人们永远读下去。

(7)1980年5月,美国印第安纳大学出版社与外文社就5部中国小说的再版事宜签订一揽子协议①,次年即合作出版了《鲁迅小说全集》平装本②,1982年又出了精装本。此即外文社版《呐喊》《彷徨》的合集再版本,收入25篇小说,正文前附有《〈呐喊〉自序》。该版本未见在英美再版,但美国密歇根大学的绝版图书部于1990年推出了影印本③。

(8)1990年,美国夏威夷大学出版社出版莱尔翻译的《〈狂人日记〉及其他小说》④,收有《怀旧》在内的26篇鲁迅小说。

(9)1990年,美国波士顿的 Cheng & Tsui 出版公司(创办于1979年)再版外文社1972年版《阿Q正传》单行本。⑤

(10)1994年,美国旧金山中国书刊社再版《鲁迅小说选》⑥,底本也是外文社1972年版《鲁迅小说选》。

综上,除了因时运不济推迟40年出版的《草鞋脚:1918—1933年中国现代短篇小说选》,其他出版物都是我国外文社版的再版或重印本,表明冷战时期美英本土译者几乎没有翻译出版鲁迅小说。而这又表明外文社陆续推出的多种鲁迅小说英译本在数量和质量上都满足了美英读者和研究者的需要。"再版往往会强化一个较早译本的效力,重译则对其效力提

---

① 详见:何明星. 新中国书刊海外发行传播六十年. 北京:中国书籍出版社,2010:191.

② Lu, X. *The Complete Stories of Lu Xun: Call to Arms and Wandering*. Yang, X. Y. & Yang, G. (trans.). Bloomington: Indiana University Press & Beijing: Foreign Languages Press, 1981.

③ Lu, X. *The Complete Stories of Lu Xun*. Yang, X. Y. & Yang, G. (trans.). Ann Arbor, MI: UMI Out-of-Print Books on Demand, 1990.

④ Lu, X. *Diary of a Madman and Other Stories*. Lyell, W. A. (trans.). Honolulu: University of Hawai'i Press, 1990.

⑤ Lu, H. *The True Story of Ah Q*. Yang, H. Y. & Yang, G. (trans.). Boston: Cheng & Tsui, 1990.

⑥ Lu, H. *Selected Stories of Lu Hsun*. Yang, H. Y. & Yang, G. (trans.). San Francisco, CA: China Book & Periodicals, 1994.

出了有力的挑战。"①英美在 20 世纪 50—80 年代没有推出鲁迅小说重译本，而是选择了再版外文社版本，这实际上默认并强化了杨译本的"效力"。鲁迅小说在美英的译介传播史揭示了一种特殊的翻译现象，可以丰富、完善图里的假设。

综观 20 世纪 50—80 年代鲁迅小说在美英的接受，可以看出当时的美英有一个以专业读者和左翼读者为主的受众市场。随着冷战思维逐步淡化，中国与美英的关系趋向缓和、改善，这个受众市场在不断扩大，对鲁迅小说的需求也在不断增长。美英出版商在此期间多次再版或重印外文社版鲁迅作品英译本，即表明了这一点。外文社出版的鲁迅小说英译本通过国际书店源源不断地"输入"美英，而美英的图书市场上缺乏有竞争力的译本。王际真翻译的《鲁迅小说选集》的可读性胜过杨译本，但忠实可靠度有所不及，在篇目数量上更是逊色于后者。由此可以推论，鲁迅小说杨译本在美英面对的是一个较有利的接受环境。

## 第四节　鲁迅作品英译项目发起过程分析

中华人民共和国成立次月，国际新闻局即宣告成立，"它主管对外宣传新闻报道和出版工作，是为打破帝国主义对新中国的封锁，向世界人民介绍人民共和国而设立的"②。1952 年 7 月，国际新闻局改组为外文出版社。1963 年，外文局成立，专门领导外文书刊编译出版发行工作，旨在"加强外国文字宣传"③。中国文学对外翻译出版遂成为国家对外宣传战略的重要组成部分，而外文局及外文社无疑属于国家专门外宣机构，是一系列中国文学翻译出版项目的发起主体和组织实施机构。在国家外宣机构发起、资助、出版模式下，中国文学对外翻译不可避免地带有外宣的动机，包

---

①　Pym，A. *Method in Translation History*. Manchester：St. Jerome，1998：83.

②　周东元，亓文公. 中国外文局五十年史料选编（第一册）. 北京：新星出版社，1999：1.

③　戴延年，陈日浓. 中国外文局五十年大事记. 北京：新星出版社，1999：23.

括"塑造新中国在国际上的良好形象,争取国际舆论的同情和支持"等①。这无疑是芬兰学者科斯基宁指出的翻译机构通过翻译实行"管治"的一个突出个案②。与直接生硬的宣传不同,中国文学外译能够"以一种较为隐蔽的、相对容易为人接受的方式,展现新中国形象",并且有助于确立新中国的合法地位③,从而达到对外宣传的目的。因此,中华人民共和国成立后一直高度重视中国文学对外译介和传播。在新中国面临复杂的国际环境、急需发出自己的声音的时代背景下,中国文学外译被赋予了重要的外宣功能。鲁迅作品英译项目就是在此背景下于 20 世纪 50 年代初发起并实施的。

外文局及其下属的外文社是发起鲁迅作品英译项目的主体,而具体实施过程必然涉及相关行动者,构成一个"项目发起行动者网络"。以下分析该网络的构建与运作过程,以揭示外文社发起该项目的运作机制及具体方式。

## 一、项目发起行动者网络构建与运作

刘尊棋是发起鲁迅作品英译出版项目的初始行动者。他原任国际新闻局副局长,后担任外文出版社副社长兼英文杂志《人民中国》总编辑。刚上任的刘尊棋制订了一个宏伟的计划即"系统地对外介绍中国的文化",其初步选题计划包括从《诗经》《楚辞》到清末的古典文学名著 150 种,从鲁迅作品开始的现代文学到当代文学作品 100 种④。刘尊棋接下来要做的是把杨宪益、戴乃迭招进外文出版社(二人在 1952 年年底正式调入外文社任专职翻译)。他是如何成功招募杨、戴的呢?

---

① 马士奎,倪秀华. 塑造自我文化形象——中国对外文学翻译研究. 北京:中国人民大学出版社,2017:140.

② Koskinen, K. Institutional translation: The art of government by translation. *Perspectives: Studies in Translatology*,2014,22(4):479-492.

③ 马士奎,倪秀华. 塑造自我文化形象——中国对外文学翻译研究. 北京:中国人民大学出版社,2017:137-140.

④ 雷音. 杨宪益传. 香港:明报出版社,2007:182-183.

　　杨宪益本来就偏爱古典文学,在现代文学中又最喜欢鲁迅作品,且曾与戴乃迭合作翻译《离骚》《老残游记》《阿Q正传》《野草》等,因此刘尊棋的选题计划正好符合他的翻译选材惯习,同时,向西方译介中国文学也正是杨宪益一直怀抱的理想。再者,加入外文社既能充分发挥他和戴乃迭"中西合璧"的语言优势,夫妻二人又能终日相伴、亲密合作,杨宪益自然就同意了。刘尊棋曾在苏联塔斯通讯社北平分社担任英文翻译和记者,既是"业务内行",又"十分尊重学有专长的人"。他请杨宪益加入外文社,不是要他当一个"普通的翻译匠",而是"让他来挑重担的",即以专家的身份主持实施外文社的翻译选题计划,而20世纪50年代杨宪益在外文社最重要的工作正是与戴乃迭合译四卷本《鲁迅选集》①。显然,"业务内行"(代表一种文化资本)刘尊棋及其代表的新政府对他的尊重和信任是杨宪益乐意"入社"的另一个重要原因。而刘尊棋之所以竭力邀请杨、戴加入外文社,也正因为他们是有上佳的语言文化资本的难得的翻译人才。刘尊棋成功招募杨、戴,不仅为译介鲁迅作品及其他作品准备了翻译人才,也是他发起鲁迅作品英译项目的重要一环。

　　倪秀华分析了外文社重点译介鲁迅作品的原因,指出除了鲁迅的某些小说符合"现实主义"这一国内主流诗学规范,更重要的是鲁迅作品被赋予了"特殊地位"②:毛泽东早在1937年就指出,鲁迅生前"并不是共产党组织中的一人,然而他的思想、行动、著作,都是马克思主义的",进而把鲁迅誉为"现代中国的圣人";毛泽东还论述了鲁迅的三大特点,即政治远见、斗争精神和牺牲精神,并将其概括为"鲁迅精神"③。毛泽东在《新民主主义论》中这样评价鲁迅:他是"中国文化革命的主将,他不但是伟大的文学家,而且是伟大的思想家和伟大的革命家。鲁迅的骨头是最硬的,他没有丝毫的奴颜和媚骨,这是殖民地半殖民地人民最可宝贵的性格。鲁迅

①　雷音. 杨宪益传. 香港:明报出版社,2007:182-186.
②　马士奎,倪秀华. 塑造自我文化形象——中国对外文学翻译研究. 北京:中国人民大学出版社,2017:162-167.
③　毛泽东. 论鲁迅//中共中央文献研究室. 毛泽东文集:第二卷. 北京:人民文学出版社,1993:43.

是在文化战线上,代表全民族的大多数,向着敌人冲锋陷阵的最正确、最勇敢、最坚决、最忠实、最热忱的空前的民族英雄。鲁迅的方向,就是中华民族新文化的方向"①。因此,1950 年,国家出版总署向各私营书店收回鲁迅著作版权,并在上海成立鲁迅著作编刊社,任命冯雪峰为社长兼总编辑,主持十卷本《鲁迅全集》的编辑出版工作,于 1956—1958 年全部出齐②。为了配合十卷本《鲁迅全集》的编辑出版,外文社在 1956—1960 年也编辑出版了四卷本《鲁迅选集》英译本,并对外发行。这些官方出版行为有力地推动了鲁迅作品的经典化。

由于"鲁迅精神"及鲁迅作品得到官方认可,国内出版机构及学术机构纷纷响应,在中华人民共和国成立之初,鲁迅作品即被赋予了其他中国作家作品难以企及的符号资本,代表官方立场的外文社将其列为首批重点译介对象势在必行。同时,鲁迅作品本身的价值和鲁迅丰富深邃的思想也是其作品被选中译介的重要动因。由此推导出以下运作过程:鲁迅作品译介项目由官方间接发起(因为没有直接指示);外文社实际领导者刘尊棋成为项目发起初始行动者;他把鲁迅作品列入出版选题计划,然后把杨宪益、戴乃迭招进外文社,最后把鲁迅作品确定为外文社的重点译介对象。至此,项目发起行动者网络的构建与运作宣告完成,其构建涉及刘尊棋、杨宪益等人类行动者,也涉及鲁迅作品、"鲁迅精神"等非人类行动者,其运作借助了不同种类资本的转化或转移(如毛泽东认可"鲁迅精神"及鲁迅作品,即是将其领袖地位蕴含的符号资本转移给了后者),也牵涉行动者职业惯习的介入(如杨宪益的译者惯习驱使他加入外文社)。

## 二、选题策划行动者网络构建与运作

由于外文社计划出版鲁迅选集英译本,翻译前需要对具体作品及篇目进行遴选。这就依赖一个"选题策划行动者网络"的构建与运作。该网

---

① 何建明. 毛泽东的文化梦想(来源:人民网—人民日报). (2013-12-26)[2021-9-10]. http://dangshi.people.com.cn/n/2013/1226/c85037-23949127-2.html.

② 详见:张小鼎. 鲁迅著作出版史上的三座丰碑——二十世纪《鲁迅全集》三大版本纪实. 出版史料, 2005(2): 111-122.

络的发起人仍是刘尊棋，而选题策划的主要行动者是冯雪峰。冯雪峰是鲁迅晚年的学生和亲密战友，被誉为"熟悉鲁迅著作、了解鲁迅思想的'通人'"①。冯雪峰担任鲁迅著作编刊社社长后，1951年春又被任命为人民文学出版社社长兼总编辑；翌年7月，鲁迅著作编刊社迁来北京，并入人民文学出版社，继续开展《鲁迅全集》编辑出版工作②。与此同时，外文出版社改组完成，国家机构文学外译项目正式启动，作为"鲁迅晚年的学生和亲密战友"和鲁迅著作及思想的"通人"，即因其拥有的特殊文化资本，冯雪峰被招进选题策划行动者网络中。刘尊棋把他招来担任选题策划专家，实际上依赖了社会资本的运作：刘尊棋任国际新闻局副局长时，已把李荒芜招来任中文编辑③；杨宪益进入外文社后，刘尊棋即让他与李荒芜合作选定译介图书；随后，刘尊棋经李荒芜的推荐临时"招募"了冯雪峰，而杨宪益也通过李荒芜的介绍认识了冯雪峰④。由此可见，李荒芜不仅参与了选题策划，而且是网络中一个重要链接点。

关于四卷本《鲁迅选集》的选题过程，杨宪益在1994年雷音采访他时回忆道：

> 我和冯雪峰两个人商量，拟选题，出四卷本的《鲁迅选集》。（拟选入）第一卷（的）都是早期作品，包括《野草》《呐喊》《彷徨》《朝花夕拾》，还有（其他）短篇小说。（拟选入）后三本（的）都是杂文，因为他（冯雪峰）认为鲁迅的杂文更有价值。我们两个人同意了后三本都用杂文。选哪一篇去掉哪一篇都是由冯雪峰跟我每天下午一块儿商量，定了全部。⑤

---

① 张小鼎. 鲁迅著作出版史上的三座丰碑——二十世纪《鲁迅全集》三大版本纪实. 出版史料，2005(2)：115.
② 张小鼎. 鲁迅著作出版史上的三座丰碑——二十世纪《鲁迅全集》三大版本纪实. 出版史料，2005(2)：115.
③ 李荒芜早年毕业于北京大学，曾任国际新闻局编辑、外文出版社图书编辑部主任。杨宪益说他"中文英文都很不错"，并曾与他合作选定外文社对外译介的图书书目. 详见：雷音. 杨宪益传. 香港：明报出版社，2007：185.
④ 雷音. 杨宪益传. 香港：明报出版社，2007：186.
⑤ 雷音. 杨宪益传. 香港：明报出版社，2007：186.

杨宪益在自传中也提到:"1954 年,我经人介绍认识了鲁迅生前好友、共产党员作家冯雪峰","随后与他一起拟定鲁迅作品翻译选题";"我非常喜欢他。他性格温和,又充满热情,是一位道德高尚的人"①。由于刘尊棋对他充分信任,杨宪益全面参与了四卷本《鲁迅选集》的选题工作,但他更喜欢的是鲁迅小说和散文诗(曾"试验着翻译"《阿 Q 正传》和《野草》),同时,"冯雪峰认为鲁迅的杂文更有价值"这句话表明他并不完全认同冯雪峰的观点。由此可以推断:"非常喜欢他"的杨宪益有保留地同意了冯雪峰提出的"后三本都用杂文"的选题建议。杨宪益没有提到刘尊棋及外文社对该选题方案的意见,但后来出版的四卷本《鲁迅选集》的目录显示,冯雪峰的方案基本上被全部采纳。至此,选题策划行动者网络的构建与运作宣告完成,其运作同样依赖资本和惯习,兹不赘述。

雷音指出:用今天的眼光看,四卷本《鲁迅选集》的选题"有过分强调鲁迅后期杂文而忽略其前期作品的缺陷"②。事实上,鲁迅作品域外传播与接受史表明,鲁迅杂文在英语世界的受欢迎程度远不及其小说,也比不上其散文、散文诗和旧体诗。杨宪益对此应该有所了解,因此雷音所言其实也代表了晚年杨宪益的观点,从中我们感受到了杨宪益对自己缺乏翻译选题自主权的无奈。

司马长风认为,鲁迅加入"左联"后创作的杂文,"不但受所载之道的支配,并且要服从战斗的号令,经常披盔带甲,冲锋陷阵,写的全是'投枪'和'匕首',遂与纯文学的创作不大相干了"③。那么冯雪峰为何看重文学价值不高的鲁迅后期杂文?倪秀华指出,鲁迅后期杂文大多包含揭露国民党的黑暗统治,批驳反动文人,支持中国共产党等内容④。这些内容正

① Yang, X. Y. *White Tiger: An Autobiography of Yang Xianyi*. Hong Kong: The Chinese University of Hong Kong Press, 2002: 188.
② 雷音. 杨宪益传. 香港:明报出版社, 2007: 186.
③ 转引自:朱德发,韩之友. 前言//鲁迅. 鲁迅选集:杂文卷. 济南:山东文艺出版社, 1990: 2-3.
④ 马士奎,倪秀华. 塑造自我文化形象——中国对外文学翻译研究. 北京:中国人民大学出版社, 2017: 164-165.

是"向着敌人冲锋陷阵"的"鲁迅精神"最好的表征，而鲁迅小说、散文及散文诗的"战斗力"就弱得多了。由此看来，冯雪峰在选题策划时主要站在官方立场上，而不是纯粹基于其文学偏好；他对鲁迅杂文的偏重清楚地表明，外文社开展文学外译的主要目的是借助于作品译介，首先塑造鲁迅伟大思想家和伟大革命家的形象，其次才是伟大文学家的形象。通过这种方式呈现在西方读者面前的鲁迅成了连接五四运动以来的民主革命和中国共产党领导的社会主义革命的桥梁①，在一定程度上取得了预期的外宣效果。

综上所述，外文社发起鲁迅作品英译项目的过程包括两个阶段，分别通过项目发起行动者网络和选题策划行动者网络的构建与运作来完成。该译介项目实际上是由官方间接发起，由外文社具体实施的。外文社成立后，刘尊棋发起鲁迅作品英译项目，通过招募李荒芜和杨宪益、戴乃迭，顺利完成了项目发起行动者网络的构建与运作。随后，刘尊棋又通过李荒芜临时招募了冯雪峰，并指定杨宪益与冯雪峰一起拟定选题及具体篇目。冯雪峰偏重鲁迅杂文的选题方案更能达到文学外译的外宣目的，因而被外文社采纳。这个选题方案确立了 20 世纪 50—70 年代外文社对外译介鲁迅作品的基本格局及各文类的比重，深刻影响了鲁迅作品在西方的传播和接受，尤其最受西方读者关注和欢迎的鲁迅小说译介篇目一直偏少（截至 70 年代末仅有 18 篇），难以满足目标文化的需要。这是国家机构"文学输出"的运作机制决定的，即在翻译选材上往往强调"以我为主"②。

## 第五节　杨译本翻译生产过程分析

鉴于译本面貌和风格受翻译和编辑过程影响，本节分析杨译本的翻

---

① 马士奎,倪秀华. 塑造自我文化形象——中国对外文学翻译研究. 北京：中国人民大学出版社，2017：164-167.

② 江帆. 中国大陆与台湾文学对外译介模式对比研究. 翻译季刊，2013(69)：89-91.

译生产过程。但因目前缺乏第一手资料,以下分析的某些部分难免有推论的性质。

从选题、原稿编辑加工到翻译、译文审读及定稿、出版发行,外文社翻译出版的外文书刊都有一套严格的内部程序和规范①。在选题、编辑方面,总括而言就是忠实执行国家外宣政策,积极宣传新中国并维护其正面形象,外宣目标高于一切,个人必须无条件服从机构利益,因此个体自主权往往受限。起初由于刘尊棋对他的尊重和信任,杨宪益参与了鲁迅作品的选题策划,但此后很少参与选题,成了纯粹的"翻译匠",直到 1980 年任英文杂志《中国文学》副主编后,才有机会重新参与选题策划及编辑工作。

选题确定后,图书编辑部根据上级主管部门制定的指导方针对原作进行编辑,重点是对不适合对外宣传的内容进行删改加工,"以确保外文社出版物在国外发行后不会给中国带来负面形象"②。倪秀华指出,这些内容大致上包括两类,一是"过分荒淫或恐怖"的文字,二是"歪曲英雄人物和劳动人民的内容",甚至包括作品人物不文明、不雅的言语或行为③。笔者在杨译本中发现了多处"增调"和"降调"处理现象(详见第六节),尽管它们更有可能是译者的翻译决策造成的,但中文编辑对鲁迅作品一定很重视,会小心审查原作的内容,这对译本面貌的影响不容忽视。

被编辑加工过的中文底本被送往翻译组,由组长安排专人翻译,一般会指定国内译者译出初稿。翻译环节同样有一套严格的操作规范。1954年外文社制订的"翻译守则"明确规定,要以"信达雅"为翻译原则。1964年外文局出台的有关规定也指出:"译文必须忠实于原文,必须是流畅的

---

① 详见:马士奎,倪秀华. 塑造自我文化形象——中国对外文学翻译研究. 北京:中国人民大学出版社,2017:145-152. 江帆. 中国大陆与台湾文学对外译介模式对比研究. 翻译季刊,2013(69):66-116.

② McDougall, B. S. *Translation Zones in Modern China: Authoritarian Command versus Gift Exchange*. Amherst, NY: Cambria Press, 2011:68, 73.

③ 马士奎,倪秀华. 塑造自我文化形象——中国对外文学翻译研究. 北京:中国人民大学出版社,2017:146.

外文,还必须译什么像什么。"①"忠实于原文"一直是外文局及外文社严格执行的翻译规范,对本机构所有翻译人员都有约束力,但这里所说的"原文"实际上是已被编辑审查过的中文底本。杨宪益虽在选题和翻译方面有一定自主权,但他作为外文社工作人员,自然也必须遵守机构内部规范。译者对机构规范的遵守久而久之会内化成其惯习,即对现行规范主动或被动的顺从(详见第一节)。

外文社对译稿润色、定稿及清样校对等也有严格的内部规范:译文初稿要交给指定的"外国专家"进行润色,以保证译文通顺可读;在译文定稿阶段,一般由国内资深译者负责校对,重点核对译文是否忠实于原文,同时也为了防止有的外国专家出于个人观点或政治意识形态在内容上"做手脚";终稿被批准后,由外文局附属印刷厂排出清样,清样须经国内资深译者或外国专家校对后才安排印刷出版,最后通过外文局下属的国际书店对外发行②。由于杨宪益是社内翻译能力最强、声望最高的译者,而戴乃迭本身就是"外国专家",他们的译稿一般不需要由他人来校对定稿。

在外文社这个特殊的工作环境中(可视为一个自足的翻译场),选题策划者、中文编辑、初稿翻译者、外国专家、定稿专家、清样校对者等核心行动者共同构建了一个"翻译生产行动者网络"。这些行动者不仅仅是分工协作的关系,更是一种相互监督的工作关系。

杨、戴在外文社合作翻译的方式如下:由杨宪益对着原稿斟酌推敲文字后口译成英文,戴乃迭用打字机快速打出译文,然后对译文初稿进行修改润色,花费的时间往往比杨宪益口译原稿多三倍,因为她既要修改润色译稿,还要对照中文原稿进行校对。一旦发现译文中有问题或需要改进

① 转引自:马士奎,倪秀华. 塑造自我文化形象——中国对外文学翻译研究. 北京:
   中国人民大学出版社,2017:147.
② 详见:马士奎,倪秀华. 塑造自我文化形象——中国对外文学翻译研究. 北京:中
   国人民大学出版社,2017:147-149. McDougall, B. S. *Translation Zones in
   Modern China:Authoritarian Command versus Gift Exchange*. Amherst,NY:
   Cambria Press, 2011:77-81.

的地方,戴乃迭会和杨宪益当面讨论,经反复推敲并修改润色后才定稿①。杨、戴这对夫妻搭档被认为是较理想的"译者模式",因为杨宪益不仅古典文学功底深厚,而且作为浸淫于中国文学传统和文化的本土译者,他对原著理解深透,且了解西方文化,而戴乃迭的英语语感更好,更了解英语读者的阅读情趣和习惯,因此从理论上说他们的译文能做到既忠实又通顺。杨宪益在一次访谈中提到,他和戴乃迭是夫妻,且各自精通中文和英文,因此他们"一直合作得很好";在意见不一致的情况下,他们"会相互商量,直到达成一致意见";但如果对原文的理解有分歧,戴乃迭一般会接受他的意见,因为他对原文的理解更有把握②。至于英文表达上的水平,杨宪益指出:"她的英文应该是比我好,毕竟她是英国人,小时候在中学也是一个好学生,从小就读许多莎士比亚(作品)。我们刚刚开始中翻英的时候,那时她的中文还不行。我就先翻译初稿,她给我改改,加加工。我们两个人在翻译上的合作都是这个样子,后来一直都是这个模式。"③显然,杨、戴在外文社合作翻译鲁迅作品采用的正是以上方式。可以推断,在原文理解方面,一般由杨宪益把关并做最后决定,在翻译策略运用和译文表达方面,则由两人反复讨论和推敲后达成一致意见并定稿。这种合作翻译的方式必然影响杨译本的面貌和风格(参见第六节)。

## 第六节　杨译本质量、特色及翻译策略

### 一、译本描述

在现有的鲁迅小说重要英译本中,包括 2009 年企鹅版蓝诗玲译本④,

① 雷音. 杨宪益传. 香港:明报出版社,2007:333.

② Qian,D. X. & Almberg,E. S-P. Interview with Yang Xianyi. *Translation Review*,2001(62):22.

③ 蒯乐昊. "他们不是死了,就是病得比我还厉害"——对话杨宪益. 南方人物周刊,2009(31):69.

④ 蓝译本有不少误译或不确之处,且译文风格趋向"华丽"。详见:汪宝荣. 鲁迅小说英译面面观:蓝诗玲访谈录. 编译论<u>丛</u>,2013(1):163-167.

杨译本是最准确可靠的,这是它最为人称道的特点。所谓"准确可靠"当然是相对于其他译本而言的。寇志明在比较《〈呐喊〉自序》译文片段后指出,杨译本和蓝译本都有"对鲁迅复杂的思想和措辞过分简单化因而有时歪曲作者本意"的问题①。但即便如此,杨译本仍比蓝译本准确可靠得多。在钱多秀对他的访谈中,杨宪益指出:"当鲁迅用反讽手法写作时,我会设法使自己的译文也有反讽味道;当鲁迅用'曲笔'写作时,我会努力用模糊的语言将其再现出来。"钱多秀问道:"鲁迅以文字'简练犀利'著称,尤其喜欢用音节少的简单词语,您是如何做到保留鲁迅的这种独特风格的?"杨宪益回答:"在翻译鲁迅作品时,我们会在几个同义词中选用最简单的词。我们的翻译风格大致如此。但有的译者可能喜欢用音节多的大词,那样他们的风格就会比较华丽。……一个优秀的译者应尽其所能保留原作的风格,但这在一定程度上才能做到,因为风格是不能完全翻译的。"②

杨译本总体上有以下特色:(1)力求忠于原文,甚至偏于直译,很少删削或增益,误译或漏译也很少见,相当忠实准确;(2)用词简洁,句式简单,句法形式上贴近鲁迅的写作风格;(3)译文大体上通顺可读,但因偏于直译,且用20世纪40年代的英式英语翻译,今天的读者读起来会觉得略显沉闷、生硬。寇志明指出:"有的英语读者抱怨杨译本读来生硬。"③美国汉学家邓腾克(K. A. Denton)也指出:"杨译本因其精确流畅而广受赞誉。……但长期以来,读者对杨氏夫妇生硬拘谨的译文语言表示失望,他们的英式英语译文使美国读者更加疏远了原本就让他们觉得陌生的鲁迅小说。"④戴乃迭亦承认:霍克斯翻译《红楼梦》时的创造性比他们大得多,"我们的翻译有些呆板迂腐(rather pedantic),读者不喜欢看,因为我们偏

① Kowallis, J. E. On translating Lu Xun's fiction. *Studia Orientalia Slovaca*, 2012, 11(2): 209.

② Qian, D. X. & Almberg, E. S-P. Interview with Yang Xianyi. *Translation Review*, 2001(62): 21.

③ Kowallis, J. Review of *Diary of a Madman and Other Stories*. *The China Quarterly*, 1994(137): 283-284.

④ Denton, K. A. Review of *Diary of a Madman and Other Stories*. *Chinese Literature: Essays, Articles, Reviews*(*CLEAR*), 1993, 15: 174-176.

于直译"①。有意思的是,霍克斯对《儒林外史》杨译本②的评价可不低:
"这部译作虽有点沉闷,但英文准确、地道、清楚易懂,定会被视为外文社
这个了不起的翻译工厂出品的较成功的一部译作。"③霍克斯的评论应该
是慎重的,也是公允的,且与笔者对鲁迅小说杨译本的描述基本一致。不
过,霍克斯读到的是他习惯的英式英语,因此,虽感觉译文"有点沉闷",却
仍认为这是一部成功的译作。

    这里仅举一例以管窥杨译本的上述特点。《祝福》中有这样一句:"冬
季日短,又是雪天,夜色早已笼罩了全市镇。"该句子短小简练,尤其"冬季
日短""又是雪天"读来有文言文的余韵,是鲁迅小说写作的一大特色。
杨、戴将该句译作:"Winter days are short, and because it was snowing
darkness had already enveloped the whole town."④其译文几乎是逐词
直译,不仅非常准确,而且贴近原作句子短小精悍的风格,尽管读起来的
确有些生硬拘谨。而蓝诗玲把上句缩译为:"Another snowy winter's
night fell early over the town."⑤相比之下,蓝译确实通顺流畅得多,读
起来很舒服,但蓝诗玲不仅删去了"冬季日短",而且把"冬季""雪天""夜
色"这三个本来独立的意象合并成一个名词短语——"Another snowy
winter's night",由此改变了原作的风格⑥。

<hr>

① Henderson, K. R. The wrong side of a Turkish tapestry. *Hemisphere*, 1980, 25
(1): 34.
② Wu, C.-T. *The Scholars*. Yang, H. Y. & Yang, G. (trans.). Peking: Foreign
Languages Press, 1957.
③ Hawkes, D. Told over the tea-cups. *The Times Literary Supplement*, 1958
(2939): 364.
④ Lu, X. *The Complete Stories of Lu Xun: Call to Arms and Wandering*. Yang,
X. Y. & Yang, G. (trans.). Bloomington: Indiana University Press; Beijing:
Foreign Languages Press, 1981: 158.
⑤ Lu, X. *The Real Story of Ah-Q and Other Tales of China: The Complete Fiction
of Lu Xun*. Lovell, J. (trans.). London & New York: Penguin Books, 2009:
166.
⑥ 详见:汪宝荣. 鲁迅小说英译面面观:蓝诗玲访谈录. 编译论丛, 2013(1): 163-
167.

上文曾指出，"忠实于原文"是外文社的翻译规范，也是杨、戴恪守的翻译原则。有趣的是，杨译本中不严格遵循该原则的做法着实不少，以下是三种较典型的情况：

其一，时常用归化法或意译法处理中国文化专有词。例如，"地保"（bailiff）、"赵太爷"（Mr. Zhao）、"监生"（Imperial Academy licentiate）、"拔贡"（senior licentiate）等称谓词；"土谷祠"（the Tutelary God's Temple）、"赛神节"（the Festival of the Gods）等反映民间信仰的词语；把历史典故"塞翁失马，安知非福"归化翻译为"Misfortune may prove a blessing in disguise"（p. 74）①，把习语"一日不见，如隔三秋"意译为"It was greatly changed"（p. 240）②，等等。相较于直译法，以上译文更容易被英语读者理解和接受，但往往会造成文化联想义的改变甚至扭曲。

其二，未能忠实保留或再现鲁迅小说文白夹杂的语言风格。20 世纪 70 年代以来，西方学者日益注重鲁迅小说的文学性，包括其文白并置的风格，进而强调译者应设法再现这一特征。华裔学者陈玛丽认为："鲁迅把白话嫁接到文言中，并运用这种杂合文体创作了杰构。"③邓腾克批评道：杨译本的读者无从知道《狂人日记》的序是鲁迅有意用文言写成的④；寇志明也指出："杨氏夫妇没有设法使读者感受到《狂人日记》的序与小说其他部分在风格和语言上的差异。"⑤杨译未能再现原作文白夹杂的风格，不是由于译者能力有欠缺，而是对风格再现有所疏忽。这个缺憾直到莱尔译本问世才得以弥补，蓝译本则沿用了莱尔的做法。

其三，有时出现增调或降调处理的现象。例如，《药》的第三节描写茶

---

① 比较王际真的异化译文："Who knows that it is not a blessing for the Tartar to have lost his horse?"（p. 85）

② 比较王际真的直译："An absence of one day is like three autumns."（p. 141）

③ Chan，M. Chinese wasteland：Review of *Silent China*．NOVEL：*A Forum on Fiction*，1975，8（3）：270-271．

④ Denton，K. A. Review of *Diary of a Madman and Other Stories*．*Chinese Literature：Essays，Articles，Reviews*（CLEAR），1993，15：175．

⑤ Kowallis，J. Review：Interpreting Lu Xun．*Chinese Literature：Essays，Articles，Reviews*（CLEAR），1996，18：161-162．

馆闲人在谈论被处极刑的革命者夏瑜时,用"小家伙""小东西""这种东西""不成东西""贱骨头"等指称他。除了"贱骨头"的贬义色彩较重,其他指称词的含义基本上都是中性的,至多表达了说话人的轻蔑语气。有趣的是,杨译本把它们分别增调翻译成"young rascal""the rogue""real scoundrel""the rotter""wretch"(pp. 24-25),即指"流氓""无赖""恶棍"等贬义色彩强烈的英文词。另外,对原文中粗俗、不堪入耳的詈辞,杨译有时做降调处理,如《离婚》中"骂人的好手"爱姑怒斥其无良丈夫:"那个'娘滥十十万人生'的叫你'逃生子'?""他那里有好声好气呵,开口'贱胎',闭口'娘杀'。"其中三个指涉性行为的绍兴方言詈辞"娘滥十十万人生的""贱胎""娘杀",被分别淡化处理为"the devil"(表示吃惊或恼怒的强调词)、"slut"(娼妓)、"bitch"(荡妇)(p. 293)。[①]

以上分析表明:杨、戴总体上偏重直译和异化翻译,同时并不摒弃意译和归化翻译;运用直译法并不限于原作内容,也包括尽量保留原作的形式和风格;他们不是不加变通地坚持"直译至上",而是在确保译文准确的基础上,兼顾通顺流畅和可接受性,考虑英语读者能否接受。杨、戴是国家外宣机构专职译者,受制于机构规范,可以说他们走的是"机构翻译"的路子。

## 二、译本解释

基于以上译本描述与分析,本小节尝试对其质量、特色及翻译策略做出解释。

首先是总体上偏重直译和异化翻译。这至少有三方面原因:一是机构翻译规范的制约。"忠实于原文"是外文社的翻译规范,作为专职翻译的杨、戴必然受其约束,翻译自主权及自由度较小。戴乃迭曾说:"长期以来我们一直受过去工作环境的限制,因此我们的翻译比较拘泥于原文,缺

---

① 详见:汪宝荣,潘汉光.《离婚》中绍兴方言词翻译规范探析.绍兴文理学院学报,2007(6):68-73.

少趣味。即便到了今天，我们还是深受过去生活经历的束缚。"①有学者指出，外文社的出版物代表官方立场和国家形象，因此译者不能有太多发挥的余地，通常只能对原文亦步亦趋。二是当时国内政治大气候的影响。中华人民共和国成立后，鲁迅著作因官方的重视而促进了经典化进程，在国人心目中享有崇高乃至神圣的地位。在当时的社会背景下，对杨、戴来说，采取"偏于直译"的策略是最好的选择。三是偏重直译这一国内翻译传统的影响。从"五四"开始，国内主流翻译规范（一般指外译中）逐渐倾向直译。尽管杨氏夫妇从事的是汉译英，但鲁迅作品外译是由出发文化发起的，因此很有必要遵守源语系统的各种规范，包括"偏重直译"的翻译传统。总之，杨译本偏重直译主要是国家机构文学外译的运作机制和模式决定的。

其次是归化翻译或意译某些中国文化专有词。第一节指出，目标文化取向、读者意识明晰的戴乃迭倾向于采用归化翻译和意译，她在译稿修订润色过程中与杨宪益商量、争论，最后达成了折中方案，适当增加了意译和归化翻译的比重。另外，翻译这些词很棘手，有的甚至几乎不可译，所以杨、戴只好"得意舍形"，以便英语读者理解和接受。

再次是译文读来略显沉闷生硬②。这主要是杨宪益"偏于直译"及口述译文的做法造成的，但还牵涉两个原因：一是目标读者难以确定。外文社主观上希望能在全球尤其西方发行其外文图书，尽量扩大其外宣效果，但实际上大部分图书销往亚非拉国家和地区③。戴乃迭指出："我们不仅为美国人或澳大利亚人做翻译，也为亚非国家懂英语的读者而工作，所以

---

① Henderson，K. R. The wrong side of a Turkish tapestry. *Hemisphere*，1980，25（1）：34.

② 蓝诗玲指出：不同读者对同一个译本的阅读感受不同；在她看来，杨氏夫妇的译笔及英文"古典味稍浓"，但"今天读来仍然很不错。"详见：汪宝荣. 鲁迅小说英译面面观：蓝诗玲访谈录. 编译论丛，2013(1)：161-162.

③ 马士奎，倪秀华. 塑造自我文化形象——中国对外文学翻译研究. 北京：中国人民大学出版社，2017：149.

我们不知道我们的读者究竟是谁。"①这就使译者不能准确把握读者类型(普通读者或专业读者),选用译文语言时就没有针对性,因而采用了平稳却不够灵动的译文语言。二是戴乃迭的英文未能及时更新。在杨、戴合作模式下,译文通顺程度与可读性主要取决于戴乃迭的英文素养。但她于1940年来到中国后,一直生活在非母语环境中,到了1961年才有机会回英国探亲②,这对其英语的更新及提高颇为不利。译者的母语必须与时俱进,不断更新,才能保持鲜活;如果译者本身的英文陈旧过时,新一代读者就会觉得其译文语言刻板生硬。

最后是某些增调或降调处理现象。笔者不能确定这是中文编辑事先修改了原文还是译者自主选择造成的,但两者无疑都受到了机构规范的约束。③

综上所述,在严格遵守外宣原则、竭力维护新中国形象的外宣机构环境中,编辑和译者都必须严格遵守机构规范,为此可以适当牺牲译文的通顺可读性并做出增调、降调或省译处理。从理论上说,杨译本能做到既忠实又通顺,但因严重受制于国家外宣机构文学外译模式及内部规范,同时受到了合译方式及译者母语的影响④,实际上其忠实或通顺都不是完美的。

## 第七节 杨译本在英语世界的传播与接受

鲁迅小说杨译本是国家外宣机构发起并资助、外文出版社出版模式

---

① Henderson,K. R. The wrong side of a Turkish tapestry. *Hemisphere*,1980,25 (1):36.

② 详见:雷音. 杨宪益传. 香港:明报出版社,2007:239-240.

③ 详见:汪宝荣. 异域的体验——鲁迅小说中绍兴地域文化英译传播研究. 杭州:浙江大学出版社,2015:57-58.

④ 李德凤等指出,《红楼梦》杨译本的平均句长比霍克斯译本短得多,因为杨宪益用英语口述,翻译时又"受到其母语的干扰"。Li, D. F., Zhang, C. L. & Liu, K. L. Translation style and ideology:A corpus-assisted analysis of two English translations of *Hongloumeng*. *Literary and Linguistic Computing*,2011,26(2):163-164.

下的典型个案，具有该模式早期运作方式的一般特点，包括贯彻"宣传新中国"的原则，执行"忠实于原文"的翻译规范，坚持采用"内产外销"模式等①，且很长时间内主要依靠西方左派或进步书店代销发行②，因此难以进入英美主流图书流通渠道。同时，它又具有特殊性：在 20 世纪 50—70 年代的英美，一个以专业读者群和左翼读者群为主体的小众市场已经到位，而市场上缺乏有竞争力的鲁迅作品英译本，因此杨译本有一个较有利的接受环境。在此背景下，杨译本在英语世界的传播与接受必然收获与受挫并存。本节从三方面梳理鲁迅小说杨译本在英语世界的接受，并对其传播过程进行分析。

## 一、杨译本在英语世界的接受

### （一）再版重印及全球馆藏量

第二节版本梳理表明，20 世纪 50—80 年代外文社再版、重印最多的是四卷本《鲁迅选集》和 1960 年版《鲁迅小说选》。从同期英美再版、重印情况看，最受关注和欢迎的也是这两个版本：四卷本《鲁迅选集》曾被纽约卡梅伦出版公司（1959 年）和英国牛津大学出版社（1973 年）再版；《鲁迅小说选》1972 年再版本被美国诺顿出版公司至少再版两次（1977、2003 年）；1994 年，美国旧金山中国书刊社也再版了这本书。此外，1981 年印第安纳大学出版社与外文社合作出版了《鲁迅小说全集》。牛津大学、诺顿及印第安纳大学再版杨译本均发生在中美关系改善之后，表明政治因素及两国关系深刻影响了鲁迅作品在英美的接受。

基于上述出版机构的性质、规模和运作方式可以推断：杨译本基本上难以进入英美主流图书流通市场，受众面比较有限。外文社一度把文学外译当作迂回宣传新中国的手段，容易引起英美普通受众的冷待和反感。

---

① 江帆. 中国大陆与台湾文学对外译介模式对比研究. 翻译季刊，2013（69）：75-79.

② 详见：何明星. 新中国书刊海外发行传播六十年. 北京：中国书籍出版社，2010：149-157.

大学出版社"没有足够的资源展开图书促销"①,因此其出版物主要在专业读者及图书馆中流通。卡梅伦出版公司是一家左翼的小规模出版社,其图书主要限于在美国的左翼读者群中流通。中国书刊社原为一家"红色书店",由美国共产党党员诺伊斯(H. Noyes)在 1960 年创办②。"创办之初仅为家庭型小企业",20 世纪 80 年代初开始以"中国书刊社"名义出版图书,后来发展成为股份公司,曾在旧金山、纽约、芝加哥等地开设零售书店,是中国国际书店英文书刊全美总代理,但其市场覆盖范围有限,买主主要包括学中文的人、教中文的老师和图书馆资料员③。2002 年前,外文局的英文书刊主要委托中国书刊社在美国发行,没有属于自己的"进入美国主流图书市场的专有渠道",因此之前外文社图书基本上"只能在华人圈子里转"④。诺顿创办于 1923 年,以出版"诺顿英国文学文集"系列享誉英美⑤。作为历史悠久的小型商业出版社,诺顿出版的图书能进入主流图书流通渠道,但因主营教育类图书,其出版物的主要受众是专业读者。

综上,杨译本主要在英美专业读者及左翼读者和华人圈子里流通,满足了一个小众市场的需要。同时,以"准确可靠"见长的杨译本特别适合学术性用途及用作转译的底本。戈宝权指出,很多国家翻译鲁迅作品多以杨译本为蓝本进行转译⑥。外文社对外发行的四卷本《鲁迅选集》,因其"精练的选题和准确的译笔,成为欧美各大学中文学生至今沿用不衰的教

---

① Hsia, C. T. *C. T. Hsia on Chinese Literature*. New York: Columbia University Press, 2004: 8.

② 何明星. 从传教士教育家到红色书店的掌门——一个美国家族四代人与中国的一个半世纪. 南风窗, 2010(21): 90-91.

③ 何明星. 新中国书刊海外发行传播六十年. 北京: 中国书籍出版社, 2010: 173-174.

④ 张翠侠. 中国外文局率先"走出去" 初建美国出版本土化平台. 中国图书商报, 2006-08-22(6).

⑤ 参见诺顿官网: https://en. wikipedia. org/wiki/W._W._Norton_&_Company. (2018-12-26)[2019-01-24].

⑥ 戈宝权.《阿 Q 正传》在国外. 北京: 人民文学出版社, 1981: 29.

科书"①；"迄今仍是海外中文教学与中国文化研究者的必备书"②；成为 20
世纪 50—80 年代"在美国学术界和教育领域流通的主要译本"③。

从全球馆藏量看，截至 2017 年 2 月，排名第一的是 1960 年初版的《鲁
迅小说选》，1960、1963、1969、1972 年版全球馆藏量分别为 53、87、26、444
家；排名第二的是 1981 年版《鲁迅小说全集》(323 家)；排在第三位的是
1956 年初版的《鲁迅选集》第一卷，1956、1964、1980 年三版共有 287 家图
书馆收藏。以上数据均大于王际真译本的全球馆藏量(187 家)，既表明杨
译本在全球图书馆系统的流通有更好的表现，也说明 20 世纪 60 年代之
后随着中国现代文学及鲁迅研究在西方的兴起与发展，对鲁迅作品英译
本的需求在不断增长。此外，1972 年版《鲁迅小说选》全球馆藏量猛增到
444 家，很大程度上得益于中美关系的改善及正常化。最后，1973 年的牛
津大学版《无声的中国：鲁迅作品选》全球有 496 家图书馆收藏，或许表明
英美读者更容易接受本土学术出版社出版的鲁迅作品。

(二)国际学术场域的认可

被文学作品选集收录和学术文献引用是衡量译作是否获得学术认
可的一个重要指标。詹纳尔指出：杨、戴在中国文学英译领域做出的贡
献"很少有人能望其项背"，在 20 世纪七八十年代，"有关学者发表的英
语论文讨论最多的鲁迅作品都是他们翻译的，这难道只是巧合吗？……
但英语国家的汉学家又有几人对他们出色的翻译表示过感谢？"④最近
有学者梳理了杨译本被重要英文论著参考引用和被重要选集收录的

①  雷音. 杨宪益传. 香港：明报出版社，2007：186.
②  李晶. 鲁迅在英文世界中的传播. 文汇报，2016-10-17(W01).
③  张奂瑶. 鲁迅小说英译本在美国的接受研究——以王际真译本、杨氏夫妇译本和
   莱尔译本为例. 北京第二外国语学院学报，2018(5)：84.
④  Jenner，W. J. F. Insuperable barriers? Some thoughts on the reception of
   Chinese writing in English translation. In Goldblatt，H.(ed.). *Worlds Apart：
   Recent Chinese Writing and Its Audiences*. Armonk，N. Y.：M. E. Sharpe，
   1990：188.

情况①,此处不再复述。这里补充几条较重要的文献信息:一是韩南重点引用了外文社版四卷本《鲁迅选集》第一卷,并指出杨译本较为可靠②;二是钦纳里多次提及外文社 1956 年版《鲁迅选集》第一卷,并引用了杨译《〈呐喊〉自序》和《狂人日记》③,表明杨译本一出版就引起了英语世界学者的关注;三是鉴于杨、戴是"中国古典和现代文学的权威翻译家"④,刘绍铭、夏志清、李欧梵合编的《中国现代中短篇小说选》⑤收入《孔乙己》《药》《祝福》《故乡》《肥皂》《在酒楼上》6 篇鲁迅小说,均采用杨、戴译文,表明三位编者对杨译本质量的认可;四是邓腾克在编辑《中国旅游文学指南》时选用了《故乡》杨译本⑥,表明杨译本至今仍被美国学术界普遍认可。

学术认可还体现为国际知名学者对杨译本的交口赞誉。例如,美国鲁迅研究专家莱尔指出,杨、戴合译的四卷本《鲁迅选集》是"用英语系统介绍鲁迅作品的首次尝试"⑦,并曾满怀信心地预测,"百年之后,《呐喊》《彷徨》这两本薄薄的集子,有可能作为 20 世纪的经典作品而被广泛传阅",同时指出他撰写《鲁迅的现实观》时重点引用了外文社四卷本《鲁迅

① 张奂瑶. 鲁迅小说英译本在美国的接受研究——以王际真译本、杨氏夫妇译本和莱尔译本为例. 北京第二外国语学院学报,2018(5):91;魏家海. 鲁迅小说杨译本在美国的传播与接受. 燕山大学学报(哲学社科版),2019(4):17-25.

② Hanan,P. The technique of Lu Hsün's fiction. *Harvard Journal of Asiatic Studies*,1974,34:53-96.

③ Chinnery,J. D. The influence of Western literature on Lu Xun's "Diary of a madman". *Bulletin of the School of Oriental and African Studies*,*University of London*,1960,23(2):309-322.

④ 夏志清. 王际真和乔志高的中国文学翻译. 董诗顶,译. 现代中文学刊,2011(1):97.

⑤ Lau,J. S. M.,Hsia,C. T. & Lee,L. O.-F.(eds.). *Modern Chinese Stories and Novellas*,*1919—1949*. New York:Columbia University Press,1981.

⑥ Lu,X. Hometown. Yang,X. Y. & Yang,G.(trans.). In Denton,K. A.(ed.). *China:A Traveler's Literary Companion*. Berkeley,CA:Whereabouts Press,2008:1-16.

⑦ Lyell,W. A. Introduction. In Lu,X. *Diary of a Madman and Other Stories*. Lyell,W. A.(trans.). Honolulu:University of Hawai'i Press,1990:xlii.

选集》①。其言下之意是:杨译本在 20 世纪 70 年代中期获得了英美学术场域的普遍认可,因而推动了鲁迅小说成为世界文学经典。又如,已故诺贝尔文学奖评委马悦然(N.G. Malmqvist)曾指出:鲁迅在 20 世纪 20 年代就应该进入世界文学的殿堂,可惜当时没有好的翻译家把他的作品翻译成英文;"60 年代杨宪益和他夫人将鲁迅的《呐喊》和《彷徨》译成英文,翻得好,但太迟了"②。

### (三)英文书评

以下基于英文书评考察英美精英读者对杨译本的评价与接受。先对书评进行总体梳理(见表 2),并比较不同版本的传播影响力。

表 2  杨译本四种版本英文书评一览

| 序号 | 书评人 | 发表刊物及时间 | 刊物所在地 | 备注 |
|---|---|---|---|---|
| (a)《阿 Q 正传》*The True Story of Ah Q*. Peking:FLP, 1953. | | | | |
| 1 | J. B. Hanson-Lowe 汉森-洛伊 | *Meanjin*,June 1955 | 澳大利亚 | 《文艺季刊》,墨尔本大学主办 |
| 2 | J. T. Pratt 普拉特 | *The Times Literary Supplement*, June 11, 1954 | 英国 | 《泰晤士报文学副刊》 |
| 3 | P. Buchanan 布坎南 | *Books Abroad*,Spring, 1954 | 美国 | 《域外图书评论》(《今日世界文学》前身) |
| 4 | W. Locke 洛克 | *Labour Monthly*, Oct. 1954 | 英国 | 《劳工月刊》,英国共产党主办 |
| (b)《鲁迅小说选》*Selected Stories of Lu Hsun*. Peking:FLP, 1954 & 1960. | | | | |
| 1 | W. Locke 洛克 | *Labour Monthly*, Oct. 1954 | 英国 | 《劳工月刊》 |
| 2 | N. Green 格林 | *Labour Monthly*, Oct. 1961 | 英国 | 《劳工月刊》 |

---

① Lyell,W. A. *Lu Hsün's Vision of Reality*. Berkeley:University of California Press,1976:ix,4.

② 马悦然,欧阳江河. 我的心在先秦. 读书,2006(7):9-10. 诺贝尔文学奖只颁给在世的作家——引者注。

续表

| 序号 | 书评人 | 发表刊物及时间 | 刊物所在地 | 备注 |
|---|---|---|---|---|
| (c)《无声的中国：鲁迅作品选》Silent China：Selected Writings of Lu Xun. London & New York：OUP, 1973. | | | | |
| 1 | Marie Chan 陈玛丽 | NOVEL：A Forum on Fiction, Spring, 1975 | 美国 | 《小说论坛》，杜克大学主办 |
| 2 | Cheng Lok Chua (中文姓名不详) | Studies in Short Fiction, Winter, 1976 | 美国 | 《短篇小说研究》，纽伯利学院(Newberry College)主办 |
| 3 | Swan P. Chong (中文姓名不详) | Dalhousie Review, Spring, 1976 | 加拿大 | 《达尔豪斯文学评论》，达尔豪斯大学(Dalhousie University)主办 |
| 4 | M. Lavery 莱弗里 | China Quarterly, Jan.-Mar., 1974 | 英国 | 《中国季刊》，伦敦大学亚非学院主办 |
| 5 | YHH (中文姓名不详) | Sunday Post-Herald, July 28, 1974 | 中国 | 《星期日先驱邮报》在香港发行 |
| (d)《鲁迅小说全集》The Complete Stories of Lu Xun. Bloomington：IUP & Beijing：FLP, 1981. | | | | |
| 1 | R. E. Hegel 何谷理 | World Literature Today, Winter, 1983 | 美国 | 《今日世界文学》 |
| 2 | G. Kearns 卡恩斯 | Hudson Review, Autumn, 1982 | 美国 | 《哈德逊评论》文艺季刊,1947 年创刊 |

## 1. 书评梳理及传播影响力比较

上表列出了笔者所见杨译本四种版本全部英文书评,虽难免有遗漏,但可从中了解英美精英读者的评价,也能反映不同版本的传播影响力。从书评数量及刊物性质看,对牛津大学版《无声的中国:鲁迅作品选》的反应最热烈(共 5 篇),其中 4 篇发表在学术性期刊上,另 1 篇刊于中国香港的主流报纸上。书评反应次之的是外文社 1953 年版《阿 Q 正传》,共有 4 篇,包括英国 2 篇,美国、澳大利亚各 1 篇,其中 3 篇发表在文学专业期刊上,1 篇发表在英国共产党机关刊物《劳工月刊》上。书评反应最小的是外文社 1954 年和 1960 年版《鲁迅小说选》及 1981 年中美合作出版的《鲁迅小说全集》，都仅有 2 篇，其中前者的 2 篇书评均发表在英共机关刊物《劳工月刊》上，后者的 2 篇书评发表在文学专业期刊上。上文指出，从英美再版情况看，最受英美读者关注和欢迎的是外文社 1956—1960 年版四卷本《鲁迅选集》和 1960 年初版、1972 年再版的《鲁迅小说选》。但从书评角度看，前者较少被英美评论者关注，这可能由于其后三卷收入了英美学者不太重视的鲁迅杂文，同时因为《无声的中国：鲁迅作品选》更受关注。《无声的中国：鲁迅作品选》是一部"很有代表性的"鲁迅作品选集①，且由牛津大学出版社出版，无疑更利于被英美读者接受。外文社 1972 年版《鲁迅小说选》的全球馆藏量较大，却不受书评关注，应该也跟评论者更关注牛津大学版本有关。《鲁迅小说全集》是杨译最终版，代表其最高质量和水平，但从书评数量看并未取得很好的传播效果。

以上分析表明：这些书评大多发表在英语国家的学术期刊上，很少见于主流媒体，表明杨译本的传播主要限于专业读者圈；不同版本的传播影响力有明显差异②。外文社 1953 年版《阿 Q 正传》由于作品本身的重要性受到较多书评关注，并迅速成为国际声誉最高的中国现代小说，有着较好的传播影响力。1960 年版《鲁迅小说选》屡经再版再印，表明有较大销量，很受欢迎，而书评却不多，且笔者所见者刊于英共机关刊物《劳工月刊》，这对其传播影响力有一定影响。对 1973 年牛津大学版《无声的中国：鲁迅作品选》的书评反应最热烈，表明其传播影响力大于外文社版本，这一方面得益于牛津大学在英美学术场域享有的声誉，另一方面也跟中美关系开始"解冻"有关。中美合作出版的《鲁迅小说全集》代表了 20 世纪 80 年代之后中国出版界广为认可的一种出版模式，是"中国书刊在新时期走向海外的主要方式"③，但之前英美出版了多种鲁迅小说杨译本，因

---

① 李晶. 鲁迅在英文世界中的传播. 文汇报,2016-10-17(W01).
② 书评自然不能完全反映某个版本的实际传播影响力,有些书的传播影响力要从长远角度来衡量。
③ 何明星. 新中国书刊海外发行传播六十年. 北京：中国书籍出版社,2010：193-194.

而对该版本的评论并不热烈,其传播影响力不及牛津版。

以下考察重要书评对四种版本的评价,并尝试分析对读者接受的潜在影响。

**2. 外文社版《阿 Q 正传》书评**

布坎南(P. Buchanan)在《域外图书评论》①上指出:"《阿 Q 正传》是一篇奇怪的小说。作为中共作家的译者附了一篇长达 23 页的导言②,试图向西方读者证明鲁迅确实遵循了共产主义的基本路线。撇开这篇附录不说,小说逼真地刻画了一个典型的中国内地苦力:他的自暴自弃、奴颜婢膝和恃强凌弱。作为对苦力的篇幅短小的研究或对共产主义式解读的研究,该作品值得一读。"③布坎南没有提到鲁迅之名,而是称其为"20 世纪初的中国作家"。他的观点反映了当时的欧美对新中国外宣的拒斥心理,可以想见该版本的大众读者必然寥寥。

曾在中国生活多年的汉森-洛伊(J. B. Hanson-Lowe)在澳大利亚《文艺季刊》上评论指出:《阿 Q 正传》好比是"好吃但难闻的榴梿",面临着与榴梿相同的困境,马来半岛的英国人说吃榴梿时要戴防毒面具,而《阿 Q 正传》远不及榴梿有名,因此随意拿起这本书的西方读者"看到充斥其间的共产主义色彩的推介文字,马上就会感到不安和气馁"。这些"刺眼"的文字包括:标题页注明这是一家红色中国的出版社,"出版前言"称这是一篇"革命现实主义"小说,冯雪峰"啰唆的评论"反复告诉读者鲁迅写小说的目的是用作"社会斗争的武器",并多次提到"中国人民民主革命和无产阶级"④。由

---

① 1997 年改名为《今日世界文学》,被誉为"国外传播中国当代小说的意见领袖"。参见:姜智芹.《今日世界文学》与当代小说在英语世界的传播. 外国语文,2017(4):82-91.

② 由于该书未署译者名,布坎南把冯雪峰的导言"鲁迅的生平及其思想"误作译者所写。

③ Buchanan, P. Review of *The True Story of Ah Q*. *Books Abroad*, 1954, 28(2): 224-225.

④ 江帆指出:外文社的常规编审行为基于传统的外宣模式,对译本的传播与接受"造成了极大的阻力"。详见:江帆. 文学外译的助力/阻力:外文社红楼梦英译本编辑行为反思. 中国比较文学,2014(1):50-65.

于这些推介文字，"读者有十足的理由把书匆忙放回书架，但那样他就失去了读一部小说杰作的机会，因为《阿Q正传》与共产主义毫无关系"；它"是一部高度原创的小说杰作。……是鲁迅用糅入'严肃的冷幽默'的前后一致的反讽风格写成的。……其主要魅力在于对中国乡村生活和国民性某些方面的逼真描写"①。汉森-洛伊较早肯定了《阿Q正传》的艺术价值，但也指出外文社早期的文学译介模式不利于鲁迅小说在西方的传播和接受。

普拉特(J. T. Pratt)在《泰晤士报文学副刊》上评论指出，鲁迅是中国新文化运动领袖之一，这场运动旨在颠覆伟大的白话小说和戏剧不能进入文学殿堂的陈旧观念；《阿Q正传》的主人公是一个做短工的无业农民，通过描写他的一系列冒险经历，鲁迅"用令人捧腹的方式嘲讽了清帝逊位前后的中国社会，同时通过描写判处阿Q死刑的一场假审判，嘲讽了试图威慑百姓的革命党人"。"这篇小说自1921年发表以来颇享盛名"，并引用冯雪峰的评论指出："鲁迅被誉为现代中国最伟大的短篇小说家和杂文家，中国新文化运动的领导者和发起人，但他重视并沿袭了中华民族的优秀文学传统。"②普拉特重点介绍了《阿Q正传》的创作背景及其社会批评意义，有助于引起专业读者的关注。

### 3. 外文社版《鲁迅小说选》书评

洛克(W. Locke)在《劳工月刊》上评论了外文社1953年版《阿Q正传》和1954年版《鲁迅小说选》。他开篇即引用毛泽东对新文化运动的评论："中国有史以来从未有过如此伟大和彻底的文化革命。"接着指出，"这场反对文言文和儒家教条的运动孕育的文学成果却几乎不为英语世界所知"；"英语读者对鲁迅这位杰出、勇敢的作家又了解多少?"；"我们应该感谢北京外文社为我们带来这些翻译出色、制作精美的重要作品"。鲁迅在一个"吃人的社会"的"黑夜"写作，"用辛辣的讽刺向腐朽的旧社会开战"，

---

① Hanson-Lowe, J. B. Lu Hsun and *The True Story of Ah Q*. *Meanjin*, 1955, 14 (2): 208-217.

② Pratt, J. T. Three Chinese writers. *The Times Literary Supplement*, 1954-06-11 (378).

《狂人日记》"猛烈抨击了封建家族制度",《阿Q正传》"寄寓了鲁迅对穷人的同情和对其缺点的敏锐描绘,因为他们的阶级意识还未开化"①。洛克的这篇书评明显从政治意识形态角度解读和评论鲁迅作品,且发表在英共机关刊物上,应该只能引起英国左翼读者的关注。

格林(N. Green)在《劳工月刊》上开篇指出:"如果你想了解腐败的封建主义和外国的殖民统治对普通民众的影响,就读这18篇描写中国人的动人故事吧";"鲁迅被誉为中国'社会主义文学的奠基人',这本书只是其伟大的文学遗产的一部分"。格林评论道:"鲁迅的政治立场是鲜明的,他总是站在身份卑微的普通民众一边,尽管他清楚地揭露了他们性格或行为上的弱点、他们的迷惘和愚蠢;他总是鄙视中产阶级和知识分子阶级中的那些懦夫、伪善者和堕落者,尽管他对他们的软弱和彷徨表示了怜悯。……鲁迅的写作与中国画有着相似的品质和特点,用寥寥数笔勾勒人物形象,精准地选用重要细节,无论有意省略还是特意嵌入的情节,都能表达深邃的思想;他的故事很少有清晰可辨的开头、中间和结尾,但它们总能在一个人生命中短暂的瞬间刺穿其内心深处的灵魂,将其暴露在我们的裸视下,同时让我们觉得自己的灵魂也被刺穿了,因为我们从中看到了自己。"②格林对鲁迅小说写作技巧有精准的把握,并给予了很高评价,但他更重视从政治意识形态角度解读鲁迅的思想。

### 4. 牛津大学版《无声的中国:鲁迅作品选》书评

陈玛丽(Marie Chan)在书评《中国的〈荒原〉》的开篇指出:鲁迅去世后几乎成了"民族英雄",但"并不是毛泽东的赞誉使鲁迅出名,因为他早就出名了","在西方,鲁迅一直是被翻译、研究最多的中国现代作家";但对鲁迅的过分赞誉"似乎与其文学成就有些不相称",因为鲁迅从未写过长篇小说,在其创作力最旺盛的1918—1926年,他仅仅写了26篇短篇小说;"即便是他最好的小说在技巧上也有缺陷……《阿Q正传》是唯一一篇

---

① Locke,W. Literature in New China. *Labour Monthly*,1954(10):477-479.

② Green,N. Review of *Selected Stories of Lu Hsun*. *Labour Monthly*,1961(10):495-496.

享有国际声誉的中国现代小说，但其结构是松散凌乱的"①；"鲁迅作品的吸引力很大程度上在于其传达的矛盾感和彷徨感"，他最富创作力的时期正好与艾略特创作《荒原》、乔伊斯写作《尤利西斯》的时间巧合，因此他也有"一种疏离感和绝望感。"陈玛丽最后指出："正是由于不同风格的交织才使《阿Q正传》成为杰作"，可惜戴乃迭没有努力再现这种风格特征，尽管"这本书的译文总体上是流畅可读的"；美观大方的封面上印有毛泽东亲笔书写的鲁迅《无题》诗一首②，颇为新颖别致，吸引读者的眼球③。这篇书评相当专业，持论大致公允，有助于引导专业读者深入阅读鲁迅作品。

莱弗里(M. Lavery)在《中国季刊》上指出，书名"无声的中国"取自鲁迅1927年在香港发表的演讲，鲁迅认为顽固沿用古文造成了"无声的中国"，因而呼吁青年们"将中国变成一个有声的中国。大胆地说话，勇敢地进行，忘掉了一切利害，推开了古人，将自己的真心的话发表出来"④。莱弗里接着评论道："今天的中国显然找到了自己的声音，可以说中国人已经'活过来'了"，"鲁迅的作品正在引起世界各地越来越多的关注"；杨宪益与戴乃迭合译的四卷本《鲁迅选集》"把鲁迅作品介绍给英语世界中整整一代中国研究者，可谓不朽的业绩"。由于这个外文社版本已不易获得，《无声的中国：鲁迅作品选》将弥补这一缺憾；该书不仅选题精当，收录的作品很有代表性，而且包括四卷本没有收入的几篇作品，如"怪异而恐怖的小说《白光》"，"尤其值得赞许的是该书对中国人名地名采用了汉语拼音"；"这本书我们再热烈欢迎也不为过，应将其推荐给所有中国研究者

---

① 这里明显受到了夏志清的影响。夏志清认为："就其艺术价值而论，《阿Q正传》无疑被过誉了，因为它的结构机械，格调上插科打诨"。详见：Hsia, C. T. *A History of Modern Chinese Fiction*. New Haven：Yale University Press，1961：37.

② 这首诗是："万家墨面没蒿莱，敢有歌吟动地哀；心事浩茫连广宇，于无声处听惊雷。"

③ Chan, M. Chinese wasteland：Review of *Silent China*. *NOVEL：A Forum on Fiction*，1975，8(3)：268-272.

④ 鲁迅. 鲁迅全集：第四卷. 北京：人民文学出版社，2005：11-17.

及普通读者。它为英语世界了解中国现代文学做出了独特而有价值的贡献"①。

**5.《鲁迅小说全集》书评**

美国汉学家何谷理(R. E. Hegel)在《今日世界文学》上评论指出："鲁迅无疑是声誉最高的现代中国作家"，"其文学天赋的复杂性闪耀在这些小说中"；尽管中国官方把他誉为"中国革命的旗手"，这些小说表明他对社会变革几乎不抱希望；事实上，鲁迅并不专为某个时代而写作，因为他"在批判本国文化的同时也揭露了人类的残忍和无知"；鉴于迄今没有出版过英译鲁迅小说全集单行本，"印第安纳大学出版社做出了实质性贡献"；杨、戴为该版本选择了自己的最佳译文，进一步做了全面修订，并且扩充了注释以帮助外国读者；"鲁迅小说终于在这本书里用英语完整、忠实地呈现了出来，因此它理应被列入 20 世纪所有中文或世界文学课程的阅读书单"②。何谷理重点强调了《鲁迅小说全集》在作品收录上的完整性和杨译本的忠实可靠，有助于引导专业读者关注这本书。

卡恩斯(G. Kearns)在列入"全球文学杂志 50 强"的《哈德逊评论》③上评论指出：鲁迅小说是中国现代文学经典，杨、戴的译文"清新可读"，"但英语读者很少能完全明白它们为何如此重要"；"阅读这些作品的部分激动在于感受它们以强有力的姿态进入 20 世纪二三十年代的中国历史，但由于对中国历史所知甚少，我们被迫从作者对穷人生活的说教性戏剧化所提供的线索中重构这段历史"。作为学过自然科学的现代中国知识分子，鲁迅旨在说明"与传统和迷信决裂的必要性"，而《药》就是例证；"《头发的故事》让我们明白了留辫子或剪辫子蕴含的微妙的政治意义"；"这些小说让我们分享了鲁迅跨进新时代时的激动，也了解了中国乡村生活的具体细节"，《社戏》是一篇"没有说教意图的可爱的小说"；《狂人日

---

① Lavery，M. Review of *Silent China*. *The China Quarterly*，1974(57)：182-184.

② Hegel，R. E. Review of *The Complete Stories of Lu Xun*. *World Literature Today*，1983，57(1)：170-171.

③ 参见：https://en.wikipedia.org/wiki/The_Hudson_Review.(2017-07-30)［2019-01-28］.

记》"因其凶残的主题而显得非典型"，"'吃人'被用来隐喻社会和政治关系"，"在这篇很有力量的作品中，作者充满激情的洞察力可见一斑"①。卡恩斯富有洞察力的书评持论公允，批评中肯，而且考虑到了大众读者的阅读感受，有助于引导他们认真关注鲁迅小说。

以上书评内容显示，西方精英读者对鲁迅及其小说的评价经历了显著的变化：在 20 世纪五六十年代，侧重于从政治意识形态角度解读、评论鲁迅思想和作品，对外文社的文学译介模式及外宣做法普遍反感或拒斥；到了 70 年代，开始注重鲁迅小说的文学性及写作技巧，承认鲁迅的重要地位和外文社对鲁迅作品在西方传播做出的贡献；进入 80 年代，普遍接受了鲁迅小说的经典地位，但仍留有政治性解读、评论的痕迹。同时，对杨译本的评价也经历了逐渐认可的过程：在五六十年代，几乎不关注译文本身；到了 70 年代，开始承认杨、戴的贡献；进入 80 年代，普遍认可杨译本，认为它既忠实可靠又通顺可读。

综上所述，20 世纪 50—80 年代鲁迅作品在英美的普及程度不高，很难进入大众读者的视野，因此杨译本的主要受众是专业读者，包括从事中国研究和中国现代文学及鲁迅研究的学者和学生②。同时，50 年代末到 70 年代美国盛行的政治激进主义使鲁迅及其作品被狂热的左派人士所推崇，杨译本因而受到了这个特殊群体的密切关注。到了 70 年代，美国学术界已经普遍认可杨译本，基本上取代了王际真译本的地位。在英国及其他英语国家，鲁迅作品的普及程度更低，杨译本的主要受众也是专业读者，但其规模和数量远不及美国。

## 二、杨译本传播过程分析

基于对杨译本在英语世界接受情况的考察，以下对其传播过程及路径做出推论性分析。

---

① Kearns，G. Review：Fiction chronicle. *The Hudson Review*，1982，35(3)：504-506.

② McDougall，B. S. *Translation Zones in Modern China：Authoritarian Command versus Gift Exchange*. Amherst，NY：Cambria Press，2011：29.

首先是营销流通行动者网络的构建与运作。在 20 世纪 50—80 年代,外文社图书主要采用"内产外销"模式运作,即在国内排版印刷,出版后交给外文局下属的国际书店负责对外发行。何明星把外文局书刊在欧美的发行和传播分为三个阶段:在第一阶段(1950—1962 年),党派书店或"红色书店"是代销发行中国书刊的主体,包括英国共产党的中央书店(Central Books)和柯烈茨书店(Collet's),美国共产党的出版物和产品进口公司(Imported Publications and Products Corp.);在第二阶段(1963—1977 年),国际书店仍然重点支持并依靠转型后的左派书店,如英国的柯烈茨书店、光华书店(Guanghwa Bookshop),美国的中国书刊社等;在第三阶段(1978 年后),国际书店的书刊对外发行模式"从文化政治转变为文化生意",但在 20 世纪 80 年代前,与中国友好的中小书店和华侨书店仍是"中国书刊在西欧和北美发行网的骨干力量"①。此外,国际书店还采取非贸易发行政策,即主要委托"工青妇(工会、青年团、妇联)和驻外使领馆"等机构团体对外赠送书刊,"在相当长的时间内,贸易发行方式基本流于形式,非贸易发行占了很大比重"②,"文革"期间尤甚。由上可以推断,20 世纪 80 年代前,由国际书店发起并主导,在欧美构建了以左翼书店和友好中小书店为主体的书刊发行行动者网络。这些发行行动者一般被新中国的意识形态立场所"招募",而国际书店实行的赊账代销的贸易方式提供的经济资本也同样重要。除了以上图书经销商,一些英美出版机构通过有关资本及其转化被招进了图书再版行动者网络中:纽约卡梅伦出版公司被外文局提供的"无偿使用版权"的优惠政策(可转化为经济资本)所招募;牛津大学出版社再版外文社版鲁迅作品英译本,主要被文本价值和质量即语言文化资本所招募,同时,编辑《中国现代短篇小说选》的詹纳尔被他与杨、戴的友情即社会资本所招募,牛津大学出版社还被杨、戴是本校知名校友即社会资本所招募;诺顿出版公司主要看中了鲁迅

---

① 何明星. 新中国书刊海外发行传播六十年. 北京:中国书籍出版社,2010:148-185.

② 王福时. 我参加工作的前后//中国外文局五十年编委会. 中国外文局五十年回忆录. 北京:新星出版社,1999:580.

作品进入美国教育场域的市场空间，即被文本本身的语言文化资本招募；1981 年印第安纳大学出版社与外文社合作出版之时，鲁迅小说已被视为世界文学经典，因此前者是被鲁迅小说拥有的符号资本所招募①。杨译本由英美本土出版社再版重印，进一步扩大了其传播流通面，包括进入全球图书馆系统。

其次是学术认可行动者网络的构建与运作。王际真译本在 20 世纪 40—60 年代曾被西方学者广泛参考引用，获得了普遍认可（参见第四章）。到了 70 年代初，王译本逐渐被收录更齐全、质量更上乘的杨译本取代。由于杨译本的传播主要在学术场域和教育场域，学术认可行动者网络的构建与运作尤其重要。参与该网络构建的人类行动者主要包括韩南、莱尔、李欧梵、詹纳尔等 70 年代崛起的英美鲁迅研究学者，刘绍铭、夏志清、邓腾克等华裔学者或英美汉学家，以及开设中国现代文学课程的英美高校教师。这些行动者主要被具有独特文学及思想文化价值的鲁迅小说及准确可靠的杨译本（即作为非人类行动者的文本）所招募，通过选集收录、文献引用、纳入课程教学中等方式认可杨译本。这些认可者所在的研究机构（包括加州大学伯克利分校、纽约大学等）和哥伦比亚大学出版社、加州大学出版社等学术出版社，在英美学术场域和教育场域颇有声望和地位，因而有力地推动了对杨译本的学术认可。此外，该学术认可行动者网络的构建与运作，无疑也有赖于 70 年代中期中美关系的正常化及由此在英美掀起的一股鲁迅研究热潮。

最后是评论推介行动者网络的构建与运作。杨译本英文书评人合力构建了一个评论推介行动者网络，且他们均被有关行动者通过某种资本招募：在《劳工月刊》发表书评的洛克和格林，主要被共产主义的意识形态即政治资本招募；布坎南任教于俄克拉荷马大学，而《域外图书评论》由该校主办，因此他可能被该刊编辑通过社会资本招募；汉森-洛伊可能被他

---

① 该出版社一直对中国现当代文学有兴趣，1978—1980 年连续出版了葛浩文翻译的三本小说：陈若曦的《尹县长》、萧红的《生死场》和《呼兰河传》、黄春明的《溺死一只老猫》。详见：季进. 另一种声音——海外汉学访谈录. 上海：复旦大学出版社，2011：137.

在中国生活多年的特殊经历与鲁迅在中国的文学声望招募;《无声的中国:鲁迅作品选》的 5 篇书评中,4 篇发表在英语国家的学术期刊上,1 篇刊于中国香港的报纸上,可见这些书评人主要被牛津大学的国际学术声望与鲁迅小说本身的资本所招募;20 世纪 80 年代初,意识形态已从英美人士对鲁迅作品的评论中淡出,开始"实现了向文学性的回归"①,由此可以推断,何谷理和卡恩斯主要是被印第安纳大学的学术声望和鲁迅小说的经典价值所招募。书评发表的载体不同,面向的主要受众群也有所不同。除《劳工月刊》面向英国左翼读者群,《星期日先驱邮报》面向大众读者之外,其他书评都发表在学术刊物上,即主要向专业读者进行图书推介;其中,英国的《泰晤士报文学副刊》和《中国季刊》、美国的《域外图书评论》和《哈德逊评论》本身的传播影响力较大。此外,从这些刊物的所在地来看,杨译本在美英的传播较广泛,同时还引起了加拿大、澳大利亚等国,以及中国香港等地英语读者的关注。

# 小 结

在意识形态激烈冲突的冷战时期,鲁迅小说在欧美的接受一直受到政治因素及两国关系冷暖变迁的深刻影响,鲁迅作品的研究、译介与传播成了反映中国与欧美国家关系变化的一张"晴雨表"。这既表明了那个时期鲁迅作品的特殊地位和重要性,也揭示了国与国文学文化交流始终与政治因素及国与国关系有着错综复杂的牵连。直至今日,西方媒体和评论家仍倾向于对中国当代文学进行过度政治化解读②。中国与西方在政治意识形态和价值观上的不同是无法回避的事实,必将继续影响中国文

---

① 卢志宏,王琦. 杨宪益英译鲁迅作品的翻译策略及其域外传播. 宿州学院学报,2013(7):45-49.
② 参见:姜智芹. 中国当代文学海外接受中的解读偏好. 中国比较文学,2015(3):187-194.

学文化译介与传播的效果①。

在 20 世纪 50—80 年代，通过项目发起、翻译生产和译作传播三个过程，鲁迅小说杨译本进入了以英美为主的英语世界。项目发起涉及"项目发起行动者网络"和"选题策划行动者网络"的构建与运作；冯雪峰提出的选题方案符合外宣原则，"适应当时的政治气候"，因而被国家外宣机构采纳。这个方案深刻影响了鲁迅作品海外接受的效果，使得 70 年代前被译介的鲁迅小说篇目一直偏少。翻译生产涉及"翻译生产行动者网络"的构建与运作，由选题策划者、中文编辑、译者、"外国专家"、定稿者等核心行动者共同参与。杨、戴的合作翻译被认为是较理想的"译者模式"，在理论上他们的译文能同时做到忠实和通顺，但因受制于国家机构文学外译模式及内部规范，同时受到合译方式及译者母语的影响，杨译本的忠实或通顺都不是完美的。杨、戴的译者惯习异大于同，有些方面甚至相互冲突，但在翻译策略选择和运用方面，通过与杨宪益商量、争论，戴乃迭赢得了一定的话语权，从而减轻了杨宪益偏重直译对译本传播与接受的不利影响。杨译本以"准确可靠"见长，因而特别适用于学术性语境。译作传播过程涉及"营销流通行动者网络""学术认可行动者网络"和"评论推介行动者网络"的构建与运作。从营销流通角度看，杨译本难以进入英美主流图书流通市场，主要在专业读者圈子里传播、流通；从学术认可角度看，相关认可者及认可机构有力地推动了对鲁迅小说及杨译本的认可，使其成为世界文学经典；从评论推介角度看，杨译本在英美得到了广泛而有效的传播，也引起了加拿大、澳大利亚等国，以及中国香港等地英语读者的关注。

国家外宣机构发起并资助、外文出版社出版模式的运作机制及标准流程是：外文局及外文社根据国家外宣工作的需要制订中国文学翻译选题计划，译前按"适合外宣"原则编辑审查原作，一般指定被认为相对可靠的国内译者进行翻译，要求译者严格遵守机构翻译规范即"忠实于原文"，

---

① 参见：何明星. 新中国书刊海外发行传播六十年. 北京：中国书籍出版社，2010：203-207.

由外文局聘请的外国专家负责译文润色,再由局内资深翻译把关定稿,外文书刊采用"内产外销"模式,70年代前主要通过英美左翼图书经销商代售及委托我国驻外使领馆赠阅。因外销发行渠道所限,外文社出版物无法进入英美主流图书流通渠道,主要限于在专业读者及左翼读者圈子里传播、流通。

该模式是出发文化"输出型"模式。国家外宣机构主动输出中国文学也有助于扩大其国际认可,甚至助推其进入世界文学的殿堂,尤其在目标国对中国文学作品有内在需要时。然而,70年代前外文社实施的文学译介项目往往外宣动机较强,因而容易在目标国遭到冷遇甚至抵制,影响传播效果。总之,该模式的利与弊都很明显:所谓"利",主要体现在"内产"环节组织得力、管理有序、质控严格,因此编辑、翻译、校对、印制、出版等生产流程运作高效,且翻译质量(尤其准确性)一般有保障;所谓"弊",主要指"外销"发行渠道不畅,未能开辟进入目标国主流图书市场的专有渠道,加之中国与欧美一直被意识形态之墙所阻隔,造成外文社对外出版物普遍传播不力、流通受阻。

当前国内学界对该模式的效果及实践意义争论颇为激烈:有的认为它大体上是可行的、有效的;更多的则持质疑甚至否定的态度,认为它"总体来说不是很成功"①。例如,江帆质疑:《中国文学》英文杂志是否应该隶属于外文社这种外宣出版机构? 是否应该以"外宣模式"出版发行?② 吴自选指出:"文学外译变成国家整体外交与对外宣传的一部分,其利弊值得探讨"③;王东风更是尖锐地指出:"只有宿主文化自发的翻译活动才能引起宿主文化本身的兴趣和关注,这是翻译活动能否成功的关键",文学译介的"送去主义多难成功,除了语言上的问题之外,还有宿主文化对外来宣传攻势的本能抵制"④。本章从社会翻译学视角对该模式运作机制及

---

① 马会娟. 英语世界中国现当代文学翻译:现状与问题. 中国翻译,2013(1):64.
② 江帆. 中国大陆与台湾文学对外译介模式对比研究. 翻译季刊,2013(69):97.
③ 吴自选. 翻译与翻译之外:从《中国文学》杂志谈中国文学"走出去". 解放军外国语学院学报,2012(4):89.
④ 王东风. 中国典籍走向世界——谁来翻译?.汉语言文学研究,2014(1):7-8.

利弊的研究表明:以上质疑者的观点虽不乏洞见,却也失之偏激。诚然,由于受制于其运作机制及机构规范,加上外宣固有之弊,在该模式下生产出来的中国文学译作在国外发行不很畅通,其传播影响力往往被削弱,效果有时不尽如人意,但它始终是一种不可或缺也不可替代的重要译介传播模式。20世纪50—80年代鲁迅小说在美英的接受表明:中国主动"送去"鲁迅作品正好满足了目标文化的需求,并加快了鲁迅作品成为世界文学经典的进程。由此看来,"送去主义多难成功"一说是站不住脚的。再者,我国外宣机构开展了几十年的中国文学译介与传播实践可以丰富、完善图里的"面向目标文化的假设"。最后,从其实际传播效果看,鲁迅小说杨译本不仅成功进入了英语世界的学术和教育场域,获得了英美汉学界的普遍认可,而且迄今仍有其独特价值和不可替代性。由此可见,该模式可谓利弊兼具、"收获与受挫并存";它对中国文学译介与传播的当下意义,既是历史之鉴,也有成功之道。鉴于国家机构译介与传播中国文学模式仍在运作,并将继续实践下去,如何改进其译介与传播中国文学的运作机制和方式,尤其加大国际化运作的力度和规模,是需要深入研究的重要课题。

# 第六章 汉学家发起并翻译、西方学术出版社出版模式

## 引 言

在运作机制上,该模式与"华裔学者发起并翻译、西方学术出版社出版"同中有异,涉及的个案是由莱尔翻译、夏威夷大学出版社出版的鲁迅小说全集(不包括《故事新编》)①。寇志明把 20 世纪 90 年代前涌现的鲁迅小说英译者划分为四代:梁社乾、敬隐渔与米尔斯属于第一代,斯诺与姚克、王际真为第二代,杨宪益、戴乃迭为第三代,莱尔属于第四代,并认为莱尔译本代表了"成功英译鲁迅小说至少第四代译者做出的努力"②。鉴于莱尔译本以学术性见长,而之前出版的其他英译本的学术性都有所欠缺,它的问世标志着鲁迅小说进入了真正意义上的"学术翻译期"③。

近 20 年来,国内学者较重视研究莱尔译本,重要成果述评如下:

刘影、陈垣光指出,莱尔译本不仅对话翻译生动传神,具有鲜明的美国口语色彩,而且借助大量内容确切、详细的脚注,传达了大量中国历史

---

① Lu, X. *Diary of a Madman and Other Stories*. Lyell, W. A. (trans.). Honolulu: University of Hawai'i Press, 1990.

② Kowallis, J. Review of *Diary of a Madman and Other Stories*. *The China Quarterly*, 1994(137): 283-284.

③ 汪宝荣. 异域的体验——鲁迅小说中绍兴地域文化英译传播研究. 杭州: 浙江大学出版社, 2015: 58.

文化信息，因而相较于早期译本，"在不少方面都有新的突破"①。

余继英通过对《阿Q正传》莱尔译本评价意义的分析，指出莱尔对原作意识形态进行了改写，其改写机制包括隐性态度评价的"显化"过程，"两可型"介入的明确化过程和语势力的加强等②。

王树槐以《药》为考察中心，运用文体学批评方法，从语言形式、模拟现实、隐喻连贯三方面比较了莱尔、英国学者蓝诗玲和杨、戴译本的文体差异，发现莱尔译本译者介入程度最大、学术性最强，因而更为专业研究者所接受，但莱尔试图再现鲁迅的语言风格，一定程度上损害了译文的流畅性③。

严苡丹、韩宁运用语料库研究方法，从词汇和句子层面考察莱尔和杨宪益、戴乃迭翻译鲁迅小说的风格和策略，发现莱尔译本所用词汇丰富、句式复杂、书面语特征明显、阅读难度相对较大；杨译本用词简单、句式简洁，更符合汉语意合的特点和原文洗练含蓄的风格④。

崔艳秋指出，《阿Q正传》杨译本流传甚广，莱尔以翔实的注释和嵌入正文的解释性译法，"体现出文化传播的意图"；相较于杨氏夫妇忠实的译文，莱尔在风格传达上做出了创造性尝试，他采用的某些补偿性译法值得借鉴⑤。

李慎、朱健平运用"译者声音理论"，指出莱尔译本中存在着译者声音凸显的现象，表现为译者导言、注释及译文对原作叙事时态的偏离和对原文含蓄信息的显化；译者声音传达了原文丰富的文化信息，拉近了故事与

---

① 刘影，陈垣光. 文化交汇，丰采灿然——喜读《阿Q正传》莱尔英译本. 中国翻译，2002(4)：81-83.

② 余继英. 评价意义与译文意识形态——以《阿Q正传》英译为例. 外语教学理论与实践，2010(2)：83-90.

③ 王树槐. 译者介入、译者调节与译者克制——鲁迅小说莱尔、蓝诗玲、杨宪益三个英译本的文体学比较. 外语研究，2013(2)：64-71.

④ 严苡丹，韩宁. 基于语料库的译者风格研究——以鲁迅小说两个英译本为例. 外语教学，2015(2)：109-113.

⑤ 崔艳秋. 重塑的经典——评《阿Q正传》的补偿性风格传译. 当代外语研究，2015(2)：68-73.

读者的距离,对该译本的成功起到了重要作用①。

张囷瑶重点考察了莱尔译本在美国的传播及接受,指出它在英美学界获得较好反馈,但在美国大众读者中反响一般,因为该书由学术出版社出版,未能进入主流销售渠道②。

综上,目前未见有学者从社会翻译学视角考察莱尔译本的生产与传播过程及其效果,对译者莱尔的专门研究也基本上阙如。本章基于该个案研究,分析"汉学家发起并翻译、西方学术出版社出版"模式的运作机制及方式,考量其利弊得失,并探讨对中国文学译介与传播的当下意义。

## 第一节  莱尔的职业发展轨迹与译者惯习

### 一、莱尔的职业发展轨迹

莱尔被誉为"美国最有名的鲁迅研究专家之一"③。斯坦福大学在《追悼决议》中也指出:"莱尔是一位公认的权威学者,以其对中国现代文学巨匠鲁迅、老舍及其他中国现代作家的研究享誉全球。"④莱尔 1930 年生于美国新泽西州罗威市(Rahway),其母是爱尔兰移民,其父以祖上曾参加美国独立战争为荣。1951 年,莱尔在佛罗里达州罗林斯学院(Rollins College)毕业,获得法语和英语文学学士学位。莱尔报名参军,希望能当一名空军飞行员。由于战时的美国急需懂亚洲语言的特殊人才,而莱尔在接受测试后被发现很有语言天赋,空军就派他参加耶鲁大学举办的语言特种培训项目。莱尔以优异成绩修完汉语课程,随即被派到朝鲜战场

---

① 李慎,朱健平. 鲁迅小说莱尔译本的译者声音研究. 湖南大学学报(社会科学版),2018(3):105-111.

② 张囷瑶. 鲁迅小说英译本在美国的接受研究——以王际真译本、杨氏夫妇译本和莱尔译本为例. 北京第二外国语学院学报,2018(5):84-96.

③ 寇志明. 纪念美国鲁迅研究专家威廉·莱尔. 鲁迅研究月刊,2006(7):88.

④ Dien, A. E., Sun, C., and Wang, J. C. Y. Memorial resolution:William A. Lyell. *Stanford Report*, 2009-02-25. https://news. stanford. edu/news/2009/february25/william-lyell-memorial-resolution-022509. html.

担任中文翻译。退伍后，莱尔进入芝加哥大学深造，在研究奖学金的资助下，于1956—1959年在台湾大学学习中国哲学和文学。其间他住在学生宿舍，刻苦练习中文会话，中文流利程度很快接近了中国人①。1962年，莱尔以一篇研究中国先秦哲学思想的论文获得硕士学位。几年后，他回到芝加哥大学读博，师从芮效卫教授（D. T. Roy），其学术兴趣正式确立为中国现代文学研究。读博期间，他编写了《鲁迅读本》（*A Lu Hsün Reader*，1967年由美国耶鲁大学出版社出版），收录《狂人日记》《阿Q正传》《孔乙己》《肥皂》《〈呐喊〉自序》等7篇作品，编排方式为先列出中文原文，其后附有作品分析和重要词汇英文注解。这本语言教材可视为莱尔翻译鲁迅小说的前奏。1971年，他完成论文《鲁迅短篇小说的戏剧性》②，获得中国语言文学博士学位；后以"鲁迅的现实观"为书名由加利福尼亚大学出版社出版③，该书学术影响颇大，确立了他作为美国鲁迅研究专家的地位。1970—1999年，他利用业余时间翻译出版了四部译作（详见下文）。莱尔的工作简历如下：硕士毕业后，他在芝加哥师范学院教了一年中文；1963—1972年在俄亥俄州立大学教授中文，曾获该校"杰出教学奖"；1972年起任教于斯坦福大学亚洲语文系，讲授中国文学、东亚文明、中国语言等课程；2000年以荣休中文副教授身份退休，但校方仍返聘他教课，直至他于2005年因病去世④。寇志明指出，莱尔没能晋升为正教授，

---

① Dien，A. E.，Sun，C.，and Wang，J. C. Y. Memorial resolution：William A. Lyell. *Stanford Report*，2009-02-25. https：//news. stanford. edu/news/2009/february25/william-lyell-memorial-resolution-022509. html.

② Lyell，W. A. The short story theatre of Lu Hsun. Chicago：University of Chicago，Department of Far Eastern Languages and Civilizations（Doctoral Dissertation），1971. 莱尔在博士论文"前言"中指出，"鲁迅小说的戏剧性或电影特性特别引人注目"。故把"theatre"译为"戏剧性"。

③ Lyell，W. A. *Lu Hsün's Vision of Reality*. Berkeley：University of California Press，1976.

④ Anon. Chinese language professor emeritus William Lyell dead at 75. *Stanford Report*，2005-09-14. http：//news-service. stanford. edu/news/2005/sept-ember14/obitlyell-091405. html.

与斯坦福大学的行政人员轻视中国研究有关①。

基于布迪厄的社会实践模式,试将莱尔的职业发展轨迹描述如下:家庭环境的熏陶使莱尔从小立志从军;大学毕业后,莱尔在耶鲁大学接受了美国空军语言特种培训,随即被派到战场,其军旅梦得以实现;退伍后的莱尔进入芝加哥大学读研,以中国哲学为研究方向;在台湾大学进修期间,其学术兴趣开始转向中国文学,同时其中文口语进步神速,逐渐养成了用中文思考和说中文的惯习②。这种惯习有助于推动他走上中国现代文学研究和翻译之路。读博期间,莱尔把中国现代文学及鲁迅研究确立为其研究领域,编写出版了《鲁迅读本》,同时翻译出版了老舍的讽刺小说《猫城记》。这帮助他开始介入美国的鲁迅研究场域和中国现代文学翻译场域。至此,莱尔研究和翻译批判现实主义作品的惯习基本上得以形塑,精通中文且运用娴熟和芝加哥大学在读博士的身份分别赋予其语言资本和文化资本,任教于俄亥俄州立大学又使他获得了社会资本(这可以解释为何他翻译的《猫城记》由该大学出版社出版)。总之,在他的职业惯习与其在场域的位置即积累的初始资本相遇的情形下,莱尔正式介入翻译场域,并继续参与翻译场域的实践。

## 二、莱尔译者惯习形塑的过程

莱尔以单行本形式出版的译作共有 4 部,均为中国现代小说译作,包括鲁迅小说 1 部、老舍小说 2 部、张恨水小说 1 部,翻译出版时间跨度为30 年(1970—1999 年)。在此期间,莱尔先后在美国的两所大学工作,全身心投入中国语言文学教学中,同时利用余暇从事研究和翻译,事实上对他来说研究和翻译是一体两面。这些翻译项目均由他自主发起,译作均由美国的大学出版社出版,主要用于中国现代文学在美国的教学和研究。上述情形及莱尔的学者身份基本上决定了他会选择学术性翻译之路。基于对 4 部译作的比较分析,笔者发现 30 年间莱尔的翻译选材取向和翻译

---

① 寇志明. 纪念美国鲁迅研究专家威廉·莱尔. 鲁迅研究月刊,2006(7):89-90.
② 寇志明. 纪念美国鲁迅研究专家威廉·莱尔. 鲁迅研究月刊,2006(7):89.

策略逐步定型,学术性翻译思想渐趋明晰,翻译风格愈显沉稳成熟。以下详细梳理其译者惯习形塑的过程。

(一)翻译《猫城记》:初显学术性翻译取向

1970 年即提交其博士论文前一年,莱尔所译老舍讽刺小说《猫城记》由俄亥俄州立大学出版社出版①,为该作品首个英文全译本②。莱尔重译《猫城记》,既因为之前老舍意外离世激发了海外学界研究老舍及其作品的兴趣,也因为他对詹姆斯·杜任意删节和有意误读原作的做法不满③。与后者仅注重《猫城记》的社会文献价值不同,莱尔还注重其文学价值。他在"译者导言"中指出:老舍是"开创中国现代小说的先驱者之一"④;老舍自称《猫城记》是"失败的作品"⑤,但事实上"它比老舍自称的要好,书中文字既有生动有趣的地方,也有冗长乏味的地方。与老舍的大多数长篇小说一样,其本身质量参差不齐。不过,除了文学价值,这部小说记录了20 世纪 30 年代初期中国的社会现实,具有很大的价值"⑥。莱尔评论道:老舍的长篇小说都有"结构松散、不够连贯的特点"(莱尔认为这与老舍作品往往先在杂志上连载有关,也与狄更斯和传统章回小说对他的影响有关),但他擅用"生动活泼的北京方言","富有北方式的幽默感",这些是

① Lao,S. *Cat Country:A Satirical Novel of China in the 1930's*. Lyell,W. A.(trans.). Columbus:Ohio State University Press,1970.
② 美国学者詹姆斯·杜(J. E. Dew)曾译《猫城记》,但译文不到原文的三分之二,是一个节译本。详见:夏天.《猫城记》1964 年英译本研究. 外语教学理论与实践,2012(2):82-88.
③ 李越. 老舍作品英译研究. 北京:知识产权出版社,2013:190.
④ Lyell,W. A. Translator's introduction. In Lao,S. *Cat Country:A Satirical Novel of China in the 1930's*. Lyell,W. A.(trans.). Columbus:Ohio State University Press,1970:xxviii.
⑤ 见于老舍在 1935 年底写的《我怎样写〈猫城记〉》一文。袁良骏指出:当时"左联"内部有对这部小说政治倾向的激烈批评,迫使老舍做了"过头的、言不由衷的全盘自我否定"。详见:袁良骏. 讽刺杰作《猫城记》. 齐鲁学刊,1997(5):23-24.
⑥ Lyell,W. A. Translator's introduction. In Lao,S. *Cat Country:A Satirical Novel of China in the 1930's*. Lyell,W. A.(trans.). Columbus:Ohio State University Press,1970:xli.

"其文学才华的鲜明标记"和"作家老舍的精华之所在";"《猫城记》是老舍对讽刺手法的一种尝试,但他认为自己本质上是幽默作家,不是讽刺作家"①。可见选译《猫城记》初步体现了莱尔的翻译选材取向:偏爱用讽刺或幽默手法揭露、批判中国社会现实的作品。可以推测,莱尔早年从军和在中国台湾生活学习的特殊经历,加上其文学趣味,这些因素都很可能驱使他偏爱这类作品②。老舍"继承李汝珍和刘鹗的讽喻写法,在其感时忧国的题材中表现出特殊的现代气息,他痛骂国人不留情面,较诸鲁迅有过之而无不及";"书中很多地方,讽刺过于露骨……不过,《猫城记》几节最精彩的文字,给人印象完全不是夸大的玩笑或讽谑。作者在第十五章刻画了一个传统中国妇人的奴颜婢膝,丝丝入扣"③。袁良骏指出:"《猫城记》的讽刺艺术具有深刻性和预见性,它对'猫国'国民('猫人')劣根性的抉发和讽刺,实际上是对中国国民劣根性的影射和抨击。就此而言,在中国现代文学史上,它不愧为《阿Q正传》的姊妹篇。"④

作为莱尔公开出版的第一部译作,《猫城记》已显示其学术性翻译的取向和面貌,且初步确立了其后期译作的基本风格。这首先表现为他撰写了长篇"译者导言",以严谨的学者态度详细介绍作者的生平及职业生涯,评论作品的文学价值、写作手法及社会意义等。其次反映在莱尔贯彻了"忠于原作"的翻译原则。夏天指出,莱尔译本"既忠实,又公正":"忠实"体现在莱尔没有任意删改原文,"公正"体现在他"对作品内在的文学性和作品与现实的外部关联做了平衡处理"⑤;莱尔还在译文中添加不少

---

① Lyell,W. A. Translator's introduction. In Lao,S. *Cat Country: A Satirical Novel of China in the 1930's*. Lyell,W. A.(trans.). Columbus: Ohio State University Press,1970: xxxii-xxxvii.
② 稍晚出道的葛浩文的情形与莱尔颇相似,参见第七章。
③ 夏志清. 中国现代小说史. 刘绍铭,等译. 香港:香港中文大学出版社,2001: 467-469.
④ 袁良骏. 讽刺杰作《猫城记》. 齐鲁学刊,1997(5): 23.
⑤ Xia,T. An organic study on the English translation of Lao She's novels within the framework of an extended hermeneutic motion. Shanghai: Fudan University (Doctoral Dissertation),2009: 7.

"基于学术分析""评论公允"的脚注,为英语读者准确介绍了中国的社会文化背景①,因而相较于詹姆斯·杜的节译本,莱尔译本的"学术性更强",充分显示了"一位学者型译者的良心"和严谨的翻译态度。最后体现在莱尔惯用归化译法处理人物对话,如把"我顾不及伤心了"译为"and there was no point crying over spilt milk"(英语谚语,意思是"牛奶已溢,哭也无益"),使译文更易被英语读者接受②。美籍印度学者、老舍研究专家沃赫拉(R. Vohra)评论指出:"英译中文作品是一个特别困难的任务。如果译者过分忠实于原作,试图保留其原汁原味,译文听上去就会有外国味,但未必就有'中国味';如果译者在保留原作意义的基础上用'流利上口'的英语翻译,译文就会丢掉那种无法定义的特性即'中国味'。倘若以上两条路径不能取得适当的平衡,我倒更喜欢第二种翻译,《猫城记》莱尔译本就是这种翻译的一个典范。"③当时已崭露头角的葛浩文评论道:莱尔翻译的《猫城记》既是"现有老舍小说英译本中的最佳之作",也是"所有现代中国小说译本中最耐人研读的作品之一";这本"生动、合乎(英语)语言习惯和忠实于原文"的译作,"犹如中国现代文学译林中的一匹珍异之鸟";尽管莱尔在选词和运用比喻时偶有佶屈聱牙之处,但它"仍不失为一部经得起推敲的译作";"莱尔译笔之高明,使该译著成为未来从事翻译者的一个范例"④。

---

① 莱尔指出,他在有些章节中插入了带星号的脚注,"以便普通读者了解老舍讽刺的中国社会的方方面面"。Lyell,W. A. Preface. In Lao,S. *Cat Country:A Satirical Novel of China in the 1930's*. Lyell,W. A.(trans.). Columbus:Ohio State University Press,1970:vii.

② Xia,T. An organic study on the English translation of Lao She's novels within the framework of an extended hermeneutic motion. Shanghai:Fudan University (Doctoral Dissertation),2009:204-206.

③ Vohra,R. Review of *Lao Niu Po Che* and *Rickshaw*. *The Journal of Asian Studies*,1980,39(3):590.

④ 戈德布拉特[葛浩文]. 评沃勒·兰伯尔的《老舍与中国革命》一书及小威廉·A. 莱尔的《猫城记》译本. 李汝仪,译. 徐州师范学院学报(哲学社科版),1985(1):119-120. 该书评原载美国《中文教师学会会刊》(*Journal of the Chinese Language Teachers Association*)1978年第4期。《老舍与中国革命》的作者是兰比尔·沃赫拉(Ranbir Vohra),"沃勒·兰伯尔"是误译。

### (二)翻译鲁迅小说:践行学术性翻译思想

"讽刺""幽默""批判社会现实""感时忧国"是鲁迅小说的醒目标签,
正好切合莱尔的选材惯习,因此他才会孜孜以求地多年研究和翻译鲁迅
小说。《〈狂人日记〉及其他小说》是莱尔最重要也最有影响力的译作,标
志了其翻译生涯的顶点,但这不是一蹴而就的。莱尔翻译鲁迅小说始于
他攻读博士学位期间,甚至可以追溯到他编写《鲁迅读本》,也即他对鲁迅
小说的研究与翻译是相辅相成、不可分离的:学术研究激发了他的翻译热
情,使得他采取学术性翻译的取向,决定了其译作学术味重的面貌,而亲
身体验翻译的种种挑战又促使他进一步精研原文、广泛吸收前人的研究
成果,从而提升其学术研究的品质。徐敏慧认为有必要考察译者的学术
研究对其翻译活动的影响,包括融入其研究成果的译者导言,其翻译方法
体现的严谨周密、知识点必究的治学方法等[1]。在撰写博士论文的过程
中,莱尔翻译了 6 篇鲁迅小说,即《怀旧》《白光》《长明灯》《兔和猫》《鸭的喜
剧》《弟兄》,并将译文收入论文附录中。他选择翻译这几篇作品(《怀旧》除
外),是考虑到当时它们尚未被译成英语,但后来他发现,杨宪益、戴乃迭合
译的《白光》《长明灯》已于 1963 年发表在北京出版的《中国文学》杂志上(莱
尔把译者误作鲁迅研究专家唐弢),而另外三篇的英文翻译他遍寻不得。
《怀旧》最早由冯余声译成英语,1938 年载于《天下月刊》[2],但"冯译删去了
若干重要段落,且未能很好反映鲁迅文言用词的风格特点"[3]。莱尔认为,
"《怀旧》虽用文言写成,在很多方面却是现代的,它展现的鲁迅的现实观
与我们在《呐喊》《彷徨》中发现的是一致的"[4],故有必要重译这篇长期被

① 徐敏慧. 汉学家视野与学术型翻译:金介甫的沈从文翻译研究. 中国翻译, 2019
   (1):60-67.
② Lu,H. Looking back to the past. Feng,Yu-sing(trans.). *T'ien Hsia Monthly*,
   1939,6(2):148-159.
③ Lyell,W. A. The short story theatre of Lu Hsun. Chicago:University of
   Chicago(Doctoral Dissertation),1971:vi(Note).
④ Lyell,W. A. Introduction. In Lu,X. *Diary of a Madman and Other Stories*.
   Lyell,W. A.(trans.). Honolulu:University of Hawai'i Press,1990:xix.

忽视的作品①。莱尔翻译的《弟兄》1973 年秋载于香港《译丛》
(*Renditions*)创刊号②，为该作品公开发表的首个英译本。1976 年《鲁迅的现实观》出版时，莱尔又把自己翻译的《怀旧》("Remembrances of the Past")和《兔和猫》("Some Rabbits and a Cat")收入该书附录中。此后十余年，莱尔陆续译成《呐喊》《彷徨》收录的其他篇目，并修订了早年翻译的 6 篇小说，于 1990 年结集出版(收入《怀旧》在内的 26 篇)。除开《故事新编》不算③，这是继 1981 年杨、戴合译本后问世的第二个鲁迅小说英文全译本。

　　莱尔译本有以下特点：附有长篇译者导言；注重再现鲁迅独特的写作风格(尤其文白夹杂的语言特点)；时常采用灵活自由的诠释译法和增益译法，借助大量详尽的脚注为英语读者提供中国历史文化背景知识；倾向于采用归化译法，突出体现在选用美式英语词汇进行翻译，人物对话翻译中甚至杂有美语俚语词④。这表明莱尔在翻译生涯初期形塑的学术性翻译(包括撰写长篇导言、提供大量注释、采用诠释译法等)和用流利上口的英语翻译的译者惯习，在他翻译鲁迅小说时进一步强化。与此同时，其践行学术性翻译的思想更趋明晰，翻译风格也走向成熟，突出表现在：在翻译鲁迅小说时，莱尔更加注重再现原作风格；提供更多详尽的学术性注释；不再满足于仅用归化译法，而是试图再现原文读者的阅读体验，为此他用美式英语进行翻译，在人物对话翻译中甚至融入不少美国俚语表达法，以提升译文的可读性和可接受性。

---

① 杨、戴翻译了鲁迅全部白话小说，却未译《怀旧》。参见：顾钧.《怀旧》的三个英译本. 鲁迅研究月刊，2014(3)：34-36.

② Lu，H. Brothers. Lyell，W. A.(trans.). *Renditions*，1973(1)：66-72.

③ 莱尔认为，《故事新编》收录的"不是真正意义上的短篇小说，而是对古代神话、传奇故事或历史事件的改写，以达借古讽今之目的"。因此，他对鲁迅小说的研究和翻译均未涉及《故事新编》。详见：Lyell，W. A. The short story theatre of Lu Hsun. Chicago：University of Chicago (Doctoral Dissertation)，1971：vi.

④ 汪宝荣. 异域的体验——鲁迅小说中绍兴地域文化英译传播研究. 杭州：浙江大学出版社，2015：59-62.

（三）翻译老舍、张恨水：淬砺学术性翻译风格

本阶段莱尔出版了两本译作，即张恨水的长篇小说《平沪通车》①和老舍短篇小说合集《草叶集》（与博士生陈慧敏合译）②。莱尔选择翻译《平沪通车》，不是因为这是一部"鸳鸯蝴蝶派"畅销小说，而是因为它"通篇展露了作者社会批判的讽刺意识"③，即"对社会现实表示了严重关切"④。这显然符合莱尔的翻译选材惯习。莱尔选译老舍短篇小说，既延续了早年他对老舍的研究兴趣，也接续了《猫城记》翻译项目，即是其学者惯习和译者惯习共同使然。莱尔公开发表的老舍研究成果不多，其《猫城记》译本所附"译者导言"和《草叶集》所附"译者后记"⑤，都包含了他对老舍其人其作的深入思考和独到见解，可视为以副文本形式发表的学术成果。周蕾指出："学界普遍认为老舍是一位幽默的现实主义作家，而他很可能是国际声誉仅次于鲁迅的中国现代作家。"⑥由此可见，莱尔翻译、研究老舍作品是与他翻译、研究鲁迅小说高度关联的：一是考虑到他们在中国现代文学史上的地位，二是他们的作品符合其学者惯习和翻译选材惯习。不过，二人的写作风格其实有所不同：鲁迅的讽刺更辛辣，而老舍的讽刺较委婉，即"以幽默处理讽刺"，唯一的例外是讽刺针针见血的《猫城记》⑦。这两部晚期译作延续了莱尔学术性翻译的路向，但其翻译

---

① Zhang，H. S. *Shanghai Express：A Thirties Novel*. Lyell，W. A. （trans.）. Honolulu：University of Hawai'i Press，1997.

② Lao，S. *Blades of Grass：The Stories of Lao She*. Lyell，W. A. and S. W.-M. Chen（trans.）. Honolulu：University of Hawai'i Press，1999.

③ Bauer，D. J. Review of *Shanghai Express：A Thirties Novel*. *Asian Folklore Studies*，1998，57(2)：375.

④ Chen，J. G. Review of *Shanghai Express：A Thirties Novel*. *World Literature Today*，1998，72(3)：684.

⑤ Lyell，W. A. Translator's postscript：The man and the stories. In Lao，S. *Blades of Grass：The Stories of Lao She*. Lyell，W. A. and S. W.-M. Chen （trans.）. Honolulu：University of Hawai'i Press，1999：273-306.

⑥ Chow，R. Fateful attachments：On collecting，fidelity，and Lao She. *Critical Inquiry*，2001，28(1)：287.

⑦ 李越. 老舍作品英译研究. 北京：知识产权出版社，2013：185.

风格更显老到沉稳,这从有关译评可见一斑。鲍尔(D. J. Bauer)评论道:"由于莱尔富于想象力的翻译,英语读者会特别爱读张恨水引用的大量中国俗谚。"①陈建国指出:"莱尔出色的翻译抓住了这部通俗小说的精神实质,成功再现了20世纪30年代中国的景物和气味。令我印象尤其深刻的是他在适当地方添加的文化注释②。张恨水精通古典文学,其作品中文学典故、格言、俗语俯拾皆是,这些都需要感觉敏锐、内行的翻译,而熟稔中国文学文化的莱尔做得很好。"③威廉姆斯(P. F. C. Williams)评论指出:"莱尔和陈慧敏用娴熟的手法把原作的会话语气和说书人的俏皮话译成了英语","《草叶集》的翻译不仅出色,而且体现了学者特有的严谨……后者突出反映在每篇小说所附尾注和莱尔所写有注释的阐释性后记上,这些注释不仅普通读者读得懂,而且含有专业读者感兴趣的资料"④。

综上,作为纯粹的学者型译者,莱尔的文学翻译活动建基于其学术研究,服务于美国的中国现代文学教学与研究,且四部单行本译作均由学术出版社出版,因此他选择了一条学术性翻译的路子。莱尔的译者惯习可归纳为:在翻译选材方面,偏爱用讽刺或幽默手法揭露、批判中国社会现实的作品;在翻译取向方面,遵循学术性翻译的路子,尽量忠于原作的思想内容和文体风格;其翻译策略有两个鲜明特点:一是追求译文的学术性和充分性,即惯于采用诠释译法,借助大量翔实的注释为英语读者提供背景知识;二是惯用归化译法处理某些句子(尤其人物对话)和短语,注重译文可读性和目标读者反应。在30年翻译出版生涯中,莱尔的译者惯习不像葛浩文那样有明显的阶段性变化(参见第

---

① Bauer,D. J. Review of *Shanghai Express:A Thirties Novel*. *Asian Folklore Studies*,1998,57(2):376.
② 全书附有鲍尔认为"很有用的26条尾注"。
③ Chen,J. G. Review of *Shanghai Express:A Thirties Novel*. *World Literature Today*,1998,72(3):685.
④ Williams,P. F. C. Review of *Blades of Grass:The Stories of Lao She*. *World Literature Today*,2000,74(2):353-354.

七章)①。事实上,他的翻译选材取向和翻译策略逐步定型,学术性翻译的思想渐趋明晰,主要表现为撰写长篇译者导言、提供大量学术性注释、采用诠释译法等,同时其翻译风格愈显沉稳成熟。

莱尔翻译老舍《猫城记》,既受其翻译选材惯习驱使,更有其学者惯习的召唤——纠正詹姆斯·杜任意删节和有意误读原作的不当做法,推出一个忠实准确、学术性强的全译本。莱尔这种学术性翻译的做法获得了美国学术场域的认可,初步确立了他在翻译场域的职业声誉,从而鼓励他沿着这条道路坚定地走下去。此后,通过翻译鲁迅、张恨水、老舍的作品,莱尔继续参与翻译场域的实践,其译者惯习也在不断形塑中。由于这些翻译项目均由莱尔自主发起,译作均由学术出版社出版,莱尔得以按照学术翻译场域的运作规则,坚持学术性翻译的思想和做法,因此其译者惯习经历了逐步定型、强化的过程。随着翻译实践经验不断累积,其学术性翻译的思想更趋明晰,翻译风格也由青涩走向了成熟(详见第五节)。

## 第二节　莱尔译介鲁迅小说的动因

如上所述,莱尔翻译鲁迅小说的"初心"可追溯到 20 世纪 60 年代中期编写《鲁迅读本》,而他在撰写博士论文的过程中翻译 6 篇鲁迅小说,是为了弥补它们尚未英译发表或现有译文(指冯余声英译的《怀旧》)不完美的缺憾,因而标志着莱尔自主发起鲁迅小说翻译项目的开端,不过当时他并没有公开出版译作的计划。1976 年出版专著《鲁迅的现实观》后,莱尔对《呐喊》《彷徨》收录的鲁迅小说已是烂熟于心,难免有重译文学经典的想法。到了 1981 年,北京的外文出版社出版了杨宪益、戴乃迭合译的《呐喊》《彷徨》(分两册发行);同年,又与美国印第安纳大学出版社联合出版了《鲁迅小说全集》(《呐喊》《彷徨》之合集)。莱尔在"译者导言"中指出:

---

① 参见：Yan，J. A study on Howard Goldblatt's translation habitus from the Bourdieusian sociological perspective. Ji'nan：Shandong University（Doctoral Dissertation），2013.

"最近，杨氏夫妇分两册出版了鲁迅小说全译本(均在 1981 年出版)，因为他们是用英式英语翻译的，我至少可以自称是用美式英语全译鲁迅小说的第一人。"①由此推断，莱尔是在杨氏夫妇全译本出版后才决定翻译出版美式英语全译本的，也即正式发起鲁迅小说翻译项目(包括自行招募出版社)。

莱尔自主发起这个翻译出版项目，既有外因推动，也有内因驱使。外因即外部环境是：20 世纪 80 年代是美国鲁迅研究的"丰产期"，不少大学开设了鲁迅思想与作品课程，直接催生了对鲁迅作品重译本的需求。莱尔在提及杨、戴时没有指出杨译本是用 20 世纪 40 年代的英式英语翻译的，邓腾克则直率地指出："长期以来，读者对杨氏夫妇生硬拘谨的译文语言表示失望，他们的英式英语译文使美国读者更加疏远了原本就让他们觉得陌生的鲁迅小说。"②莱尔决定重译《呐喊》《彷徨》，一方面显然考虑到了杨译本的英文有些陈旧，美国读者不习惯读英式英语，满足不了美国的鲁迅作品教学之需。另一方面，杨、戴采用的是外文局机构翻译的模式，即在机构规范的约束下，他们总体上偏于直译，译文忠实准确，但灵动及流畅性不足，同时由于外文社对外发行图书没有明确的目标读者群(参见第五章)，杨、戴翻译时没有顾及学术性。在此背景下，这项用当代美国英语翻译出版一种学术性较强的译本③的任务历史性地落在了莱尔的肩上。

为什么重译鲁迅小说的任务会落在莱尔的肩上？回答这个问题需要考虑内因即译者的个人惯习。布迪厄把惯习界定为"实践的生产者"，即惯习驱使行动者做出某项行动决策，并采取某项行动策略，最终导致社会实践的发生。由此推论，莱尔自主发起鲁迅小说翻译出版项目是其惯习驱使的。莱尔是多年专注于鲁迅小说研究的学者，在 20 世纪 60 年代中

---

① Lyell，W. A. Introduction. In Lu，X. *Diary of a Madman and Other Stories*. Lyell，W. A.(trans.). Honolulu：University of Hawai'i Press，1990：xlii.

② Denton，K. A. Review of *Diary of a Madman and Other Stories*. *Chinese Literature：Essays，Articles，Reviews*(CLEAR)，1993，15：174.

③ 王际真译本直到 20 世纪 70 年代在美国仍受欢迎，但其学术性有欠缺。

期就编写了《鲁迅读本》，随后又试译了 6 篇鲁迅小说，直至出版专著。他之所以持续研究、翻译鲁迅小说，不只是因为鲁迅在中国现代文学史上的地位，更因为他对鲁迅小说情有独钟。莱尔在其博士论文"前言"中指出，"由于上述原因以及个人的偏好，本研究的重点是鲁迅短篇小说本身和作家本人"①；在专著"前言"中，他满怀信心地预测，"百年之后，《呐喊》《彷徨》这两本薄薄的集子，有可能作为 20 世纪的经典作品而被广泛传阅"②；在 1984 年的一次公开讲演中，莱尔坦言自己"爱读鲁迅的作品"，甚至认为"鲁迅是 20 世纪最有才华的人之一，也许十亿人中只有一人会有鲁迅的天赋"③，可见他对鲁迅的文学才华极为赞赏。最后，他在"译者导言"中指出，"为了描述《呐喊》《彷徨》收入的 25 篇小说，人们立即想到一个词——'经典'"，"除了本身的文学价值，这些小说的写作目的与鲁迅弃医从文的初衷本质上是一致的——试图改造中国人的国民性"④。可以推想，莱尔对鲁迅小说的挚爱成为其学者惯习的一个重要部分。

此外，莱尔与鲁迅及"鲁迅精神"高度契合，也驱使他翻译鲁迅小说。首先，两人都有职业转向的相似经历：鲁迅曾"弃医从文"，莱尔曾"弃军从文"（退伍后从事中国现代文学教学、研究及翻译）⑤。这使莱尔在情感上容易认同鲁迅。其次，莱尔原信天主教，后改信犹太教，因为他"提倡兼爱"，这与"悲天悯人地瞻顾中国社会，爱之深，恨之切"的鲁迅颇相似⑥。莱尔与鲁迅在心灵和思想上高度契合，这是他选择翻译鲁迅作品的一个重要原因。最后，《呐喊》《彷徨》中的大多数小说用讽刺或幽默手法揭露

---

① Lyell，W. A. The short story theatre of Lu Hsun. Chicago：University of Chicago（Doctoral Dissertation），1971：v.

② Lyell，W. A. *Lu Hsün's Vision of Reality*. Berkeley：University of California Press，1976：ix.

③ Lyell，W. A. Lu Xun today. *Journal of the Chinese Language Teachers Association*，1985，20(2)：91.

④ Lyell，W. A. Introduction. In Lu，X. *Diary of a Madman and Other Stories*. Lyell，W. A.（trans.）. Honolulu：University of Hawai'i Press，1990：xxxi.

⑤ 朱振武等. 汉学家的中国文学英译历程. 上海：华东理工大学出版社，2017：129-130.

⑥ 寇志明. 纪念美国鲁迅研究专家威廉·莱尔. 鲁迅研究月刊，2006(7)：89.

或批判中国社会现实，符合莱尔的翻译选材惯习。总之，职业惯习(包括学者惯习和译者惯习)和情感因素驱使莱尔发起该翻译出版项目。

## 第三节　莱尔招募出版社的运作机制及过程

项目发起行动方案必须基于有关行动者的惯习和资本的运作才能继续实施。莱尔自主发起鲁迅小说翻译项目后，接下去要做的是招募出版社，而后者不仅需要资本的保障，更需要借助于"招募出版社行动者网络"的构建与运作。本书第四章指出，声誉卓著的汉学家或海外华裔学者能成功招募西方出版社(尤其学术出版社)，这是因为他们在学术场域内公认的资历、学术地位和声誉(即文化资本)及其与大学、出版社等机构建立的工作关系和社会关系(社会资本)，能转化成可观的符号资本，从而"说服"出版社接受翻译出版选题。莱尔借以招募夏威夷大学出版社的也是这套运作机制。

首先，翻译出版《猫城记》帮助莱尔积累了初始符号资本，由此进入了英美的中国现当代小说翻译场域。德裔美国汉学家卫德明(H. Wilhelm)在《域外图书评论》上评论指出，"老舍无疑是国外最知名的中国现代小说家"，因为之前他出版了六部长篇小说和一部剧本的英译本；《猫城记》可说是一部"反乌托邦小说"，"辛辣讽刺了20世纪30年代初期中国的社会现实"，"老舍用辛辣的幽默展现的中国的现象令人憎厌，同时也令人捧腹"；不熟悉故事背景的读者会发现这本书值得一读，而对于那些了解当时中国现实的读者，"老舍巧妙的讽刺和精准的抨击展示了他独特的洞察力和出色的描述能力"；"译者导言介绍了老舍的生平，评论了其主要作品，不仅很有用，而且很有识见"[1]。当时已在美国汉学场域崭露头角的葛浩文高度评价莱尔翻译的《猫城记》，认为"莱尔译笔之高明，使该译著成

---

[1]　Wilhelm，H. Review of *Cat Country*. *Books Abroad*，1971，45(2)：361-362.

为未来从事翻译者的一个范例"①。事实上,莱尔的学术性翻译取向对葛浩文的早期译作有一定的影响(参见第七章)。此外,如上所述,沃赫拉赞赏莱尔用"流利上口"的英语进行翻译,誉之为注重译文可读性的一个典范;法国鲁迅研究专家露阿(M. Loi)在法国权威期刊《比较文学》上也发表了书评②。除了以上书评人的认可,莱尔译本的影响力还反映在流通范围和再版重印上:WorldCat 检索结果显示,截至 2017 年 2 月,全球有 385 家图书馆藏有莱尔译本,而仅有 56 家藏有詹姆斯·杜译本,说明前者的流通远好于后者;2013 年,企鹅图书集团澳大利亚分公司与中国分公司合作再版了《猫城记》莱尔译本③,并列入著名的"企鹅现代经典文库",此后多次重印,表明该译本在初版 40 余年后仍有影响力和市场销路。

其次,《鲁迅的现实观》确立了他在英美汉学界的地位和声誉。美国汉学家何谷理在《今日世界文学》杂志上评论道:该书首次考察了鲁迅早年的生活与其短篇小说的关系,"莱尔细致有趣的研究对所有想要了解现代中国历史、文学和价值观的读者都极为重要"④。加拿大汉学家王健(J. W. Walls)在《太平洋事务》杂志上评论指出:出于种种原因,"迄今没有北美学者敢于出版一本系统研究鲁迅及其小说的专著",莱尔的研究是"开拓性的",书中"提出了不少洞见"⑤。卜立德在《伦敦大学亚非学院学报》上评论指出,莱尔利用鲁迅弟弟的回忆录分析鲁迅小说里的人物与其原

① 戈德布拉特[葛浩文]. 评沃勒·兰伯尔的《老舍与中国革命》一书及小威廉·A. 莱尔的《猫城记》译本. 李汝仪,译. 徐州师范学院学报(哲学社科版),1985(1): 120.

② Loi,M. Review of *Cat Country*. *Revue de Littérature Comparée*,1972,46(4): 620-622.

③ Lao,S. *Cat Country*. Lyell,W. A. (trans.). Melbourne & Beijing: Penguin Books,2013.

④ Hegel,R. E. Review of *Lu Hsün's Vision of Reality*. *World Literature Today*, 1977, 51(3): 499.

⑤ Walls,J. W. Review of *Lu Hsün's Vision of Reality*. *Pacific Affairs*,1977,50 (2): 299.

型的关系,这不是妥当之法①,但莱尔在其他方面的见解和评论是"确当的",第十一章"故事的建筑师,语言的巧匠""确实写得很好",对《示众》的分析"尤其值得称道","富于启发性的评论"还散见于各处。卜立德的结论是:这本面向非专业读者的书"当然不是没有研究深度";更多专论鲁迅的书将面世,而莱尔的这本专著"完全有资格引领这股研究潮流"②。美籍华裔学者林毓生在美国《亚洲研究学刊》上评论道,该书的优长不在于对鲁迅生平和文学艺术的概论,而在于对鲁迅小说技巧及形式特点的分析,因而更适合专业读者;莱尔在第十一章"故事的建筑师,语言的巧匠"探讨了鲁迅小说的形式结构,包括重复、套式结构、声音与静默和安静与行动的对比等,分析了鲁迅整合中西短篇小说创作模式的能力及其融合故事背景和情节的高超技巧;更重要的是,"莱尔出色地论述了鲁迅不常用但生动的语言修饰及其简练的写作风格"。不过,林毓生也指出了该书的一个瑕疵:莱尔在概述小说情节、内容时会插入一些"平淡有时甚至带有误导性的概括,从而模糊、扭曲了鲁迅的天才"③。英国汉学家、美术史家苏立文(M. Sullivan)在《泰晤士报文学副刊》上评论指出,由于莱尔预设其读者没有读过鲁迅小说,他对故事内容的介绍难免有一些"烦人的重复","但莱尔全身心投入其研究对象中,生动地描绘了作为一个人和一个作家的鲁迅";"莱尔的论述紧紧围绕鲁迅本人、他的家庭、在日本的创伤经历而展开,故能接近当时还算年轻、尚未怨恨满腹的鲁迅的思想和内心,因此没有人会质疑他的最终结论:'直面别人避而不见的现实,说出别人缄口不言的话,这就是鲁迅的命运;但这样做并不轻松,他的现实观是在痛苦和失败中赢得的。他既义愤填膺,又悲天悯人地瞻顾中国社会,爱之

① 寇志明认为,莱尔的分析方法或许值得商榷,但他"功夫下得很大,学问很严谨","这本书为英语世界的学者探索了一条明亮的道路,有永久的价值"。详见:寇志明. 纪念美国鲁迅研究专家威廉·莱尔. 鲁迅研究月刊,2006(7):88.

② Pollard, D. E. Review of *Lu Hsün's Vision of Reality*. *Bulletin of the School of Oriental and African Studies*, *University of London*, 1978, 41(1): 189-190.

③ Lin, Y. S. Review of *Lu Hsün's Vision of Reality*. *The Journal of Asian Studies*, 1979, 38(2): 365-368.

深,责之切'"①。此外,刊载书评的还有德国《亚洲史杂志》②和捷克汉学名刊《东方文献》等③。

《猫城记》的翻译出版及其在英美学术界和教育界传播流通的成功,以及作为系统研究鲁迅及其小说的第一本英文专著《鲁迅的现实观》赢得的广泛学术认可,初步确立了莱尔在英美汉学界和翻译场的地位和声誉,为他招募合适的译作出版社积累了可观的文化资本。而这种文化资本在适当条件下又能转化为社会资本,使他有能力发起并建构一个"招募出版社行动者网络"。

再次,莱尔还充分利用了其在斯坦福大学的职位为他带来的社会资本。斯坦福大学是著名的私立研究型大学,其东亚语言文化专业在美国及全球一直名列前茅,也即其机构符号资本相当雄厚。在该系任教多年的莱尔自然可以"沾光",这有助于他与美国学术界、出版界及同行建立良好的关系。同时,莱尔利用自己在美国学术及教育场域的"占位",比较容易在学术出版社获得出版机会。葛浩文指出,对那些"不可能畅销但十分重要"的译作来说,大学出版社几乎是西方译者唯一可选的出版渠道④,而鲁迅小说正是这种不可能畅销的经典作品。那么,为什么莱尔选择了夏威夷大学出版社?该出版社成立于 1947 年,是全球出版亚洲与太平洋研究专业图书和期刊的主要机构之一,长期致力于出版亚洲文学翻译图书(例如,1979 年出版了《骆驼祥子》新译本⑤);1994—2001 年曾推出"英译中国现代小说"系列(Fiction from Modern China),由葛浩文任主编,共

① Sullivan,M. All passion pent:Review of *Lu Hsün's Vision of Reality*. *The Times Literary Supplement*,1978(3964):327.

② Lynn,R. J. Review of *Lu Hsün's Vision of Reality*. *Journal of Asian History*,1978,12(2):188.

③ Dolealová,A. Review of *Lu Hsün's Vision of Reality*. *Archív Orientální*,1979,47:199-200.

④ 葛浩文,林丽君. 翻译不是一人完成的. 姜智芹,译. 南方文坛,2019(2):38.

⑤ Lao. S. *Rickshaw*:*The Novel Lo-t'o Hsiang Tzu*. James,Jean M.(trans.). Honolulu:University of Hawai'i Press,1979.

出版了 12 本①，"再现了 20 世纪 80 年代以来中国大陆和中国台湾作家以及 1949 年前成名的作家小说创作的繁盛"②。莱尔继鲁迅小说之后翻译的《平沪通车》和《草叶集》均被收入其中，既说明该出版社一向认可其学术声望和翻译水准，也表明莱尔与该出版社及编辑有着长期、密切的合作关系。笔者对后者的推断依据是：莱尔在"前言"中特意提到名叫"Stuart Kiang"的华裔编辑，感谢他对自己的翻译很有信心③。总之，莱尔基于他拥有的充足的社会资本，选定了夏威夷大学出版社。

最后，我们推论莱尔是通过行动者网络的构建与运作来招募出版社的。其过程简要分析如下：莱尔在编定全部译作后，附上一篇很长的"译者导言"，连同出版选题申请提交给夏威夷大学出版社，正式启动其招募出版社的行动程序；出版社收到书稿后，指派策划编辑（可能是 Stuart Kiang）组织同行评议专家进行评议；策划编辑收到评议报告后反馈给译者，一般会要求译者根据评议意见修改译文；策划编辑把经过修改的书稿提交给大学出版社董事会进行终评；如终评通过，书稿随即进入编辑、出版流程。至此，译者招募出版社的行动顺利完成。上述招募过程中，同行评议至关重要，而译者提出的出版选题能否被同行评议专家认可通过，既依靠他在学术场域内公认的资历、地位和声誉（文化资本），也有赖于他与同行评议专家的合作和社会关系（社会资本），还取决于作品的主题和文学艺术价值，以及译文的质量（语言文学资本）。以上个人资本莱尔都具备了，而鲁迅小说的重要性及价值是无可置疑的；莱尔的翻译能力已被美国学术界公认，其学术性翻译容易得到评议专家的认同和好评。有了这些资本，招募学术出版社可说是成功在望。莱尔唯一要做的是让同行评

---

① 出版书目详见：https://uhpress.hawaii.edu/bookseries/fiction-from-modern-china/.

② Kinkley，J. A bibliographic survey of publications on Chinese literature in translation from 1949 to 1999. In Chi，P.-Y. & Wang，D. D.-W.（eds.）. *Chinese Literature in the Second Half of a Modern Century：A Critical Survey*. Bloomington & Indianapolis：Indiana University Press，2000：247.

③ Lyell，W. A. Preface. In Lu，X. *Diary of a Madman and Other Stories*. Lyell，W. A.（trans.）. Honolulu：University of Hawai'i Press，1990：viii.

议专家及出版社决策者相信:他重译鲁迅小说既是必要的,也是很有意义的。而这一点对他来说并不难(参见第二节)。

莱尔招募夏威夷大学出版社出版了他的鲁迅小说全译本,有赖于其《猫城记》译本和专著《鲁迅的现实观》为他积累的文化资本、任教于斯坦福大学为他带来的社会资本与鲁迅小说中英文本蕴含的语言文学资本。借助于各种形式的资本及转化,经莱尔发起并由大学出版社、策划编辑、同行评议专家、鲁迅小说中英文本等参与的"招募出版社行动者网络"得以顺利构建和运作,最终帮助莱尔获得了出版译作所需的经济资本和图书营销流通网络。

## 第四节　莱尔译本翻译生产过程略述

因相关资料缺乏,笔者对莱尔译本的翻译、编辑、出版过程所知不多,只能基于手头资料略作推论。显然,莱尔翻译鲁迅小说采用了学术性翻译模式及过程。一方面,他的翻译含有学术写作的成分,主要体现在用长篇"译者导言"介绍、评述鲁迅生平、思想、作品及成就,并说明其翻译目标、原则、方法及已出版的重要译本,还体现在译文正文前提供"读音说明"①,详细注明西方读者读不准的中国人名、地名等的读音。此外,基于对鲁迅生平及其家族背景资料(包括作品人物原型)的掌握,莱尔添加了大量确切、详细的脚注,不仅提供了丰富的中国历史文化信息,也能帮助英文读者了解鲁迅的创作意图。另一方面,为使译作尽量准确和富有学术性,莱尔构建、运作了一个"释疑解惑行动者网络"。不过,这里的"行动者"主要是作为非人类行动者的文本,即莱尔在解读原作和翻译过程中重点参考的几本书:《鲁迅小说里的人物》《知堂回想录》《五四运动:现代中国的知识革命》《我所认识的鲁迅》。参阅这些包含鲁迅生平资料的书,不

---

① Lyell, W. A. A note on pronunciation. In Lu, X. *Diary of a Madman and Other Stories*. Lyell, W. A. (trans.). Honolulu: University of Hawai'i Press, 1990: xliii-l.

仅有助于莱尔深入了解鲁迅小说创作的缘由和意图，把握作品的思想内容和形式技巧，而且促使他在翻译中插入大量注释，从而提高了译作的学术含量。然而，人们在回忆时往往拔高、美化或贬低、丑化有关个人，或有意遮蔽某些内容，因此回忆录并不完全可靠。莱尔过于依赖这类传记资料，有时会做出不妥当的判断和结论，从而误导英文读者，反而损害了译作的忠实与准确。此外，参与释疑解惑行动的还有莱尔请教过的有关人士。莱尔在"前言"中提到，"感谢帮助我读懂并热爱鲁迅小说的我的学生、同事、友人及家人"①。他至少提到了一个"友人"：任职于北京鲁迅博物馆的彭小苓，为他解释了《离婚》中次要人物"八三"背后的绍兴命名习俗②。

关于该书的编辑过程，笔者仅掌握一条线索：莱尔特别感谢了文字编辑维尔斯玛（G. Wiersma），称其"编辑工作既仔细又有创造性"③。最后值得一提的是《阿Q正传》译文中插入的17张连环画，描绘了阿Q被闲人在墙壁上碰响头、与王胡比赛捉虱子、被假洋鬼子用"哭丧棒"打头、调戏吴妈未遂后被地保教训、在当铺质押棉被、在钱府照壁前与"仇人"小D相遇、两人的"龙虎斗"、阿Q在供状上画花押、被五花大绑枪毙等场景。根据英译本版权页说明，这些插图出自著名海派书画家程十发（1921—2007）之手，取自1962年上海人民美术出版社出版的《阿Q正传一零八图》一书。鉴于其他作品未配插图，这些声情并茂的连环画无疑有助于凸显《阿Q正传》的重要性，也提高了阅读的趣味。寇志明指出，借用这些插图是莱尔的主意，它们"妙趣横生"，却"令人遗憾地柔化了鲁迅用他那支无情的笔塑造的人物形象"④。

---

① Lyell，W. A. Preface. In Lu，X. *Diary of a Madman and Other Stories*. Lyell，W. A.（trans.）. Honolulu：University of Hawai'i Press，1990：viii.

② Lu，X. *Diary of a Madman and Other Stories*. Lyell，W. A.（trans.）. Honolulu：University of Hawai'i Press，1990：377（Note 2）.

③ Lyell，W. A. Preface. In Lu，X. *Diary of a Madman and Other Stories*. Lyell，W. A.（trans.）. Honolulu：University of Hawai'i Press，1990：viii.

④ Kowallis，J. Review of *Diary of a Madman and Other Stories*. *The China Quarterly*，1994（137）：284.

以上分析不够具体完整,且以推论为主,却旨在阐明翻译生产过程对译本面貌的影响,尤其是莱尔采用学术性翻译模式对译本的重要影响。

## 第五节　莱尔译本质量、特色及翻译策略

鲁迅小说王际真译本和杨译本分别初版于 1941 年和 20 世纪 50 年代中期(后者在 1981 年出《呐喊》《彷徨》全集最终版),其间未出新的英译本,因此这两种译本在 80 年代仍有影响,尤其杨译本"差不多成了全美高校使用的鲁迅小说唯一译本"①,莱尔自然立志要超越它们。王译本主要以通用英语翻译,译文流畅可读,大体上忠于原文,有学术性翻译的成分(参见第四章)。杨译本以"准确可靠"见长,用 40 年代的英式英语翻译,流畅性与可读性有所欠缺(参见第五章),不追求学术性,表现为"脚注太少""未附上有学术含量的译者导言"等②。以下分析莱尔译本的质量、特色及翻译策略,以检验它是否超越了王译本和杨译本。

莱尔译本的特色之一是学术色彩很浓,主要体现在正文前附有长篇"译者导言"和"读音说明",以及借助大量脚注提供背景信息。这是其学者惯习使然③:作为鲁迅研究专家,莱尔翻译时不仅把自己的研究成果融入导言和译文中,而且广泛吸收了中国和国际鲁迅研究成果。莱尔指出,他的翻译底本是 1981 年北京人民文学出版社版《鲁迅全集》,"这个优秀版本提供的大量注释对我很有帮助"④。此外,他还重点参考了周策纵、许寿裳等人的书。莱尔译本是迄今注释最多最详尽的鲁迅小说英译本(仅

---

① Liu, L. H. Review of *Diary of a Madman and Other Stories*. *Modern Chinese Literature*, 1989, 5(2): 352.

② Duke, M. S. Review of *Diary of a Madman and Other Stories*. *World Literature Today*, 1991, 65(2): 363.

③ 徐敏慧认为,文外注释展现了译者的关注焦点及学术功底,故为学术型译者所偏爱。详见:徐敏慧. 汉学家视野与学术型翻译:金介甫的沈从文翻译研究. 中国翻译, 2019(1): 66.

④ Lyell, W. A. Preface. In Lu, X. *Diary of a Madman and Other Stories*. Lyell, W. A.(trans.). Honolulu: University of Hawai'i Press, 1990: vii-viii.

《阿Q正传》就有67条脚注）。莱尔指出，他在翻译时提供了大量注释，或许有"过多之失"，因为对了解中国历史文化的专业读者来说，有的注释可能显得多余；然而，"为确保读者对原文的理解（有时或是误解）与译者所理解的大致相同，译者应为他们提供足够的背景资料，还应设法为译本赢得尽可能多的读者"，而不是仅仅满足于吸引专业读者①。由此可见，莱尔这样做是出于对目标读者的设定，即同时面向专业读者和大众读者。为鲁迅小说涉及的历史及文学典故、社会文化背景、地方风土习俗等阅读难点提供详尽的注释，是莱尔注重译作学术性的又一突出表现，但对文学翻译来说，这种做法利弊并存，故往往毁誉参半。邓腾克评论指出："注释把读者的注意力从正文转移开去，从而打断阅读流。大量的注释给这些文学文本带来一种学术气息"；要不要加注是一个"长期争论不休的翻译难题"，"对西方读者接受外国文本影响甚大：背景信息不足，读者会大惑不解；注释提供的信息过多，一个文学文本就成了社会历史文献"②。寇志明则指出："莱尔以一个细心学者特有的方式提供了信息丰富、有时妙趣横生的脚注。"③莱尔提供的脚注大多内容确切、精当，有的甚至妙趣横生。捧读莱译的读者不仅可以借助这些注释更好理解原文，增长中国文化背景知识，而且可以提升阅读趣味。

特色之二是努力再现鲁迅小说的风格，尤其文白杂糅的特点（王际真和杨、戴都没有设法再现），有效保留了原作的文学性。莱尔在"译者导言"中指出：

> 翻译鲁迅小说颇为不易，因为像他钦敬的俄国作家果戈理一样，鲁迅是一位风格大师，也即读他的作品时我们不仅记得他说了什么，而且记住了他是怎么说的。他的叙事声音与他的思想一样独

---

① Lyell，W. A. Introduction. In Lu，X. *Diary of a Madman and Other Stories*. Lyell，W. A.(trans.). Honolulu：University of Hawai'i Press，1990：xlii.

② Denton，K. A. Review of *Diary of a Madman and Other Stories*. *Chinese Literature：Essays，Articles，Reviews*(CLEAR)，1993，15：175.

③ Kowallis，J. Review：Interpreting Lu Xun. *Chinese Literature：Essays，Articles，Reviews*(CLEAR)，1996，18：154.

特。……由于鲁迅小说与风格不可分割,我尝试用英文把鲁迅的风格多少有点再现出来。……鲁迅风格的特点之一是文言与白话形成鲜明的对比。……鲁迅几乎总用讽刺的口吻引用文言,以贬损文言所代表的旧传统,这种风格特别适合鲁迅小说的意图。但由于在英语中不容易找到一种与文言相当的古典语域,鲁迅文白杂糅的风格难以在译文中反映出来。①

为了再现原文的这种语域差别,莱尔有时用一种夸张的古雅文体,或用大写字体或斜体突显某些单词和词组,或给不押韵的原文句子押韵,有时则以上诸法并用。例如,鲁迅用"之乎者也"表现孔乙己的穷酸迂腐,莱尔特意选用古雅英文词"lo""forsooth""verily""nay"加以对译,并用斜体标出②。又如,莱尔选用庄重典雅的维多利亚时代英语翻译《狂人日记》中用文言写成的序,而用美式英语翻译日记正文,有效再现了鲁迅文白杂糅的风格③。再如,《社戏》的隐含叙述人"我"说母亲的乡下老家平桥村是他的"乐土",因为他在这里"不但得到优待,又可以免念'秩秩斯干幽幽南山'了"④。该文言文句出自《诗经·小雅·斯干》,据汉代郑玄注:"秩秩,流行也;干,涧也;幽幽,深远也。"其意思是溪涧之水蜿蜒流淌,南山景致青翠幽深。莱尔把"又可以免念'秩秩斯干幽幽南山'了"译作"I wasn't forced to read all that *Percolate*, *percolate doth the rill* / *Distant*, *distant lieth the hill* stuff"(斜体为译文所有,p. 206)。在文言文句对应译文中,"rill"指溪涧,"percolate"指潺潺流动,不仅意义上忠于原文,而且莱尔并用了同词重复(percolate、distant)、押尾韵(rill、hill)、选用古英文

① Lyell,W. A. Introduction. In Lu,X. *Diary of a Madman and Other Stories*. Lyell,W. A.(trans.). Honolulu:University of Hawai'i Press,1990:xxxix-xl.
② Lu,X. *Diary of a Madman and Other Stories*. Lyell,W. A.(trans.). Honolulu:University of Hawai'i Press,1990:43.
③ 这个"至关重要的风格特征",不仅杨译本没有再现出来,就连蓝诗玲译本也没有做到。详见:Kowallis,J. E. On translating Lu Xun's fiction. *Studia Orientalia Slovaca*,2012,11(2):204.
④ 鲁迅. 鲁迅小说全编. 北京:人民文学出版社,2006:147. 以下引用时仅在正文中标明页码。

词(doth、lieth)等手段,在形式及风格上也很贴近原文,显得古雅味十足,琅琅诵之,能让人想见一个摇头晃脑读书的私塾学童。而上句在以"准确可靠"著称的杨译中却被干巴巴地译成"but here I could skip reading the *Book of Songs*"①。无怪乎邓腾克指出:"杨、戴回避了翻译该文言句的难题",而"莱尔的译文让人觉得更贴近原文"②。此外,上例在两种译本中均有脚注,但风格不同:杨、戴把"*Book of Songs*"短注为"The earliest anthology of poetry in China and part of every school curriculum."(回译:《诗经》是中国最早的诗歌总集,学堂私塾必授之内容),而莱尔是给引文本身作注:"Quotation from the *Poetry Classic*, whose archaic language was a headache for young students, however attractive it may sound to English-speaking readers of translations by Waley, Pound, and others." 莱尔试图解释为何隐含叙述人不愿意念《诗经》,顺便指出韦利、庞德的译文悦耳可诵,可见其读者意识更强烈。

特色之三是惯用文内增益译法即他所称的"诠释性翻译"③。莱尔在《怀旧》"译后记"("A note on the translation")中指出:"总体上,翻译这篇作品我用的是诠释性翻译(interpretive translation),对原文读者会自行补足的那些内容和信息,我尽量也为英文读者补足。"④这种不少学者型译者采用的方法(又如翻译《红楼梦》的霍克斯、《西游记》英译者余国藩),不仅此前没有一位鲁迅小说英译者系统尝试过(王际真也用过,但远不及莱尔用得多),而且与传统翻译观有所背离。寇志明指出,"莱尔教授用一个

---

① Lu, X. *The Complete Stories of Lu Xun*. Yang, X. Y. & Yang, G. (trans.). Bloomington: Indiana University Press; & Beijing: Foreign Languages Press, 1981: 141.

② Denton, K. A. Review of *Diary of a Madman and Other Stories*. *Chinese Literature: Essays, Articles, Reviews*(*CLEAR*), 1993, 15: 175.

③ 文外注释和文内解释被视为"学术型厚翻译策略"。详见:徐敏慧. 汉学家视野与学术型翻译:金介甫的沈从文翻译研究. 中国翻译, 2019(1): 65-66.

④ Lyell, W. A. *Lu Hsün's Vision of Reality*. Berkeley: University of California Press, 1976: 327-328.

富有创造力作家的热情和活力翻译鲁迅小说,这有时会引起争议"①。诠释译法的表现之一是在译文中添加衔接性或解释性语句,以改善原文的转接启承或解释含混晦涩之处。例如:

> 莫非她翻了车么? 莫非她被电车撞伤了么? ……我便要取了帽子去看她,然而她的胞叔就曾经当面骂过我。(《伤逝》,第265页)

上引文字描写涓生焦急等待子君时的思想活动。"我"久候子君不着,想去找她,但突然想到"她的胞叔就曾经当面骂过我"。那么"我"接下去会怎么办,是立即出门去找她,还是逡巡不前? 对此读者必然有所期待。让读者颇感突兀的是,下文却紧接着说子君出现了——"蓦然,她的鞋声近来了……"译者显然察觉到此处句子间衔接转承有问题,因而做了增译处理(见笔者所加的斜体部分):

> Had her rickshaw overturned? Had she been hit by a trolley? *Beset by such worries*, I grabbed my hat and decided to go to her place. *But just as I was on the point of leaving*, *I remembered how her uncle had once warned me to keep away* and had called me ugly names. (p. 339)

又如,"同寓的白问山虽然是中医,或者于病名倒还能断定的,但是他曾经对他说过好几回攻击中医的话:况且追请普大夫的电话,他也许已经听到了……"(《弟兄》,第289页)引句中最后一个"他"指中医白问山,本来这是清晰无误的,但这里作者接连用了三个"他",造成人称指代混乱。其实,只要联系后续的"然而他终于去请白问山"一句,就不难做出正确推理:沛君打电话去请西医普大夫给他弟弟看病,普大夫却迟迟不到;情急之下,沛君想到让中医白问山来看看,但又猛然想起自己当面得罪过对方,同时担心电话已被同寓的白问山听到;最后,他还是硬着头皮去请中医。为了帮助英文读者理清头绪,莱尔翻译最后一句时采用了还原人名

---

① Kowallis, J. Review: Interpreting Lu Xun. *Chinese Literature: Essays, Articles, Reviews* (*CLEAR*), 1996, 18: 154.

的方法(斜体为笔者所加):"... What was more, *Dr. Bai* might well have heard that *Peijun* was trying to telephone the German doctor..." (p. 366)①

　　莱尔的诠释译法有其可取之处,即帮助一般英文读者读懂原作。然而,鲁迅小说"用字造句都经过千锤百炼,故具有简洁短峭的优点"②。莱尔喜欢为作者代言,有时难免诠释过度或解释失当,从而误导英文读者。另外,过多的文内解释会导致译文冗长,其结果是偏离"再现鲁迅的风格"这个翻译目标更远了。例如,"我们年纪都相仿,但论起行辈来,却至少是叔子,有几个还是太公,因为他们合村都同姓,是本家。"(《社戏》,第147页)原文交代叙事人"我"住在鲁镇,有时跟母亲去外祖母家住几天,"那地方叫平桥村"。引句中作者虽然说"他们合村都同姓,是本家",却没有明说该村人姓什么,莱尔却大胆译为"... for everyone in the village had my mother's maiden name *Lu*, and thus we were all related."(p. 206)莱尔可能这样推断:鲁迅母亲鲁瑞的娘家姓是"鲁"→鲁迅小说里的鲁镇人都姓"鲁"→"我"的母亲的娘家在平桥村→"他们合村都同姓"→村里人自然都姓"鲁"。上述推断基于莱尔对鲁迅小说的"传记性解读",即预设鲁迅的生平与作品是高度关联的(如把鲁迅母亲视同于叙事人的母亲),这样做显然很不可靠。美籍华裔学者刘禾(Lydia H. Liu)指出:莱尔在脚注中引述了很多鲁迅的生平资料,试图对鲁迅作品进行"传记性解读",即在作者生平与作品之间建立联系,如把鲁迅与其弟跟《弟兄》中的沛君与靖甫联系起来,这样做"充其量只会误导读者","其结果是读者对文学作品及其创作有了一种极其天真的看法"③。

　　莱尔一方面倾向于增译,另一方面偶尔也会轻度删削原文,或因一时

---

① 比较有明显误译的杨译:"... besides, he'd already asked several times for the Western doctor, who might have had a telephone call by this time...."(p. 277)

② 苏雪林.《阿Q正传》及鲁迅创作的艺术//彭小苓,韩蔼丽. 阿Q 70年. 北京:北京十月文艺出版社,1993:96.

③ Liu, L. H. Review of *Diary of a Madman and Other Stories*. *Modern Chinese Literature*, 1989, 5(2):353.

疏忽造成漏译。兹举几例略加分析。刘禾指出:"出于某种令人费解的原因,莱尔决定删除《狂人日记》序中虚构编辑评论狂人行为的一整段"①,而这段文字对小说至关重要,莱尔这种"漠然的做法"是"不能原谅的"②。邓腾克指出,莱尔删去了《狂人日记》序中的最后一行——"至于书名,则本人愈后所题,不复改也",这"令人感到奇怪"和"遗憾",因为鲁迅小说本就极为简洁,而该句对理解这篇小说的"双重反讽"又至关重要:"在充斥着野蛮和欺骗的世界里,狂人本是其真相的反讽见证者,而最后他加入疯狂压迫他人的社会,并在病愈后承认自己曾是疯子。"③如果说以上二例属于"令人费解""不能原谅"的删削,那么下面一例大致上是可以解释的:"老栓一手提了茶壶,一手恭恭敬敬地垂着;笑嘻嘻的听。满座的人,也都恭恭敬敬的听。"(《药》,第24页)莱尔译本对应的译文中没有"满座的人,也都恭恭敬敬的听"这句(p. 53),笔者推测译者考虑到该句有所重复而加以删除,但也可能是一时疏忽造成了漏译。事实上,究竟是译者有意删削还是无意漏译,有时难以判别。

此外,莱尔译本中还有少量误译,尤见于歧义句或无主句的翻译。例如:"他们的牙齿,全是白厉厉的排着,这就是吃人的家伙。"(《狂人日记》,第3页)"家伙"可指工具或器物,故句中"家伙"指牙齿,不是吃人者。莱尔误以为是指后者,故译为"Those people are cannibals!"(p. 32)又如:"这船从黑魆魆中荡来,乡下人睡得熟,都没有知道;出去时将近黎明,却很有几个看见的了。"(《阿Q正传》,第94页)这里的"船"是指举人老爷派来到赵家寄存宝物的大乌篷船,为避人耳目,特意在夜色中来回,因此"出

---

① 被删的这段文字是:"持归阅一过,知所患盖'迫害狂'之类。语颇错杂无伦次,又多荒唐之言;亦不著月日,惟墨色字体不一,知非一时所书。间亦有略具联络者,今撮录一篇,以供医家研究。"寇志明也注意到删减现象,但认为这是莱尔"无意中漏掉的"。详见:Kowallis, J. Review: Interpreting Lu Xun. *Chinese Literature: Essays, Articles, Reviews*(*CLEAR*), 1996, 18: 162.

② Liu, L. H. Review of *Diary of a Madman and Other Stories*. *Modern Chinese Literature*, 1989, 5(2): 353.

③ Denton, K. A. Review of *Diary of a Madman and Other Stories*. *Chinese Literature: Essays, Articles, Reviews*(*CLEAR*), 1993, 15: 176.

去时将近黎明"句中缺省的主语是"这船",指船在天亮前离开未庄。莱尔却误以为是"乡下人大清早出门",故译作"When they left their homes before dawn next morning"(p. 147)。再如,《阿 Q 正传》"大团圆"写到阿 Q 画圆圈(画花押)而不圆,觉得很没有面子,但接着他想:"孙子才画得很圆的圆圈呢。"此处"孙子"可指骂人的话,也可指阿 Q 的孙辈。鲁迅的解释是:"我孙子才画得很圆的圆圈呢。"①可见该句应解读为阿 Q 至死还不忘运用他的"精神胜利法",与"我的儿子会阔得多啦"背后的心理机制完全一致。莱尔把"孙子"误作詈辞,故译为"It would take a real jackass to draw a nice round circle anyway"(p. 166)②。

据笔者统计,这种删削或漏译、误译实例并不多,却降低了译文的忠实度和准确性,使莱尔译本在准确可靠方面略逊于杨译本③。

最后,莱尔译本还倾向于采用归化译法(尤其在语言层面上),突出体现在选用美式英语进行翻译,人物对话翻译中甚至杂有美语俚语。莱尔指出:"我尝试再现自己用中文读鲁迅作品的体验,因此在翻译过程中时常问自己——'假如鲁迅的本族语是美式英语,这个地方他会怎么说?'";"这样翻译有不准确的风险,但我希望自己的翻译仍忠实于鲁迅的文本"④。莱尔的这种策略选择同样利弊并存,故会引起争议。邓腾克认为:"完全再现原文读者的阅读体验当然是幻想,但译者不应该放弃这个理想";由于美国读者普遍不习惯读杨、戴的英式英语,"莱尔用美式英语翻译是一个重要策略,使美国读者更容易读懂鲁迅小说";"根据中国现代小说译界标准,莱尔的翻译可说是自由一派的,但事实上他很少偏离原文太远"⑤。英国学者坦布林(J. Tambling)则认为,莱尔用"生动活泼、俚俗的

① 鲁迅. 致山上正义. 鲁迅全集:第十四卷. 北京:人民文学出版社,2005:190.
② "jackass"是骂人的粗话,本义是"公驴",引申为"笨蛋、傻瓜"。
③ 杨译本很少删削或漏译,但也有少量误译,如上文讨论的"白问山"一例;又如把上例中"孙子"误作"idiots"(p. 110)。
④ Lyell, W. A. Introduction. In Lu, X. *Diary of a Madman and Other Stories*. Lyell, W. A. (trans.). Honolulu: University of Hawai'i Press, 1990: xl.
⑤ Denton, K. A. Review of *Diary of a Madman and Other Stories*. *Chinese Literature: Essays, Articles, Reviews*(*CLEAR*), 1993, 15: 174-176.

美式英语"翻译鲁迅的白话文,"其结果有时看似是释义",但美式英语是否适合鲁迅笔下的中国尚待商榷,"这样做有把鲁迅变成准美国人的风险",使美国读者无法读到鲁迅作品中那些非美国的元素;莱尔的翻译把鲁迅置于美国语境下,而其学术性注释却试图阐明鲁迅小说的中国语境,两者形成了"鲜明的反差"①。此外,杨、戴翻译鲁迅作品时追求"一种朴素的、国际通用的英文风格",故在与来访的外国朋友交谈时,曾私下里嘲笑莱尔把鲁迅小说译成了美式英语②。

平心而论,莱尔的归化翻译手法颇为高超,有的甚至令人拍案叫绝。例如:"况且有一回看见小 D,愈使他气破肚皮了。"(《阿 Q 正传》,第 100页)"气破肚皮"指某人憋了满肚子的气,快要爆破肚子了,形容极度愤怒。英语中没有与"气破肚皮"对应的表达法,故莱尔译为"That was the straw that broke the camel's back"(p. 156)。"压垮骆驼的稻草"比喻"忍无可忍",含义与"气破肚皮"并不对应,却很好表达了阿 Q 此刻的感受。再看译成美语俚语的一例:"他们会报丧似的急急忙忙钻狗洞,巴结人……"(《离婚》,第 306 页),莱尔译作"They've learned how to run their buns off, ass-kissin' everyone in sight—"(p. 386)。句中"报丧""钻狗洞"均为绍兴方言詈辞:前者轻则是对某人急忙赶路的狼狈相的奚落,重则是咒对方或其亲人死;后者借喻"钻营",即巴结有权势的人。莱尔用美俚短语"run their buns off"("buns"指"屁股",有"急忙、拼命快跑"之意)翻译"报丧",用粗俗俚语词"ass-kissing"(字面义为"吻某人屁股",引申为"溜须拍马")对译"钻狗洞"及"巴结人",不仅形象生动,而且十分准确。看到这样的译文,美国读者会觉得亲切可读,而习惯于读英式英语的可能会感到有些不舒服。这正是"方言对译法"的利弊所在。

但是,其归化手段也有运用不当之处。例如,"红眼睛阿义……已经气破肚皮了。他还要老虎头上搔痒,便给他两个嘴巴!"(《药》,第 26 页)

---

① Tambling, J. *Madmen and Other Survivors: Reading Lu Xun's Fiction*. Hong Kong: Hong Kong University Press, 2007: 5.

② Kowallis, J. E. On translating Lu Xun's fiction. *Studia Orientalia Slovaca*, 2012, 11(2): 206.

此处"老虎头上搔痒"指革命者夏瑜不自量力，胆敢冒犯"老虎"（这里指牢头）之威，莱尔译为"go rub salt in the wound"（p. 55），其字面义是"往伤口上擦盐"，引申为"使糟糕的情况进一步恶化"。该归化翻译改变了原文比喻的意象，更严重的是如莱尔预见的那样"不准确"。

事实上，莱尔并非一味进行归化处理，其学者身份决定了他不会抛弃忠实原则；这种"忠实"或许不是语言形式上的，但至少是在精神实质上。此外，在处理典故、成语或中国文化专有词时，莱尔似乎更倾向于采用异化翻译，即音译或直译（一般辅以注释，此处从略）。例如，"衙门"（*yamen*，p. 84），"清明节"（The Clear-and-Bright Festival, p. 56），"道台"（Daotai, p. 95），"哭丧棒"（wailing stick, or *kusang bang*, p. 119），"忘八蛋"（Turtle's egg, p. 127），（念佛语）"阿弥陀佛"（Buddha preserve us, p. 138），"孝敬钱"（filial donation, p. 145），"三更四点"（on the Fourth Stroke of the Third Watch, p. 147），"而立之年"（the age when, like Confucius, he should have "stood firm", p. 125），"士别三日便当刮目相待"（*After an absence of even three day / A scholar-official rates a fresh gaze*, p. 139），"性相近（习相远）"（*Though in customs they may drift apart / All men share one nature at the start*, p. 174）。同时，归化翻译的例子也不少，如"地保"（local sheriff, p. 103），"赛神节"（festival of thanksgiving to the gods, p. 113），"塞翁失马，安知非福"（losing can sometimes be a blessing in disguise, p. 113）。确如王宏印所指出，在处理《阿 Q 正传》中的文化词语时，莱尔的翻译方法是"归化和异化兼有，音译和意译并举"①。

以上分析表明，莱尔在翻译生涯初期形塑的学术性翻译（撰写长篇译者导言、提供大量注释、采用诠释译法等）和用流利上口的英语翻译的惯习，在鲁迅小说翻译中进一步强化，同时其学术性翻译的思想更趋明晰，翻译风格也走向成熟，突出表现在：更加注重再现原作风格；提供更多详尽的学术性注释；不再满足于仅用归化译法，而是试图再现原文读者的阅

---

① 王宏印. 中外文学翻译经典教程. 北京：高等教育出版社，2007：182.

读体验,为此他用美式英语进行翻译,在人物对话翻译中甚至融入美国俚语表达法,以提升译文的可读性和可接受性。

如以"忠实准确、流畅通顺"为翻译质量评估标准,莱尔译本在忠实准确方面明显胜过王译本,但略逊于杨译本(如果"忠实"还涉及风格再现这一维度,那么在这一点上杨译本不及莱尔译本);在流畅通顺方面略超过王译本,而远远胜过杨译本,且其翻译语言的生动活泼与俚俗有趣是其他译本(包括蓝诗玲译本)难以企及的①。如以"学术性"为评价标准,莱尔译本无疑是迄今为止学术含量最高的鲁迅小说英译本。总括而言,莱尔译本在多方面超越了王译本和杨译本,在翻译策略方面也最具个性。他频繁采用文内诠释译法和文外注释法,用美式英语进行归化翻译(包括用美俚翻译对话),这些都触及翻译本质问题,因而容易引起争议,也会影响读者的接受。

## 第六节　莱尔译本在英语世界的传播与接受

### 一、莱尔译本在英语世界的接受

#### (一)全球馆藏量

1990 年 9 月,夏威夷大学出版社同时推出《〈狂人日记〉及其他小说》精装本和平装本。据笔者了解,此后似乎没有再版或重印过。WorldCat 检索结果显示,截至 2017 年 2 月,收藏该书的全球图书馆有 1444 家,而王译本 1941 年哥伦比亚大学版和杨、戴合译的 1981 年版《鲁迅小说全集》的馆藏量分别是 187 家和 323 家,表明莱尔译本在全球图书馆系统的传播流通范围及影响力远大于这两个早期译本。再者,从馆藏该书图书馆所在的主要英语国家分布情况看,美国占绝对多数(笔者人工统计结果为

---

① 在评价莱尔的译文时,王宏印用了"有创造性""十分精彩""十分生动""十分贴切、耐读""简直叫人拍案叫绝""妙趣横生"等词语。详见:王宏印. 中外文学翻译经典教程. 北京:高等教育出版社,2007:178-182.

1096 家图书馆,占 76%),加拿大、澳大利亚分别有 60、20 家图书馆藏有该书,而英国仅有 12 家图书馆藏有该书,且牛津大学、剑桥大学等重量级大学都没有收藏。可见莱尔译本的流通范围及影响主要在美国,在英国及其他主要英语国家的影响相当有限。可以推断的是,莱尔译本的美式英语风格使英国读者感到不习惯,因而英国的图书馆采购该书不太热心,而加拿大与美国接壤,很多英语读者习惯于美式英语,因而馆藏量大于英国。最后,由于莱尔译本学术性强,且由大学出版社出版,教育功能突出,特别适合馆藏,即主要面向学术界和图书馆,而不是商业图书市场,因而馆藏量大在情理之中。至于销售情况,笔者找不到具体数据,但因未能进入国际商业图书销售渠道,其购买主体应是美国的专业读者及大众读者;由于读者很容易在学术图书馆和公共图书馆借到该书,很大程度上会影响其销量①。

(二)学术及社会认可

莱尔译本学术性强,质量上乘,忠实通顺兼备,在不少方面超越了王译本和杨译本,因而出版至今获得广泛国际认可,尤见于学术场域及文艺场域,具体体现为被重要文献引用或推荐、进入图书或作家排行榜等。以下列出的是部分证据:

1990 年以来,不少西方或华裔学者在学术论著中引用或推荐了莱尔译本,但其数量难以统计,这里仅举较重要的几例:唐小兵较早参考莱尔译本,指出他在论述《狂人日记》时重点引用了杨译本,同时也参考了莱尔的译文②;坦布林指出,杨、戴翻译时比莱尔要稍稍"中立"一些(即译者主体性介入较少,故译文较客观准确),尽管他们的译文比莱尔的"沉闷",因此他在《狂人及其他存活者》一书中倾向于参考引用杨译本,但他"察觉到并欣赏莱尔在译文中展现的学术见解",因而"频繁地借用莱

① 莱尔译本在亚马逊网站销售排名中比诺顿 2003 年再版的杨译本靠后,即为证据。详见:张奂瑶. 鲁迅小说英译本在美国的接受研究——以王际真译本、杨氏夫妇译本和莱尔译本为例. 北京第二外国语学院学报, 2018(5): 93.

② Tang, X. B. Lu Xun's "Diary of a Madman" and a Chinese Modernism. *PMLA*, 1992, 107(5): 1233.

尔的译文"①;美国汉学家安道(A. F. Jones)指出自己在论述《狂人日记》时通篇参考的都是莱尔的译文②;罗鹏在论及《狂人日记》时指出,杨、戴用相同风格的英文翻译这篇小说的序和正文,"完全忽略了原作中的语域转换",而莱尔注重风格再现的翻译"更恰当"③。

2002 年,挪威图书俱乐部(The Norwegian Book Clubs)邀请 54 个国家的 100 位知名作家(包括中国作家北岛)各自推荐十本世界文学名著,最终评出"全球 100 本最伟大的小说",鲁迅是榜上有名的唯一中国作家,而被推荐的鲁迅小说英文版正是莱尔翻译的。除了得票最高的塞万提斯的经典小说《堂吉诃德》,该俱乐部没有对上榜的其他书进行排名,也没有公布得票数④。这一定程度上表明当今国际文坛普遍认可鲁迅小说的经典价值,同时也是对莱尔精湛译文的社会认可。

2010 年,纽约大英百科全书教育出版公司与芝加哥罗森出版社联合出版《史上最有影响力的 100 位作家》一书,鲁迅位列其中。王晓明撰写了"鲁迅"词条,称鲁迅是"公认的 20 世纪中国文坛最伟大的作家",并在文末推荐了三种鲁迅作品英译本,其中小说作品推荐的是莱尔译本⑤。王晓明是中国鲁迅研究专家,著有《无法直面的人生——鲁迅传》一书。因作者英文水平所限,该书编辑吕博林(J. E. Luebering)或外审专家应该

---

① Tambling, J. *Madmen and Other Survivors: Reading Lu Xun's Fiction*. Hong Kong: Hong Kong University Press, 2007: 6.

② Jones, A. F. The child as history in Republican China: A discourse on development. *Positions: East Asia Cultures Critique*, 2002, 10(3): 724.

③ Rojas, C. "Tell my mother I'm sorry": On Chinese as a minor discourse. *Chinese Literature Today*, 2018, 7(1): 152.

④ 详见:Anon. Don Quixote conquers world of books. *The Herald Glasgow*, 2002-05-08(6); Anon. Inside story: Well read? The list in full: The top 100. *The Guardian*, 2002-05-09(7).

⑤ Wang, X. M. Lu Xun. In Luebering, J. E. (ed.). *The 100 Most Influential Writers of All Time*. New York: Britannica Educational Publishing, & Chicago, IL: Rosen Publishing, 2010: 256-259. 网络版参见:Wang, X. M. Lu Xun Chinese writer. (2019-10-15)[2021-06-06]. https://www.britannica.com/biography/Lu-Xun.

参与了词条编辑加工,因此被推荐的三个译本很可能代表了西方学者的喜好,是对莱尔译本的学术认可。此外,邓腾克在为《小说百科全书》撰写的"鲁迅"词条中也重点推荐了莱尔译本①。

(三)英文书评

以下考察精英读者对莱尔译本的评价。先看英美学术期刊上发表的六篇(见表3)。

表3　莱尔译本英文书评一览

| 序号 | 书评人 | 发表刊物及时间 | 刊物所在地 | 备注 |
|---|---|---|---|---|
| 1 | K. A. Denton 邓腾克 | *Chinese Literature：Essays，Articles，Reviews（CLEAR）*，Dec. 1993 | 美国 | 《中国文学:论文、文章、评论》,本领域重要专业期刊 |
| 2 | M. S. Duke 杜迈可 | *World Literature Today*，Spring，1991 | 美国 | 《今日世界文学》,俄克拉荷马大学主办的世界文学专业杂志 |
| 3 | Lydia H. Liu 刘禾 | *Modern Chinese Literature*，Fall，1989 | 美国 | 《中国现代文学》,中国现当代文学研究专业期刊 |
| 4 | Hilary Chung 钟喜莲 | *Bulletin of the School of Oriental and African Studies，University of London*，1992 | 英国 | 《伦敦大学亚非学院学报》 |
| 5 | J. Kowallis 寇志明 | *China Quarterly*，Mar. 1994 | 英国 | 《中国季刊》,伦敦大学亚非学院主办的学术期刊 |
| 6 | J. Kowallis 寇志明 | *Chinese Literature：Essays，Articles，Reviews（CLEAR）*，Dec. 1996 | 美国 | 《中国文学:论文、文章、评论》 |
| 7 | Y. L. Walls 沃尔斯 | *Choice*，May 1991 | 美国 | 《选择》,美国大学与研究型图书馆协会主办,学术图书馆重要参考来源 |
| 8 | E. Tomb 图姆 | *San Francisco Review of Books*，1991 | 美国 | 《旧金山书评》杂志,1975—1997年发行 |

① Denton，K. A. Lu Xun 1881—1936 (Chinese). In Schellinger，P.，Hudson，C. & Rijsberman，M.（eds.）. *Encyclopedia of the Novel*. London & Chicago：Fitzroy Dearborn Publishers，1998.

邓腾克评论指出:鲁迅是"公认的现代中国的文学大师","如果现代中国文学要成为世界文学经典,就须从译好鲁迅作品开始",因此莱尔译本的出版"对现代中国文学在西方的命运有重要意义";莱尔用美式英语翻译鲁迅小说,将帮助美国读者更容易读懂鲁迅作品;"杨译本因准确、流畅优雅备受赞誉,而莱尔更进一步,尝试创造性再现鲁迅的风格",他最出色的做法是"十分细致地翻译鲁迅文白混杂的风格";莱尔用英语现在时态翻译《示众》《药》《长明灯》,可谓"匠心独运",尤其《示众》在杨译本中是一个"颇为空洞的故事",但在莱尔的译笔下却是"活生生的"。邓腾克的结论是:"直译主义长期困扰本领域的翻译,莱尔向告别直译主义迈出了一大步;其出色的翻译将把阅读鲁迅作品的快乐带给更广泛的读者群;该书如由一家商业出版社出版,更多读者会更容易读到它。"①

杜迈可(M. S. Duke)在《今日世界文学》上评论道,在英语世界流通了30多年的杨译本有不少缺陷,包括"有时不够流畅自然的英语""时常采用释义法""有一些省译和遵命式翻译造成的严重错误""脚注太少""未附上有学术含量的译者导言"等,而莱尔的翻译"准确、读来妙趣横生,其翻译语言风格巧妙地抓住了鲁迅的精神实质——嘲讽的机智、忧郁的悲悯、讽刺的远见"。杜迈可指出,他在对读原作与杨译本和莱尔译本后发现,"莱尔译本至少百分之九十九的地方比杨译本高明"(他不赞成莱尔译文的只有一处:"铁屋"译作"iron room"不当,而应沿用杨、戴的译文即"iron house"),突出体现在莱尔"巧妙运用幽默的学究味英语翻译鲁迅的引经据典,成功传达了原作的感觉和本质"。杜迈可认为,该书包含的译者导言和脚注"很有价值",将成为中国文学、比较文学及中国现代史专业课程的标准文本②。

刘禾在《中国现代文学》上评论指出:如果有哪位中国现代作家的作

① Denton, K. A. Review of *Diary of a Madman and Other Stories*. *Chinese Literature: Essays, Articles, Reviews(CLEAR)*, 1993, 15: 174-176.

② Duke, M. S. Review of *Diary of a Madman and Other Stories*. *World Literature Today*, 1991, 65(2): 363.

品值得重译,鲁迅必定是第一考虑;莱尔译本的出版,"及时回应了西方对鲁迅研究日益增长的学术兴趣和读者大众的阅读需求"。莱尔译本有四个突出特点,从而超越了杨译本甚至可能取代其在美国的地位:一是美式英语的运用使北美读者能"真正读懂鲁迅小说";二是莱尔采用了当时美国中文课堂上已经普及的汉语拼音;三是莱尔译本收录了文言小说《怀旧》,弥补了之前选译本的缺憾;四是莱尔用现在时态创造性地翻译了三篇小说,"极大地提升了阅读体验"。刘禾批评了莱尔的某些做法:对读者"有点居高临下",提供过多且重复的注释,对鲁迅小说的"传记性解读"容易误导读者,偶尔不负责任地删削原文等,故预测莱尔译本可能更受非专业读者的欢迎①。

华裔学者钟喜莲(Hilary Chung)在《伦敦大学亚非学院学报》上指出:莱尔长期从事鲁迅研究,"我们或许有理由期待他的翻译较为高明,而事实上我们没有失望";"莱尔把原作的色彩和生命注入译文中,这是中国现代小说译者很少能做到的。他不用西方读者习惯的那种单调无趣、直译、疏远读者的方式,因而他的翻译无论专业读者还是普通读者都能轻松读懂";莱尔坚持忠于原作的精神,同时用"生动活泼的"美式英语口语翻译,这特别适合再现农民的对话,他翻译的《阿Q正传》"充满着乡土气息和夸张味道";莱尔运用多种手段翻译鲁迅的引经据典"也相当成功";但莱尔提供的注释过多,且有的信息重复出现,其结果是普通读者会不胜信息负荷,而专业读者会不胜其烦②。

寇志明在《中国季刊》上评论指出:"衡量鲁迅小说翻译是否成功,不应以字面上准确为准绳,而应看译文是否再现了鲁迅辛辣而睿智的风格、对语言的匠心独运以及他塑造的入木三分的人物形象,迄今没有译者像莱尔一样注重这些问题";莱尔巧用多种手段处理鲁迅"文白夹杂"的风

---

① Liu, L. H. Review of *Diary of a Madman and Other Stories*. *Modern Chinese Literature*, 1989, 5(2): 351-353.

② Chung, H. Review of *Diary of a Madman and Other Stories*. *Bulletin of the School of Oriental and African Studies*, *University of London*, 1992, 55(1): 169-170.

格,用现在时态翻译三篇小说,"展现了他的活力、热情和对英语的热爱",尽管有人会质疑这些做法的成功程度有多大;"莱尔是一个富于创造性的译者,一位真心热爱鲁迅的负责敬业的学者,他的创造性翻译以及有洞察力的译者导言和提供大量有用信息的脚注,必将使该书成为新一代鲁迅研究者的'正译'"①。

寇志明在评论顾彬(W. Kubin)的鲁迅作品德译本时指出:"莱尔用一个富于创造性作家的热情和活力翻译鲁迅小说,以一个细心学者特有的方式提供了信息丰富、有时妙趣横生的脚注,这有时会引起争议";他对《狂人日记》的文言文序和白话文正文的语域切换做了细致处理,而杨、戴和顾彬都没有努力再现这种风格差异;指责莱尔的翻译"过于啰唆"没有道理,因为有时他比杨、戴译得更简洁。寇志明认为:"不同译者笔下呈现的是不同的鲁迅,莱尔的鲁迅是充满活力、幽默、热情的创造者,杨、戴的鲁迅是反对社会不公的斗士、为被压迫者呼号的勇士";"西方读者只有审视各种译本,才能全面把握鲁迅作品"②。

再看在非学术期刊上刊发的两篇。加拿大学者沃尔斯(Y. L. Walls)在图书馆行业杂志《选择》上简评指出,这26篇小说之前都已被译成英语,尤其杨译本质量上乘,因此莱尔面临的挑战是超越早期译本,并加深我们对原作的理解;"他完成了这个艰巨的任务,用娴熟可靠的手法把这些小说译成了舒服、可读的英文,并添加了有助于我们深入理解特定知识点的注释,因此普通读者和专业读者都会爱读这本译作",故适合同时推荐给学术图书馆和公共图书馆③。

书店业主兼当地报刊撰稿人图姆(E. Tomb)在《旧金山书评》杂志上评论指出:鲁迅是"20世纪最富创作力的中国作家",《祝福》为他赢得了

---

① Kowallis, J. Review of *Diary of a Madman and Other Stories*. *The China Quarterly*, 1994(137): 283-284.

② Kowallis, J. Review: Interpreting Lu Xun. *Chinese Literature: Essays, Articles, Reviews(CLEAR)*, 1996, 18: 154.

③ Walls, Y. L. Review of *Diary of a Madman and Other Stories*. *Choice*, 1991, 28(9): 1491.

"中国的契诃夫"的名声,而他在《阿Q正传》中"冷静而不动声色"的描写颇有几分著名德国作家布莱希特(B. Brecht)的写作风格;杨译本"行文松散但读来舒服",而莱尔译本"行文紧凑但不连贯","大学出版社的版式和译者通篇提供的学术性注释都难以掩饰其缺点:呆板的叙事、不真实的口语表达、流行的脏话"。图姆认为,由于莱尔译本是目前最完整的鲁迅小说英译本(他用来比较的是外文社出版的四卷本《鲁迅选集》),大多数学生会想要买这本书,但普通读者可能更喜欢"行文流畅的杨译本"[①]。图姆的评论(如认为杨译本"行文松散但读来舒服")与其他书评人的基本观点相左,这可能跟他的职业身份和个人喜好有关。

综上,莱尔译本的英文书评不算多,但评论者多为英语世界知名学者,且都侧重于评论译文本身。他们比较了莱尔译本和杨译本,普遍认为前者在不少方面超越了后者,包括莱尔采用学术性翻译,追求精神实质上的忠实而不拘泥于字面翻译,用美式英语进行生动有趣的归化翻译,试图再现鲁迅文白夹杂的写作风格等。评论者(除了刘禾和图姆)普遍认为,莱尔译本适用于专业读者和普通读者,尤其会受到北美读者的欢迎。然而,鉴于它在忠实准确方面略逊于杨译本,对原作的"传记性解读",注释过多且有时重复,美式英语会使习惯于英式英语的读者感到不舒服等,笔者认为莱尔译本与杨译本是互补的,并不能完全取代后者,尤其在英国的接受不会很好[②]。同时,该书由大学出版社出版发行,评论者多为中国文学研究者,且在学术期刊上发表书评,可见其影响主要在学术界,较难进入大众读者的视野。

## 二、莱尔译本传播过程分析

基于对莱尔译本在英语世界接受情况的考察,以下对其传播过程做出推论性分析。

---

① Tomb，E. Chekov and Beckett in Chinese reincarnations. *San Francisco Review of Books*，1991，16-17：60-61.

② 蓝诗玲认为:"它们都是很好的译作,各有千秋。"详见:汪宝荣. 鲁迅小说英译面面观:蓝诗玲访谈录. 编译论丛，2013(1)：161.

　　首先是营销流通行动者网络的构建与运作。夏威夷大学出版社在国际学术出版场享有较高声誉,同时鲁迅小说在 20 世纪 80 年代已是公认的世界文学经典,因而出版社利用自身和作品本身的符号资本,一是积极招募美国的学术团体(通过其主办的学术期刊)与有关主流媒体进入图书宣传行动者网络。除了在自家网站上进行宣传,夏大出版社通过高影响力主流媒体《纽约时报》①、美国亚洲研究学会(Association for Asian Studies)主办的《亚洲研究学刊》②、全国现代语言教师协会联合会主办的《现代语言杂志》③等渠道,发布了图书宣传广告:"中国现代短篇小说开创者鲁迅是举世公认的现代中国最伟大的作家。这本人们期待已久的书重译了鲁迅全部小说,忠实再现了鲁迅超卓的风格和辛辣、睿智的文风。"④此外,被出版社招募的美国学术期刊《亚洲问题学者通报》⑤、《现代小说研究》⑥,以及作为美国高教界权威新闻来源的《高等教育纪事报》⑦等发布了图书出版简讯。通过以上媒体、刊物的合力宣传,该书迅速进入美国与西方专业读者和大众读者的视野,促使感兴趣的受众采取"消费"行动——购买、阅读、评论等。二是出版社重点招募了英语世界的学术图书馆及公共图书馆,促使它们积极采购该书,令其进入全球图书馆流通系统。沃尔斯在《选择》杂志上发表书评,其目的是把该书推荐给学术图书馆和公共图书馆,而主办该杂志的美国大学与研究型图书馆协会应该也是被出版社招募的,因为大学出版社与大学图书馆行业协会有密切的合作。莱尔译本较大的全球馆藏量和在美国学术界的高普及率表明,营销

---

① Anon. New from Hawaii. *The New York Times*,1990-09-23(BR57).

② Anon. Back matter. *The Journal of Asian Studies*,1990,49(4):1032.

③ Anon. Back matter. *The Modern Language Journal*,1990,74(3):xxii.

④ 广告原文:"The inventor of the modern Chinese short story, Lu Xun is universally regarded as twentieth century China's greatest writer. This long awaited volume presents Lu Xun's all stories in new translations that faithfully convey his brilliant style and pungent wit."

⑤ Anon. Books to review. *Bulletin of Concerned Asian Scholars*,1990,22(3):82.

⑥ Anon. Other books received. *MFS Modern Fiction Studies*,1990,36(4):659.

⑦ Ayoub,N. C. Literature. *The Chronicle of Higher Education*,1990,37(8):A12.

流通行动者网络运作顺畅，确保了该书在英语世界尤其美国的有效传播。

其次是认可行动者网络的构建与运作。学术认可行动者主要包括引用或推荐莱尔译本的西方学者，认可机构包括大英百科全书教育出版公司和罗森出版社，以及全球馆藏该书的学术图书馆；社会认可行动者包括推荐该书为世界文学名著的国际知名作家，认可机构有挪威图书俱乐部、全球馆藏该书的公共图书馆等。这些机构和个人的认可，有助于提高其国际学术声誉和社会知名度，扩大其流通传播范围。可以推断，这些行动者均利用某种资本参与认可行动者网络的运作：西方学者和国际知名作家利用文化资本，两家西方学术出版社利用经济资本，挪威图书俱乐部利用符号资本，等等。而作为世界文学经典的鲁迅小说及学术性强、特色鲜明的莱尔译本，是招募以上认可机构和个人的核心行动者，也即中英文本拥有的语言文学资本驱使他们采取认可行动，这种认可又驱使专业读者和大众读者采取"消费"行动。此外，认可机构和个人也相互招募，以便一起参与行动者网络的构建，例如，挪威图书俱乐部利用其符号资本招募国际知名作家，而推荐莱尔译本的作家又被鲁迅小说的语言文学资本招募；又如，大英百科全书教育出版公司利用其经济资本和符号资本招募吕博林担任编辑，而王晓明因其国际学术声誉而被吕博林招募。总之，通过复杂的相互招募过程，有关机构和个人合力构建并运作认可行动者网络，促成了对莱尔译本的国际认可。

最后是评论推介行动者网络的构建与运作。莱尔译本英文书评大多刊于英美学术期刊，可见出版社是招募书评人的核心行动者，但这种招募一般是间接的，因为"招募"不是指出版社出钱请人写书评、做宣传。美国人注重独立评论，出版商会把新出的书送给媒体和学术刊物，但是否评论一般由后者自行决定①。"间接招募"的运作路径大致如此：出版社借助自身和作品本身的符号资本，招募与之关系密切的学术团体和主流媒体进入图书宣传行动者网络；学术团体主办的学术期刊和主流媒体发布图书宣传广告或出版简讯；有关学者或评论者被学术期刊和主流媒体的声望

①　季进. 另一种声音——海外汉学访谈录. 复旦大学出版社，2011：129.

即符号资本招募,同时也被鲁迅小说中英文本拥有的语言文学资本招募,于是决定撰写书评,对莱尔译本进行评论推介。而书评人发表书评同样需要资本的运作:利用本身的文化资本或社会资本,招募有关刊物参与到评论推介行动者网络中,即为其提供书评发表空间,从而影响读者的"消费"决策。由此可见,评论推介行动者网络由出版社发起,通过资本运作和相互招募过程,由以下行动者共同构建并运作:夏大出版社、学术团体、主流媒体等机构行动者,主流媒体和学术期刊的编辑、书评人、目标读者等人类行动者,作为非人类行动者的文本。莱尔译本缺乏高影响力主流媒体的评论,面向大众读者的推介不力,这也是其传播影响限于学术界和图书馆的一个原因。此外,8 篇书评中,美国有 6 篇,而英国仅有 2 篇,影响了该书在英国的传播和接受。以上三个子网络构成译作传播行动者网络,其运作大体上平稳有效。

## 小　结

与华裔学者发起并翻译、西方学术出版社出版模式一样,汉学家发起并翻译、西方学术出版社出版模式也涉及几个子网络的构建与运作。鉴于两者的运作机制大致相同,此处不再赘述,而主要区别是译者的文化身份:与华裔学者不同,西方汉学家是本文化内部人士,因而理论上说其译作更容易获得本国读者的认同。就具体个案而言,因传播要素和时代背景不同,莱尔译本与王际真译本的传播影响力有不同表现。首先是传播要素方面的差别:夏威夷大学出版社的综合实力和声誉不及哥伦比亚大学出版社;王译本曾被再版重印,而莱尔译本却没有;王译本有美国高影响力主流媒体发表书评,而莱尔译本没有;莱尔译本以学术性强、用美式英语进行归化翻译、译文生动有趣为主要特色,王译本用通用英语翻译,对原文略有删削,译文流畅可读,有学术性翻译的成分,因而前者主要适用于北美的专业读者,而后者适用的读者群较广泛。其次是时代背景不同:王译本出版时,美国政府开始重视中国研究,鲁迅研究随即在美国兴起,鲁迅作品开始进入大学课堂,当时收录篇目最多、较忠实可靠又流畅可读的王译本自然成了鲁迅小说的首选译本，并一直流通至 20 世纪 70 年代初；莱尔译本出版后不久，"冷战"宣告结束，"欧美的鲁迅研究进入了良性发展阶段"即趋向平稳①，且没有了官方的推动，因而对莱尔译本的需求不及当年对王译本那么迫切和广泛，同时还有忠实准确性更胜一筹的杨译本与之争夺读者和市场。综合以上因素可以推断，莱尔译本的传播流通范围及时间跨度不及王译本，其影响力主要在北美的专业读者和全球图书馆系统中。

该模式的特点和利弊得失主要体现为：它是目标文化"输入型"译介和传播模式的一种；西方汉学家一般出于学术目的发起译介项目，走学术性翻译的路子，译文忠实与流畅兼顾，但在理解原文方面偶有"不见"、误读或过度诠释的现象，其译文的准确可靠程度往往不及华裔学者和中国本土译者的译文；由于大学出版社通常出于纯学术目的出书，更容易被学者型译者招募，译者面临的选题出版风险较低；大学出版社出版的译作一般很少删节，附有译者导言，注释较多，有鲜明的学术色彩，因而适合用作教材或研究参考书；其销量一般不会很大，但可以多年持续稳定地销售，尤其适合馆藏，因而主要在学术环境中流通使用。总之，该模式的可行性较高，且译者需要承受的风险较低，长期以来是中国文学走进英语世界的重要渠道之一；因其市场定位精准，目标读者指向明确，至今仍有较大的运作空间和实践意义，尤其适用于翻译出版那些在西方不可能畅销但十分重要的中国文学作品。

在第四、五、六章，我们考察了三种译介与传播模式。进入 20 世纪 90 年代，西方商业出版社逐渐成为中国文学译介与传播的主力，挤压了这三种模式的运作空间，因此可称为"早期模式"。20 世纪 40—80 年代的这三种译介传播模式有异，尤其发起主体及出版社性质不同：王译本、莱尔译本的翻译均由译者发起，杨译本则由国家外宣机构发起；王译本、莱尔译本均由美国的学术出版社出版发行，而杨译本由我国外文社出版后在英

① 王家平. 鲁迅域外百年传播史（1909—2008）. 北京：北京大学出版社，2009：307.

语世界发行。但这三种译本进入英美大众读者视野的机会都不大,而是主要在小众的专业读者群中传播、流通,因此它们的传播影响力都不尽如人意。这三种模式运作下的中国文学译作能满足专业读者的需求,大众读者则更青睐商业出版社出版的译作,由此我们转而考察由西方汉学家和商业出版社主导的两种模式。

# 第七章 汉学家发起并翻译、
西方商业出版社出版模式

## 引 言

20世纪50年代中期,中国现当代文学研究开始在欧美兴起,有关大学陆续开设了有关课程,一些知名学者转向该领域研究,带动了一批年轻学者。与此同时,为了打破欧美对新中国的"文化封锁",国家外宣机构主动对外译介中国文学,满足了欧美的中国现当代文学教学与研究之需。到了70年代末,中国现当代文学研究在欧美发展成为一个相对独立、自足的学术领域,由此可以推断,中国现当代小说翻译场域随之形成,即在欧美的文化生产场域中形成了一个子场域。但其自治程度还很低,突出表现在场域内部评价标准——例如,优秀的译作应具备的条件——尚未确立,西方商业出版机构尚不愿涉足这个小众市场。80年代中期,中国当代文学复苏,优秀作家作品大量涌现,同时,"国内、国际宽松的政治环境为文学的向外输出赢得了一片星空"①。以张艺谋为代表的"第五代"导演崛起,他们根据中国当代小说改编的电影屡获国际大奖。于是,译介黄金期到来了,越来越多的西方学术出版社和商业出版社进入中国现当代小说翻译场域,"输入型"翻译出版模式渐趋繁盛,逐渐压过了我国外宣机构文学输出模式的风头。以西方汉学家为主体的新一代译者随之进入场

① 姜智芹. 英语世界中国当代小说的译介与研究. 国际汉学,2017(4):50.

域。他们抓住市场机遇,与西方出版机构尤其商业出版社开展合作,持续推出了大批获得主流媒体和学界好评且市场表现较好的译作。在此背景下,中国现当代小说翻译场域的自治程度明显提高,新一轮争斗开始了,场域内部的资本和权力结构发生了显著变化。本章讨论的葛浩文就是新一代译者中最多产也最成功的一位。

20 世纪 90 年代以来,西方出现了两种重要的中国文学译介与传播模式:一是由汉学家发起并翻译、招募商业出版社出版模式,如安道翻译出版余华小说《许三观卖血记》①,白睿文翻译出版余华的《活着》②;二是由西方商业出版社发起、招募汉学家翻译出版模式,如企鹅图书公司指定葛浩文翻译姜戎的《狼图腾》③,并约请蓝诗玲重译鲁迅小说。此外还有一种目前不很常见但值得借鉴推广的模式,即中国作家发起个人作品译介项目,约请译者进行翻译,交给有合作关系的西方商业出版社出版,例如,余华通过这种模式约请白亚仁,在美国翻译出版了多部作品(详见第八章)。葛浩文的翻译生涯绵延 40 余年,其翻译出版历程涉及几种译介与传播模式。根据他本人提供的信息④,莫言小说《红高粱家族》《天堂蒜薹之歌》《酒国》《丰乳肥臀》《生死疲劳》均由他发起并独立翻译,且均由西方商业出版社出版,可见都采用了以上第一种模式。葛浩文曾说:"我就是照自己的兴趣来,基本上只翻译自己喜欢的作家作品。"⑤最近他又指出:

---

① Yu, H. *Chronicle of a Blood Merchant*: *A Novel*. Jones, A. F. (trans.). New York: Pantheon Books, 2003. 关于该项目的发起、翻译与出版过程,参见:余华. 我的书在世界. 小说评论, 2017(2): 11-12.

② Yu, H. *To Live*: *A Novel*. Berry, M. (trans.). New York: Anchor Books, 2003. 关于该项目的发起、翻译及出版过程,参见:白睿文. 我的翻译生涯:实践与挑战//中国作家协会外联部. 翻译家的对话. 北京:作家出版社, 2011: 27-30;白睿文. 美国人不看翻译小说是文化失衡. 新京报, 2012-08-25(C04).

③ Jiang, R. *Wolf Totem*. Goldblatt, H. (trans.). New York: Penguin Press, 2008.

④ 详见:Yan, J. A study on Howard Goldblatt's translation habitus from the Bourdieusian sociological perspective. Ji'nan: Shandong University (Doctoral Dissertation), 2013: 183-186.

⑤ 季进. 另一种声音——海外汉学访谈录. 上海:复旦大学出版社, 2011: 125.

  20 世纪 80 年代，中国现当代小说的翻译还很少，不像现在，那时并没有一套标准的流程，一般是完全由作家和译者自行沟通取得协议。有的是中国现当代文学学者在读了某个作家的作品后，跟作者联络表达翻译的意愿。通常作家授权，然后双方签个简短的合同就成了。我翻译的莫言第一部小说《红高粱家族》即是如此。翻译完成后，我自己去联系出版社，也的确找到了一家，但是我没有和出版社打交道的经验。幸运的是，我碰巧认识华裔美国作家谭恩美，她建议我去找她的文学代理，我按她的话去做了。从那以后，我和莫言以及我翻译的其他作家在某种程度上就有了一个标准流程。……在此后二十年里，我持续关注阅读中国小说，遇到特别喜欢的，就联系作者，取得授权后开始翻译，完成后交给代理与出版社接洽。①

  事实上，这种"标准流程"不仅为葛浩文所偏爱，而且是助他大获成功的重要路径之一。

  以"萧红研究专家"成名的葛浩文的学术研究始于 20 世纪 70 年代初，而其翻译出版生涯起步于 70 年代末（从他出版第一部译作单行本算起）。但是，直到 2012 年莫言获诺奖后，葛浩文才引起了国内学界的广泛关注。近几年来，国内的葛浩文翻译研究成果总量惊人，2019 年初出版了厚厚一本论文集《葛浩文翻译研究》②，从中可见一斑。学者们运用不同理论及方法、从各种视角研究葛浩文其人其译，但目前从社会翻译学视角研究葛浩文及其翻译的厚重成果尚不多见，尤其缺乏对其重要译作涉及的译介与传播模式的深入分析。鄢佳的博士论文可说是较厚重的成果，但其考察重点是葛浩文的译者惯习和翻译策略及风格的历时变化，基本上没有论及译介与传播模式。最近，于金权、张文情运用布迪厄的社会实践论和卡萨诺瓦的世界文学场域结构分析模式，基于美国所藏葛浩文翻译档案，揭示了在莫言小说翻译生产和获得认可的过程中，葛浩文、文学经纪人、出版商、编辑及其交流互动所发挥的"多重隐形作用"，认为莫言作

---

① 葛浩文，林丽君. 翻译不是一人完成的. 姜智芹，译. 南方文坛，2019(2)：37.
② 刘云虹. 葛浩文翻译研究. 南京：南京大学出版社，2019.

品经由在美国文学场的传播而最终进入世界文学殿堂,主要归功于有着各自资本的翻译行为者构建的网络高效运作①。该文虽不直接论述译介与传播模式,但基本研究思路和方法与本书相同,可惜笔者在校书稿清样时才读到该文。本章以葛浩文翻译的《红高粱家族》为考察中心,兼及《酒国》,尝试分析"汉学家发起并翻译、西方商业出版社出版模式"的运作机制,考量该模式的利弊得失,并探讨其对中国文学译介与传播的当下意义。

## 第一节 葛浩文的职业发展轨迹与译者惯习

葛浩文迄今翻译出版了 30 多位中文作家的 60 多部作品②,被夏志清誉为"公认的中国现代、当代文学之首席翻译家"③,尤以翻译莫言作品享誉世界。他是如何成为成功的译者的? 其译者惯习是怎样形塑和发展的? 鉴于本章涉及葛浩文在 2000 年前翻译出版的两本莫言小说,本节重点考察其截至 2000 年的职业发展轨迹与译者惯习的形塑和发展过程。

### 一、葛浩文的职业发展轨迹

相较于同一年代出道从事中国研究的那些美国学者,葛浩文走上中文学习和翻译之路属于"非典型"④。他 1939 年生于美国的一个中下阶层家庭,父亲来自纽约犹太社群,家住加州长滩市(Long Beach)。他的父亲

---

① Yu, J. Q. & Zhang, W. Q. From Gaomi to Nobel: The making of Mo Yan's fiction as world literature through English translation. *Archiv Orientální*, 2021, 89(2): 261-282.

② 参见:季进. 另一种声音——海外汉学访谈录. 上海:复旦大学出版社,2011: 137-140. 张丹丹. 葛浩文中国文学英译脉络及表征扫描. 中国翻译,2018(4): 49-50.

③ 夏志清. 序一//夏志清,孔海立. 大时代:端木蕻良四○年代作品选. 台北:立绪文化事业,1996:21.

④ Stalling, J. The voice of the translator: An interview with Howard Goldblatt. *Translation Review*, 2014(88): 2.

一生的原则是"一切以守成为主"，对孩子的要求也不高，对其学业不严加管束，因此葛浩文在名气很一般的加州州立大学长滩校区读大学，但当时的他成天贪玩，不爱读书，对中文也没有兴趣。大学毕业后，他在一所小学教了一学期书，发现自己不爱教书。1962年，葛浩文应征入伍。当时的长滩是美国海军的一个重要港口，成天有海军军官和水手来来去去，他的父亲曾在海港旁摆摊售卖与海军有关的各种小商品，因此葛浩文"理所当然"地选择了海军。在海军军官训练学校接受了四个月的培训后，"一个中文字都不识"的葛浩文被派到中国台湾任职。由于不懂中文，又过着"逍遥自在"的独居生活，他的娱乐和社交活动有限，于是爱上了买书和读书，尤喜英文小说和历史书籍。三年服役（包括在军舰上服役一年多）期满回美国后，当时越南战争开始吃紧，葛浩文被要求延期退役，于是他申请返回中国①。这一次，中国语言文化（包括台湾地区的美食文化）迷住了葛浩文，"完全改变了他的人生"②。开始规划今后出路的葛浩文发现自己"身无一技之长"，但对学中文有兴趣，于是请一个姓张的东北人上门教他中文③，历时一年半，发现自己很有语言天赋，"终于找到一个自己喜欢也做得好的事了"④。退役后的葛浩文没有立即回美国，而是到台湾师范大学中文教学中心专心学中文，他对中文的热爱进一步强化，有一阵子"甚至买了长袍，成天穿着，恨不得自己是中国人"⑤。半年后，葛浩文收到父亲病危的电报，只好回到美国。

　　由于中文说得好，葛浩文被旧金山州立大学录取为研究生，其指导老师是许芥昱——美国的中国现代文学研究奠基人之一，正是许芥昱引导

---

① 葛浩文. 从美国军官到华文翻译家. 台北：九歌出版社，2015：42-69.

② Stalling, J. The voice of the translator：An interview with Howard Goldblatt. *Translation Review*，2014(88)：2.

③ "葛浩文"的名字即为该家教所起。葛浩文说它"不但意义深远，甚至有预言的效果"。详见：葛浩文. 从美国军官到华文翻译家. 台北：九歌出版社，2015：100-101.

④ 葛浩文. 从美国军官到华文翻译家. 台北：九歌出版社，2015：47，69，74-75.

⑤ 葛浩文. 从美国军官到华文翻译家. 台北：九歌出版社，2015：41.

他走上了中国现当代文学研究与翻译之路①。葛浩文从许芥昱口中听到萧军、萧红的名字,随后读了萧军的《八月的乡村》,这是他读的第一本中文小说②。硕士毕业后,葛浩文进入印第安纳大学,师从柳亚子之子柳无忌攻读中国语言文学博士。在研读了萧红的全部作品后,葛浩文"决意以萧红为翌年博士论文的题目"③,由此确立了他对现当代小说的研究兴趣,其学者惯习开始形塑。

1974 年,葛浩文完成毕业论文《萧红评传》(*A Literary Biography of Hsiao Hung*),获得博士学位;两年后该论文经过修订在美国正式出版④。夏志清评论指出:《萧红评传》"既是一部相当可读、完全可靠的人物传记,也是世界范围内对萧红文学生涯的首次系统考察";"我重申自己对这部持论审慎公允、研究方法完美无缺的评传的高度评价。葛浩文还在翻译现代中文小说,对此我更是钦佩"⑤。《萧红评传》的问世,使几乎被遗忘的才女萧红迅速受到国内外中文学界的关注,其学术意义重大。葛浩文凭借其首部学术专著一举成名,同时借力于权威学者夏志清的高度赞誉和认可,成功进入美国汉学场域,开始积累其作为汉学家的文化资本。因撰写博士论文之需,葛浩文翻译了萧红的部分作品。葛浩文说:"那是我第一次做翻译,尽管译得不是很好,但我真的喜欢做翻译。"⑥有学者指出,葛浩文"独特的个人背景"和"介入中国文学与众不同的方式",使他一直专注于翻译现代中文小说⑦。换言之,一般的西方汉学家主要通过大量的阅

---

① Goldblatt,H. Memory,speak. *Chinese Literature Today*,2012,2(1):93-96.

② 赋格,张健. 葛浩文:首席且惟一的"接生婆". 南方周末,2008-03-27(D21).

③ 葛浩文. 萧红传. 上海:复旦大学出版社,2012:169.

④ Goldblatt,H. *Hsiao Hung*. Boston:Twayne Publishers,1976.

⑤ Hsia,C. T. Review of *Hsiao Hung* by Howard Goldblatt. *Journal of Asian Studies*,1977,37(1):103-104.

⑥ Lingenfelter,A. Howard Goldblatt on how the Navy saved his life and why literary translation matters. *Full Tilt*,2007(2). [2019-02-05]. http://fulltilt. ncu. edu. tw/Content. asp?I_No = 16&Period = 2.

⑦ Levitt,A. Howard Goldblatt's life in translation. *Chicago Reader*,2013-04-11. [2019-02-05]. http://www. chicagoreader. com/chicago/howard-goldblatts-life-in-translation/Content?oid = 9260454.

读和翻译训练来学中文,且大多学的是古文,而葛浩文早年有机会在中国台湾连续生活了近五年,学到的是鲜活的现代中文,同时又有读英文小说的兴趣和习惯,因此后来回到美国走上学术之路时,他会顺理成章地偏爱现代中文小说。

1978年,葛浩文与殷张兰熙(Nancy Ing)合译的陈若曦短篇小说集《尹县长及其他》由印第安纳大学出版社出版①,是他在美国出版的第一部译作。虽然他只翻译了两三篇,但整本书的译文都是他修润的②。《纽约时报》《时代》周刊等刊发了评论,一时"书评如潮",葛浩文的"精彩翻译"引起了英美汉学界的关注③。由此葛浩文正式步入中国现当代小说翻译场域。翌年,葛浩文翻译的萧红代表作《生死场》(与Ellen Yeung合译)和《呼兰河传》由印第安纳大学出版社合并出版,受到评论界普遍认可和好评。英国学者卜立德评论道:《呼兰河传》的翻译"不仅准确,而且有时读来令人愉悦,是英语美文的典范"④。美国汉学家胡志德指出:"葛译的质量令人钦佩,清楚准确,大体上抓住了原作的感觉","有几处尤其小说开头的英文读来胜过了原文"⑤。

之前,葛浩文因其开拓性的萧红研究而被美国汉学场域所认可;时隔三年后,所译萧红作品再获好评。凭借英译萧红小说的成功,葛浩文积累了更多个人符号资本,为他日后联结到有实力的商业出版社奠定了基础。葛浩文指出:大学出版社的固有缺点是"不管作品多么好,销路总是一般,因为没什么钱做广告"⑥。机遇终于来了:美籍华裔作家聂华苓偶然读到葛译《呼兰

---

① Chen, J. H. *The Execution of Mayor Yin and Other Stories*. Ing, N. & Goldblatt, H. (trans.). Bloomington: Indianan University Press, 1978.

② 葛浩文. 从美国军官到华文翻译家. 台北:九歌出版社, 2015:141-146.

③ 史国强. 葛浩文文学翻译年谱. 东吴学术, 2013(5):105.

④ Pollard, D. E. Review of *The Field of Life and Death* and *Tales of Hulan River*. *Bulletin of the School of Oriental and African Studies*, *University of London*, 1981, 44(2):409-410.

⑤ Huters, T. Review of *The Field of Life and Death* and *Tales of Hulan River*. *Chinese Literature*: *Essays*, *Articles*, *Reviews*(CLEAR), 1981, 3(1):188-192.

⑥ 季进. 另一种声音——海外汉学访谈录. 上海:复旦大学出版社, 2011:131.

河传》,于是把葛浩文推荐给美国纽约的格罗夫出版社(Grove Press)①,该社随即约请他翻译张洁的代表作《沉重的翅膀》②。考虑到该书已由戴乃迭翻译并已在英国出版③,葛浩文特意写信给戴乃迭。戴乃迭回信说:这部小说由她翻译,会译成 20 世纪 50 年代的老派英文;由葛浩文来译,译文将更有当代感,能让西方人更好地了解当代中国④。1989 年,葛译《沉重的翅膀》出版后⑤,《纽约时报》《洛杉矶时报》《柯克斯评论》《出版人周刊》等美国的重要报刊均刊发了书评。《纽约时报》评论指出:"这部小说大约有 30 个人物,让人难以区分,但对愿意结识这位既有学识又有勇气的中国作家的美国读者来说,它颇值得一读。"⑥《洛杉矶时报》评论指出:"张洁的小说能让我们学到很多东西;如果说它是滞重的,它也是精美的、观察敏锐的,间或也是令人捧腹和可爱的。"⑦《出版人周刊》评论指出:"这部小说在中国推行新的经济改革不久后问世,被视为当代中国文学的一个突破。……葛浩文高超的译笔为原作增光添彩。"⑧

《沉重的翅膀》的翻译出版是葛浩文职业生涯的一个重要关节,促使他决心走上文学翻译之路⑨。之后他发现自己更适合做翻译,因此文学评

---

① 创办于 1947 年,1993 年兼并了大西洋月刊出版社(Atlantic Monthly Press),遂改名为格罗夫大西洋出版社。这家独立的出版商致力于出版翻译文学作品,旗下多位作家曾获诺奖或美国的文学大奖。

② Sparks, S. Translating Mo Yan: An interview with Howard Goldblatt. *Los Angeles Review of Books*, 2013-05-26. [2019-02-05]. https://lareviewofbooks. org/interview/translating-mo-yan-an-interview-with-howard-goldblatt.

③ Zhang, J. *Leaden Wings*. Yang, G. (trans.). London: Virago Press, 1987.

④ 赋格,张健. 葛浩文:首席且惟一的"接生婆". 南方周末,2008-03-27(D21).

⑤ Zhang, J. *Heavy Wings*. Goldblatt, H. (trans.). New York: Grove Weidenfeld, 1989.

⑥ Mitgang, H. Fictional and factual views on the future of China: Review of *Heavy Wings*. *The New York Times*, 1990-03-07(C23).

⑦ Eder, R. Chinese lessons: Review of *Heavy Wings*. *Los Angeles Times*, 1989-12-10.

⑧ Steinberg, S. Review of *Heavy Wings*. *Publishers Weekly*, 1989, 236(7): 49-50.

⑨ Lingenfelter, A. Howard Goldblatt on how the Navy saved his life and why literary translation matters. *Full Tilt*, 2007(2). [2019-02-05]. http://fulltilt. ncu.edu.tw/Content.asp?I_No=16&Period=2.

论写得越来越少，"逐渐就完全转向了翻译"①。1993 年，葛译《红高粱家族》由美国大牌的维京企鹅图书公司出版，标志着葛浩文翻译生涯的一个高峰，同时其学术性与商业性兼顾的译者惯习日趋形塑。随后，他接连翻译出版了莫言的《天堂蒜薹之歌》(1995) 和《酒国》(2000)、苏童的《米》(1995)、李锐的《旧址》(1997)、虹影《饥饿的女儿》(1998)等多部当代重要作品(均由英美大型商业出版社出版)。至此，葛浩文在场域中牢固确立了其作为"中国现代、当代文学之首席翻译家"的位置，个人符号资本猛增，出版渠道越来越畅通。进入 21 世纪，葛浩文仍持之以恒地积极翻译，尤其对莫言持续关注，几乎每本作品都翻译，帮助莫言在世界文学场域积累了可观的符号资本，最后莫言摘取诺奖可谓水到渠成。

基于布迪厄的社会实践模式，可将葛浩文的职业发展轨迹描述如下：由于家庭环境的影响，葛浩文早年对读书不太上心；大学毕业后，因其成长环境使然，葛浩文选择加入美国海军，机缘凑巧被派到中国台湾服役。其间，为了消闲，爱上了买书和读书；二度驻台服役时，对中国语言文化的浓厚兴趣使他下决心学中文，方知自己颇有语言天赋；凭借这种语言资本，葛浩文回美国后获得了读研的机会，其中国经历和导师许芥昱的影响使他偏爱中国现当代文学，并且明确了自己的职业目标——研究中国文学的大学教授；因喜欢萧红其人其作，他把萧红定为博士论文的题目，并翻译了萧红的部分作品，其偏爱严肃讽刺的现代中文小说的职业惯习初步形塑；《萧红评传》出版后获得学术认可，帮助他一步跨入美国的汉学场域；学中文的天赋和之前养成的研究惯习与他在场域的位置(即印第安纳大学中国语言文学博士学位和学术专著赋予他的文化资本)相遇后，葛浩文顺理成章地介入翻译场域，翻译出版了萧红的《生死场》《呼兰河传》等重要作品，由此积累了更多的个人符号资本；借助这种资本为他带来的社会资本即主动为他牵线搭桥的聂华苓，葛浩文得以联结到美国格罗夫出版社，翻译出版了张洁的《沉重的翅膀》；随后，其多部重要译作均由英美大型商业出版社成功出版，逐步确立了他在中国现当代小说翻译场域的

---

① 季进. 另一种声音——海外汉学访谈录. 上海：复旦大学出版社，2011：135.

核心地位,同时其译者惯习也在不断形塑和发展中。2012 年莫言获诺奖,使葛浩文登上个人翻译生涯的巅峰,从此成为作家们纷纷追逐、各家出版社信赖的翻译界的"金字招牌"。

## 二、葛浩文译者惯习形塑的过程

根据布迪厄的社会实践论,由于场域结构即资本和权力的分布在不断变化,同时行动者在场域的位置(即资本和权力)也在动态变化,行动者会相应调整其惯习,以便在场域的争斗中胜出,进而不断积累个人符号资本。本小节从翻译选材取向、翻译思想和原则、翻译策略三方面分析葛浩文译者惯习形塑和发展的过程。鉴于本章聚焦于葛译《红高粱家族》和《酒国》,故以 20 世纪 90 年代为论述重点。同时,为便于做出针对性分析,这里不考虑从 90 年代末开始他与林丽君合作翻译的情形。

目前学界对葛浩文翻译生涯分期尚未达成一致意见。笔者最近提议以 20 年为界线,将其划分为前半段(1978—1998 年)和后半段(1999 年至今),理由是译者从业时间与其译者惯习和符号资本的变化必然存在关联,即可以推论葛浩文在其翻译生涯前 20 年逐步形塑译者惯习和积累符号资本,而此后其译者惯习基本成型,符号资本的积累产生质的飞跃,导致其翻译行为和决策发生显著变化。前半段又可以 1989 年为界,分为"早期"和"较早期",其依据是:1989 年前葛浩文的译作大多由美国的大学出版社或小型商业出版社出版,传播影响力有限,而《沉重的翅膀》经由大牌商业出版社的运作而获得成功,成为葛浩文翻译生涯的一个重要转折点——从学术性翻译模式转向商业翻译模式。后半段又可以莫言获诺奖的 2012 年为界,分为"早后期"(1999—2012 年)和晚后期(2013 年至今)。①

(一)翻译选材取向

葛浩文说他"基本上只翻译自己喜欢的作家作品",这是他的翻译选

---

① 汪宝荣. 葛浩文译者惯习历时变化考察——以《红高粱家族》《酒国》为中心. 燕山大学学报(哲学社科版),2020(1):18.

材原则。他曾告诉记者:"我是悲观的人,喜欢严肃的、讽刺的作品……写黑暗的、矛盾的、人与人之间坏的……"①言下之意是世界观和人生观决定着他的翻译选材取向,而世界观和人生观是在个人的生活经历、所受教育等社会实践中形成的。葛浩文生于一个美国犹太人家庭,第二次世界大战期间,大批欧洲的犹太人惨遭杀戮,难免会给当时尚在幼年的他投下心理阴影,使他很早就意识到了人性的阴暗面。他的父亲一生安于守成,不敢冒险,未尝不与他是犹太人有关,家庭的熏陶和潜移默化,也会引导葛浩文用消极、悲观的眼光看待世界和人类社会②。有关研究表明,葛浩文的家庭背景、早年在华的经历、后来接受的学术训练及其个人的文学趣味,都驱使他偏爱严肃、讽刺的作品,但不同时期其选题考量和侧重点有所不同:1990 年前主要基于个人学术兴趣和政治因素,1991—2000 年主要基于其文学偏好和市场因素(准确地说是市场需求),2000 年后市场考量胜过其个人文学偏好。③

笔者认为,以上对葛浩文翻译选材取向历时变化的描述大体上是准确到位的。例如,葛浩文在 1976 年接受殷张兰熙的约请,与之合译陈若曦短篇小说集,他的一个重要考虑是"这是第一本以'文化大革命'为背景的小说集",内容上具有"爆炸性"④。而当时他正在翻译萧红作品,则显然出于他的学术兴趣。又如,他在 1989 年决定要翻译《红高粱家族》,正是基于其个人文学偏好和市场考虑(详见第二节)。事实上,莫言作品的主题、旨趣、风格大多都符合葛浩文自称的翻译选材偏好,这是他对莫言持续关注、几乎每本都翻译的根本原因。葛浩文曾说:"莫言的风格和文笔都很适合我来译,所以当初一看到他的书就很激动地去

---

① 曹雪萍,金煜. 美国汉学家葛浩文:"我觉得中国文坛很健康". 南国都市报,2008-03-26(B15).

② 此为笔者的推测,目前似乎还没有可靠资料能证明这一点。

③ Yan, J. A study on Howard Goldblatt's translation habitus from the Bourdieusian sociological perspective. Ji'nan: Shandong University (Doctoral Dissertation), 2013: ix-x.

④ 葛浩文. 从美国军官到华文翻译家. 台北:九歌出版社,2015:142-143.

找他了。"①再如,他翻译苏童小说《米》(英文版出版于 1995 年),虽说是出版社主动找他的②,却也正中他的下怀——葛浩文认为:"《米》写得特别好,小说里一片黑,一个好人都没有,一点好事都没有,就像陀思妥耶夫斯基抓住人内心的黑暗面,然后把它完全表现出来。……苏童描写的那些人的内心世界真是丰富,所以我基本上同意'人性本恶'。"③

鄢佳的结论颇有洞见和说服力,但还须考虑翻译选材因素的复杂交互:对本质上是学者型译者的葛浩文来说,其学术兴趣与文学偏好有密切关系,尽管 20 世纪 90 年代后他逐渐完全转向了翻译,但其学术兴趣犹存,仍会与文学趣味一起影响他的翻译选材;另外,政治因素往往是图书市场需求的催生剂。葛浩文曾指出,普通美国读者比较喜欢 politics(政治批评)多一点的中国小说④。

### (二)翻译思想和原则

孟祥春认为,葛浩文的翻译理论或思想是"后馈式、反思性、印象式的",他并非有意识地用某种理论或原则指导其翻译实践⑤。此说似乎言之成理,但我们不能否认葛浩文从多年翻译实践中提炼出翻译思想的事实。这些思想包含葛浩文对文学翻译尤其中文小说英译的独特思考和经验总结,值得进行细致的分析。

葛浩文的翻译思想和原则有一个清晰的演变轨迹:从早期注重在内容和形式上忠实于原作,到较早期(20 世纪 90 年代)主张忠实与创造性及读者接受并重,再到进入 21 世纪后适度回归至早期的翻译主张。

因其从学术研究转向文学翻译,葛浩文骨子里是一位学者型译者,倾

① 木叶,谢秋.《狼图腾》行销 110 个国家,中国书正在走出国门——访《狼图腾》译者葛浩文. 中国青年报, 2008-04-01(21).
② 参见:Yan, J. A study on Howard Goldblatt's translation habitus from the Bourdieusian sociological perspective. Ji'nan:Shandong University (Doctoral Dissertation), 2013:184.
③ 季进. 另一种声音——海外汉学访谈录. 上海:复旦大学出版社,2011:127.
④ 季进. 另一种声音——海外汉学访谈录. 上海:复旦大学出版社,2011:124.
⑤ 孟祥春. Glocal Chimerican 葛浩文英译研究. 外国语, 2015(4):77-87.

向于学术性翻译的路向,尤其在翻译生涯初期,他明确主张译作应尽量忠实于原著。在 1976 年发表的一篇文章中,葛浩文指出,尽管由于各种原因翻译难免"失真","翻译的本质就是一种折中",但"翻译家的本分便是把不同文化的人们相似的思想、感情的相异表达译了出来,译文中'相似'与'相异'都要看得出"①。然而,到了主要为商业出版社翻译的 20 世纪 90 年代,葛浩文的译文出现了"从学术型翻译走向商业翻译"的明显倾向②,突出表现在对原著的删削和改写明显增多③。同时,其翻译思想也有了明显变化。2002 年,他在《华盛顿邮报》撰文指出:"大多数作家至少宽容用另一种语言重写他们作品的译者,因为重写(rewriting)无疑是翻译的本质";"翻译的确是有欠缺的,但如果优秀作品要在时空上延续其生命,也只能如此了"④。由此他提出了翻译即"重写"的观点,加上他后来提出的翻译即"创造性写作"的观点⑤,可合称为翻译即"创造性重写"的思想。此外,葛浩文还提出了"读者原则":"译者的任务是不是尽可能贴近原作翻译,以取悦于不懂外语的作者? 答案当然是否定的。作者不是为自己或译者写作,而是为读者写作,因此译者也必须为读者翻译";"只要字词句没有译错,我的责任是忠实再现作者想要表达的意思——准确说是我对作者要表达的意思的阐释——而不是非要忠实再现作者所用的词句"⑥。在葛浩文看来,"忠实再现作者想要表达的意思"与"创造性重写"都服务于他提出的"读者原则",两者并不相悖。

① 葛浩文. 葛浩文随笔. 北京:现代出版社,2014:13.

② 张丹丹. 葛浩文中国文学英译脉络及表征扫描. 中国翻译,2018(4):52.

③ Yan,J. A study on Howard Goldblatt's translation habitus from the Bourdieusian sociological perspective. Ji'nan:Shandong University(Doctoral Dissertation),2013:x.

④ Goldblatt,H. The writing life. *The Washington Post*,2002-04-28(BW10).

⑤ 葛浩文. 作者与译者:一种互惠但并不轻松、有时又脆弱的关系. 史国强,译//葛浩文. 葛浩文随笔. 北京:现代出版社,2014:38.

⑥ Goldblatt,H. A mutually rewarding yet uneasy and sometimes fragile relationship between author and translator. In Duran,A. & Huang,Y. H. (eds.). *Mo Yan in Context:Nobel Laureate and Global Storyteller*. West Lafayette,IN:Purdue University Press,2014:34.

在其翻译生涯后半段,葛浩文占据了中国现当代小说翻译场域的核心位置,有足够的资本和权力去参与场域规则的重新制订,即用他的译作去重新定义什么是优秀的翻译。例如,他在《酒国》英文版"译者说明"中指出,自己翻译时"尽可能忠实于前后并不完全一致的原作"①,表明他重新拾起了早年忠实翻译的主张。莫言获奖后,葛浩文的职业生涯进入鼎盛期。孟祥春将其翻译思想归纳为:以"忠实"为前提,以"可读、平易、有销路"为基本诉求,以读者为中心,认为葛浩文"以市场和读者为导向"的翻译思想对中国文学"走出去"具有"颠覆与启示的双重意义"②。

(三)翻译策略

与其翻译思想的变化相对应,葛浩文的翻译策略也有一个比较明晰的演变轨迹:从早期偏重忠实直译的学术性翻译策略,到较早期(20 世纪90 年代)逐步转向注重流畅可读的商业性翻译策略,再到进入 21 世纪后适度回归到学术性翻译策略。

初涉翻译场的葛浩文基于其学者惯习而翻译,且译作大多由学术出版社出版,因而采用了"严肃的学术翻译模式",这使得其早期译作带有"鲜明的学术翻译色彩"③,"非常忠实于原著"④。进入 20 世纪 90 年代,葛浩文开始主要为商业出版社翻译,因而逐步注重译文流畅可读。他翻译的《红高粱家族》即颇具代表性:一方面,惯用"易化策略",对原著的删削和改写明显增多⑤,同时力避字面翻译或照搬原文的形式结构,而是注重再现原作的意义、内容和风格;另一方面,往往忠实直译成语、谚语、文

---

① Goldblatt,H. Translator's note. In Mo,Y. *The Republic of Wine*:*A Novel*. Goldblatt,H.(trans.). New York:Arcade Publishing,2000:v-vi.

② 孟祥春. Glocal Chimerican 葛浩文英译研究. 外国语,2015(4):77-87.

③ 张丹丹. 葛浩文中国文学英译脉络及表征扫描. 中国翻译,2018(4):51-52.

④ Yan,J. A study on Howard Goldblatt's translation habitus from the Bourdieusian sociological perspective. Ji'nan:Shandong University(Doctoral Dissertation),2013:x.

⑤ Yan,J. A study on Howard Goldblatt's translation habitus from the Bourdieusian sociological perspective. Ji'nan:Shandong University(Doctoral Dissertation),2013:x.

学熟语等中国文化特色词。不过,对原著的删削和改写(尤其删改力度较大者)并不都是葛浩文自行决定的,有时是他接受了出版社编辑的意见后做出的。李文静的访谈表明,葛浩文在90年代初调整了他的翻译策略,即为了"让小说变得更好",可读性更强,他愿意考虑并适当接受编辑提出的调整原作结构和删减原作内容的意见①。综观90年代由商业出版社出版的几部重要译作,包括莫言《天堂蒜薹之歌》、苏童《米》、李锐《旧址》等,采用"创造性重写"策略的倾向都很明显,但他仍坚持了"忠实"这个大前提。②

进入翻译生涯后半段后,葛浩文早期采用的学术性翻译策略有了适度回归。例如,他翻译的《酒国》选词精准,准确把握了作者想要表达的意思,尽量再现了原作的风格,且未见明显删减原文,确实做到了他自称的"尽可能忠实于原作"③。张丹丹也指出,葛浩文在莫言获诺奖后出版的《四十一炮》《檀香刑》《蛙》等译作"回归于忠实原著",甚至努力呈现原作的中国文化特征。④

综上,在其40余年翻译生涯中,葛浩文的译者惯习有明显的变化,经历了一个动态形塑和发展的过程,以应对场域结构变化引起的场域规则的变化。在20世纪90年代,葛浩文逐渐注重"创造性重写",但他从未抛弃过"忠实"这个基本翻译原则,只不过在不同阶段他对忠实原则的坚守和贯彻程度有所不同。在此意义上,我们说葛浩文是一个成功的非典型的学者型译者。这种"非典型"还体现在葛浩文是少见的痴迷于翻译事业的译者,他说过:"翻译对我来说就是母乳,我离不开它;一天不能用译者的声音说话,我就觉得活不下去。"⑤

① 李文静. 中国文学英译的合作、协商与文化传播——汉英翻译家葛浩文与林丽君访谈录. 中国翻译,2012(1):59.
② 孟祥春. "我只能是我自己"——葛浩文访谈. 东方翻译,2014(3):47.
③ 详见:汪宝荣. 葛浩文译者惯习历时变化考察——以《红高粱家族》《酒国》为中心. 燕山大学学报(哲学社科版),2020(1):21-23.
④ 张丹丹. 葛浩文中国文学英译脉络及表征扫描. 中国翻译,2018(4):54.
⑤ Sparks, S. Translating Mo Yan:An interview with Howard Goldblatt. *Los Angeles Review of Books*,2013-05-26. [2019-02-04]. https://lareviewofbooks. org/interview/translating-mo-yan-an-interview-with-howard-goldblatt.

## 第二节 《红高粱家族》英译项目发起过程分析

2012年10月,莫言荣获诺贝尔文学奖的消息传出,旋即引起国内外媒体和学界对莫言作品译介与传播问题的热议。有媒体指出,诺贝尔文学奖评委马悦然及莫言作品瑞典文译者陈安娜(A. G. Chen)对莫言获奖起到了很大作用①。但鉴于英语是当今世上最重要的国际语言,一位作家被世界文学场域认可前必须获得英语文学场域的认可,莫言作品主要英译者葛浩文无疑厥功至伟。葛浩文透露,在参加颁奖典礼时,诺贝尔文学奖评审委员会主席告诉他,其英文翻译对他们投票推选莫言"至关重要"②。莫言获奖前,葛浩文陆续翻译了《红高粱家族》(1993)、《天堂蒜薹之歌》(1995)、《酒国》(2000)、《师傅越来越幽默》(2001)、《丰乳肥臀》(2004)、《生死疲劳》(2008)六部重要小说,且均由英美知名商业出版社出版(前两部由维京企鹅出版,后四部由拱廊出版),获得了英语世界的广泛赞誉,使莫言海外文名鹊起,在世界文学场域积累了充足的符号资本,并最终获奖。莫言指出,《红高粱家族》(1987年解放军文艺出版社初版)不仅是他的第一部长篇小说,也是他"最有影响的小说",以至于很多人以"《红高粱家族》的作者"指代他③。巧合的是,《红高粱家族》不仅是葛浩文翻译的首部莫言长篇小说④,也是他迄今所译莫言作品中销得最好的,标志着翻译家葛浩文"从此登上事业的高峰"⑤。因此,想要探究莫言作品译介与传播的成功之道及葛浩文偏爱的"标准流程",《红高粱家族》是当然之选。

---

① 刘欢. 瑞典翻译家陈安娜. 羊城晚报,2012-10-27(B7).
② Sparks, S. Translating Mo Yan:An interview with Howard Goldblatt. *Los Angeles Review of Books*,2013-05-26. [2019-02-04]. https://lareviewofbooks. org/interview/translating-mo-yan-an-interview-with-howard-goldblatt.
③ 莫言. 莫言散文新编. 北京:文化艺术出版社,2010:153.
④ Mo, Y. *Red Sorghum*:*A Novel of China*. Goldblatt, H.(trans.). New York:Viking Penguin;& London:Heinemann,1993.
⑤ 何琳. 翻译家葛浩文与《中国文学》. 时代文学,2011(2):165.

## 一、项目发起行动者网络构建与运作

葛浩文选择原作的基本标准是:他本人喜欢,友人推荐,但作品要让他感兴趣①。《红高粱家族》正好符合该标准。葛浩文回忆道:

> 我有一个在香港科技大学的朋友②,有一年他给我寄了一份刊物,登着莫言的《天堂蒜薹之歌》③,他说这是应该注意的。我就开始看,我很惊讶,莫言能有这样的热情来写这样一部小说,其中既有恨又有爱。我说我一定要翻。我就写信转给莫言。莫言回信说他很高兴我能翻译他的著作。后来我到了台北,有一天在朋友家休息。我问他,有什么好书吗?他说有一个大陆作家写的书叫《红高粱家族》。我拿来看了起来,没看多少,我就坐不住了,我决定《天堂蒜薹之歌》暂时放弃,先翻这部作品。这绝对是一个突破。我马上跟莫言说,《天堂蒜薹之歌》是很了不起,但是这本书恐怕更值得我做(翻译)。④

葛浩文又提到,他在 1989 年"偶然读到《红高粱家族》,当即决定要把它译成英文"⑤。莫言回忆,葛浩文在 1988 年首次写信给他(由中国作协转交),自称是"柳亚子的儿子柳无忌的研究生",请求翻译《天堂蒜薹之歌》。莫言当时想:"有人(要)把自己的书翻译成外文,那是很高兴的事

① Kung, S.-W. C. Translation agents and networks: With reference to the translation of contemporary Taiwanese novels. In Pym, A. & Perekrestenko, A. (eds.). *Translation Research Projects 2*. Tarragona: Intercultural Studies Group, 2009: 128.

② 指郑树森。郑树森读完这本小说后,"觉得应该有英译,就连忙空邮寄给葛浩文"。详见:刘绍铭. 情难自已. 东方早报, 2013-05-12(B12).

③ 原载于《十月》杂志 1988 年第 1 期,同年 4 月作家出版社出版单行本。同年,《红高粱家族》由台北洪范书店出版。详见:李桂玲. 莫言文学年谱. 上海:复旦大学出版社, 2014: 29-31.

④ 河西. 葛浩文与他的汉译之旅. 新民周刊, 2008-04-09.

⑤ Goldblatt, H. A mutually rewarding yet uneasy and sometimes fragile relationship between author and translator. In Duran, A. & Huang, Y. H. (eds.). *Mo Yan in Context: Nobel Laureate and Global Storyteller*. West Lafayette, IN: Purdue University Press, 2014: 25.

情,根本就考虑不到我要拿版税",于是就同意了。后来葛浩文提出先翻译《红高粱家族》,莫言也没有异议①。葛浩文在一次访谈中说,当时他请求莫言允许他翻译《天堂蒜薹之歌》,并说他会"设法找到一个出版商",莫言对他一无所知,"但为有更多的读者读他的作品感到高兴";后来他"爱上了《红高粱家族》",于是征得莫言的同意先翻译它,这是他们合作的"一个良好开端"②。事实上,葛浩文认定《红高粱家族》"更感人、更有销路",因为之前由张艺谋执导的电影《红高粱》在欧美引起了轰动③,而"更感人"是指小说本身,因为他认为:"《红高粱家族》开创了……中国文学创作的一个新时代,同时其现代主义叙事技巧也是开拓性的,那就是不断地陌生化。"④

由上推论,郑树森、葛浩文及其台北朋友、柳无忌(柳亚子)、莫言及其小说和张艺谋电影《红高粱》基于各自的资本相互招募、联结,合力构建了《红高粱家族》英译项目发起行动者网络。其构建与运作过程分析如下:郑树森的推荐使葛浩文注意到《天堂蒜薹之歌》,这是社会资本运作的结果;这部小说"既有恨又有爱",使他产生了强烈的翻译欲望,也即葛浩文被作为非人类行动者的文本所招募;葛浩文欲翻译《天堂蒜薹之歌》,须获得翻译授权,而当时莫言对他一无所知,但他巧妙地利用自己与柳无忌的师生关系即社会资本,并通过后者联结到柳亚子⑤,令莫言爽快答应了他

---

① 莫言,王尧. 莫言王尧对话录. 苏州:苏州大学出版社,2003:234-236.

② Sparks, S. Translating Mo Yan:An interview with Howard Goldblatt. *Los Angeles Review of Books*,2013-05-26. [2019-02-05]. https://lareviewofbooks. org/interview/translating-mo-yan-an-interview-with-howard-goldblatt.

③ Levitt, A. Howard Goldblatt's life in translation. *Chicago Reader*,2013-04-11. [2019-02-05]. http://www. chicagoreader. com/chicago/howard-goldblatts-life-in-translation/Content?oid=9260454.

④ Goldblatt, H. A mutually rewarding yet uneasy and sometimes fragile relationship between author and translator. In Duran,A. & Huang,Y. H. (eds.). *Mo Yan in Context:Nobel Laureate and Global Storyteller*. West Lafayette,IN:Purdue University Press,2014:26.

⑤ 柳亚子(1887—1958),近代著名诗人,革命文学社团"南社"发起人之一,以早期和毛泽东诗词唱和而闻名,曾任中央人民政府委员。他在国内的文学名声和社会地位可转化为符号资本,很容易获得身为作家的莫言的认同,进而认可通过"排转折亲"联结过来的葛浩文。

的请求；台北朋友的推荐使葛浩文的兴趣转向他认为"更感人、更有销路"的《红高粱家族》，这里既有小说本身的语言文学资本，更有电影《红高粱》对他的招募，因为这部"沾电影之光"的小说的符号资本远大于《天堂蒜薹之歌》，换言之，小说文本和电影这两个非人类行动者"说服"葛浩文先翻译《红高粱家族》；此时初步认可了葛浩文的莫言自然接受了对方的提议，于是被葛浩文招入《红高粱家族》英译项目中。

至此，《红高粱家族》英译项目发起行动者网络构建运作完成了，但葛浩文向莫言承诺的"设法找到一个出版商"尚未落实，因此接下去他要做的是设法招募一家有实力的商业出版机构，以获得出版译作所需的经济资本和图书营销发行网络。

## 二、招募出版社行动者网络构建与运作

由于英美的"翻译文化"很不发达，形成了"对翻译图书普遍不感兴趣的盛气凌人的单语读者群"①。同时，"美国出版界对翻译作品有一种根深蒂固的忧虑"，唯利是图、眼睛只盯着轰动之作的美国出版商不太愿意出版翻译图书②。在这种情况下，译者招募出版社（尤其大型商业出版机构）的难度肯定不小，因此招募成功与否往往取决于译者拥有的符号资本。过去的实践表明，能在美国成功招募商业出版社的译者一般是声誉卓著的汉学家，因为他们在学术场域和文化生产场域内被公认的资历、学术地位和声誉（文化资本），以及与出版社、同行及其他有关机构建立的良好工作和社会关系（社会资本）能转化成可观的符号资本，从而"说服"出版社策划编辑接受其选题。换言之，这个过程往往涉及一个招募出版社行动者网络的构建与运作。那么，葛浩文是如何招募到老牌出版社维京企鹅的？招募行动者网络是如何构建与运作的？

在正式启动其招募出版社程序之前（约在 1991—1992 年），葛浩文已

---

① Venuti，L. *Translation Changes Everything：Theory and Practice*. London & New York：Routledge，2013：159-160.

② Kinzer，S. America yawns at foreign fiction：Publishers，fixated on profit and blockbusters，offer less from abroad. *The New York Times*，2003-07-26（B7）.

翻译出版了 13 本中文书,其中 7 本由美国的四家大学出版社出版,4 本由美国的商业出版社出版①,2 本列入"熊猫丛书"由中国文学出版社出版②。这些译作出版后,获得英美评论界不同程度的好评,初步确立了葛浩文在美国汉学界和文学翻译场域的地位和声誉,也使他与多家美国出版社建立了良好的合作关系。这就是说,当时葛浩文积累的符号资本已经足以招募大牌商业出版社,但需要通过网络的构建和运作才能实施。该行动者网络的构建与运作过程逐步分析如下:

(1)在获得莫言的翻译授权后,老谋深算的葛浩文着手翻译了《红高粱家族》第一章《红高粱》前八节③,即特意译到"我奶奶"被日军机枪射中倒在血泊中④,刚好与电影《红高粱》震撼人心的最后一幕相呼应⑤,以此试图把电影积累的符号资本赋予小说本身。

(2)葛浩文把翻译样章试投给以出版畅销小说和严肃小说驰名的维京企鹅图书公司,正式启动其招募出版社程序。该社的策划编辑慧眼识珠,一眼就看出了《红高粱家族》异于凡品,有着独特的文学价值,同时,葛浩文精心选择翻译的样章也使他意识到张艺谋电影《红高粱》赋予这部小说的潜在商业价值⑥,于是当即告知葛浩文——"这篇小说我们要了!",并开出一个诱人的好价钱。

(3)葛浩文将其好友——美籍华裔作家谭恩美(Amy Tan)招进行动者网络中,而谭恩美把她的文学经纪人迪克斯特拉(S. Dijkstra)介绍给葛

---

① 其中,格罗夫出版社出版的《沉重的翅膀》最有影响,且使他有了与大牌商业出版社打交道的经验。

② 详见:季进. 另一种声音——海外汉学访谈录. 上海:复旦大学出版社,2011:137-138.

③ 这部小说是由 5 个系列中篇即《红高粱》《高粱酒》《狗道》《高粱殡》《狗皮》(后改称《奇死》)合成的长篇,"是没有结构的结构",但"人物是一贯的,故事是有关联的"。详见:莫言,王尧. 莫言王尧对话录. 苏州:苏州大学出版社,2003:121.

④ 赋格,张健. 葛浩文:首席且惟一的"接生婆". 南方周末,2008-03-27(D21).

⑤ 张艺谋的电影主要根据《红高粱》《高粱酒》两章的情节改编而成。

⑥ 基于销量、营利诸方面考虑的商业出版社通常更愿意出版在国外有知名度的作家作品,如成功拍成电影或获得国际奖项的作品。参见:姜智芹. 英语世界中国当代小说的译介与研究. 国际汉学,2017(4):51.

浩文,后者代表葛浩文与维京企鹅图书公司洽谈,为葛浩文争取到比原价高四倍的版税[1]。至此,小说的文学价值即语言文学资本、电影《红高粱》积累的符号资本及其个人声誉合力帮助他招募到出版商,获得了出版译作所需的经济资本。同时,葛浩文利用其社会资本招募到谭恩美及其经纪人,向出版商争取到了更多的经济资本。

(4)葛浩文又利用其个人符号资本,获得了美国全国艺术基金会(The National Endowment for the Arts)对《红高粱家族》英译项目的资助[2]。招募到资本实力雄厚的商业出版社,同时从其他渠道获得了更多的经济资本,不仅能保障译作顺利出版,而且能使译者全身心地投入翻译并译出精品,有利于译作本身的传播。至此,在葛浩文的发起和主导下,《红高粱家族》英译项目招募出版社行动者网络构建、运作完成。只等葛浩文提交译稿,即可进入编辑及出版发行环节。

## 第三节　《红高粱家族》翻译生产过程分析

本节分析《红高粱家族》的翻译生产过程,主要包括翻译和编辑。翻译生产行动者网络一般由译者、释疑解惑者、出版商、编辑、封面设计者等合力构建而成。

### 一、葛浩文的常规翻译过程

葛浩文指出:"译者要同时完成三项任务:阅读、批评(或阐释)及创造性的写作";"翻译与阅读相仿,也要经过阐释的过程"[3]。其中的"阅读"和"批评(或阐释)"指他研读和批判性阐释原作的过程,"创造性的写作"指

---

[1] 赋格,张健. 葛浩文:首席且惟一的"接生婆". 南方周末,2008-03-27(D21).

[2] 葛浩文在1994年企鹅版版权页"译者注"中特意向该机构致谢。美国全国艺术基金会成立于1965年,是隶属于美国国会的一个独立机构,旨在资助使个人或社会受益的杰出艺术、创意及各种艺术创新。

[3] 葛浩文. 作者与译者:一种互惠但并不轻松、有时又脆弱的关系. 史国强,译//葛浩文. 葛浩文随笔. 北京:现代出版社,2014:38.

将中文译成英文的过程。

在"阅读、批评(或阐释)"阶段,葛浩文采取严谨的学术性翻译的方式:他坚持在研读原作及把握作者写作意图后才动手翻译;不惜费时费力,设法通过各种途径尽量全面理解原作,准确阐释"作者想要表达的意思",具体体现在他重视构建与运作一个"释疑解惑行动者网络"。每当遇到原文中的疑难之处,葛浩文会径直问莫言,因此翻译《红高粱家族》期间他和莫言的通信往来"达到了高潮"①。这自然得益于他与莫言建立的友好合作关系。葛浩文曾说:"为人亲切的莫言时常盛赞翻译他的小说的我,而我也时常赞赏身为小说家的他。莫言知道中英文之间不可能做到一一对应,他总是乐意为我解释作品中隐晦难懂的文化和历史信息,并且明白一个无法回避的事实:翻译只能增益原作,而不能复制原作。"②除了直接请教莫言,葛浩文在翻译《红高粱家族》期间还"偶尔求助于"刘绍铭、孔海立、朱志瑜等友人③。因为有了这个释疑解惑行动者网络的构建和运作,葛译本中"硬伤"性误译并不多见(参见第四节)。

在"创造性的写作"过程中,葛浩文的读者意识和创造性有所彰显,同时又表现出其严谨的学术性翻译的特点。葛浩文在一次访谈中透露,除了根据编辑的意见和建议修改译稿,其常规翻译过程包括三个阶段,且不同阶段其情绪变化很大:翻译初稿最困难,也最费时费力,因为要对着原文翻译,同时要查字典,"做很多研究工作"④;这个阶段他的心总是紧绷着,情绪起伏比较大,因为他知道肯定会碰到他不知道的东西或很难翻译的地方。第二阶段即翻译第二稿,重点解决初稿中没有解决的疑难问题,这时他会放松得多,"因为我知道问题都在哪里,并且准备好如何应付这

---

① Orbach,M. Mo Yan's Jewish interpreter. *Tablet*,2012-12-10. [2019-02-05]. http://www. tabletmag. com/jewish-arts-and-culture/books/118673/mo-yan-jewish-interpreter?all = 1.

② Goldblatt,H. The writing life. *The Washington Post*,2002-04-28(BW10).

③ Goldblatt,H. Translator's note. In Mo,Y. *Red Sorghum:A Novel of China*. Goldblatt,H.(trans.). New York:Penguin Books,1994. Unpaged.

④ 此处可能指借助其他工具、文献或途径研读原作,包括求教于"释疑解惑行动者",以准确把握作品旨趣及作者的写作意图。

些问题，同时可以看到自己的译文越来越好"。第三阶段即做第三稿，主要是抛开原文专注于润饰译文，如果他根据英语读者的阅读习惯认为有必要微调某些段落或删减某些文字，就会与作者沟通协商，即进行"自我编辑"；由于这个阶段译者不再受原文的束缚，葛浩文"简直就像在天堂一样，感觉美妙极了"。译稿完工后，有时还有一个请他人校对的过程，之后才会交给出版社编辑。在认识林丽君以前，他会找母语是汉语的人帮他校对译稿，以确保没有明显的误译①。由此可见，翻译过程还涉及一个由葛浩文发起的"译稿校对行动者网络"的构建与运作。

实际翻译过程当然不会这么简单。葛浩文提到，汉英语言和结构差异及其带来的翻译难题包括：词汇义项往往不对应，句子结构不同且不一致，标点符号难以确定，新词比比皆是，对句子意义的解读往往大相径庭，对重复的容忍度不同，汉语的词汇量比英语小得多，汉语的从属分句一般出现在独立分句之前，一个文本可能全由陈述句构成，等等。由于汉英句法规则不同，"如果译者不加变通地把这些结构搬到英语中，其翻译文本必然让英语读者大倒胃口"。葛浩文的处理方式是：合并理解一个短语、句子或几个句子，以确定作者的意图，然后用英语进行再创造，同时"尽量贴近原文，抓住原文意象，再现原作语域等"，但他通常会用一个新的句子结构，所用文字也往往与原作不同。针对莫言小说里的中国历史文化特色词、典故、隐喻等翻译难题，葛浩文采用音译、直译、意译、加注等方法。例如，他一般不会把"逼上梁山"直译为"be driven to Mt. Liang"，因为需加注说明其出处及含义，而是意译为"be driven to despair"；但如果作者这样写是有特定意图的，他就会将其直译，必要时加尾注(但他不喜欢用脚注)。总的说来，他会在权衡利弊后决定究竟有无必要为英语读者解释让他们感到陌生的词，很多情况下他会采用音译或直译法，但不加注解释，而是"乐于让读者略过这个词或自行推测其词义或骂他一顿"，但他坚决反对以辞害意的做法，注重再现原作的

---

① 详见：李文静. 中国文学英译的合作、协商与文化传播——汉英翻译家葛浩文与林丽君访谈录. 中国翻译，2012(1)：57-58.

效果、意图和语气①。葛浩文还注重再现原文的叙事语域,即来自不同社会阶层的小说人物所说的或庄重或俚俗的话。针对《红高粱家族》中的山东方言语词,他采取的处理方法是:找一个能表达相近意思的合适的俚俗英文词、方言词或稍显古雅的英文词。②

## 二、译稿编辑及修改过程

葛浩文指出,译者的任务还包括根据编辑的意见和建议修改译稿,"一般是出版社经编辑提出后才要译者修改的"③。同时,重视读者和市场的葛浩文如认为有必要小幅度删减原文内容,就会与作者沟通协商,在提交译稿之前进行"自我编辑"。由此可见,译稿审读、编辑及修改(包括译者"自我编辑")直至定稿是译本生产过程的重要环节,对译本面貌有着重要影响。根据英美出版界惯例,一般由文字编辑负责译稿审读并提出修改建议,因此应重点考察文字编辑与译者的沟通和协商。

### (一)第四章"高粱殡"删节统计分析

笔者仔细比对《红高粱家族》中英文本后发现,葛译本有多处删减,删减幅度和力度大小不一,但准确数据有待进一步统计。其中占多数的轻度删减(较典型的是删掉两三个句子)很可能是译者"自我编辑"的结果,而少数重度删削(指删掉半段或以上甚至整页)则很可能是葛浩文所称"编辑干涉"的结果④。鄢佳指出,英文版删节最严重的是第四章"高粱殡"中 10 页左右的文字,主要包括:对郎中骑的骡子丑态的描写(第 217—218 页),对高粱殡仪式结束后高粱地惨状的描写(第 218 页),"我父亲"站在

① Sparks, S. Translating Mo Yan: An interview with Howard Goldblatt. *Los Angeles Review of Books*, 2013-05-26. [2019-02-04]. https://lareviewofbooks. org/interview/translating-mo-yan-an-interview-with-howard-goldblatt.
② Stalling, J. The voice of the translator: An interview with Howard Goldblatt. *Translation Review*, 2014(88): 6-8.
③ 葛浩文. 作者与译者:一种互惠但并不轻松、有时又脆弱的关系. 史国强,译//葛浩文. 葛浩文随笔. 北京:现代出版社,2014:38.
④ Goldblatt, H. Of silk purses and sows' ears: Features and prospects of contemporary Chinese fiction in the West. *Translation Review*, 2000(59): 26.

送葬队伍里面时的心理活动(第 233 页)，杠子夫们流着鼻血抬巨棺的惨状(第 241 页)，掘奶奶的坟墓时"我父亲"的内心感受和倒叙(第 245 页)，对看出殡的无辜百姓惨死的描写(第 247—250 页)①。需要指出的是，鄢佳所做文本分析依据的原作是上海文艺出版社 2008 年版，而葛浩文所用底本是台北洪范书店 1988 年繁体版②。此外，鄢佳的统计不够准确、完整，例如，她指出的第 247—250 页文字内容不是全删，而是每页删去半段或一段；又如，第 255—256 页"洼地猎雁"一节被全部删去(见附录二㉖)，鄢佳没有指出。为准确起见，笔者对照台北洪范书店版③对葛译本的主要删节做了统计分析(详见附录二)。

　　葛浩文提到，中国当代小说家的写作往往"草率、冗赘、粗糙"，其中自然也包括莫言，而由于种种原因，这些瑕疵在书稿出版后仍普遍存在④，因此葛浩文在发现这类瑕疵后会与作者沟通协商，随后轻微删削原文，有时甚至未经作者同意也可能这么做，以便使译作变得更流畅可读。事实上，葛浩文在"译者注"中即声明："在征得作者的同意后，译者对原作做了一些删削。"⑤季进指出：葛浩文"可以挑选最符合英语读者理解习惯的词汇与表达方式，而且他也能依据读者的需要调整小说内容"⑥。笔者据此推断，以上统计中属于译者"自我编辑"的删节包括：④(父亲送葬时的心理活动会拖慢叙事节奏)；⑦(与前文部分重复)；⑫(因本段以"我父亲"为叙

---

① Yan，J. A study on Howard Goldblatt's translation habitus from the Bourdieusian sociological perspective. Ji'nan：Shandong University ( Doctoral Dissertation)，2013：155.

② 葛浩文在 1994 年企鹅版权页"译者注"中指出：应莫言的要求，其翻译底本采用了洪范书店 1988 年版，因为该版本还原了初版对原作的删削。

③ 莫言. 红高粱家族. 台北：洪范书店，1988. 第四章"高粱殡"在该版本的起止页码为第 311—421 页。"附录二"所列删削页码即对应洪范书店版。

④ Goldblatt，H. Of silk purses and sows' ears：Features and prospects of contemporary Chinese fiction in the West. *Translation Review*，2000(59)：27.

⑤ Goldblatt，H. Translator's note. In Mo，Y. *Red Sorghum*：*A Novel of China*. Goldblatt，H.(trans.). New York：Penguin Books，1994. Unpaged.

⑥ 季进，邓楚，许路. 众声喧哗的中国文学海外传播——季进教授访谈录. 国际汉学，2016(2)：24.

事视角,插入对铁板会员们的描写会打乱叙事视角);㉓(插叙会拖慢叙事节奏);㉗(作者大谈其"爱情论",无助于情节推动,因而被缩译);㉘(总结上述"爱情论",属于明显冗余)。

至于其他较严重删削,一般可归结于葛浩文所称"编辑的干涉"。鄢佳曾查阅美国俄克拉荷马大学收藏的葛浩文翻译档案,发现没有编辑与葛浩文有关《红高粱家族》译稿编辑与修改的通信,但从编辑写给葛浩文的有关《天堂蒜薹之歌》的信中可以看出,对前者的修改不少,而且幅度较大;《红高粱家族》和《天堂蒜薹之歌》的责任编辑是格莱厄姆女士(N. Graham)①。葛浩文指出:维京出版社编辑认为,"高粱殡"的部分情节"令人反感、冗余、啰唆",问他可否删掉,葛浩文答复:"我看看再说",然后就去征求莫言的意见。莫言回复说:"当然可以,反正我看不懂",结果就删掉了大约 10 页②。格莱厄姆是维京出版社的知名编辑,经验丰富,擅长编辑移民文学和文化冲突方面的小说③。其实,她提出的这些意见并不过于严苛,因为西方评论者对莫言的小说语言也颇多批评,例如,美籍华裔学者、小说家孙笑冬认为,莫言的小说语言是"病态的",具体表现为"重复啰唆,了无新意,粗制滥造,大多缺乏美学价值",而葛浩文的翻译"在审美统一性和可靠性方面实际上超过了原作"④。以上评论无疑掺杂了某种情感因素甚至政治动机⑤,但至少表明莫言的小说语言不太符合现行西方小说审美标准,不利于西方读者接受,而"写作审美和读者接受是编辑用于衡

① Yan,J. & Du,J. Multiple authorship of translated literary works:A study of some Chinese novels in American publishing industry. *Translation Review*,2020 (106):19-22.

② Goldblatt,H. Of silk purses and sows' ears:Features and prospects of contemporary Chinese fiction in the West. *Translation Review*,2000(59):25-26.

③ Yan,J. & Du,J. Multiple authorship of translated literary works :A study of some Chinese novels in American publishing industry. *Translation Review*,2020 (106):19-20.

④ Sun,A. The diseased language of Mo Yan. *The Kenyon Review*,2012,34(4). [2019-02-20]. https://www.kenyonreview.org/kr-online-issue/2012-fall/selections/ anna-sun-656342/.

⑤ 参见:Laughlin,C. What Mo Yan's detractors get wrong. *ChinaFile*,2012-12-11.

量一部作品的两个要素"①。王德威评论指出："莫言自谓'莫'言，笔下却是千言万语。不论题材为何，他那滔滔不绝、丰富辗转的词锋，总是他的注册商标。……也因为这千言万语，又引来文学批评者千百附丽的声音"；莫言写作《红高粱家族》时所执着的是"一种丑怪荒诞（grotesque）的美学及史观"，其写作姿态及形式具有"荤腥不忌、百味杂陈"的特点②。这番评论也点明了莫言小说语言的几个特点，即行文冗赘、缺乏克制和以丑怪荒诞为能事。张志忠指出：莫言在《红高粱家族》中运用了"残酷叙事"即残酷、暴力、苦难、血腥的描写，这是对中国历史与现实中的残酷的激烈反拨，因此读这部小说"是需要接受挑战的，挑战你的神经的韧度，挑战你心理的承受力"③。

不难看出，"附录二"列出的重度删节有的属于明显冗赘，如⑨与⑤部分内容重复，⑬本身行文重复拖沓，有的属于"丑怪荒诞"的内容，如①（对郎中骑的骡子丑态的描写）、⑭⑯㉑，但大部分属于"残酷叙事"，如③⑧⑱⑲㉒。莫言在第四章中不厌其烦地细致描写掘奶奶的坟墓、出高粱大殡及其引发的血腥杀戮和惨死等情节，极尽丑怪荒诞和残酷叙事之能事，读来触目惊心、毛骨悚然甚至恶心欲吐，神经脆弱的读者确实有点受不了。此外，有的细节描写是很不健康的，如⑰描写年幼的父亲"下意识地开了一枪"，打死了一个看出殡的年轻美貌的女人——一个"善良的无辜百姓"，这在伦理道德上说是不该写的。又如，㉖"洼地猎雁"一节被全部删去，这很可能出于西方人的动物保护意识，因为被猎杀的是叫声"凄凉"、令人不忍下手的大雁，而作者不仅写了猎雁，还描写了煮吃的过程，可谓残酷之极。以上"丑怪荒诞"或"残酷"叙事的内容应是编辑认为"令人反感"的。

---

① Yan，J. & Du，J. Multiple authorship of translated literary works：A study of some Chinese novels in American publishing industry. *Translation Review*，2020（106）：21.

② 王德威：千言万语，何若莫言. 读书，1999（3）：95-102.

③ 张志忠. 农民本色·残酷叙事·可成长性·中国故事——莫言讲稿四章. 现代中国文化与文学，2015（1）：105-115.

（二）译稿编修行动者网络构建与运作

葛浩文指出：为了"让作品变得更好"，更能吸引英语读者，英美出版社编辑"最喜欢做的就是删和改"，而他经常要站在作者的立场与编辑据理力争，以争取保留更多原文。此外，"编辑最爱提的另一个要求是调整小说的结构"，尤其是开头必须能立即吸引读者，结尾要把故事的结局讲完整①。葛浩文认为，译者或编辑都应关注文本的完整性，不宜大幅度地改动原作的叙事结构或删改原文，即便"这些改动有助于改进原作"②。最近他又表示反对其译稿被任意修改，但他欢迎"任何出于文学考量的编辑的修改（意见）"③。

由于英美出版社编辑对中国现当代小说的干预性介入较普遍，译者提交译稿并不意味着翻译过程的结束。译稿编辑、修改直至定稿过程涉及出版商、编辑、译者、作者、目标读者等人类行动者与小说中英文本、诗学观念（小说评价标准）、阅读趣味等非人类行动者。这些行动者共同构建并运作一个由文字编辑发起并主导的"译稿编辑修订行动者网络"，但在运作过程中，行动者之间不只是沟通协商及合作的关系，也会因中西方文学传统和评价标准不同发生冲突和争论。葛浩文指出：第一，部分中国当代作家缺乏全球视野，不了解外部世界。他们大多不懂外语，只能依靠中译本阅读世界文学名著，而中国的译者所得稿酬偏低，阅读面又窄，因此他们"翻译时不怎么关心作品的语言、风格、故事和结构"，使得中国作家误以为世界文学名著的水平不过如此④。第二，中西方现行的编辑惯例不同。美国的编辑权力很大，他们往往与作者紧密合作，指导作者写作并

---

① 李文静. 中国文学英译的合作、协商与文化传播——汉英翻译家葛浩文与林丽君访谈录. 中国翻译，2012(1)：59-60.

② Goldblatt，H. Of silk purses and sows' ears：Features and prospects of contemporary Chinese fiction in the West. *Translation Review*，2000(59)：25-26.

③ 李文静. 中国文学英译的合作、协商与文化传播——汉英翻译家葛浩文与林丽君访谈录. 中国翻译，2012(1)：60.

④ Goldblatt，H. Of silk purses and sows' ears：Features and prospects of contemporary Chinese fiction in the West. *Translation Review*，2000(59)：27.

改进书稿；而中国的编辑没有这样的权力，他们不会对作者说"想要发表，就必须要这样改"，同时"目前大部分中国作家并不愿意接受编辑对自己作品较大幅度的修改意见"①。第三，很多中国当代作家母语掌握得不够好，对本国文学传统也不太熟悉，因而他们的写作往往"草率、冗赘、粗糙"。第四，中国当代小说家大多注重讲故事，却往往不重视人物刻画，而西方作家特别注重后者，导致习惯了读西方小说的英语读者总是"徒劳地寻找他们能够认同或情感参与或很感兴趣的小说人物"②。

　　以上情形都会使出版社编辑、译者与中国作家发生冲突和争论。英美编辑按照当代英美小说的审美标准和读者的阅读习惯，对中文小说的译者及作者提出修改要求，是为了让译作能吸引尽可能多的读者，这自然无可厚非。而译者作为不懂外语的作者与不懂中文的编辑之间的居间人，不但要把以编辑为代表的英语读者的阅读偏好和期待带给作者，还要站在作者的立场与编辑据理力争，可见"一篇译文的最终形成是各方因素共同作用的结果"③，即是上述行动者最终达成折中、妥协的结果。葛浩文指出："很多时候一部作品的翻译版权卖出后，出版社可以全权处理"④，也即作者或译者都无法控制，往往只好按照编辑的意见进行修改。无论译者把编辑意见视为"干涉"还是"合作"，现实情况是除非译者和作者与出版商合作，未经编辑删改的中文小说会遭书评人恶评，导致英语读者对它们更没有兴趣，有时候就连出版都会成问题⑤。莫言不懂外语，也不解翻译之道，却精通折中的艺术。他对葛浩文充分信任，对编辑及译者的意见从善如流，这是《红高粱家族》英文译稿编辑修订行动者网络能够顺利运

---

① 李文静. 中国文学英译的合作、协商与文化传播——汉英翻译家葛浩文与林丽君访谈录. 中国翻译，2012(1)：59.

② Goldblatt，H. Of silk purses and sows' ears：Features and prospects of contemporary Chinese fiction in the West. *Translation Review*，2000(59)：27.

③ 李文静. 中国文学英译的合作、协商与文化传播——汉英翻译家葛浩文与林丽君访谈录. 中国翻译，2012(1)：60.

④ 转引自：孟祥春. Glocal Chimerican 葛浩文英译研究. 外国语，2015(4)：81.

⑤ Goldblatt，H. Of silk purses and sows' ears：Features and prospects of contemporary Chinese fiction in the West. *Translation Review*，2000(59)：26.

作并确保英文版得以出版和受到好评的重要前提。

## 第四节　葛译本质量、特色及翻译策略

鄢佳指出,基于"读者原则、目标语原则和改写原则",葛浩文翻译《红高粱家族》时惯用"易化策略",包括删改原文隐喻,轻微调整倒叙段落[1],重组语段,删减与情节发展关系不甚紧密的议论和琐碎细节等,同时倾向于忠实直译成语、谚语、文学熟语等,"异化多于归化",且尽量再现原作的节奏、景色描写和生动语言[2]。孟祥春也指出,总体上葛译本归化与异化相融通,直译与意译相协调,既注重保留源语特色,又照顾目标语读者,但归化与意译的倾向更明显[3]。采取忠实直译和异化策略无疑体现了葛浩文译者惯习中倾向于"学术性翻译"的一面,但其运用自然是有限度的。葛浩文指出,是否直译中国文化特色词要根据实际情况而定,如果作者用这些词来表达特定意义,"译者就需要多花心思找到最合适的表达方式";"我当然希望能做到既保留文化特色又保持译文的流畅,但很多时候不能两者兼得,所以必须做出选择。一些中国的成语和俗语,如'偷鸡摸狗',按照字面翻译会让中国人[4]听起来(觉得)愚蠢可笑,像小孩子说话"[5]。

以下以几段文字为样本,分析葛译《红高粱家族》的面貌、特色及翻译策略,并推论其决策过程。

【原文】奶奶拿起剪刀,铰下一方红纸。心中忽然如电闪雷鸣般骚乱。身在炕上,一颗心早飞出窗棂,在海一样的高粱上空像鸽子一

① 这部小说主要通过插叙、倒叙、补叙的杂错来结构全篇。参见:王德威:千言万语,何若莫言. 读书,1999(3):98.

② Yan, J. A study on Howard Goldblatt's translation habitus from the Bourdieusian sociological perspective. Ji'nan:Shandong University(Doctoral Dissertation),2013:147-158.

③ 孟祥春. Glocal Chimerican 葛浩文英译研究. 外国语,2015(4):79.

④ 此处疑为作者笔误,应为"英语读者"。

⑤ 李文静. 中国文学英译的合作、协商与文化传播——汉英翻译家葛浩文与林丽君访谈录. 中国翻译,2012(1):57-58.

样翱翔……奶奶自小大门不出，二门不迈，闷在家里，几乎与世隔绝。略略长成，又遵从父母之命，媒妁之言，匆忙出嫁。十几日来，千颠万倒，风吹转蓬，雨打漂萍，满池破荷叶，一对鸳鸯红。十几日来，奶奶一颗心在蜜汁里养过、冰水里浸过、滚水里煮过、高粱酒里泡过，已经是千种滋味，万条伤瘢。奶奶祈望着什么，又不知该祈望什么。她拿着剪刀，不知该铰什么，往日的奇思妙想，被一串串乱纷纷的大场面破坏。正胡思乱想着，奶奶听到从初秋的原野上，从漾着酒味儿的高粱地里，飘来一声声凄婉的、美丽的蝈蝈鸣叫。奶奶仿佛看到了那嫩绿的小虫儿，伏在已经浅红的高粱穗子上，抖动着两根纤细的触须剪动翅膀。一个大胆新颖的构思，跳出了奶奶的脑海：

一个跳出美丽牢笼的蝈蝈，站在笼盖上，振动翅膀歌唱。

奶奶剪完蝈蝈出笼，又剪了一只梅花小鹿。它背上生出一枝红梅花，昂首挺胸，在自由的天地里，正在寻找着自己无忧无虑、无拘无束的美满生活。

奶奶剪纸时的奇思妙想，充分说明了她原本就是一个女中豪杰，只有她才敢把梅花树栽到鹿背上。每当我看到奶奶的剪纸时，敬佩之意就油然而生。我奶奶要是搞了文学这一行，会把一大群文学家踩出屎来。她就是造物主，她就是金口玉牙，她说蝈蝈出笼蝈蝈就出笼，她说鹿背上长树鹿背上就长树。

奶奶，你孙子跟你相比，显得像个饿了三年的白虱子一样干瘪。[①]

【译文】As she picked up the scissors and cut a perfect square out of the red paper，a sense of unease struck her like a bolt of lightning. Although she was seated on the kang，her heart had flown out of the window and was soaring above the red sorghum like a dove on the wing. ... Since childhood she had lived a cloistered life，cut off from the outside world. As she neared

---

① 莫言. 红高粱家族. 台北：洪范书店，1988：165-166.

maturity, she had obeyed the orders of her parents, and been rushed to the home of her husband. In the two weeks that followed, everything had been turned topsy-turvy: water plants swirling in the wind, duckweeds bathing in the rain, lotus leaves scattered on the pond, a pair of frolicking red mandarin ducks. During those two weeks, her heart had been dipped in honey, immersed in ice, scalded in boiling water, steeped in sorghum wine.

Grandma was hoping for something, without knowing what it was. She picked up the scissors again, but what to cut? Her fantasies and dreams were shattered by one chaotic image after another, and as her thoughts grew more confused, the mournful yet lovely song of the katydids drifted up from the early-autumn wildwoods and sorghum fields. A bold and novel idea leaped into her mind: a katydid has freed itself from its gilded cage, where it perches to rub its wings and sing.

After cutting out the uncaged katydid, Grandma fashioned a plum-blossom deer. The deer, its head high and chest thrown out, has a plum tree growing from its back as it wanders in search of a happy life, free of care and worries, devoid of constraints.

Only Grandma would have had the audacity to place a plum tree on the back of a deer. Whenever I see one of Grandma's cutouts, my admiration for her surges anew. If she could have become a writer, she would have put many of her literary peers to shame. She was endowed with the golden lips and jade teeth of genius. She said a katydid perched on top of its cage, and that's what it did; she said a plum tree grew from the back of a deer, and that's where it grew.

Grandma, compared with you, I am like a shriveled insect

that has gone hungry for three long years.①

以上引自洪范书店 1988 年版第二章"高粱酒"第 6 节结尾处。笔者仔细比对洪范书店版与人民文学出版社 2007 版后发现，两者有较大出入，突出表现在下面这段议论不见于台北版：

> 我奶奶一生"大行不拘细谨，大礼不辞小让"，心比天高，命如纸薄，敢于反抗，敢于斗争，原是一以贯之。所谓人的性格发展，毫无疑问需要客观条件促成，但如果没有内在条件，任何客观条件也是白搭。正像毛泽东主席说的：温度可以使鸡蛋变成鸡子，但不能使石头变成鸡子。孔夫子说："朽木不可雕也，粪土之墙不可圬也。"我想都是一个道理。②

这段文字在洪范书店版中被删，很可能与文中提及"毛泽东主席"有关。如果研究者依据的原作版本不是译者所用底本，其论述及结论就会失去意义和说服力。以下文本分析依据葛浩文所用底本即台北洪范版。比对中英文本后发现，葛浩文对以上文字采用的翻译策略和手法包括以下几种。

(1)忠实直译成语、熟语、比喻等生动语言，且译文形神兼备。上例中出现的这类生动语言基本上均被忠实直译，如把"昂首挺胸"译作"its head high and chest thrown out"，"无忧无虑、无拘无束"译作"free of care and worries, devoid of constraints"，"心中忽然如电闪雷鸣般骚乱"译作"a sense of unease struck her like a bolt of lightning"，"她就是金口玉牙"(仿拟"金口玉言"，原指皇帝说的话，喻说到必能做到)译作"She was endowed with the golden lips and jade teeth of genius"，"像个饿了三年的白虱子一样干瘪"译作"like a shriveled insect that has gone hungry for three long years"。

(2)异化翻译中国文化特色词和文学典故，尽量保留其语言特质和形

---

① Mo，Y. *Red Sorghum：A Novel of China*. Goldblatt，H.(trans.). New York：Penguin Books，1994：131-132.

② 参见：莫言. 红高粱家族. 北京：人民文学出版社，2007：116.

式。如"炕"音译为"kang";文学典故"风吹转篷①，雨打漂萍②"含义相近，指身世飘零，动荡不安，被直译为"water plants swirling in the wind, duckweeds bathing in the rain";作者顺口编出的两句诗"满池破荷叶，一对鸳鸯红"也被照直翻译为"lotus leaves scattered on the pond, a pair of frolicking red mandarin ducks"。中国古诗意象丰富，文化联想含义复杂而隽永，译成英语很难做到形神兼备，即便勉强译出，不熟悉中国古诗传统且缺乏文化背景知识的英语读者也往往不得其解，因而对译者构成极大的挑战。如上所述，葛浩文坚持翻译时要"尽量贴近原文，捕捉住原文的意象"，但一般不加注解释。冯全功指出，在葛浩文40年翻译生涯中，他针对"意象话语"采用的异化策略一直占主导地位，意象保留法都在50%以上，且近几年更加注重保留原文的意象③。葛浩文尽量保留原作语言特质和文化意蕴的"译者姿态"令人钦佩、值得赞赏，但其译文是瑕瑜互见的：其一，古诗意象误译或翻译不够准确。"风吹转篷"中的蓬草是一种二年生草本植物，"枯后根断，遇风飞旋，故称飞蓬"，常入古诗，用来比喻行踪的漂泊不定④，而葛浩文误作"water plants"（水生植物）；"雨打漂萍"译作"duckweeds bathing in the rain"（漂萍沐浴在雨中），雨打飘萍的无情和暴烈不复存在。其二，文学典故和古诗意象翻译徒见其形，不达其意。莫言借用两个文学典故和自编两句诗，以表现"我奶奶"十几日来一波三折、跌宕起伏的遭遇：遵从父母之命嫁给麻风病人；半路上花轿遭劫；回娘家路上被余占鳌劫持，在高粱地里"野合"；余占鳌杀麻风病人全家，避祸远走他乡。可见"风吹转篷，雨打漂萍"指"我奶奶"出嫁后十几日来离奇曲折、动荡不定的人生，而"满池破荷叶，一对鸳鸯红"指高粱地里"野

---

① 指蓬草随风飘转，比喻行踪无定或身世飘零。参见：夏征农. 辞海. 上海：上海辞书出版社，1999：2830.

② 指动荡不安的一生就像雨打浮萍，如辛弃疾的名句："山河破碎风飘絮，身世浮沉雨打萍。"

③ 冯全功. 葛浩文翻译策略的历时演变研究——基于莫言小说中意象话语的英译分析. 外国语，2017(6)：69-76.

④ 夏征农. 辞海. 上海：上海辞书出版社，1999：554.

合"后她对余占鳌的思念之苦。显然，文学典故和古诗意象传递的文化内涵和意图及其效果，仅靠直译不能充分再现，葛译在普通英语读者眼里只是一堆没有意义的意象。

（3）在直译或异化翻译行不通的情况下倾向于意译。由于汉英语言和结构差异巨大，很多时候直译行不通，直译出来也会令英语读者费解甚至误解，这种情况下葛浩文会充分发挥其创造性，依据英语惯用法进行意译即"创造性重写"。例如，"会把一大群文学家踩出屎来"比喻使对方相形见绌，如直译会令英文读者茫然不解，因此葛浩文舍弃其形但不失其意地译作"she would have put many of her literary peers to shame"（她会让很多作家同行自愧不如）。又如，熟语"大门不出，二门不迈"指从来不出家门与外人接触，如照直译出可能会让英语读者觉得"像小孩子说话"，因此葛浩文将该句准确意译为"Since childhood she had lived a cloistered life"（她自小过着隐居般的生活）。

（4）删减语义重复冗余句或不合逻辑句，使译文简练有力。如第四段首句"奶奶剪纸时的奇思妙想"与第一段尾句"一个大胆新颖的构思，跳出了奶奶的脑海"语义重复，"她就是造物主"与"她就是金口玉牙"语义上部分重复，因而前者均被删减；由"剪纸时的奇思妙想"不能推导出"她原本就是一个女中豪杰"，逻辑上说不通，因而后者也被删；"已经是千种滋味，万条伤瘢"回指"奶奶一颗心……泡过"，属于冗余句，因而被删。以上删减很可能出于行文简洁的考虑，即试图降低原作"草率、冗赘、粗糙"的弊病对译文可读性的影响。但另有两处删削似乎值得商榷："父母之命，媒妁之言"本为典故①，而葛浩文译出"父母之命"，删去了"媒妁之言"；"奶奶仿佛看到了那嫩绿的小虫儿，伏在已经浅红的高粱穗子上，抖动着两根纤细的触须剪动翅膀"也不知出于何种考虑被删去。

（5）重组段落，令叙事时间安排或句子衔接更合理。第一段中间"奶奶祈望着什么，又不知该祈望什么"一句的叙事时间闪回到"我奶奶"剪纸

---

① 出自《孟子·滕文公下》："不待父母之命，媒妁之言，钻穴隙相窥，逾墙相从，则父母国人皆贱之。"

的当前,起着承前启后的作用,因而葛浩文将其改为另起一段,使叙事时间安排变得更合理;"一个跳出美丽牢笼的蝈蝈,站在笼盖上,振动翅膀歌唱"紧接"一个大胆新颖的构思,跳出了奶奶的脑海",且不是人物所说的话,不宜做分段处理①,因此译者将两个句子合并,让英语读者读来更轻松顺畅。

除了上文指出的若干古诗意象误译,葛译中还有一处粗心所致的误译:"往日的奇思妙想"无疑指心灵手巧的"我奶奶"剪纸时总有"大胆新颖的构思",被误译为"Her fantasies and dreams"(她的幻想和梦想)。

以上分析表明,葛译有忠实直译的一面,包括对成语、熟语、比喻等生动语言和中国文化特色词、文学典故的处理,同时,葛浩文的英文驾驭能力和写作能力极强,译文流畅可读自不待言。但由于他同时注重读者反应和市场销路,译文充分性和忠实性有所牺牲,尤其表现在缺乏充分理由的删削上,而偶然误译也使其译文背离了原作的意图和旨趣,但国内媒体和一些翻译学者指出的"连译带改"现象并不多见②。此外,在处理难度极大的文学典故和古诗意象时,葛译徒见其形,不达其意,显示了其较早期译作"青涩"的一面。我们虽可批评他不够忠实于原作,但主观上他希望"让作品变得更好",更能吸引英语读者,可谓用心良苦;客观上葛译本获得了普遍认可,赢得了普通读者③,最终帮助莫言小说进入世界文学的殿堂。在当今世界文学格局中,汉语及中国文学仍是一种资本贫瘠的被主导语言和文学,这种忠实度方面的"牺牲"是中国当代文学获得世界文学场域认可必须付出的代价,因此葛浩文轻微删削原文(尤其他依据现行西方文学标准发现的瑕疵)的做法无可厚非。我们不如放弃指责和议论,转而去找出葛浩文成功背后的翻译"秘诀"及其运作机制。"秘诀"之一是他的译文大体上符合他声称的"尽量平衡忠实与创造性的冲突,甚至难免付

---

① 较晚出的国内版也把两个句子合并,不再分段。详见:莫言. 红高粱家族. 北京:人民文学出版社,2007:116.

② 参见:许钧. "忠实于原文"还是"连译带改". 人民日报,2014-08-08(24).

③ 季进,邓楚,许路. 众声喧哗的中国文学海外传播——季进教授访谈录. 国际汉学,2016(2):24.

诸折中之法"，有助于实现"可读、易懂甚至有销路"的目标①。葛浩文对"忠实"的追求突出体现在上述(1)、(2)上，诉诸"创造性重写"主要反映在(3)、(5)上，而(4)则是为了提升译文可读性而采取的"折中之法"。

综上，《红高粱家族》葛译本大体上忠实于原作，译文流畅可读，有助于在英语世界的传播和接受。

## 第五节 《红高粱家族》在英语世界的传播与接受

### 一、葛译本在英语世界的接受

#### (一)再版重印与销量

1993年4月，美国维京企鹅图书公司出版《红高粱家族》英文版精装本，主营教育类图书的英国海尼曼出版社也出了精装本②，印量不明；因是价格不菲的精装本，估计销售情况不及平装本。1994年4月，企鹅图书公司推出平装本，据莫言透露首印即1万册③，依托企鹅强大的营销网络，面向全球主要英语国家同步发行。翻译图书在英美不好卖，一本英译书销量想要上万，原作一般要有能获诺奖的水准④，可见企鹅公司预期原著对英语读者有较大吸引力，尤其看好电影《红高粱》对小说销售的拉动。与此同时，英国密涅瓦出版社也出版了平装本⑤。葛浩文在2008年初查看销售记录后发现，这本书连续印行15年未绝版，"已累计发行了2万册左右"⑥。莫言

① Goldblatt，H. The writing life. *The Washington Post*，2002-04-28(BW10).

② Mo，Y. *Red Sorghum：A Novel of China*. Goldblatt，H.(trans.). London：Heinemann，1993.

③ 莫言，王尧. 莫言王尧对话录. 苏州：苏州大学出版社，2003：236.

④ Wimmer，N. The U.S. translation blues. *Publishers Weekly*，2001(21)：71.

⑤ Mo，Y. *Red Sorghum：A Novel of China*. Goldblatt，H.(trans.). London：Minerva Press，1994.

⑥ 河西. 葛浩文与他的汉译之旅. 新民周刊，2008-04-09.

获诺奖后,企鹅又重印了 1.5 万册。①

该书迄今为止的准确销量不得而知,但据美联社报道,企鹅集团美国分公司透露,截至 2012 年 10 月,《红高粱家族》英译本总销量(包括纸质版和电子版)近 5 万册②。对中国当代严肃文学作品英译本来说,这是惊人的销量。可以说这部小说创造了中国当代文学在英语世界的销售奇迹。在前文考察的三种模式的运作下,中国现当代小说英译本的流通主要限于英语世界的专业读者群,一般很难走进普通读者的视野,而通过本模式的运作,却能同时抵达两类读者,这是《红高粱家族》英译本销量可观的根本原因。莫言指出,该书的出版被誉为"近年英译中国文学的一大盛事";它由西方大型商业出版社出版,"一开始就是作为一种商业运作","面对着最普通的大众读者推出来",因而能进入图书商业渠道③。

(二)学术及社会认可

上图书榜单是获得社会认可的一个指标。《红高粱家族》英译本出版后,美国评论界和读者反应很好,"进入了美国国家图书俱乐部畅销书的排行榜"④。美国《今日世界文学》杂志评选 1927—2001 年出版的"40 部世界文学佳作",《红高粱家族》是唯一入选的中文小说⑤。评委之一的霍斯皮特尔(J. T. Hospital)指出:"一部文学作品的重要性需要时间来证明,事实上作品能否经得住岁月的淘洗是我们衡量它是否杰出的一个指标",在提名过去 20 年问世的世界文学杰作时,评委们大多保持"审慎的

① 朱旭冬. 莫言获诺贝尔奖:微博讨论暴增,电商力拼图书. (2012-10-12)[2019-02-21]. http://tech.qq.com/a/20121012/000016.htm.

② Olesen, A. & Nordstrom, L. Chinese writer Mo Yan wins Nobel literature prize. Associated Press, 2012-10-12. [2019-02-21]. https://www.yahoo.com/news/chinese-writer-mo-yan-wins-nobel-literature-prize-110901757.html.

③ 莫言,王尧. 莫言王尧对话录. 苏州:苏州大学出版社, 2003:262-263.

④ 莫言,王尧. 莫言王尧对话录. 苏州:苏州大学出版社, 2003:236.

⑤ 参见:Simonsuuri, K., Ziolkowski, T., Vendler, H. et al. *World Literature Today*'s top 40 list, 1927—2001: Celebrating 75 years of publishing excellence. *World Literature Today*, 2001, 75(3/4):73.

沉默"，"只有在提名《红高粱家族》时才打破了这一禁忌"①。

被重要选集收录或专业文献评论、引用是社会认可和学术认可的重要指标。最近，葛译《红高粱家族》(节选)被诺顿公司出版的《中国现代文学大红宝书》收录②，可见这部小说在英美有着广泛认可度。以下梳理该书被重要英语学术著作评论、引用、推荐的情况。

华裔学者梅仪慈在专著第六章第五节"作为不肖子孙的知识分子写作自我"中，多次小段引用葛浩文译文③。她在第288页第51条尾注中特意指出："所引英译均取自1993年维京企鹅版葛译本，有的地方稍有修改。"梅仪慈认为，这部小说篇幅宏大，时间跨度大，情节内容复杂，具有多重面向，"一问世就赢得很多评论和赞誉"；它是一个"不肖子孙"讲述祖辈丰功伟绩和悲剧的"史诗般的小说"，"探讨了作为知识分子的写作自我与农民'他者'的关系"，"对这种关系再现之精巧与复杂达到了前所未有的程度"④。

美国汉学家柏右铭(Y. Braester)在为《哥伦比亚中国现代文学指南》撰写的"莫言"词条中指出，葛浩文与莫言多年来紧密合作，"用大师手笔把莫言的很多作品译成英语，有时甚至影响了莫言的写作"；"莫言的文学风格融合了现实与超自然现象，类似马尔克斯(G. G. Márquez)的魔幻现实主义，为塑造中国当代小说的发展方向做出了贡献"；《红高粱家族》"最吸引读者眼球的是它背离了历史小说的常规写法"，过去以抗日战争为题材的小说塑造的正面人物都是"红、光、亮"或"高、大、全"的，而余占

① Hospital，J. T. *WLT*'s top 40 list：A response. *World Literature Today*，2001，75(3/4)：74-76.

② Mo，Y. Red Sorghum(excerpts). In Huang，Y. T.(ed.). *The Big Red Book of Modern Chinese Literature：Writings from the Mainland in the Long Twentieth Century*. New York：W. W. Norton & Company，2016：369-385.

③ Feuerwerker，Y. T. M. *Ideology，Power，Text：Self-Representation and the Peasant "Other" in Modern Chinese Literature*. Stanford，CA：Stanford University Press，1998：188-238.

④ Feuerwerker，Y. T. M. *Ideology，Power，Text：Self-Representation and the Peasant "Other" in Modern Chinese Literature*. Stanford，CA：Stanford University Press，1998：214.

鳌既是保家卫国的抗日英雄,也是杀人越货的土匪头子;这部小说还改造了英雄民族主义的写史套路,例如,伏击日本人的汽车队那一幕确实"英勇悲壮",但后面写到的战斗都是"没有意义的野蛮残暴的小规模内斗";"莫言用一种令人不安的漠然描写暴力场景,宛如精致的芭蕾舞剧";在叙事手法上,它也背离了20世纪六七十年代的革命现实主义,尤其表现为叙事时间频繁跳跃,叙事人和叙事视角不断变换[①]。

美国汉学家桑禀华(S. Knight)在论及《红高粱家族》时引用了几段译文[②],均出自葛浩文之手。桑禀华指出,张艺谋在改编这部小说的第一、二章时,"把故事安排为一段线性叙事,造成一种更具宿命论色彩的效果。电影更紧凑的叙事结构确实造就了一个引人入胜的故事",但它"暗示了一种对民族力量和军事意志的颂扬,这和小说福克纳式的描写大相径庭,战争的混乱以及生理欲望的非理性特征在电影中均被弱化"[③]。

华裔学者陈颖的专著也大段引用了葛译。她认为,《红高粱家族》可归入"编史元小说"(historiographic metafiction)的范畴,因为它"模糊了历史与小说的边界……对历史是不忠实的";"这部小说的结构挑战了历史小说往前推进的惯常思维",其故事情节在过去和现在之间随意跳跃、快速转换,以表现"历史的任意性";它通过颠覆"文革"时期革命小说中常见的二元对立模式来再现历史;红色这个重要语码和象征,"既创造了一种特殊的视觉效果,也传达了一种强烈的叙事意图"。莫言创造了"一个充满男性权力和阳刚之美的男性祖国(fatherland)";"这部小说在主题思

---

① Braester,Y. Mo Yan. In Denton,K. A. (ed.). *Columbia Companion to Modern Chinese Literature*. New York:Columbia University Press,2016:307-312.

② Knight,S. Defiance and fatalism in roots-seeking and avant-garde fiction. In Knight,S. *The Heart of Time:Moral Agency in Twentieth-Century Chinese Fiction*. Cambridge,MA:Harvard University Asia Center,2006:191-221.中译文可参见:桑禀华. 寻根与先锋小说中的反抗与命定论. 黄雨晗,胡楠,译//陈思和,王德威. 文学·2015春夏卷. 上海:上海文艺出版社,2015:131-156.

③ Knight,S. *The Heart of Time:Moral Agency in Twentieth-Century Chinese Fiction*. Cambridge,MA:Harvard University Asia Center,2006:215-216.

想和叙事手法上大胆实验,开拓创新,但可以说仍然维护了中国传统的由男性主宰的社会结构"①。

瑞士汉学家洪安瑞(A. Riemenschnitter)在为《文学传记辞典》撰写的"莫言"词条中多次推荐葛译本,指出张艺谋把《红高粱家族》改编为获奖影片,帮助莫言成为国际知名作家;评论家普遍认为这部作品"是文学审美上的一大突破"②。

综上,由于作品本身独特的文学价值,尤其颠覆性的主题思想和别开生面的叙事手法,同时借助电影的推动和葛浩文的出色翻译,葛译《红高粱家族》不仅销量可观,而且获得了国际汉学界的普遍认可和赞誉,表明它在 21 世纪初即进入了世界文学殿堂,为莫言获诺奖积累了重要的初始符号资本。

### (三)英文书评

笔者找到 1993—1994 年刊发的重要英文书评 18 篇(见表 4)。从书评来源国看,美国 14 篇,英国 3 篇,中国 1 篇(来自香港地区),表明美国的书评反应最为广泛热烈。此外,从发表书评的载体和平台看,这些书评全部刊载在纸质媒体上,未见在网站上发表的评论,这很可能因为当年互联网尚不够发达。这些纸质出版物包括:(1)主要面向大众读者的《纽约时报》《洛杉矶时报》《纽约新闻日报》《波士顿环球报》《旧金山记事报》《里士满时报快讯》《卫报》《独立报》等英美普及性主流媒体,且影响力均较大(见表中"备注"栏);(2)主要针对专业读者的学术性期刊,包括《今日世界文学》《当代历史》《文学评论》和专业书评杂志《柯克斯评论》《伦敦书评》;(3)主要面向图书出版、经纪、销售人士的《出版人周刊》《图书馆杂志》《书

---

① Chan, S. W. *A Subversive Voice in China: The Fictional World of Mo Yan*. Amherst, NY: Cambria Press, 2011: 26-44.

② Riemenschnitter, A. Mo Yan. In Moran, T. & Xu, Y. D. (eds.). *Chinese Fiction Writers*, 1950—2000. *Dictionary of Literary Biography*: Vol. 370. Detroit: Gale Cengage Learning, 2013: 179-194.

单》三份行业杂志①;(4)面向普通读者的《纽约》杂志和《远东经济评论》。以上分析表明,参与该书评论推介行动者网络的媒体平台和书评人各式各样,可同时影响到大众读者和专业读者。

　　以下根据书评发表载体及平台,分类梳理西方精英读者的评价。刘绍铭指出,英美书评人有"行家"和"外行人"两类,"外行人"评价译作时"只晓得货比货":一是看译文的好坏,二是看作品是否"异于凡品"②。

### 表 4 《红高粱家族》英文书评一览

| 序号 | 书评人 | 发表刊物及时间 | 刊物所在地 | 备注 |
|---|---|---|---|---|
| 1 | W. Hampton 汉普顿 | *The New York Times*, 1993-04-18 | 美国 | 《纽约时报》,高影响力③ |
| 2 | K. Stabiner 斯塔比纳 | *Los Angeles Times*, 1993-09-12 | 美国 | 《洛杉矶时报》,高影响力 |
| 3 | Anon. 匿名书评人 | *New York Newsday*, 1993 | 美国 | 《纽约新闻日报》,高影响力 |
| 4 | P. F. Williams 威廉姆斯 | *The Boston Globe*, 1993 | 美国 | 《波士顿环球报》,高影响力 |
| 5 | Anon. 匿名书评人 | *San Francisco Chronicle*, 1993 | 美国 | 《旧金山记事报》,较高影响力 |
| 6 | M. T. Inge 英奇 | *Richmond Times-Dispatch*, 1993-04-25 | 美国 | 《里士满时报快讯》,较高影响力 |
| 7 | R. Koenig 科尼格 | *New York*, 1993-05-03 | 美国 | 《纽约》杂志,著名通趣杂志 |

---

① 笔者曾指出,根据其主要面向受众,可把西方国家的书评刊发载体分为"学术性""普及性""图书行业"三类。详见:汪宝荣. 阎连科小说《受活》在英语世界的评价与接受. 南方文坛,2016(5):61-62.

② 刘绍铭. 入了世界文学的版图——莫言著作、葛浩文译文印象及其他//杨扬. 莫言研究资料. 天津:天津人民出版社,2005:506-507.

③ 美国大报影响力主要基于发行量,参见:Top 100 US newspapers listed by circulation. (2018-09-22)[2019-02-28]. https://www.thepaperboy.com/usa-top-100-newspapers.cfm.

续表

| 序号 | 书评人 | 发表刊物及时间 | 刊物所在地 | 备注 |
|---|---|---|---|---|
| 8 | P. Baker 贝克 | *The Guardian*，1994-05-31 | 英国 | 《卫报》，高影响力① |
| 9 | N. Walter 沃特 | *The Independent*，1993-03-13 | 英国 | 《独立报》，高影响力 |
| 10 | Anon. 匿名书评人 | *Kirkus Reviews*，1993-01-01 | 美国 | 《柯克斯评论》，著名书评杂志 |
| 11 | D.J. Enright 恩赖特 | *The London Review of Books*，1993-05-13 | 英国 | 《伦敦书评》双周刊 |
| 12 | J.C. Kinkley 金介甫 | *World Literature Today*，Spring, 1994 | 美国 | 《今日世界文学》，权威世界文学专业杂志 |
| 13 | A.H.G. Phillips 菲利普斯 | *Current History*，Sept. 1993 | 美国 | 《当代历史》，位于费城的当代世界事务研究权威专业杂志 |
| 14 | P. Mackintosh 麦金托什 | *Literary Review*，1993 | 美国 | 《文学评论》季刊，费尔利迪金森（Fairleigh Dickinson）大学主办 |
| 15 | S. Steinberg 斯坦伯格 | *Publishers Weekly*，1993-02-08 | 美国 | 《出版人周刊》，纽约的权威行业期刊 |
| 16 | D. E. Perushek 佩鲁舍克 | *Library Journal*，1993-03-15 | 美国 | 《图书馆杂志》，位于纽约，1876 年创刊 |
| 17 | M. Sullivan 苏立文 | *The Booklist*，1993-03-01 | 美国 | 《书单》杂志，美国图书馆协会会刊 |
| 18 | J. Hantover 汉托弗 | *Far Eastern Economic Review*，1993-07-15 | 中国 | 《远东经济评论》新闻周刊，1946—2009 年在香港发行 |

## 1. 普及性主流报刊

《纽约时报》国际新闻版编辑汉普顿（W. Hampton，刘绍铭所称"外行

---

① 1950—1999 年英国大报发行量排行参见：List of newspapers in the UK by circulation.（2019-02-15）［2019-03-04］. https://en. wikipedia. org/wiki/List_of_newspapers_in_the_United_Kingdom_by_circulation♯2000%E2%80%932009.

人")指出,"《红高粱家族》是五个中篇的合集,通过葛浩文生动活泼的译文,英文版以长篇小说的形式出版了";"它会帮助英文读者了解一个时代和一个地方,激发他们的想象";"作者饱含感情的写作散发出火药、鲜血和死亡的气息,技法高超、满怀深情地再现了其故乡的生活";"小说几乎每一页都书写了那个残酷野蛮时代的恐怖和幽默,细致入微,栩栩如生";"莫言塑造了几十个生动鲜明的人物形象……他们和作者一起把高密东北乡稳稳地放到了世界文学的版图上"①。

斯塔比纳(K. Stabiner)在《洛杉矶时报》发表短评指出:"莫言用一种既巧妙又饱含感情的风格,讲述了发生在 20 世纪 30 年代内忧外患中国的故事";"作者对战争场面的细节描写颇为荒诞……但其行文生动活泼,抒情段落与奇特的对话调门交替出现。读这部历史小说使人仿佛身临其境,其题材范围之广令人印象深刻。"②

被刘绍铭称为"半个行家"的英奇(M. T. Inge)以"史诗小说:一流中国作家"为题评论指出:"莫言是中国大陆最近涌现的重要文学天才","他的作品描写中国乡村的人与地、风俗、神话、历史和原初的激情,现在借助葛浩文娴熟的译笔与英语读者见面了";"《红高粱家族》融合了中国的传统叙事技巧和借自西方的现代小说结构原理,其中福克纳(W. Faulkner)和马尔克斯的影响尤其明显";"莫言笔下人物的生活并不简单,也不是文字表面所呈现的,而是随着情节的推进愈加复杂、动荡和模棱两可;这部小说包括几层含义和潜文本,宛如晦涩难懂的诗或戏剧,阅读时不断地为我们带来新想法和惊喜"。英奇的结论是:"莫言是世界级作家,很可能是老舍、鲁迅之后涌现的最有前途的中国作家,但这两位前辈的才华远不及他。《红高粱家族》的问世是英语文学的一大盛事,预示着中国小说在 21

---

① Hampton, W. Anarchy and plain bad luck: Review of *Red Sorghum*. *The New York Times*, 1993-04-18(BR28). 详细评论内容参见:钟志清. 英美评论家评《红高粱家族》//杨扬. 莫言研究资料. 天津:天津人民出版社, 2005: 500-501.

② Stabiner, K. In brief: Fiction [Review of *Red Sorghum*]. *Los Angeles Times*, 1993-09-12(6).

世纪将拥有非凡的力量和影响。"①

科尼格(R. Koenig)在《纽约》杂志以"野蛮的典雅"为题评论指出:《红高粱家族》是"莫言描写20世纪二三十年代中国的一部既野蛮又优美的小说";"莫言站在冷静客观的立场上描述令人毛骨悚然的场景,即使那些最生动形象的描写读者也能容忍,同时又不失其情感内涵,这种叙事技巧也使读者对人狗大战一章中怪诞的描写深以为信";这部小说还写了诱奸、强奸、匪患、绑架、走私、不公正审判等,"莫言总能有条不紊地叙述这些暴力事件,同时描绘了一个杂乱无序的世界。在他的小说世界里,人们每天都为活下去或荣耀而挣扎,死后都不得安宁";"作者用一系列精美的血淋淋的意象吸引了我们的注意力"。科尼格最后指出,葛译"清楚有效",但有一个"有趣的瑕疵",即"有时译者选用的英语词汇把我们从20世纪二三十年代战乱频仍的中国硬拉到今天美国的游乐场",如豆官竟然喊他母亲"Mom"②。

贝克(P. Baker)在英国《卫报》简评英国密涅瓦版时指出:"《红高粱家族》是一部描写战乱频仍的20世纪中国的家族传奇,读者通过它可以真切感受现实中国的氛围。莫言残酷、质朴、有尊严的写作风格赋予小说一种史诗般的品质。"③

沃特(N. Walter)在英国《独立报》评论英国海尼曼版时指出,"其叙事是碎片化的,红高粱是贯穿全篇的衔接手段";"我们很快留意到莫言精美而令人不安的写作风格,如把高密东北乡描写为'地球上最美丽最丑陋、最超脱最世俗、最圣洁最龌龊、最英雄好汉最王八蛋、最能喝酒最能爱的地方'。浮夸的矛盾修辞是莫言惯用的手法,尤其用于描写残酷的战争场景";"在莫言的战争视野中,人物的举动很快变成了神话,恐怖与美丽、

① Inge,M. T. Epic novel:Chinese author is first-class. *Richmond Times-Dispatch*,1993-04-25(F4).

② Koenig,R. Savage grace:Review of *Red Sorghum*. *New York*,1993-05-03(79).

③ Baker,P. Paperbacks:Fiction [Review of *Red Sorghum*]. *The Guardian*,1994-05-31.

英勇壮举与懦夫行为没有真正的区别";"小说叙述了一种匪患和仇杀盛行的地方文化……从魔幻、疯狂的视角勾勒了一幅独特而丰富的地方文化的画面,这对欧洲读者的吸引力很可能相当于马尔克斯或本·奥克瑞(Ben Okri)的文学世界"①。

汉托弗(J. Hantover)在《远东经济评论》评论英国海尼曼版时指出,1980年诺奖得主、波兰诗人米沃什(C. Miłosz)曾说,"擅长描写人类处境的作家要用面盆收集血液,一滴也不让它溢出",莫言在《红高粱家族》中做到了"一滴血也不让它溢出",这是一部描写中国人的苦难和求生存的"史诗般的小说";"相较于读者熟悉的同名电影,小说的故事情节较杂乱,其叙事在几十年的时间跨度内频繁转换,恐怖场景迭出,描写的农民亦正亦邪、自相残杀";除了余占鳌、戴凤莲、豆官这三个中心人物,小说还栩栩如生地塑造了一系列次要人物(如冷麻子、曹梦九、花脖子、刘罗汉)的形象,但最重要的意象是鲜血染红的高粱地;《红高粱家族》中的人物很少本着原则或出于爱国主义行事,而是被报复之念驱动,导致悲剧频发,从而勾勒了这段中国历史的轮廓②。

**2. 学术期刊及专业书评杂志**

金介甫在《今日世界文学》评论指出:"在尚待英译出版的20世纪中文长篇小说中,《红高粱家族》无疑最震撼人心,或许也是最好的……莫言这部迟到的《红高粱家族》让人看到了中国文学的希望";评论界普遍认为,张艺谋及其他中国"第五代"导演改编的著名电影好于原作,"而这部经由葛浩文灵动翻译的小说比那部引人注目的爱国主义电影有趣何止百倍"。金介甫接着分析小说结构、母题、特点及叙事手法:"其写作采用了现代主义路线,将一个主情节的过去和现在的片段与若干次情节融入宏大叙事中,其叙事有些神秘色彩,但电影动感和画面感十足,有经典悬疑成分";"第三章《狗道》描写人狗大战,吃尸野狗们获得了人类的智慧,令

---

① Walter,N. Shooting a family in glorious technicolour:Review of *Red Sorghum*. *The Independent*,1993-03-13.

② Hantover,J. Bloody grain:Review of *Red Sorghum*. *Far Eastern Economic Review*,1993,156(28):33.

我们想到英国作家戈尔丁（W. Golding）的小说《蝇王》（*Lord of the Flies*）"；"《红高粱家族》把传奇故事上升到神话，在中国现代小说中独树一帜，'孝'与'爱国主义'这两个民族神话被完全颠覆"；"'魔幻现实主义'不仅彰显于情节中，也见之于对高粱的魔幻化描写"；"在想象力出众的莫言手中，即便熟悉的英雄母题也可以变成荒诞，《红高粱家族》在这方面开了中文小说的先河"。金介甫的结论是："这部小说会因其开拓创新、神话编造、英雄主义与反英雄主义、暴力及荒诞留在人们的记忆中。"①

菲利普斯（A. H. G. Phillips）在《当代历史》评论指出：《红高粱家族》通过葛浩文"强有力的翻译"来到了英语世界；小说"非常激动人心"，"有着马尔克斯作品那种广泛的题材和丰富的想象力"；其情节主要围绕抗战，对日本人暴行的描写"既生动形象又准确逼真"，"对余占鳌司令与国民党冷支队长宿怨和冲突的描写达到了史诗的水准"。菲利普斯认为，莫言"追求极端效果，过于依赖对暴力和性的描写，喜欢炫耀自己的才华，这些都可能遭到批评"②。

麦金托什（P. Mackintosh）在美国《文学评论》季刊评论指出，这是一部"好小说"，莫言不用常规的线性情节推进法，而是将整个故事一块块地切分，在每个事件叙述中穿插暴力渲染和一系列稀奇古怪的描述，"大大刺激了读者的胃口"。麦金托什委婉批评道，这部小说的叙事时间横跨1923—1976年，但集中写的是1945年之前，其中有数不尽的死亡现象，只有一起发生在抗战胜利之后；事实上，除了日本侵华造成约400万中国人伤亡，还有无数人死于饥荒和动乱，作者却对此缄默无言③。

英国诗人、小说家恩赖特（D. J. Enright）在《伦敦书评》评论指出，

---

① Kinkley，J. C. World literature in review：China—*Red Sorghum*. *World Literature Today*，1994，68(2)：428-429.

② Phillips，A. H. G. On China：Review of *Red Sorghum*. *Current History*，1993，92(575)：281.

③ Mackintosh，P. Let the red flag fly here. *Literary Review*，1993(4). 详见：钟志清. 英美评论家评《红高粱家族》//杨扬. 莫言研究资料. 天津：天津人民出版社，2005：503-504.

《红高粱家族》最引人注意的是作者不遗余力地描写血淋淋的暴力和战争场面；某些细节有"魔幻现实主义"小说的味道，但小说结尾"读起来像一串不易破译的密码"：叙事人逃离家乡十年，回来时"带着机智的上流社会传染给我的虚情假意，带着被肮脏的都市生活臭水浸泡得每个毛孔都散发着扑鼻恶臭的肉体"；他发现红高粱已被杂种高粱取代，说他"痛恨杂种高粱"，但"上流社会"指什么？叙事人为何痛恨杂种高粱？①

匿名书评人在《柯克斯评论》上指出：《红高粱家族》用"一种强有力的、令人耳目一新的声音讲述了 20 世纪二三十年代中国农村的野蛮和动乱"；"既是一部家族传奇史，也是关于一个特定时代和地方的故事"；"残忍、背叛与情爱、牺牲的场面交替出现，在小说中不断循环往复"；"到了后半部，形象生动的暴力叙事渐趋雷同，令读者兴奋的神经变得麻木，但莫言用一种能引起读者强烈共鸣的抒情风格缓和了野蛮和残酷的叙事"②。

### 3. 图书行业刊物

斯坦伯格(S. Steinberg)在《出版人周刊》评论指出："《红高粱家族》像中国山水画一样，通过提供多种焦点来重塑观察者的视角，显得特别有力"；"若干母题反复出现：仇杀与战场杀戮形成对照，女人既被救助者强奸，也被日本兵强奸，县长曹梦九用鞭刑惩罚赌徒和小偷，日本人在活剥刘罗汉之前也对他施以鞭刑"；"莫言喜用生动的形象、毛骨悚然的描写，对吃喝拉撒睡等身体功能颇有兴趣，使得小说很难读，但他对人类卑鄙行径的强调，抗议了作家们普遍美化过去的做法。莫言成功再现了一个野蛮残忍的世界……最终这种被历史遗忘的残酷浮出了水面"。其结论是"这是重大的文学成就"③。

佩鲁舍克(D. E. Perushek)在《图书馆杂志》评论指出，尽管这是被

---

① Enright，D. J. Running dogs：Review of *Red Sorghum* by Mo Yan. *The London Review of Books*，1993，15(9)：22-23. 详见：钟志清. 英美评论家评《红高粱家族》//杨扬. 莫言研究资料. 天津：天津人民出版社，2005：501-502.

② Anon. Review of *Red Sorghum*. *Kirkus Reviews*，1993-01-01.

③ Steinberg，S. Review of *Red Sorghum*. *Publishers Weekly*，1993，240(6)：75-76.

英译出版的第一部莫言小说，很多美国人通过获奖电影《红高粱》早就知道了它；红高粱在这部作品中是一个中心隐喻，在和平时期象征粗犷宁静的农民生活，在战争期间又与人们为生存而战交织在一起；日本兵的残酷杀戮、中国人的激烈内斗和火并、成群结队的疯狗及自杀、饥饿和寒冷造成的死亡场景在小说中俯拾皆是；尽管困难重重，"我爷爷"和"我奶奶"的力量和爱延续了家族的香火，但他们却不能阻止"缺少灵魂和风度"的杂种高粱被引进村里①。

最后是出版社为图书推介而摘录的名家评语②：

《旧金山记事报》："才华横溢、抒情、令人陶醉。"

《纽约新闻日报》："最与众不同、最有力量的当代小说之一。"

《波士顿环球报》："《红高粱家族》用富于异域情调的手法描写了茂密的山东高粱地，为神话英雄主义和原初生命力营造了故事背景。"③

被誉为"美国最著名的中国通"的夏伟（O. Schell）："《红高粱家族》迥异于其他当代中国文学作品，如果不是明显以中国为背景，读者可能误以为它是另一个时空的产物；凭借这部杰作，莫言帮助他的国家找到了一种极有说服力的新的文学声音。"

谭恩美："读罢《红高粱家族》，我认为莫言应在世界文学殿堂占得一席之地。他运用的意象令人震惊、刺激感官、饱含感情，其史诗般的故事令人兴奋。……我相信这本书将成功跨越阻隔很多翻译图书的国际边界。……这是一位重要作家创作的一部力作"；"莫言的声音将和昆德拉（M. Kundera）和马尔克斯一样走入美国读者的心灵"。

综上，英美精英读者高度评价葛译《红高粱家族》，认为莫言是"世界

---

① Perushek，D. E. Review of *Red Sorghum*：*A Novel of China*. *Library Journal*，1993，118(5)：108.

② 详见 1994 年企鹅版封页、封底或封里"书评集萃"。

③ 书评人是任教于亚利桑那州立大学的威廉姆斯。他在评论王祯和小说《玫瑰玫瑰我爱你》葛译本时指出："《红高粱家族》葛译本有严重删节。"详见：Williams，P. F. Review of *Rose*，*Rose I Love You*. *World Literature Today*，1999，73(4)：816-817.

级"作家,这是一部"史诗般"的作品,具有"现代主义""魔幻现实主义""荒诞""宏大叙事""残酷叙事""修辞色彩华丽""意象令人印象深刻"等特征,甚至把莫言与福克纳、马尔克斯、昆德拉、戈尔丁、米沃什等诺奖得主或世界级作家相提并论,以此暗示莫言有获诺奖的潜力。事实证明这些评论家是很有眼光的。一些书评人还对葛浩文的翻译做出了较高评价,认为它"生动活泼""娴熟""清楚有效""灵动""强有力"等。刘绍铭指出:"如果《红高粱家族》的英译落在泛泛辈之手,莫言是否仍得世界级作家的美誉,实难预料",由此道出了翻译水准与在海外传播中国文学的因果关系,以及"原著、译者和出版社三方结合配搭得宜"的重要性①。值得注意的是,科尼格认为葛译存在误植年代和场景的瑕疵,似有求全责备之嫌;威廉姆斯认为葛译本存在"严重删节"的情况,未免夸大其词。鉴于普通读者关注的是作品本身,这种微瑕或局部删节不会影响他们对小说的阅读和接受。

## 二、《红高粱家族》传播过程分析

基于上述对接受情况的考察,本节推论分析其传播过程。

首先是营销流通行动者网络的构建与运作。如上所述,项目发起主体葛浩文通过"招募出版社行动者网络"的构建与运作,成功招募了资本实力很强的维京企鹅图书公司。该公司在1993年4月出版了《红高粱家族》英文版精装本,被维京企鹅在出版场域的声誉及影响力招募的英国海尼曼出版社同时出版了这本书,这是因为前者的符号资本能够确保图书销量。但精装本出版成本高,定价自然也高,通常印量和销量都有限,因而市场影响和利润空间受到限制。鉴于《红高粱家族》精装本出版后英美图书市场表现积极,各方评论反应热烈(以上书评大多评论的是维京企鹅精装本),企鹅图书公司在1994年4月推出了平装本,首印1万册,依托其强大的营销网络,面向英国、美国、加拿大、澳大利亚、新西兰等主要英语国家同步发行。与此同时,被企鹅图书公司的符号资本招募的英国密涅

---

① 刘绍铭. 入了世界文学的版图——莫言著作、葛浩文译文印象及其他//杨扬. 莫言研究资料. 天津:天津人民出版社,2005:505-508.

瓦出版社也出版了平装本。莫言获诺奖后，企鹅图书公司又加印了 1.5 万册，截至 2012 年 10 月总销量（包括纸质版和电子版）近 5 万册，创造了中国当代文学在英语世界的销售奇迹。通过西方商业出版社出版模式运作的图书能够同时抵达大众读者和专业读者，这是《红高粱家族》英译本销量惊人的重要前提，但仅凭这点显然是远远不够的，还需要一个高效运作的营销发行网络。就《红高粱家族》英译本出版发行及销售行动者网络构建与运作而言，其核心行动者无疑是企鹅图书公司旗下的维京企鹅，但其他行动者的参与也不可或缺，包括《红高粱家族》中英文本和张艺谋电影《红高粱》等非人类行动者，海尼曼、密涅瓦等合作出版商、图书经销商、图书馆管理员、文学经纪人等人类行动者。

布迪厄指出，一家出版社积累的符号资本可用以下指标衡量：悠久的历史、总部所在地、编辑声望、旗下作家获得的重要奖项（可转化为经济资本和符号资本）等①。维京企鹅的前身是 1925 年创办于纽约的维京出版社（Viking Press），以出版畅销小说和严肃小说驰名英美出版界，1975 年被企鹅图书公司收购。截至 2006 年，维京企鹅推出的作家中有 5 人获"诺贝尔文学奖"（其中 4 人在出版《红高粱家族》前获得），5 人获"普利策小说奖"，另有多人获其他图书类大奖②。可见该公司在 20 世纪 90 年代初即拥有了雄厚的资本实力和强大的营销网络，在美国乃至国际出版场域声誉卓著，市场号召力很大。其经济资本作用于译者、文字编辑、封面设计者等生产行动者，可确保作品翻译出版的高质量；其社会资本和符号资本使它能招募到合作出版商、图书经销商、图书馆管理员、文学经纪人等进入图书发行传播网络；其符号资本使社会大众信赖其出版物的品质和水准，因而乐意做出购买决策或采取阅读行动。另外，被出版商招募的发行传播行动者也利用出版商的资本和自身资本展开图书营销传播行动，行动者资本越多，营销实力越强，对网络运作的贡献也就越大。

---

① Bourdieu, P. A conservative revolution in publishing. Fraser, R. (trans.). *Translation Studies*, 2008, 1(2): 130-131.

② 参见企鹅官网：http://www.us.penguingroup.com/static/pages/publishers/adult/viking.html.

　　关于中英文本对图书营销传播的作用,前文已有分析。电影《红高粱》对小说传播的助力至少体现在以下两方面:一是书评人借助电影的符号资本积极推介小说。不少书评人特意提到"张艺谋获奖电影",足见电影对这部小说的传播之功。二是企鹅版封面设计巧妙利用电影来推介图书。该书封底注明:封面由贝伦森(G. Belenson)设计;封面照片取自张艺谋电影《红高粱》剧照。封面上半页为电影画面,下半页为文字。画面居中的黑框代表电影特写镜头,框中是巩俐的剧照,其背景是以姜文为首的几个粗犷汉子抬着一顶大红花轿,在尘土翻滚的黄土路上颠簸前行。这个画面让英语读者感觉到"东方情调"扑面而来。下半页的文字呈现也紧紧围绕电影影像而设计:书名"RED SORGHUM"用醒目的红色大写字体,与上面的大红花轿相呼应;作者名"MO YAN"则采用黑体大写字体,暗示莫言是一位冷静反思中国历史的严肃作家(见图3)。该封面设计巧借电影之力,构思精巧,夺人眼球,肯定能吸引很多英语读者,使他们决定购买这本书。

图3　《红高粱家族》企鹅平装版封面

其次是评论推介行动者网络的构建与运作。如上所述,至少 18 位书评人参与了对葛译《红高粱家族》的评论推介行动,其中 4 位在英国伦敦等地或中国香港的报刊上发表评论,其余 14 位均来自美国,不仅数量多,而且身份背景各异;他们分别在普及性、学术性或图书行业报刊上发表书评,可积极引导和影响大众读者或专业读者的购买、阅读决策,或刺激图书出版、销售业界人士的商业行为,从而推动该书的营销、传播和接受。第三章指出,西方商业出版社、译者、中国作家及其文学代理人等利益相关行动者都会利用各自的资本积极招募书评人,构建并运作一个图书评论推介行动者网络。在由西方汉学家发起并翻译、西方商业出版社出版模式运作机制下,资本实力普遍较强的商业出版社尤其重视招募书评人和构建图书评论推介行动者网络,因而其运作效果通常比西方学术出版社出版模式或我国外文出版社出版模式好得多。我们推论这些书评人均被有关行动者通过某种形式的资本招募,可勾勒出一条清晰的行动轨迹:一般情况下,在主流媒体或普及性期刊及行业期刊发表书评的书评人(多为刘绍铭所称“外行人”)大多被商业出版社的符号资本招募,少数书评人则可能被文学代理人的社会资本招募,美国的汉普顿、斯塔比纳、科尼格、《柯克斯评论》匿名书评人、斯坦伯格、佩鲁舍克,英国的贝克、沃特,以及中国香港的汉托弗均属此类;在学术性期刊发表书评的多为西方知名汉学家或中国文学研究者(即刘绍铭所称“行家”),包括英奇、金介甫、麦金托什、菲利普斯等,他们一般被商业出版社的符号资本和译者的社会资本合力招募(后者基于学术场域通行的运作规则)。最后值得一提的是谭恩美。她曾参与“招募出版社行动者网络”,这次又加入图书评论推介网络。谭恩美因英文畅销小说《喜福会》(*The Joy Luck Club*)驰名美国文坛①。她高度评价《红高粱家族》对美国读者有一定的号召力。

最后是认可行动者网络的构建与运作。这种认可包括学术和社会认

---

① 《喜福会》曾连续 9 个月登上《纽约时报》畅销书排行榜,并获得多项英美重要文学奖。详见:于秀娟. 反东方主义面具后的东方主义——谭恩美作品叙事模式分析. 天津:南开大学博士论文,2009:1-17.

可,是一个长期渐进、积累的过程。如上所述,参与该网络构建及运作的有柏右铭、桑禀华、洪安瑞等汉学家和梅仪慈、陈颖等华裔学者,以及讲授中国文学的学者。出于作家作品研究及中国现当代文学教学之需,这些认可行动者主要被小说本身及葛译本所招募,通过在学术著作中评论、引用、推荐或纳入课程教学等方式认可莫言小说。同时,他们也可能被葛浩文招募,因为葛浩文既是翻译场域中人,也是学术场域的行为者,且在场域中很有地位。葛浩文从事的翻译是需要学界认可的"文化生产",而西方汉学家和中国文学研究者是葛译的重要认可者,因此双方是产业链中"上游"与"下游"的关系,既彼此依存,又相互支持。再者,有的认可行动者与译者颇有渊源,例如,陈颖曾是葛浩文指导的博士研究生①,梅仪慈在1984—1998年葛浩文主编《中国现代文学》期间曾在该刊上发表论文②。此外,这些学术著述的出版机构,包括斯坦福大学出版社、哥伦比亚大学出版社、哈佛大学亚洲中心、荷兰莱顿大学博睿出版社(Brill Press)等著名高校和大学出版社,在世界学术场域和教育场域享有崇高声誉。这些握有认可权力的机构与认可行动者合力推动了对莫言小说中英文本的认可。最后,参与认可行动者网络构建与运作的至少还有美国国家图书俱乐部和《今日世界文学》杂志。这两个认可机构分别以畅销书排行榜和评选"世界文学佳作"的形式认可莫言小说。

综上,借助于营销流通、评论推介、学术与社会认可行动者网络的构建与运作,《红高粱家族》在英语世界的传播顺畅而高效,不仅创造了中国当代严肃文学在西方的销售奇迹,而且获得了西方汉学界的普遍认可,为莫言获诺奖积累了初始符号资本,奠定了坚实的基础。

---

① 陈颖于 2003 年在科罗拉多大学博尔德分校获得博士学位。
② Feuerwerker, Y. T. M. An interview with Gao Xiaosheng. *Modern Chinese Literature*, 1987, 3(1/2): 113-136; Review of *Voices from the Iron House: A Study of Lu Xun* by Leo Ou-fan Lee. *Modern Chinese Literature*, 1989, 5(2): 333-338.

## 第六节 《红高粱家族》《酒国》传播影响力比较

葛译《红高粱家族》《酒国》均由英美商业出版社出版发行，但后者的传播影响力远逊于前者①，具体体现在：其一，《酒国》在英语世界的学术认可度远不及《红高粱家族》。柏右铭、洪安瑞撰写的"莫言"词条均着重评论后者，以及《红高粱家族》被评为"40 部世界文学佳作"，即为佐证。其二，全球馆藏量相差甚大。经检索 WorldCat，截至 2017 年 2 月，626 家图书馆藏有《红高粱家族》维京企鹅 1993 年版精装本，695 家藏有企鹅 1994年版平装本，而 2000 年拱廊版《酒国》的全球馆藏量为 372 家，不到前者的三分之一。其三，销量相差悬殊。宁明根据美国尼尔森图书数据公司(Nielsen BookScan)提供的纸质书销售数据发现，截至 2015 年 8 月，莫言 9部作品在美国、英国、澳大利亚销量排名第 1 的均为《红高粱家族》(合计20681 册，年均 940 册)，表明这部小说在英语世界"具有稳定持久的影响力"；《酒国》在以上三个国家的销量分别排在第 5、6、4 位(合计 4568 册，年均304.5 册)，不到《红高粱家族》销量的三分之一，且销量与之接近的《丰乳肥臀》②、《生死疲劳》③、《四十一炮》④均在《酒国》之后出版，也即这三本书的实际销量很可能好于《酒国》。此外，拱廊出版公司 2000 年初版的《酒国》在美国仅卖出 44 册⑤，葛浩文也证实"当年拱廊就是卖不动《酒国》"⑥。再

---

① 酒国》比《红高粱家族》晚七年出版，可能对传播影响力有所影响，但应该不是决定性因素。

② Mo，Y. *Big Breasts and Wide Hips*. Goldblatt，H.(trans.). New York：Arcade Publishing，2004.

③ Mo，Y. *Life and Death Are Wearing Me Out：A Novel*. Goldblatt，H.(trans.). New York：Arcade Publishing，2008.

④ Mo，Y. *POW!* Goldblatt，H.(trans.). London & New York：Seagull Books，2012.

⑤ 详见：宁明. 莫言作品的海外接受——基于作品海外销量和读者评论的视野. 南方文坛，2016(3)：70-74.

⑥ Landreth，J. Will Mo Yan's Nobel Prize finally mean better book sales abroad? Interview with Howard Goldblatt. *Asia Blog*，2012-10-12. ［2019-02-05］. http://asiasociety.org/blog/asia/will-mo-yans-nobel-prize-finally-mean-better-book-sales-abroad.

者,莫言获诺奖后拱廊加印《酒国》1万册①,而企鹅加印《红高粱家族》
1.5万册,多年稳定且较大的销量表明《红高粱家族》的传播影响力远超
《酒国》。

笔者找到2000—2002年刊发的《酒国》英文书评20篇(详见表5),其
中近半刊于英美高影响力媒体上,可见英语世界对《红高粱家族》和《酒
国》的评论推介力度旗鼓相当。同为莫言小说作品,同样由葛浩文翻译,
《酒国》的译文比《红高粱家族》更"老到圆熟、灵动传神"②,且均由西方商
业出版社出版,为何两者在英语世界的传播影响力及效果大相径庭? 笔
者认为归根结底是传播要素有差别:一是出版社的综合资本,二是电影的
推动力,三是作品的适销性。

## 一、出版社的综合资本

如上所述,维京企鹅图书公司具有悠久的历史、雄厚的资本实力和依
托企鹅集团公司的强大的营销网络,在美国及英语世界的出版场域声誉
卓著,市场号召力很大。而2000年4月出版《酒国》精装本、次年又出平
装本的是实力较弱的美国拱廊出版公司。该公司1988年由著名编辑、译
者兼出版人西弗(R. Seaver,1926—2009)创办于纽约,为小型独立出版
社,创办以来坚持出版全世界才华横溢但寂寂无名作家的作品。由于出
版的新晋作家作品"大多销量平平",致使公司"多年陷入财政危机中"③,
终于在2009年西弗死后不久宣告破产,次年被天马出版公司(Skyhorse
Publishing)兼并④。韦伯(B. Weber)也指出拱廊致力于扶持新晋作家的

---

① Milliot,J. Mo Yan's Nobel a win for Arcade,Skyhorse. *Publishers Weekly*,
2012,259(43):6-7.
② 汪宝荣. 葛浩文译者惯习历时变化考察——以《红高粱家族》《酒国》为中心. 燕山
大学学报(哲学社科版),2020(1):17-25.
③ Milliot,J. Mo Yan's Nobel a win for Arcade,Skyhorse. *Publishers Weekly*,
2012,259(43):6-7.
④ Anon. Skyhorse takes Arcade for $548,000. *Publishers Weekly*,2010-07-27.
[2019-03-04]. https://www. publishersweekly. com/pw/by-topic/industry-news/
industry-deals/article/43973-skyhorse-takes-arcade-for-548-000. html.

经营宗旨"似乎藐视了市场常识"，因而不可避免地陷入经营困境①。此外，拱廊出版的图书由美国时代华纳贸易出版公司（Time Warner Trade Publishing）代理发行（见拱廊《酒国》2000年版精装本版权页），表明它没有属于自身的发行网络，或虽有发行网络但实力不强。西弗始终抱定"把全世界伟大的作家带给美国读者"的出版宗旨，且坚定不移地支持莫言，他生前经常告诉销售代理"莫言有一天会成为诺奖得主"。在西弗的坚决支持下，拱廊先后出版了《酒国》《师傅越来越幽默》《丰乳肥臀》《生死疲劳》，并于2006年从企鹅购得版权后再版了《天堂蒜薹之歌》，在莫言获诺奖后，天马以拱廊的名义每本小说加印了1万册②。毋庸置疑，作为迄今出版莫言作品最多的英美出版社，拱廊在把莫言小说带给美国读者方面做出了可敬的贡献，对莫言获诺奖也厥功至伟，但其经营历史、资金实力、业界声誉、市场号召力等综合资本远不及维京企鹅，因而很大程度上影响了它推出的莫言作品的传播影响力。

此外，企鹅旗下的英国哈密什·汉密尔顿出版公司（Hamish Hamilton）在2000年同步出版了《酒国》精装本，次年又出平装本。该出版社1931年创办于伦敦，最初专营小说出版，包括一批美国小说家的作品，1986年被企鹅收购③。作为英国最有名的文学作品出版社之一，该社目前仍致力于出版世界各地的原创小说和非虚构类作品，尤其侧重于"原创、本质、卓越和有传世价值的作品"，但由于是小规模的专业出版社，每年出版新书不超过20种④，因而大大限制了其在英国图书市场的占有率和影响力。哈密什·汉密尔顿在公司历史和总部所在地方面与维京企鹅大体相当，但在旗下作家获得过重要奖项、资金实力、业界声誉、市场号召

① Weber，B. Richard Seaver，publisher，dies at 82. *The New York Times*，2009-01-07（A19）.

② Milliot，J. Mo Yan's Nobel a win for Arcade，Skyhorse. *Publishers Weekly*，2012，259（43）：6-7.

③ 详见：https://en. wikipedia. org/wiki/Hamish_Hamilton.（2018-11-03）［2019-03-04］.

④ 详见：https://www. penguin. co. uk/company/publishers/penguin-general/hamish-hamilton. html.（2018-11-03）［2019-03-04］.

力等方面远不及维京企鹅,因而限制了《酒国》的传播影响力。

最后,企鹅在 2000 年也推出了《酒国》平装本,但出版后书评反响颇沉寂,在笔者所见 20 篇英文书评中,只有中国香港的《亚洲周刊》刊发了书评。可以推论《酒国》英文版的出版发行主体是美国拱廊出版公司,作为哈密什·汉密尔顿母公司的企鹅只是签约合作出版方,因而没有全力以赴展开营销活动。葛浩文即指出,要想翻译小说在美国卖得好,书评固然有所帮助,但出版商愿意投钱展开积极主动的推介和营销才是关键①。再者,如上所述,《酒国》在英美上市后短期内销售不好,很可能令企鹅失去继续营销推介的动力和兴趣。寇志明尖锐地指出,"企鹅向来靠重印被证明了的经典作品挣钱"②,换言之,企鹅一般不愿意做明知会亏本的买卖。美国汉学家白睿文也指出:英美的出版公司不太愿意把译者的名字放在书面上,好像"译者"这两个字是书市的"毒药";"书商认定美国人对外来的作品不感兴趣,就不去做宣传,书的销量就更差,于是陷入恶性循环,更加阻塞了美国人了解外界的途径"③。葛浩文也透露,西方商业出版社"绝对不会慢慢地卖销量很小的作品,如果放在书店里两个礼拜还卖不好,就把它收回、毁掉"④。

以上考察了商业出版社的综合资本实力与译作传播影响力的关联,接下来分析导致《酒国》的传播影响力远逊于《红高粱家族》的其他两个原因。

## 二、电影的推动力

根据原作改编的电影是一种符际翻译的产品,电影以"全球通用的影

① Berry, M. The translator's studio: A dialogue with Howard Goldblatt. *Persimmon: Asian Literature, Arts, and Culture*, 2002, 3(2): 23.

② Kowallis, J. E. On translating Lu Xun's fiction. *Studia Orientalia Slovaca*, 2012, 11(2): 193.

③ 周飞亚. 美国汉学家白睿文:"中国的眼界比我们更开阔". 人民日报, 2013-12-19.

④ 季进. 另一种声音——海外汉学访谈录. 上海:复旦大学出版社,2011:131.

像为传播载体"①，比翻译更容易逾越语言障碍，且具有传播面广、速度快的传播优势。"电影先行，小说跟进"被普遍认为是中国文学海外译介与传播的一种成功模式。白睿文指出，"电影在帮助中国文学进入美国市场方面功不可没"，如莫言的《红高粱家族》和苏童的《妻妾成群》都是在张艺谋电影在西方引起轰动后才被英译出版的，"为了吸引读者，书的封面往往是电影剧照"②。莫言也承认："中国文学走向世界，张艺谋、陈凯歌的电影起到了开路先锋的作用。最早是因为他们的电影在国际上得奖，造成了国际影响，带动了国外读者对中国文学的阅读需求。"③卡希尔（L.C. Cahir）也指出，《红高粱家族》《妻妾成群》被普遍认为是"因电影获得成功而畅销的国际小说"④。1988年2月，《红高粱》获柏林国际电影节最高奖"金熊奖"，随即在欧洲各国公映，"吸引了欧洲观众的浪漫想象，公映之处均大获成功"⑤。同年10月，在美国公映后也引起轰动，莫言的名字开始为美国人所熟悉⑥。埃伯特（R. Ebert）评论指出："这部电影讲述的简单质朴的故事蕴含着一种力量，童话般唯美的画面品质，突如其来的暴力场面触目惊心，而这些东西在追求精致复杂的好莱坞影片中都丢失了"；《红高粱》的摄影师无意于营造含蓄或柔和色的画面，而是尽情地将激情的色调铺满银幕，"光是其视觉冲击力就给观众带来了愉悦感"⑦。随后该片又接连斩获多项大奖：1988年悉尼电影节"电影评论家奖"，1989年法国蒙特利尔国际电影节"银熊猫奖"，1989年布鲁塞尔国际电影节"最佳影片奖"等⑧。"沾电影之光"的《红高粱家族》及莫言开始享有国际声誉，初步

---

① Lovell，J. Great leap forward. *The Guardian*，2005-06-11(34).

② 华萌，白睿文. 多方努力，共促中国当代文学的世界性阅读——翻译家白睿文访谈录. 中国翻译，2017(1)：80.

③ 术术. 莫言、李锐："法兰西骑士"归来. 新京报，2004-04-15.

④ Cahir，L. C. *Literature into Film：Theory and Practical Approaches*. Jefferson，N.C.：McFarland，2006：142.

⑤ Cohen，J. L. A year for Asian films. *Provincetown Arts*，1989，5：102-105.

⑥ Brody，R. Mo Yan and the power of movies. *The New Yorker*，2012-10-11.

⑦ Ebert，R. Review of *Red Sorghum*. *Chicago Sun Times*，1989-02-28.

⑧ 详见：https://en. m. wikipedia. org/wiki/Red_Sorghum_(film). (2019-02-20) [2019-03-05].

积累了符号资本,欧美读者对原作有所期待,出版后持续热销顺理成章。获国际大奖的中国电影积累的符号资本可转移给原作,从而有力地推动作品的译介和传播。而《酒国》至今未被成功改编为影视作品,其译作的传播影响力及效果自然比不上《红高粱家族》。

## 三、作品的适销性

莫言认为:"各国的出版社都很敏感,他们希望出版因电影而受到关注的文学原著,我们的作品才得以迅速被译介。但是,电影只是冲开了一条路,让灯光照在我们身上,能不能持续受到读者的欢迎还是看作品本身的文学价值。"①葛浩文指出,作品的文学价值固然重要,但关键是要选择读者喜欢的作品。普通美国读者爱读性爱描写或政治批评多一点的外国小说,主题思想"比较深刻的作品就比较难卖得动"②。可见普通美国读者大多出于了解中国社会政治的目的而读中国小说,因此中国小说要在美国"适销对路",必须题材有吸引力,叙事手法巧妙,文学价值高倒是其次。对一部译作来说,其适销性取决于原作题材、写作技巧和语言特色及译文质量和风格③,即文本蕴含的语言文学资本。这种资本是译作传播和接受的基本条件,即其适销性的保障。

《酒国》的主题思想隐晦深刻,既有代表"五四"文学传统的"吃人"母题,又有穷奢极侈隐射的道德堕落、社会退化、政府腐败等主题,并将三条情节线并置,结构颇为繁复④。王尧指出,这是"一部真正意义上的先锋小说",莫言也认为《酒国》是其结构上"最完美"的一部长篇小说⑤,但目前

① 术术.莫言、李锐:"法兰西骑士"归来.新京报,2004-04-15.
② 季进.另一种声音——海外汉学访谈录.上海:复旦大学出版社,2011:124.
③ 葛译《酒国》《红高粱家族》均属上乘,故此处不做讨论.参见:汪宝荣.葛浩文译者惯习历时变化考察——以《红高粱家族》《酒国》为中心.燕山大学学报(哲学社科版),2020(1):17-25.
④ Yue, G. *The Mouth That Begs: Hunger, Cannibalism, and the Politics of Eating in Modern China*. Durham, N.C.: Duke University Press, 1999:262-287.
⑤ 莫言,王尧.莫言王尧对话录.苏州:苏州大学出版社,2003:149.

《酒国》在国内的评价"并不高，并不受重视"①。《酒国》写成后，没有一家内地期刊敢于登载这部作品，故最初由洪范书店出版，出版后也几乎没有引起评论界的关注；直到 2000 年后国内评论界才开始意识到其"巨大的阐释空间和多义性"，对它的评论才慢慢多起来②。葛浩文认为，《酒国》是"描写当代中国社会最复杂、叙事手法最精巧的小说之一"，但其叙事者冷嘲热讽、超然物外，不像《红高粱家族》的叙事那样能"强化读者对故事的情感参与"③。甘博内（P. Gombone）在《纽约时报》援引小说中虚构作家"莫言"批评李一斗所写小说《神童》的话指出，"有些读者可能会觉得这部小说'结构松散，随意性太强'"④。总之，《酒国》涉及的性描写和政治批评对英美读者有一定的吸引力，但其复杂、松散的叙事结构显然不太切合他们的阅读期待⑤。

《红高粱家族》的适销性则高得多：其题材（中国乡村原初的激情、浪漫、暴力血腥）能满足西方读者的猎奇心理，其叙事手法（宏大叙事、传奇故事的神话化、魔幻现实主义等）对英美读者来说似曾相识，读起来不会像《酒国》那么费力。据部分美国大学生反馈，《红高粱家族》的人物"疯狂"神奇，情节魔幻炫目，比起鲁迅作品的沉郁、巴金作品的直白、郁达夫作品的感伤，更能调动他们的想象，激发他们的阅读热情⑥。姜智芹也指出，莫言作品在西方世界的影响力要素包括"高密东北乡"里的政治演绎、本土经验中的普适主题、批判与反思的中国形象、小说文本中

---

① 季进. 另一种声音——海外汉学访谈录. 上海：复旦大学出版社，2011：126.

② 李桂玲. 莫言文学年谱. 上海：复旦大学出版社，2014：45.

③ Goldblatt, H. Forbidden food: The "Saturnicon" of Mo Yan. *World Literature Today*, 2000，74(3)：481-483.

④ Gambone, P. Review of *The Republic of Wine*. *The New York Times*, 2000-06-25(BR18).

⑤ 所谓的"西方读者"有不同的文学文化传统，对同一部作品的接受也会不同。莫言指出，《酒国》在法国影响最大，远大于《红高粱家族》的影响，因为法国的文化传统深厚，在艺术形式上有探索且有深刻社会批判内涵的小说较受欢迎。参见：术术. 莫言、李锐："法兰西骑士"归来. 新京报，2004-04-15.

⑥ 王丹阳. 想当莫言，先得"巴结"翻译？广州日报，2012-11-02(A10).

的媒介元素①。显然,《红高粱家族》尽占了这些"影响力要素",而《酒国》只占了"批判与反思的中国形象"一项,这自然会影响其在西方的适销性。

表5 《酒国》英文书评一览

| 序号 | 书评人 | 发表刊物及时间 | 刊物所在地 | 备注 |
|---|---|---|---|---|
| 1 | P. Gambone 甘博内 | *The New York Times*, 2000-06-25 | 美国 | 《纽约时报》 |
| 2 | P. Gambone 甘博内 | *The New York Times Book Review*, 2000-06-25 | 美国 | 《纽约时报书评》 |
| 3 | Wong Yu 音译:黄宇 | *The Wall Street Journal*, 2000-04-28 | 美国 | 《华尔街日报》 |
| 4 | R. Wallace 华莱士 | *Seattle Times*, 2000-07-09 | 美国 | 《西雅图时报》 |
| 5 | Anon. 匿名书评人 | *The Economist*, 2001-04-14 | 英国 | 《经济学人》杂志 |
| 6 | A. O'Connell 奥康奈尔 | *Times*, 2000-06-28 | 英国 | 《泰晤士报》② |
| 7 | S. Rustin 拉斯庭 | *Financial Times*, 2000-06-10 | 英国 | 《金融时报》 |
| 8 | F. Wood 吴芳思 | *The Times Literary Supplement*, 2000-06-09 | 英国 | 《泰晤士报文学副刊》,权威文学评论周刊 |
| 9 | Anon. 匿名书评人 | *Globe & Mail*, 2000-06-17 | 加拿大 | 《环球邮报》,在多伦多发行的大报 |
| 10 | D. Parker 帕克 | *Vancouver Sun*, 2001-06-30 | 加拿大 | 《温哥华太阳报》,在温哥华发行,高影响力 |
| 11 | A. Riemer 里默尔 | *Sydney Morning Herald*, 2001-05-12 | 澳大利亚 | 《悉尼先驱晨报》,高影响力 |

---

① 姜智芹. 当代文学在西方的影响力要素解析——以莫言作品为例. 甘肃社会科学, 2015(4): 124-128.

② 2000—2009 年英国大报发行量排行参见: List of newspapers in the UK by circulation. (2019-02-15) [2019-03-04]. https://en.wikipedia.org/wiki/List_of_newspapers_in_the_United_Kingdom_by_circulation♯2000％E2％80％932009.

续表

| 序号 | 书评人 | 发表刊物及时间 | 刊物所在地 | 备注 |
|---|---|---|---|---|
| 12 | Anon.<br>匿名书评人 | *Canberra Times*，2001-07-14 | 澳大利亚 | 《堪培拉时报》，高影响力 |
| 13 | S. Steinberg<br>斯坦伯格 | *Publishers Weekly*，2000-03-27 | 美国 | 《出版人周刊》 |
| 14 | A. Kempf<br>肯普夫 | *Library Journal*，2002-02-01 | 美国 | 《图书馆杂志》 |
| 15 | Anon.<br>匿名书评人 | *Kirkus Reviews*，2000-04-01 | 美国 | 《柯克斯评论》 |
| 16 | J. C. Kinkley<br>金介甫 | *World Literature Today*，Summer，2000 | 美国 | 《今日世界文学》 |
| 17 | Zhu Hong<br>音译:朱虹 | *Agni*，No. 52（2000） | 美国 | 《阿格尼》，波士顿大学主办 |
| 18 | Wong Yu<br>音译:黄宇 | *The Asian Wall Street Journal*，2000-05-05 | 中国 | 《亚洲华尔街日报》，在香港发行 |
| 19 | D. Parker<br>帕克 | *Far Eastern Economic Review*，2001-08-09 | 中国 | 《远东经济评论》新闻周刊,1946—2009 年在香港发行 |
| 20 | S. Tripathi<br>特里帕蒂 | *Asiaweek*，2000-06-23 | 中国 | 《亚洲周刊》，在香港发行 |

# 小　结

　　汉学家发起并翻译、西方商业出版社出版模式的运作机制及方式是:汉学家因喜爱某中国当代作家作品,自主发起翻译出版项目;首先,汉学家会主动联系中国作家,在获得作家的翻译授权后试译原作若干章,然后把译文样章直接或通过代理人寄给商业出版社,同时借助自身的文化资本(学历、职称、头衔、著述、译作等)和社会资本即"人脉"设法招募商业出版社;如出版社被其符号资本和作品本身的语言文学资本或"内力"所招募,有了出版意向,双方即洽谈并签订出版合同;随后,汉学家独立或与他人合作完成作品翻译,由出版社编辑出版,最后通过商业渠道发行。译者成功招募商业出版社的决定性因素有:中国作家与西方汉学家在西方文学场域的声誉即符号资本,作品的"内力"即其文学品质和在西方图书市场的适销性。一般情况下,西方汉学家在学术场域的"占位"及在英美翻译生产子场域的认可度、出版社在出版场域拥有的符号资本、评论人在主流媒体或学术场域的声誉会直接影响译作的传播影响力。但《红高粱家族》与《酒国》在英语世界的传播影响力及被接受度相差悬殊表明,商业出版社本身的资本实力、声誉和市场号召力、电影的推动力及作品的适销性是核心传播要素。从行动者网络理论角度看,大牌资深的西方商业出版社即机构行动者和根据原作改编、在西方走红的中国电影即非人类行动者是助推中国文学走进西方商业图书市场、走近西方大众读者的重要"认可行动者"。

该模式为目标文化"输入型"性质。因译作通过主流商业渠道发行,参与推介的媒体平台和书评人各式各样,不再限于学术圈,其推介力度较大;译作同时面向大众读者及专业读者,流通面较广,因而其传播效果一般好于学术出版社或我国外文社出版模式。学者型译者一般选择学术性翻译的路子,注重忠实准确,很少删改,注释多且详尽,特别适合专业读者。葛浩文则是一个非典型的学者型译者,他遵循的翻译原则及其译者惯习有一条清晰的发展变化的轨迹:在主要为大学出版社翻译的1990年之前,他相当忠实于原著,采取了学术性翻译的取向;在开始为商业出版社翻译的20世纪90年代,他逐渐重视读者反应和市场销路,翻译时兼顾学术性与商业性,设法平衡忠实与创造性的冲突,惯用"易化策略",创造性重写倾向明显,同时又倾向于直译成语、谚语、文学熟语等中国文化特色词。90年代后,葛浩文追求的译作效果是"可读、易懂甚至有销路",使他成为一个取得了商业成功的非典型的学者型译者。该模式的主要缺陷是:译者根据个人偏好选题,带有随意性和非理性,可能导致译作出版后接受度不高,有时甚至出现译稿被拒最终无法出版的情况,这对译者本人及中国文学"走出去"都是损失。

《红高粱家族》葛译本进入英语世界涉及项目发起、翻译生产和译作传播三个过程，各自依赖特定行动者网络的构建与运作①。项目发起过程涉及项目发起行动者网络和招募出版社行动者网络；作为初始行动者的葛浩文利用此前积累的个人符号资本即在场域的地位、声誉和"人脉"去招募其他人类行动者和机构行动者，同时作为非人类行动者的小说《红高粱家族》和电影《红高粱》也参与了网络构建与运作。在葛浩文的发起和主导下，所有相关行动者利用各自资本并通过复杂的资本转化过程，交互联结成发起行动者网络和招募行动者网络，成功完成了项目发起过程。

翻译生产过程涉及翻译生产行动者网络，由译者、释疑解惑者（包括原著作者）、文字编辑、封面设计者、印刷装帧人员等人类行动者共同参与构建与运作。在译者主导的译稿生产阶段，由葛浩文招募形成的释疑解惑行动者网络和译稿校对行动者网络运作高效而顺畅，因此葛译本中"硬伤"性误译并不多见。译稿生产过程还涉及"自我编辑行动者网络"的构建与运作，即由葛浩文发起、在与莫言协商后轻度删减原文或消除瑕疵。在译者提交译稿后，译稿编辑、修改直至定稿的过程涉及出版商、文字编辑、译者、作者、预期目标读者等人类行动者及小说中英文本、诗学观念等非人类行动者，这些行动者共同构建并运作一个由文字编辑发起并主导的译稿编辑修订行动者网络。由于中西方文学传统和评价标准不同，文字编辑与译者及作者往往发生冲突和争论；为确保译作顺利出版，葛浩文和莫言选择了适当遵从编辑提出的删改意见。可见译稿定本的最终形成是有关行动者达成折中和妥协的结果。尽管译文略显"青涩"，且有译者做出的轻微删减或因"编辑的干涉"而进行的较大幅度删削，《红高粱家族》葛译本大体上忠于原作，且译文流畅可读，有助于其在英语世界的传播和接受。《酒国》是葛浩文特别用心之译，不仅尽量忠于原作，而且译笔比《红高粱家族》更老到圆熟、灵动传神。但由于出版社实力、电影推动、

---

① 这三个过程和行动者网络的构建与运作方式也适用于由葛浩文发起翻译的其他莫言作品，但具体情形（如电影的推动、编辑介入程度、译作的传播影响力等）会有所不同。

作品适销性这三个核心传播要素缺乏,其传播影响力被严重削弱。

传播过程涉及营销流通行动者网络、评论推介行动者网络、认可行动者网络的构建与运作。第一个网络的核心行动者是维京企鹅,该出版社利用其雄厚的资本实力招募了英国海尼曼、密涅瓦等合作出版商、众多图书经销商、图书馆管理员、文学经纪人等人类行动者,构建了一个高效运作的营销流通网络,同时《红高粱家族》中英文本和张艺谋电影《红高粱》等非人类行动者也参与了传播过程。出版社、作者及其经纪人、译者等都会利用各自资本招募书评人,构建并运作一个评论推介行动者网络;书评人被有关行动者通过某种形式的资本招募,而商业出版社是该网络的核心行动者。认可行动者网络的构建与运作是一个长期渐进的过程,主要通过符号资本的逐步积累使作家作品获得英美学术场域及世界文学场域的认可。参与该网络构建及运作的人类行动者主要有西方国家的汉学家和华裔学者,以及讲授中国现当代文学的英美高校教师。这些“认可行动者”主要被小说本身、葛译本及莫言和葛浩文的声誉与“人脉”招募。他们通过在学术著作中评论、引用、推荐或纳入课程教学等方式认可小说中英文本。这些学术著述的出版机构及其他认可机构在学术、教育场域享有很高声誉,它们与认可行动者合力推动了对作家作品的认可。借助于以上三个译作传播行动者网络的构建与运作,《红高粱家族》在英语世界尤其英美传播顺畅而高效,不仅创造了中国当代严肃文学在西方的销售奇迹,而且获得了西方汉学界的普遍认可,为莫言获诺奖奠定了坚实的基础。

经过 40 余年的不懈努力,葛浩文在中国现当代小说翻译场域占据了主导地位,有足够资本和权力去参与场域规则的重新制定。“在其系统中已处于权威地位的葛浩文正在用他的最新译作,去重新定义什么是优秀的翻译文学作品”;①而根据布迪厄的理论,场域中占主导地位的行为者会竭力维护当前秩序和评价标准,在翻译选材、翻译策略等方面趋向保守。

---

① 贾燕芹. 文本的跨文化重生——葛浩文英译莫言小说研究. 北京:中国社会科学出版社,2016:227.

葛浩文是否会继续他的翻译事业？其译者惯习会不会变化？趋向稳重保守，还是不断突破自我、求新求变？我们将拭目以待。

汉学家发起并翻译、西方商业出版社出版是当前西方主流的中国文学译介与传播模式，是公认的有效运作机制。但是，该模式在翻译选题上具有随意性和非理性，未必都能实现译介传播项目的预期目标。再者，葛浩文是一个不多见的获得商业成功的非典型学者型译者。他对现当代中文小说翻译的执着、痴迷和热爱，躬行译事 40 余年产出的大批高质量、高影响力的译作，翻译的作家作品数量之多和题材之广泛，既忠实又不忠实、既有较高充分性又有很高可读性及可接受性、既注重学术性又兼顾商业性的译文，在当前英语世界中国现当代小说翻译场域及世界文学场域的地位和声望，及其为中国现当代文学获得国际认可做出的杰出贡献，至今没有一位中外译者能望其项背。此外，葛浩文还做出了鲜为人知的特殊贡献：其英译本往往被其他语言的翻译者用作转译莫言作品时的"参考"①。他在这方面的功劳，或许只有杨宪益、戴乃迭可与其媲美。尽管如此，葛浩文赖以成功的译介与传播模式值得后来者效法。

---

① 赵毅衡. 如何打倒英语帝国主义. 散文百家，2003(10)：18-20.

# 第八章　中国作家发起、西方商业
出版社出版模式

## 引　言

相较于前四章涉及的四种译介与传播模式,本章考察的这种模式比较特别,突出表现在:翻译出版项目由中国作家本人发起,或由作家与西方译者联合发起,然后向有合作关系的西方商业出版社提出翻译出版申请(一般通过国外经纪人提出),出版社接受申请后,与作者和译者分别签署图书版权合同和翻译合同,即可开始实施①。本章聚焦于由白亚仁翻译、美国兰登书屋②出版的余华小说《第七天》③,旨在分析"中国作家发起、西方商业出版社出版模式",评估其利弊得失,并探讨对中国文学译介与传播的当下意义。

白亚仁多年专心研究中国古典文学,直到 2000 年才业余从事翻译工

---

① 从运作机制看,大致对应于孔慧怡提出的第二种翻译出版模式。
② 兰登书屋创办于 1927 年,总部设在纽约,曾是全球最大的英语商业国际性出版社。旗下有 9 大出版品牌,其中克诺夫·道布尔迪出版集团(Knopf Doubleday)主要出版高端文学作品(含翻译小说),包括万神殿(Pantheon Books)、维塔奇(Vintage Books)、铁锚(Anchor Books)等著名品牌。2013 年与英国企鹅出版集团合并,组建成企鹅兰登书屋(Penguin Random House)。
③ Yu,H. *The Seventh Day*:*A Novel*. Barr,A. H.(trans.). New York:Pantheon Books,2015.

作,迄今翻译出版了五种余华作品,编译了韩寒随笔杂文集《这一代》①。国内翻译学界对他的关注始于2013年前后,近年来对其人其译作的研究渐增,经查中国知网(截至2020年8月),对相关主要成果述评如下。

周晔、庞超伟评析了白亚仁翻译中国文化词汇的策略,基于取自《十个词汇里的中国》的"忽悠""血头""山寨"译例分析,认为白亚仁选词失当,其翻译未能表达出流行词语的"中性意味",或"过于直白",或丧失了文学性②。周晔考察了《十个词汇里的中国》里面的流行语及其翻译,指出白亚仁一方面采用直译法,表明了他对中国文化的尊重和欣赏,也照顾到英文读者对了解异质文化的期待,另一方面采用"以阐释为主的意译",可见其翻译策略灵活多变,且对有些流行词的处理"十分圆熟"。不过,周晔也指出白亚仁的翻译存在术语规范性、一致性不足和文学性传译不充分等问题③。

李晗佶指出,余华作品在英语世界广为传播,有的颇为畅销。促使余华作品英译成功的因素有:译者均为翻译水平高的西方汉学家,兰登书屋拥有良好的声誉和强大的营销网络,余华作品的题材和独特的语言魅力吸引了西方读者④。

基于对《黄昏里的男孩》《在细雨中呼喊》英译本的分析,朱振武、罗丹指出,作为学者型译者,白亚仁高度忠实于原作,同时有着强烈的文化自觉,因此能恰当把握中西方文化鸿沟和阅读差异,"在传神与达意之间掌控着平衡点"⑤。朱振武等人在"今古文学我为路,中西文化译作桥——白

① Han, H. *This Generation: Dispatches from China's Most Popular Literary Star*. Barr, A. H.(ed. & trans.). New York: Simon & Schuster, 2012.
② 周晔,庞超伟. 当代文学作品中流行词语英译考察. 盐城师范学院学报(人文社会科学版),2013(5):74-78.
③ 周晔. 从流行语的翻译与传播看当代文学中国话语的建构——以余华《十个词汇里的中国》英译本为例. 西安外国语大学学报,2015(2):111-115.
④ 李晗佶. 余华作品在英语国家的译介与传播. 辽宁工业大学学报(社会科学版),2014(5):61-63.
⑤ 朱振武,罗丹. 文化自觉与源语旨归的恰当平衡——以白亚仁的译介策略为例. 山东外语教学,2015(6):58-66.

亚仁的译介历程"一节中,较全面梳理了白亚仁译介中国当代文学尤其余华作品的历程①。

曾玲玲指出,要构建余华作品译介与传播模式,可基于翻译选材、翻译、编辑出版、传播接受四个基本环节或过程;近 20 年来,余华作品在英语世界的译介从零星走向系统,从四个基本环节断裂,发展到今天的多层多向互动,翻译出版速度加快,传播接受度提高②。曾玲玲还专门分析了余华作品英语译介过程中的编辑环节,指出编辑行为主要有诗学规范类、背景知识类和个人喜好类,认为应重视影响译本面貌的编辑行为③。

龚艳萍借用布迪厄的场域理论,从影视、出版、翻译场域的角度梳理了余华小说在英语世界的翻译、传播与接受,指出余华作品海外译介与传播亦为"正当命名"余华之过程④。

孙乃成指出,受其诗学观念的影响,白亚仁在翻译《第七天》时将原作中的间接引语改为直接引语,并对第三方叙述做了删减处理,这种诗学观念操控下的译者决策为余华作品的荒诞审美带来了独特的呈现⑤。

崔洁从译者惯习入手,尝试描述、解释白亚仁对《第七天》中成语和俗语采用的翻译策略,发现总体上他"试图平衡处理归化与异化策略",认为他采用的翻译策略是其译者惯习影响下的产物⑥。

杨平详细介绍并基于翻译实例分析了白亚仁给自己定下的余华作品翻译目标,即"简洁、精确、流畅、生动",指出抱着该翻译目标的白亚仁为中国当代文学翻译与传播做出了独特贡献⑦。杨平的访谈涉及白亚仁的

---

① 朱振武. 汉学家的中国文学英译历程. 上海:华东理工大学出版社,2017.
② 曾玲玲. 余华作品英语译介传播研究. 浙江外国语学院学报,2015(4):60-64.
③ 曾玲玲. 余华作品英语译介中的编辑行为研究. 出版科学,2017(5):32-36.
④ 龚艳萍. 正当命名:从场域运作看余华小说的译介. 湖州师范学院院学报,2016(11):69-74.
⑤ 孙乃成. 勒菲弗尔操控论视角下《第七天》在美国的译介研究. 上海:上海外国语大学硕士论文,2017.
⑥ 崔洁. 白亚仁英译余华小说《第七天》成语、俗语社会学分析. 杭州:浙江财经大学硕士论文,2019.
⑦ 杨平. 余华作品在欧美的传播及汉学家白亚仁的翻译目标. 翻译研究与教学,2019(1):49-59.

职业发展轨迹和翻译出版余华作品的过程、余华作品在英语世界的传播与接受，以及他对中国当代文学在英美翻译与传播的个人见解①，对本研究有较大参考价值。孙成平用英文访谈了白亚仁，涉及白亚仁翻译余华和韩寒作品的策略、方法及其译作在英语世界的接受等有用信息②。

　　以上文献综述表明，除了龚艳萍和曾玲玲的文章与本课题研究有关涉，目前从社会翻译学视角考察余华作品译介与传播模式及其运作机制的成果尚少见，对《第七天》英译本的研究也很少（仅见 2 篇硕士学位论文），且研究深度及系统性均有待提高。本章试图在前人研究的基础上对本课题有所拓展和创新。

## 第一节　白亚仁的职业发展轨迹与译者惯习

### 一、白亚仁的职业发展轨迹

　　白亚仁 1954 年生于加拿大蒙特利尔市，在英国长大，父母均毕业于英国爱丁堡大学，专业是古典文学、希腊语和拉丁语。白亚仁在 20 世纪 70 年代选择学中文，无疑受到其家庭环境的影响，同时由于他既喜欢现代语言，也喜欢古代语言，"而中文刚好古代语和现代语兼而有之，从古文到现代汉语发展没有中断"，还因为他觉得"中国有更丰富、更悠久的文化传统"③。白亚仁 1977 年毕业于剑桥大学中文系，他的中文老师根据其姓名发音给他取了"白亚仁"这个中文名字。大学快毕业时机缘巧合读到蒲松龄的《聊斋志异》，使他萌发了对中国古典小说的兴趣。1977—1978 年，他作为交换生在复旦大学修习中国古典文学，自然的语言环境使他的中文

---

①　白亚仁，杨平. 美国汉学家白亚仁谈中国小说在英美的翻译与传播. 国际汉学，2019(4)：18-24.

②　Sun，C. P. & Barr，A. A conversation with sinologist Allan Barr on his translations of Yu Hua and Han Han. *Translation Review*，2019(104)：1-7.

③　白亚仁，杨平. 美国汉学家白亚仁谈中国小说在英美的翻译与传播. 国际汉学，2019(4)：18.

水平迅速提高。一年交流期满后重返英国,入剑桥大学读研究生。1980
年,白亚仁获剑桥大学硕士学位,又入牛津大学,1983 年以研究蒲松龄《聊
斋志异》的论文获博士学位①。1983 年至今,他一直任教于美国加州波摩
纳学院(Pomona College)亚洲语言文学系,专攻明清文言小说,是国际知
名的《聊斋志异》研究专家②。白亚仁曾指出:"文言文小说在国外是冷门,
从而更有开发和研究的价值。"③在最近的一次访谈中,白亚仁指出:"我至
今没有译过《聊斋志异》,今后也不打算翻译。这是一项大工程,要做好它
很难,但我认为《聊斋志异》这部杰作应该有一个出色的全译本。"④

　　白亚仁职业生涯的前 20 年基本上都是"老老实实地从事古典文学研
究","偶尔才读一些当代文学作品","以古为主,以今为副",直到 2000 年
才开始从事翻译,因此他自称是翻译中国当代文学的外国译者队伍中"较
为少见的怪物"。2000 年初,他读到余华短篇小说集《黄昏里的男孩》,被
其故事情节、主题和语言所吸引,于是决定把它译成英语⑤。这是他介入
中国当代文学翻译场域的起点。白亚仁说当初他尝试翻译当代作品,一
方面是想"换换口味,获得片刻轻松",因为研究明清文学"相当辛苦",且
工作效率低下,而翻译中国当代文学就省事得多:只要手头有原作、一台
电脑、几本词典,外加能为他答疑解惑的一两个中国朋友,就可以动手翻
译,而且遇到难题还可以求助于作者。另一方面,在教学过程中他接触过
一些中国当代作品英译本,对别人的译文不太满意,总觉得自己能翻译得
更好。白亚仁总结道,"偷懒和不自量力相结合"成为他翻译中国当代作

① 朱振武. 汉学家的中国文学英译历程. 上海:华东理工大学出版社,2017:65-66.
② 参见:白亚仁汉学著译年表//朱振武. 汉学家的中国文学英译历程. 上海:华东
理工大学出版社,2017:80-81.
③ 张莉莉. 一位美国学者的心愿——记白亚仁教授. 走向世界,1995(1):22.
④ Wang, B. R. & Barr, A. H. Yu Hua's works in English translation:An
interview with Allan H. Barr. *Asia Pacific Translation and Intercultural
Studies*,2021,8(1):85.
⑤ 白亚仁. 一位业余翻译家的自白书//中国作家协会外联部. 翻译家的对话. 北
京:作家出版社,2011:31-32. 白亚仁最初看中的是《许三观卖血记》,但发现已
有人在翻译,就放弃了。详见:白亚仁,杨平. 美国汉学家白亚仁谈中国小说在英
美的翻译与传播. 国际汉学,2019(4):19-20.

品的主要动机①。最近他又指出:他当时故意夸大了研究明清文学的困难,事实上他没有中止研究明清文学,其中的困难和艰辛并没有让他却步;"近20年来我积极从事翻译,主要是因为我喜欢做翻译——翻译给了我一种不同于学术研究的满足感"②。

白亚仁学中文和研究中国古典文学的学者惯习在2000年前已形塑而成,而此后的翻译实践不仅使他的译者惯习逐步形塑,也帮助他在翻译场域逐步积累了符号资本。在未落实出版社的情况下,他着手翻译《黄昏里的男孩》,其间给余华写邮件相约见面。"2001年春,我和余华在北京初次见面,他同意我翻译《黄昏里的男孩》。"③2003年,《活着》与《许三观卖血记》英文版由兰登书屋出版后,余华到美国做新书宣传,顺便到他的学校做讲座,两人逐步建立了合作互信关系,随后余华约请他翻译《在细雨中呼喊》④。除了《黄昏里的男孩》由他发起翻译,其余4部作品都是余华约请他翻译的⑤。余华指出:兰登书屋在推介其作品时很注重市场反应,白亚仁在2003年提交《黄昏里的男孩》译稿后,编辑芦安·瓦尔特(LuAnn Walther)认为该书出版时机尚未成熟,因为"短篇小说集的市场前景远不如长篇小说"⑥。

---

① 白亚仁. 一位业余翻译家的自白书//中国作家协会外联部. 翻译家的对话. 北京:作家出版社,2011:31-32.
② Wang, B. R. & Barr, A. H. Yu Hua's works in English translation:An interview with Allan H. Barr. *Asia Pacific Translation and Intercultural Studies*,2021,8(1):86.
③ Wang, B. R. & Barr, A. H. Yu Hua's works in English translation:An interview with Allan H. Barr. *Asia Pacific Translation and Intercultural Studies*,2021,8(1):90.
④ 白亚仁. 一位业余翻译家的自白书//中国作家协会外联部. 翻译家的对话. 北京:作家出版社,2011:31-32.
⑤ Wang, B. R. & Barr, A. H. Yu Hua's works in English translation:An interview with Allan H. Barr. *Asia Pacific Translation and Intercultural Studies*,2021,8(1):91.
⑥ 高方,余华. "尊重原著应该是翻译的底线"——作家余华访谈录. 中国翻译,2014(3):61.

结果该书直到 2014 年才出版①,而白亚仁翻译的《在细雨中呼喊》②和《十个词汇里的中国》③分别出版于 2007、2011 年。在这两本书和 2009 年出版的《兄弟》英文版④进一步扩大了余华在美国的影响后,兰登书屋稳步推出了《黄昏里的男孩》《第七天》《四月三日事件》⑤。

　　根据布迪厄的社会实践模式,可将白亚仁的职业发展轨迹描述如下:由于幼年时期其家庭环境的影响,成年后又在英国接受正规教育和学术训练,在复旦大学修习中国古典文学,在美国从事中文教学和学术研究,白亚仁养成了学中文和研究中国古典文学的学者惯习,一直专注于明清小说研究,并获得了国际汉学场域的普遍认可⑥。这种职业惯习及其"偶尔才读一些当代文学作品"的阅读口味和对一些中国当代作品英译本的不满,使他萌发了动手翻译中国当代小说的念头。这就是说,当他的职业惯习与他在学术场域积累的符号资本相遇的时候,白亚仁顺理成章地介入中国当代文学翻译场域。随后他结识了余华,并与余华建立了合作互信的关系,而余华对他的信任主要有赖于他在学术场域的声誉和地位。随着他翻译的 5 部余华作品先后出版,尤其《十个词汇里的中国》《第七天》获得广泛关注和好评,且前

---

① Yu,H. *Boy in the Twilight*:*Stories of the Hidden China*. Barr,A. H.(trans.). New York:Pantheon Books,2014.

② Yu,H. *Cries in the Drizzle*:*A Novel*. Barr,A. H.(trans.). New York:Anchor Books,2007.

③ Yu,H. *China in Ten Words*. Barr,A. H.(trans.). New York:Pantheon Books,2011.

④ Yu,H. *Brothers*:*A Novel*. Chow,E. C.-Y. & Rojas,C.(trans.). New York:Pantheon Books,2009.

⑤ Yu,H. *The April 3rd Incident*:*Stories*. Barr,A. H.(trans.). New York:Pantheon Books,2018.

⑥ 哈佛大学教授伊维德(W. L. Idema)指出,白亚仁因其"细致考证《聊斋志异》的系列论文"而享誉国际汉学界。参见:Idema,W. L. Review of *Reading China*. *Fiction*,*History and the Dynamics of Discourse*. *Essays in Honour of Professor Glen Dudbridge*. *T'oung Pao*,Second Series,2008,94(4/5):403.

者销量颇为可观①，白亚仁确立了自己在中国当代文学翻译场域的职业声誉，尤其作为余华在英语世界头号"代言人"的地位已不可撼动，同时其译者惯习也基本上形塑完成。以下基于他翻译的余华作品分析其译者惯习。

## 二、白亚仁的译者惯习

本节着重从选材偏好、翻译思想两方面分析白亚仁的译者惯习（翻译策略分析参见第四节）。

### （一）翻译选材偏好

白亚仁的翻译选材惯习主要体现为：如果原作是非虚构作品，例如《十个词汇里的中国》，他偏爱真实描写或批判当代中国社会和政治、能让美国读者看到一个真实中国的作品②；如果原作是小说，他偏爱描写普通中国人生活、情节悲惨、人情味较浓、能打动美国读者的作品；在语言风格方面，他偏爱幽默生动、简洁朴实、可读性较强的作品③。

有学者指出：与其"先锋"时期的实验性写作不同，余华的中后期作品大多属于"温情写作"或"强攻现实写作"④。刘江凯把余华初创期后的小说创作分为"先锋文学"（20世纪90年代前）、"传统现实主义"（20世纪90年代）与"当代性写作"（《兄弟》上部出版的2005年之后）三个时期。所谓"当代性写作"，是指其"写作内容上由历史转向当下，叙述方式上极力压缩文学和现实生活的距离，读者接受上会有一种强烈的亲历性体验，整体上表现出一种全面迫近现实并介入生活的努力，因而会令人感到是极为

① 《十个词汇里的中国》获得的评论最热烈，卖得也最好。参见：Wang，B. R. & Barr，A. H. Yu Hua's works in English translation：An interview with Allan H. Barr. *Asia Pacific Translation and Intercultural Studies*，2021，8(1)：93-94.

② 白亚仁. 漫谈非虚构作品的翻译和出版//中国作家协会外联部. 翻译家的对话Ⅱ. 北京：作家出版社，2012：44-45.

③ 白亚仁. 一位业余翻译家的自白书//中国作家协会外联部. 翻译家的对话. 北京：作家出版社，2011：31-32.

④ 黄江苏."减法"尽头，如何做文学的"加法"？——论余华的创作历程与症结. 浙江师范大学学报（社会科学版），2016(3)：79.

'熟悉'的小说"①。白亚仁选择翻译的主要是余华"温情写作"或"传统现实主义"类作品,且大多符合其选材偏好。例如,由他自己选择翻译的《黄昏里的男孩》之所以吸引了他,是因为这本小册子"可读性很强""语言生动简洁幽默""反映了普通中国人的生活""人情味较浓""美国读者会感到新鲜"②。又如,应余华的约请而翻译的《第七天》同样符合其翻译选材偏好:一是该作品充盈着志怪因素(包括鬼魂叙事),与他长期研究《聊斋志异》的学者惯习高度吻合;二是真切反映了普通中国人的生活,巧妙地批评了当代中国存在的贫富分化、司法不公、暴力拆迁等社会问题;三是以父子情深为主线,讲述了一个苦难与温情的故事③,读来感觉人情味十足。再如,他接受余华的建议而翻译的《在细雨中呼喊》,被视为代表了余华由"先锋文学"转向"传统现实主义"写作的短暂过渡④;"在这部小说里,余华似乎放弃了赤裸裸的杀戮游戏,放弃了满是形而下的欲望和暴力描写,而是大量起用了一度带有温情意味和人性关怀的心灵语言"⑤。正是这种"温情意味"和"人性关怀"吸引了白亚仁,激发了他的翻译热情。

(二)翻译思想

白亚仁自称:"我的翻译理论很薄弱,只是一个翻译实践者。我没有深厚的(翻译)理论功底。"⑥这并不意味着他没有明晰的翻译观或在实践中自觉贯彻的翻译原则。他的翻译思想可归纳为:译作应忠于原作的内容和思想,尽量再现原作带给读者的感受,但不应过分拘泥于原作的形式

---

① 刘江凯."经典化"的喧哗与遮蔽:余华小说创作及其批评.文艺研究,2015(10):65-66.
② 白亚仁.一位业余翻译家的自白书//中国作家协会外联部.翻译家的对话.北京:作家出版社,2011:31-32.于丽丽.白亚仁:接触一个"非虚构"的中国.新京报,2012-08-25(C05).
③ 吴树桥.文学与当下中国的现实景观——评余华新作《第七天》.小说评论,2013(5):110.
④ 刘江凯."经典化"的喧哗与遮蔽:余华小说创作及其批评.文艺研究,2015(10):66.
⑤ 刘琳,王侃.余华文学年谱.上海:复旦大学出版社,2015:69.
⑥ 白亚仁,杨平.美国汉学家白亚仁谈中国小说在英美的翻译与传播.国际汉学,2019(4):23.

和结构,即在追求充分性的前提下,也应注重译文的可读性、可接受性及读者反应。翻译余华作品时,白亚仁"在传神与达意之间掌控着平衡点"①。这种平衡处理忠实与通顺、充分性与可接受性之间冲突的翻译原则,正是很多学者型译者所践行的。笔者曾指出:"西方汉学家一般走学术性翻译的路子,译文忠实与流畅兼顾。"②

白亚仁的翻译思想主要见于《一位业余翻译家的自白书》一文。他在文中指出:余华说过,"作者是一位聆听者,一位耐心、仔细、善解人意和感同身受的聆听者";在他看来,译者也必须同样是一个"敏感和警觉的聆听者","只有这样,译者才不会将原文直接、机械地翻译出来,而能发掘对象语言(指目标语——笔者注)的内涵,以充分表达原著的意思,重新创造原著带给它的读者的种种感受"。白亚仁还指出:译者应坚持"忠于原著的原则",但不宜过分拘泥于原作的内容和形式,那样就不能翻译成与原文同样自然、通顺的英语;有的译文看似十分"忠实",实际上却是很不成功的(指可读性差——笔者注),因为"它过于尊重原文,而不顾及英文的叙述方式"③。白亚仁把自己定位为一个为普通读者而翻译的学者型译者。他在访谈中说:"我不反对给我贴上'学者型译者'的标签,但我想指出的是,我做的不是过于学术性的翻译,换言之,我的翻译没有很长的译者序、大量脚注或其他学术性包装,而且不是大学出版社出版的。我的译作旨在吸引普通读者以及对中国有所了解的读者。"④白亚仁恪守"忠于原著的原则",但其忠实的对象是原作的内容和思想及风格,而不是语言形式。为了吸引英语读者,他必须用自然、通顺的英语翻译。

白亚仁还认为,中文小说语言、形式上的特点往往对西方读者构成更

① 朱振武,罗丹. 文化自觉与源语旨归的恰当平衡——以白亚仁的译介策略为例. 山东外语教学,2015(6):58-66.
② 汪宝荣. 中国文学译介传播模式社会学分析. 上海翻译,2019(2):4.
③ 白亚仁. 一位业余翻译家的自白书//中国作家协会外联部. 翻译家的对话. 北京:作家出版社,2011:32-34.
④ Wang,B. R. & Barr,A. H. Yu Hua's works in English translation:An interview with Allan H. Barr. *Asia Pacific Translation and Intercultural Studies*,2021,8(1):86.

大的挑战,加之西方读者"接受品味的差异",译者有时候需要适当改变原文的本来面貌①。例如,在译文中插入原文没有的一个小细节,以达到他认为是必要的艺术效果②。在他看来,这种译文在"字面上离原文距离最大,但它的精神反而离原文最近,我觉得只有这样翻译才能最充分地重现原文的境界"③。对于是否加注的问题,白亚仁认为,文学作品翻译不是学术著作翻译,为了不影响译作的流畅和可读性,不宜"频繁地加注释",而应尽量用其他方法为读者提供必要的背景知识④。例如,针对韩寒杂文里面的谐音双关,白亚仁指出:翻译时"如果找不到合适的对应的句子(指英语双关句——笔者注),我宁可舍弃(谐音双关),因为我不想在后边加个注解:'这个在中文里是很好笑的'。"⑤

　　2019 年 11 月 6 日,白亚仁在浙江大学做了题为"余华作品在美国的翻译与传播"的讲座,指出他翻译余华作品的目标是"简洁、精确、优美、流畅、生动"。笔者在访谈中指出:"我认为您的译者惯习突出表现在对译文精确性的追求上,而这显然受到了您的治学方法的影响。"白亚仁回复:"是的,不过要知道我的研究习惯多大程度上影响了我的翻译是不容易的。"这表明他承认多年形塑而成的学者惯习影响了他的译者惯习。笔者又问:"您对这五个标准是等量齐观的吗? 对余华作品翻译来说,哪个标准最重要?"白亚仁答复:"我认为很难对这些不同的标准赋以绝对值。有时优美可能特别重要,而在另一种情况下,生动可能是我最关心的问题。就余华作品翻译而言,如果一定要我说哪个标准最重要,那么它应该是简

---

① 白亚仁. 文化差异及翻译策略. 文艺报,2014-08-20(7).

② 他以翻译《在细雨中呼喊》第二章的最后一句为例,以说明反复修润译文的必要性. 详见:白亚仁. 一位业余翻译家的自白书 // 中国作家协会外联部. 翻译家的对话. 北京:作家出版社,2011:35-36.

③ 白亚仁. 一位业余翻译家的自白书//中国作家协会外联部. 翻译家的对话. 北京:作家出版社,2011:35-36.

④ 白亚仁. 漫谈非虚构作品的翻译和出版//中国作家协会外联部. 翻译家的对话 Ⅱ. 北京:作家出版社,2012:43.

⑤ 于丽丽. 白亚仁:接触一个"非虚构"的中国. 新京报,2012-08-25(C05).

洁,因为其他四个标准通常都涉及简洁。"①笔者认为,白亚仁过于强调了"简洁",因为译文要不要简洁取决于原作风格,而余华小说的语言未必都是简洁的②。基于对白亚仁翻译思想的梳理,以及对他翻译的部分余华作品的分析,笔者得出了与白亚仁自述不一致的结论:"精确"(即忠于原作内容和思想)应该是他的首要目标,"流畅"(指翻译语言)是第二目标,再现原作"简洁"的风格是第三位的,"优美""生动"则是锦上添花,体现了白亚仁对优美译文的独特追求。

## 第二节　余华作品英译项目发起过程分析

本节分析余华发起个人作品译介项目的运作机制及过程,以他约请白亚仁翻译的四本书为考察中心。

针对笔者提问的"《第七天》是谁发起翻译的?"白亚仁回复:"余华问我是否愿意翻译《第七天》,我同意了。他同样建议我翻译《在细雨中呼喊》和《四月三日事件》,我也都同意了。出版社从未邀请我翻译余华的书。除了《黄昏里的男孩》由我自己发起翻译,我翻译余华的其他作品都是他和我发起的,然后向出版社提出翻译出版计划。"③白亚仁没有提到非虚构的《十个词汇里的中国》,因为他在该书写作之前就与余华约定由他来翻译④。

以上表明,白亚仁后来翻译的四部作品都是余华与他联合发起的,均

---

① Wang, B. R. & Barr, A. H. Yu Hua's works in English translation: An interview with Allan H. Barr. *Asia Pacific Translation and Intercultural Studies*, 2021, 8(1): 86-87.

② 余华指出:《第七天》里面有三个片段,涉及作品人物的大段讲述,"这三段没有办法用简洁的语言"。详见:余华. 我们生活在巨大的差距里. 北京:北京十月文艺出版社, 2015: 219.

③ 汪宝荣,白亚仁. 余华作品在美国的译介与传播——白亚仁教授访谈录. 东方翻译, 2021(1): 62.

④ 白亚仁. 漫谈非虚构作品的翻译和出版//中国作家协会外联部. 翻译家的对话 Ⅱ. 北京:作家出版社, 2012: 43.

由余华在美国的固定出版社即兰登书屋出版。余华之所以有信心发起这些项目,是因为兰登书屋在2003年一前一后推出的《活着》①和《许三观卖血记》②均获得了商业成功。余华透露,当初编辑芦安预料这两本书可以各卖出5000册,结果《活着》和《许三观卖血记》英文版当年分别销售了3.4万册和1.3万册,此后兰登书屋对他有了信心。到了计划出版《兄弟》英文版之时,"我的编辑已经非常信任我了,还没有一个字翻译成英文,她就开价15万美元买下了版权"③。

"喜欢到处跑"、经常出国的余华主动发起个人作品译介,还有一个现实的考虑:摆脱英文版出版滞后的窘境。欧洲人习惯于读翻译小说,而美国人不习惯,因为"主流美国文化相当排斥外国文化,美国人一般只关注本土文化"④,其结果是起初余华作品的其他欧洲语版本都比英文版早好几年出版⑤,例如,《活着》法文版比英文版早了9年问世,《许三观卖血记》法语版比英文版早了6年出版,这反映了"美国相对缺乏文学翻译家,同时美国出版商对中文小说在美国书市的营利能力缺乏信心"⑥。美国出版商的担心并非空穴来风:截至2010年,一些欧洲国家尤其法国的读者"对余华作品报以热情",但它在美国的接受"总

① Yu,H. *To Live*:*A Novel*. Berry,M. (trans.). New York:Anchor Books,2003.

② Yu,H. *Chronicle of a Blood Merchant*:*A Novel*. Jones,A. F. (trans.). New York:Pantheon Books,2003.

③ 高方,余华. "尊重原著应该是翻译的底线"——作家余华访谈录. 中国翻译,2014(3):61.

④ 汪宝荣,白亚仁. 余华作品在美国的译介与传播——白亚仁教授访谈录. 东方翻译,2021(1):63.

⑤ 1996年,安道翻译的短篇小说集《往事与刑罚》出版,这是余华在美国出版的第一本书。参见:Yu,H. *The Past and the Punishments*:*Eight Stories*. Jones,A. F. (trans.). Honolulu:University of Hawai'i Press,1996.

⑥ Barr,A. H. Yu Hua's fiction heads west... or does it? In Liu T. T.,Wong,L. K. P. & Chan. S.-W. (eds.). *Style*,*Wit and Word-Play*:*Essays in Translation Studies in Memory of David Hawkes*. Newcastle upon Tyne:Cambridge Scholars Publishing,2012:287.

体上较为沉寂"①。鉴于英美出版社对发起翻译出版项目很谨慎，余华积极发起自己作品译介，以促成其在英美的出版。余华采用该发起机制后，其作品英文版出版滞后问题在2009年后有了明显改善：《兄弟》英文版紧跟法文版出版，《第七天》英文版比法文版只晚了三个月出版，《十个词汇里的中国》英文版出版计划启动早于法文版，只是由于编辑忙于其他事务、原稿及译文修改等原因，最后比法文版晚了一年多出版②。此外，这与编辑对余华作品有信心也分不开。白亚仁指出："芦安正确推断《兄弟》和《十个词汇里的中国》会引起美国读者的广泛关注，因此她几乎没有拖延，就安排出版了这两本书。由于《十个词汇里的中国》很成功，她也就愿意立即出版《第七天》，因为她知道可以利用读者的热情来营销这本书。"③

理论上说，该模式借助由作者主导的"项目发起行动者网络"而运作，但实践上难度很大，尤其对国际知名度不高的中国作家而言。余华指出：中国文学"走出去"离不开翻译，但出版更重要，一个作家最好在国外有固定的出版社，这可以让他的书持续出版，而找到适合自己的出版社的关键是"找到一位欣赏自己作品的编辑"④。由于找到了欣赏自己作品的编辑和固定的出版社，余华才有信心发起译介项目，并且每次都获得了成功。有鉴于此，以下重点分析余华是如何找到这位编辑并联结到兰登书屋的。

余华指出：《活着》和《许三观卖血记》分别由白睿文、安道发起翻译，"译完了再去寻找出版社"⑤，但这两本小说的译稿"在美国的出版社那里

① Barr，A. H. Yu Hua's fiction heads west... or does it? In Liu T. T.，Wong，L. K. P. & Chan. S.-W. (eds.). *Style，Wit and Word-Play：Essays in Translation Studies in Memory of David Hawkes*. Newcastle upon Tyne：Cambridge Scholars Publishing，2012：285.

② 白亚仁. 漫谈非虚构作品的翻译和出版//中国作家协会外联部. 翻译家的对话Ⅱ. 北京：作家出版社，2012：44.

③ 汪宝荣，白亚仁. 余华作品在美国的译介与传播——白亚仁教授访谈录. 东方翻译，2021(1)：63.

④ 余华. 我只知道人是什么. 南京：译林出版社，2018：45-50.

⑤ 白睿文在1997年完成《活着》译文初稿. 详见：白睿文. 我的翻译生涯：实践与挑战//中国作家协会外联部.翻译家的对话. 北京：作家出版社，2011：28. 与此同时，安道也在着手翻译《许三观卖血记》。

不断碰壁","直到 2002 年遇到我现在的编辑芦安·瓦尔特,她帮助我在企鹅兰登书屋站稳了脚跟。"①余华轻描淡写地说他"遇到"了芦安——现任克诺夫·道布尔迪出版集团副总裁兼维塔奇图书和铁锚图书总编②,但实际上这不是余华运气好,而是依靠了行动者网络的运作。

曾是余华代理人的王久安(Joanne Wang)透露,《活着》和《许三观卖血记》译成后,由于余华当时的经纪人"不够得力",很长时间里一直找不到愿意出书的出版商;后来她主动联系余华,表示愿意代理他的作品;由于她与美国的出版社编辑"打交道比较多,情况比较熟",终于找到了欣赏余华作品的芦安③。然而,仅凭王久安的社会资本和当时余华在美国有限的影响力(只出版了短篇小说集《往事与刑罚》,且由一家学术出版社出版),还不足以招募兰登书屋这种大牌出版社,促成这次招募的至少还有芦安的职业惯习的介入和美籍华裔作家哈金的积极推荐。余华曾表示:"我很感谢哈金,我的书是哈金推荐给兰登书屋的。"④酷爱文学的芦安先后在耶鲁大学、纽约城市大学获得英语文学硕士和博士学位。她坚持认为,"对出版商来说最好的经营模式是专注于图书质量","好书最终总会有读者"。受这种编辑理念和职业惯习驱使,芦安独具慧眼出版了当年寂寂无名的哈金的英文小说《等待》⑤。王久安指出,美国的大型出版社有几位"不怕赔钱""愿意考虑出文学精品"的资深编辑,芦安就是其中之一⑥。

---

① 余华. 我只知道人是什么. 南京:译林出版社,2018:50.

② 参见:Slepov, E. Guiding the 'Handmaid's Tale' and other top paperbacks:LuAnn Walther. (2017-05-26)[2020-07-29]. https://www.gc.cuny.edu/News/All-News/Detail?id = 40477.

③ 心远.余华小说怎样变成英文版? 经纪人王久安谈蓝登出书经过.多维时报,2003-10-25. http://archive.superlife.ca/2003/10/25/.

④ 黄咏梅,陈霄. 余华:西方读者并不只想读"中国政治书".羊城晚报,2011-10-23(B3).

⑤ Slepov, E. Guiding the 'Handmaid's Tale' and other top paperbacks:LuAnn Walther. (2017-05-26)[2020-07-29]. https://www.gc.cuny.edu/News/All-News/Detail?id = 40477.

⑥ 心远.余华小说怎样变成英文版? 经纪人王久安谈蓝登出书经过.多维时报,2003-10-25. http://archive.superlife.ca/2003/10/25/.

《等待》获得 1999 年度美国国家图书奖(小说类)①,2000 年又被授予美国笔会福克纳小说奖②,使哈金一举成名,加之他与芦安愉快的合作关系(兰登书屋在 2000—2002 年又出版了哈金的 3 本书),因此哈金的推荐必定积极影响芦安的决策。随后,读了王久安寄来的《活着》英文稿,并考虑到张艺谋电影《活着》对小说的带动效应③,芦安认定这是一本有销路的好书,当即拍板签下了版权协议。她也喜欢《许三观卖血记》④,所以也果断买下了版权。

综上,余华通过王久安"遇到"了兰登书屋的资深编辑芦安,既有进取心又有文学眼光的芦安看重余华的作品,加上哈金的积极推荐,由此余华招募到兰登书屋,成功出版了《活着》和《许三观卖血记》;在出版社对其作品的市场效应有了信心后,余华主动发起《在细雨中呼喊》《兄弟》《十个词汇里的中国》《第七天》等作品的翻译出版项目。这是通过行动者网络的构建和运作来实现的:参与网络建构的既有余华、王久安、芦安、哈金等人类行动者,也有小说文本、张艺谋电影《活着》等非人类行动者,其运作过程涉及不同形式的资本及其转化(如哈金通过推荐行为将其文化资本转移给余华)和有关行动者职业惯习的介入。

## 第三节　《第七天》翻译生产过程略述

因缺乏相关资料,笔者对《第七天》英译本的具体翻译、编辑、出版过

---

① 参见:https://www.nationalbook.org/books/waiting/. 评委评语称:"哈金洞悉个人与社会、人心永恒的普遍性与瞬息万变的政治风云之间的冲突。他以智慧、克制和对笔下人物的同情,生动揭示了我们急需了解的一个世界及其人们的复杂和微妙。"

② 颁奖词称,哈金是"在疏离的后现代时期仍然坚持写实派路线的伟大作家之一"。转引自:余华. 我们生活在巨大的差距里. 北京:北京十月文艺出版社,2015:127.

③ 该片在 1994 年第 47 届戛纳国际电影节上获评委会大奖、最佳男演员奖等。

④ 高方,余华. "尊重原著应该是翻译的底线"——作家余华访谈录. 中国翻译,2014(3):61.

程所知不多,只能基于手头资料(大部分来自笔者对白亚仁的访谈)略作分析和讨论。据白亚仁自述,其一般翻译过程如下:

> 我一般会通读原作,以便初步了解作品的结构、语言、主旨及基调。我翻译第一稿相对较慢,因为必要时我会查阅参考资料,以便确定自己用英语准确传达了作者想要表达的意思。接下来是漫长的修改译稿的过程:在修改译稿的初期,我会频繁地查阅原稿;后来就把原稿放在一边,只读自己的译文,看看它本身是不是很好的英文作品,但如果发现需要重新考虑如何翻译某个短语或抓住一段文字的精神,我还会再次查阅原稿。①

在笔者对他的访谈中,白亚仁还提到:"我确实花大量时间修改、微调自己的译文,直到我觉得再也无法改进才作罢。"由此可见,其严谨细致的治学风格被带进翻译过程中,造就了他字斟句酌、精益求精的翻译风格。

如果在翻译过程中发现原稿有疑难不清或歧义之处,而在参阅参考资料后仍无法解决,他就会询问自己的中国朋友,但更多情况下他会径直求助于余华。白亚仁说:"遇到问题我就给余华发邮件,有时会直接打电话问他。如果我们碰巧在一起,我会当面向他请教。对译者来说,知道作者如何理解作品中某个词或短语当然很有帮助。有时问了作者才知道,某个在我看来有点奇怪的词其实是排印错误。"②

译稿提交给出版社后就进入编辑程序,往往需要译者做出必要的修改,有时编辑还会提出修改原稿的要求,作者改完后,再由译者对译稿做出相应修改。例如,在听取了芦安的意见后,余华修改了《十个词汇里的

---

① Wang, B. R. & Barr, A. H. Yu Hua's works in English translation: An interview with Allan H. Barr. *Asia Pacific Translation and Intercultural Studies*, 2021, 8(1): 87-88.
② Wang, B. R. & Barr, A. H. Yu Hua's works in English translation: An interview with Allan H. Barr. *Asia Pacific Translation and Intercultural Studies*, 2021, 8(1): 88.

中国》，并更新了部分数据，随后白亚仁对英译文也做了相应的改动①。白亚仁指出："这个阶段我一般只跟出版社的文字编辑联系，而编辑的建议大多集中在句子或词汇层面的问题上，而不是集中在更大范围内容的问题上。编辑会指出译稿中前后不一致、冗余、重复等问题，我觉得这些建议和意见很有帮助。我的译文总是得益于文字编辑警惕性很高的审读。"②笔者将《第七天》英译与原文对照后发现，由于这部小说的语言相当简洁③，令英语读者反感的内容不多见，英文版中删改很少，即使有，一般也只删重复冗余的字词④，可见文字编辑和译者做出的删改大多集中在句子或词汇层面上。

最后值得一提的是封面设计。为《第七天》万神殿精装版做封面设计的是华裔设计师黄琳达（Linda Huang）。该封面首先映入眼帘的是美术画面：封面左下角是一个背向读者的青年男子（从体型、着装看是东方人），站在蜿蜒向前的白色小路的起点上；封面中腰靠右侧是另一个背向读者的青年男子，站在小路中段；封面上端是两个背向读者并肩而行的男人，站在小路的远端。这幅构思精巧、线条简约的画面生动地揭示了作品主题：死者从各自的来路出发，孤独地踏上通向死者世界的曲折小路，在路上相知相惜或冰释前嫌，共赴美好新世界。其次是既醒目又有力度的文字呈现：英文书名和作者名用大红色标出，贯穿羊肠小道，与白色的小路和黑

---

① 详见：白亚仁. 漫谈非虚构作品的翻译和出版//中国作家协会外联部. 翻译家的对话Ⅱ. 北京：作家出版社，2012：44.

② Wang，B. R. & Barr，A. H. Yu Hua's works in English translation：An interview with Allan H. Barr. *Asia Pacific Translation and Intercultural Studies*，2021，8（1）：88.

③ 余华说："这部小说的语言我非常讲究，修改了一遍又一遍，尤其到一校、二校的时候，改动的全是语言。"详见：余华. 我们生活在巨大的差距里. 北京：北京十月文艺出版社，2015：219.

④ 美国的编辑专业网站上列出了三级编辑标准：轻度编辑指改正语法和打字排印错误，以及使书稿符合芝加哥引注格式；中度编辑指在轻度编辑的基础上减少重复冗余；重度编辑指在中度编辑的基础上调整段落、增删大段文字等。转引自：Yan，J. & Du，J. Multiple authorship of translated literary works：A study of some Chinese novels in American publishing industry. *Translation Review*，2020（106）：31.

色基调的封面人物形成强烈色差;封面底端用黑色字体标出"Author of
*Brothers and To Live*",提醒读者这是成名作家余华的新作;封面上端印
有美国全国公共广播电台(National Public Radio)的评论(见图4)。白亚
仁认为,《十个词汇里的中国》的封面设计别出心裁,很能吸引读者的眼
球①。黄琳达设计的这个封面简洁有力,意蕴深刻,也很能抓住读者的注
意力。难怪2016年铁锚图书公司推出的平装本也采用了这个封面②。

图4 兰登书屋万神殿版、铁锚版封面

---

① 白亚仁. 漫谈非虚构作品的翻译和出版//中国作家协会外联部. 翻译家的对话
　Ⅱ. 北京:作家出版社,2012:44-45.
② Yu,H. *The Seventh Day:A Novel*. Barr,A. H.(trans). New York:Anchor
　Books,2016.

## 第四节 《第七天》英译本质量、特色与翻译策略

### 一、译本质量和特色

如上所述，白亚仁将严谨细致的学者惯习带入翻译过程中。而《第七天》又是他翻译出版的第四部余华作品。白亚仁说："多年翻译余华作品和修润译文的经验，以及对他人译作的观察，使我认识到余华作品翻译涉及的一些关键问题。"①由于这种深刻的认识，他的翻译手法更趋娴熟圆通，风格愈加成熟老练。可以说，《第七天》是他的用心之译，更是其译者惯习形塑后的成熟之作。

总体而言，《第七天》译文质量和特色可描述为：一方面，译文忠实可靠，准确传达了作者想要表达的意思，删改之处很少，误读误译不多见，同时尽量再现《第七天》的语言特点——"简洁、明晰、纯粹、准确"②；另一方面，译文流畅通顺，英文纯正地道，可读性与可接受性俱佳，读起来轻松舒服，很有愉悦感。白亚仁称："这本书译成英文后效果不错。我想这也是它受欢迎的另一个原因。现在再看自己当初的翻译，我对它的效果是满意的。"③由于白译本主要面向普通英语读者，而不是专业读者，出版社和译者都不考虑学术性包装，英文版没有附上译者序、脚注或尾注④。因此，

---

① 汪宝荣，白亚仁. 余华作品在美国的译介与传播——白亚仁教授访谈录. 东方翻译，2021(1)：60.

② 这是北大教授陈晓明的评论。张新颖甚至认为，《第七天》是用"诗的语言"写成的。详见：张清华，张新颖等. 余华长篇小说《第七天》学术研讨会纪要. 当代作家评论，2013(6)：92-114. 但也有学者指出：《第七天》的语言"直板、生硬"，"对话语言平庸之极"。详见：王迅. 纯文学图书出版的媚俗化——以余华《第七天》为个案. 出版广角，2014(2)：44-45.

③ 汪宝荣，白亚仁. 余华作品在美国的译介与传播——白亚仁教授访谈录. 东方翻译，2021(1)：63.

④ 这与白亚仁不喜欢频繁加注有关。他指出，《第七天》里有不少中国特色的事物，如果读者有兴趣了解，可以自己上网搜索，因此他不需要提供注释。详见：白亚仁. 文化差异及翻译策略. 文艺报，2014-08-20(7).

除了封面人物画、作者名与书中涉及的人名和中国社会特有的事物,该书看上去、读起来都像是一本英语原创小说。这正是兰登书屋编辑和白亚仁对它的市场定位。

以下仅以小说开篇第一段为例,以管窥白译本的质量和特色。

【原文】浓雾弥漫之时,我走出了出租屋,在空虚混沌的城市里孑孑而行。我要去的地方名叫殡仪馆,这是它现在的名字,它过去的名字叫火葬场。我得到一个通知,让我早晨九点之前赶到殡仪馆,我的火化时间预约在九点半。①

【译文】The fog was thick when I left my bedsit and ventured out alone into the barren and murky city. I was heading for what used to be called a crematorium and these days is known as a funeral parlor. I had received a notice instructing me to arrive by 9:00 a.m., because my cremation was scheduled for 9:30.②

把译文与原文对照一读即可看出:一方面,白亚仁的翻译严格对应于中文原文,如把"空虚混沌的城市"照直译成"barren and murky city",没有删改,甚至没有遗漏一个字,且译文准确传达了作者想要表达的意思,例如,"出租屋"本身的含义模糊不清,既可指主人公杨飞租住在高档套间里,也可指简陋廉价的出租屋,译者根据小说下文描述的杨飞的经济状况,将其译作"bedsit"(起居卧室两用出租屋),十分准确到位;另一方面,译文非常流畅可读,且连贯性明显胜过原文。值得指出的是,这段文字用第一人称视角叙述,作者让杨飞用独白的方式讲述自己的故事,因此所用语言质朴直白,句子短小精悍。然而,译者合并重组中文句子的倾向非常明显,例如,"浓雾弥漫之时,我走出了出租屋,在空虚混沌的城市里孑孑而行。"这个句群包含三个句子,第一句是时间状语,第二、三句是并列主句,而白亚仁将其合并翻译为一个句子;又如,原文中"殡仪馆"在前,"火

---

① 余华. 第七天. 北京:新星出版社,2013:3.
② Yu, H. *The Seventh Day: A Novel*. Barr, A. H.(trans.). New York: Pantheon Books, 2015:3.

葬场"在后,而译文调换了两者的顺序。我们不应指责译者改变了原文的形式和结构,因为这种做法事实上严格贯彻了白亚仁的翻译思想:在尊重并忠于原文的前提下顾及英文的叙述方式,确保译文自然、通顺。如以其自订目标即"简洁、精确、优美、流畅、生动"来衡量,以上译文无疑都达到了。

## 二、基本翻译策略

### (一)适度删繁就简

这种策略指适当删削原文中的某些次要内容或冗余重复语句,使译文更简洁顺畅。白亚仁指出:编辑审读他的译稿后常常提出意见,"这些修改意见或许可以归纳为'请你少告诉我一些事情'。余华的写作风格十分简洁,而不止一个英文编辑曾建议中国作者(指余华——笔者注)删除他们认为不必要的内容";中文小说往往"过度依赖'告诉',而不够重视'显示'"[1],这不符合西方读者的阅读期待,因为"他们喜欢自己琢磨,希望有独立思考的余地"[2]。为了适应这种编辑惯例,白亚仁逐步养成了适度删繁就简的翻译惯习,或者说他根据出版场域的现行规则调整了自己的翻译惯习。不过,"余华的作品比较精炼,大多比较含蓄"[3],《第七天》的语言更是特别讲究、简洁,因此白亚仁基本上都照实翻译,但某些地方仍有适度删削。例如,中文版目录页前面有以下题记(扉页上有英文原文):

> 到第七日,
>
> 神造物的工已经完毕,

---

[1] 维京企鹅出版社编辑对莫言《天堂蒜薹之歌》的结尾也提出了相同意见:"让作品人物向我们显示他们的感受,而不是让一篇讲演来告诉我们。"可见"重显示轻告诉"是英语文学写作规则之一。参见:Yan, J. & Du, J. Multiple authorship of translated literary works: A study of some Chinese novels in American publishing industry. *Translation Review*,2020(106):20.

[2] 白亚仁. 文化差异及翻译策略. 文艺报,2014-08-20(7).

[3] 白亚仁. 文化差异及翻译策略. 文艺报,2014-08-20(7).

就在第七日歇了他一切的工，

安息了。

——《旧约·创世记》

这个题记没有出现在英文版中①。白亚仁告诉笔者："我把它删掉了。西方读者对《圣经》开头几行表达的有关'第七天'的概念很熟悉，对他们来说这个题记似乎没有必要。此外，我翻译时依据的底本是余华发给我的书稿电子版，那上面没有这个题记。后来我注意到它出现在中文版中，但我觉得不需要在英文版中予以保留。"②这是一个删削的特例，甚至可以说不是译者有意为之的删削，但它仍反映了白亚仁坚持采用的翻译策略：删去他或编辑认为不必要的内容，尽量少告诉读者一些事情。又如：

【原文】然后他感叹起来，真是人靠衣装佛靠金装。（第83页）

【译文】"It's true what they say," he added. "Clothes make the man."(p. 78)

上例叙述父亲带杨飞去买衣服，试完装后杨飞立马变得帅气，于是他的父亲说出了"人靠衣装佛靠金装"这句俗语。白亚仁翻译了"人靠衣装"，却删去了"佛靠金装"，显然是为了避免语义重复，同时也可以回避棘手的"佛"字，以免给西方读者造成不必要的困惑。

（二）改间接引语为直接引语

余华在《第七天》中写人物对话时习惯于用间接引语，而顾及英文叙述方式的白亚仁倾向于将其译成直接引语，使译文符合英语读者的阅读习惯。例如：

---

① 有学者对此提出了质疑。详见：Huang，Y. J. Ghosts and their contemporary return: The case of Yu Hua's *The Seventh Day*. Neohelicon，2016，43(1)：62. Qi，L. T. Review of Yu Hua's *The Seventh Day*. *The AALITRA Review: A Journal of Literary Translation*，2015(10)：27.

② 汪宝荣，白亚仁. 余华作品在美国的译介与传播——白亚仁教授访谈录. 东方翻译，2021(1)：61.

【原文】两个歹徒光天化日之下走到他面前，问他附近有警察吗？他说没有。歹徒再问他，真的没有？他说，肯定没有。（第36页）

【译文】Two strangers approached him in broad daylight and asked，"Have you seen any police around?"

"No，I haven't," he said.

"Are you sure?" they pressed him.

"Absolutely，" he replied.（p. 34）

上例从全知视角描写了一个小人物被歹徒抢劫时双方的对话，用的是间接引语。白亚仁将其译成直接引语，不仅更为直接生动，而且避免了人称混乱，区分了三人的对话。又如：

【原文】我生母絮絮叨叨说了很久，抱怨自己的家是一个烂摊子，说操持这样的一个家太累了。（第90页）

【译文】She babbled on and on. "What a mess this family is!" she said，"It's so exhausting，managing this kind of household!"（p. 85）

上例描写杨飞生母哭诉这个家"金玉其外，败絮其中"，白亚仁用直接引语处理原文的间接引语，使读者有一种亲临现场的感觉，且更能体会人物的心理，增进阅读体验。

（三）归化异化适度平衡

笔者问道："《第七天》中有不少成语和俗语，我发现您倾向于用归化法翻译成语，以异化法为辅，而在处理俗语时更倾向于异化翻译。此外，您还用了其他方法，特别是意译法。翻译这些成语和俗语时，您哪一种翻译策略用得较多——归化还是异化?"白亚仁回复："在如何翻译这些短语的问题上，我没有一以贯之的立场。我通常会考虑可选的不同译法，然后选用在特定语境中似乎效果最佳的一种——有时我更倾向于用直译，有时用更地道的英语表达法①翻译似乎更合适。"②

笔者通过人工统计发现,《第七天》共出现 68 个成语、25 个俗语③。白亚仁对成语、俗语采用的翻译策略分别统计如下(见表 6)。

表 6  《第七天》成语、俗语翻译策略统计

| 成语翻译策略 | 采用该策略的成语数量 | 占比 |
|---|---|---|
| 归化 | 31 | 46% |
| 异化 | 11 | 16% |
| 其他(主要为意译) | 26 | 38% |
| 小计 | 68 | 100% |
| 俗语翻译策略 | 采用该策略的俗语数量 | 占比 |
| 归化 | 6 | 24% |
| 异化 | 12 | 48% |
| 归化、删除并用 | 1 | 4% |
| 其他(主要为意译) | 6 | 24% |
| 小计 | 25 | 100% |

表 6 显示白亚仁倾向于对成语进行归化翻译,而以异化法为辅。例如:

【原文】他囊中羞涩,木然地站在那里。(第82页)

【译文】Suddenly aware of the limits to his budget, he stood there dumbly. (p. 77)

---

① 归化翻译指"在翻译中采用透明、流畅的风格以便最大限度地淡化原文陌生感的翻译策略";异化翻译指"一定程度上保留原文的异域性、故意打破目标语言常规的翻译策略"。参见:Shuttleworth, M. & Cowie, M. *Dictionary of Translation Studies*. Manchester: St. Jerome, 1997: 43-44, 59. 白亚仁所称的"直译"大致相当于异化翻译,"用更地道的英语表达法翻译"相当于归化翻译。

② Wang, B. R. & Barr, A. H. Yu Hua's works in English translation: An interview with Allan H. Barr. *Asia Pacific Translation and Intercultural Studies*, 2021, 8(1): 89.

③ 因白亚仁对重复出现的成语俗语采用了不同译法,表中做了重复统计。

上例描写杨飞与父亲在商场买衣物，老人因没钱给孩子买高档衣物而感到窘迫。成语"囊中羞涩"是经济不宽裕或没钱的一种委婉说法，白亚仁没有将其直译，而是译成"aware of the limits to his budget"（发现自己的预算受限），这一地道的英语表达法更利于英文读者理解作者原意。又如，"水到渠成"译作"proceed smoothly"，"叫苦不迭"译作"at its wits' end"，走的都是归化的路子。另外，白亚仁有时也会设法保留中文成语的文化异质性，如把"狼心狗肺"直译为"wolves' hearts and dogs' lungs"，为英文读者提供了领略中文成语之美、之异的机会。

上表还显示，白亚仁在处理俗语时倾向于采用异化法，而以归化法为辅。这可能是因为俗语一般比成语更"接地气"，因此异化翻译更容易被西方读者理解和接受。例如：

【原文】（李月珍）然后感叹在这个笑贫不笑娼的社会里，势利的女人越来越多。（第48页）

【译文】And she bemoaned the fact that there were more and more such women in this society where you get more respect if you're a whore than if you're poor.（p. 46）

余华借用俗语"笑贫不笑娼"来批判当今中国社会存在的不顾礼义廉耻的拜金主义。这里的"娼"不一定指娼妇，也泛指为了谋取富贵生活而不择手段的人。白亚仁用变通手法将其直译为"you get more respect if you're a whore than if you're poor"，保留了中文俗语的原汁原味，其理由应该是英语读者不难理解这个译文的意思。以下是一个俗语归化翻译的实例：

【原文】她心酸地说："他一直在做缩头乌龟。"（第123页）

【译文】"He kept his head down the whole time, the little creep," she said bitterly.（p. 118）

上例描写鼠妹在阴间遇到杨飞，向他抱怨自己的男朋友是"缩头乌龟"，指某人遇到棘手的问题躲起来，而不出面解决，就像一只把头缩进去的乌龟。白亚仁可能考虑到如将"缩头乌龟"直译为"a tortoise retracting its head into its shell"，不能使英语读者获得相同的联想意义，因而选用了"little creep"进行归化处理。"little creep"是非正式表达法，指"让人讨厌或感到不快的人"①，该译文既能表达鼠妹对其男友的怨恨，也避免了直译加注的烦琐，使阅读更轻松顺畅。同时，"kept his head down"(一直低着头，比喻不敢面对困难或问题)已传递"缩头乌龟"之意，因而无须直译该俗语。

在整体考察白亚仁采取的成语俗语翻译策略后，我们发现以下两点：其一，他并不满足于在归化异化之间做出选择，而是根据特定语境、本着其敏锐的译者直觉、基于对英语读者阅读期待和接受能力的评估，灵活采用意译、自由翻译、部分删除等译法，可见其翻译手段是变通多样的；其二，从成语俗语归化、异化翻译各自占比看(归化翻译合计占比为 70%，异化翻译合计占比为 64%)，白亚仁对归化、异化做了适度平衡处理，即忠实与流畅并重，这与他的翻译思想和他自称的成语俗语翻译策略大体上吻合。

## 第五节　《第七天》在英语世界的传播与接受

余华在国外最有影响的作品有《活着》《许三观卖血记》《兄弟》《十个词汇里的中国》等，尤其在法国、意大利、德国等地颇受欢迎②。他曾获得法国、意大利、澳大利亚等国颁发的文学奖，却至今无缘于英美的文学大奖③。本节考察《第七天》在英语世界的传播与接受，主要从再版重印与销量及全球馆藏量、学术与社会认可、英文书评三方面进行。

---

① https://www.macmillandictionary.com/dictionary/american/creep_2.

② 参见:高方,余华."尊重原著应该是翻译的底线"——作家余华访谈录. 中国翻译，2014(3)：59-63.

③ 凭英译本《往事与刑罚》一书，余华获澳大利亚詹姆斯·乔伊斯基金会(James Joyce Foundation)颁发的 2002 年度"悬念句子文学奖"(Suspended Sentence Award)。参见:中国作家余华首获澳大利亚乔伊斯基金会国际大奖.(2002-05-24)[2020-09-11]. http://www.chinanews.com/2002-05-24/26/188357.html.

## 一、再版重印与销量及全球馆藏量

目前白亚仁英译的《第七天》有三个版本，同时还有电子书在售，可惜的是笔者未能获得销售数据。2015 年 1 月，该书由万神殿图书公司初版，为精装本；同年 4 月，澳大利亚文本出版公司（Text Publishing）推出了再版本①，为平装本；2016 年 1 月，铁锚图书公司重印了这本书，为平装本②。据笔者了解，英国迄今没有发行该书。

万神殿和铁锚是克诺夫·道布尔迪旗下的两个著名图书品牌。据白亚仁介绍，万神殿主营精装本发行业务，声望可能高于铁锚，但铁锚出版过不少一流作家的作品，也是一个优秀的出版品牌。万神殿的精装本会引起评论家更多的注意，因为这些书是首次出版，且因其装帧精美、经久耐用，对图书馆和买书送人的人们更有吸引力。但一般情况下，定价较低的平装本的销量大于精装本③。

文本出版公司成立于 1994 年，总部设在墨尔本，为主营小说类和非虚构类图书的独立出版社，2012、2013、2014 年连续三年被评为“澳大利亚年度最佳小型出版社”④，被誉为澳大利亚成功小型出版社的代表⑤。

当被问及美国读者对《第七天》的接受情况，白亚仁回答道：

> 从亚马逊网站上的读者评分来看（当然这是衡量一本书受欢迎程度的一个不科学的指标，但作为一种粗略的依据或许还是有用的），这部小说很大程度上在美国引起了积极反响。在目前看到的 45

① Yu，H. *The Seventh Day：A Novel*. Barr，A. H.（trans.）. Melbourne：Text Publishing，2015.

② Yu，H. *The Seventh Day：A Novel*. Barr，A. H.（trans.）. New York：Anchor Books，2016.

③ Wang，B. R. & Barr，A. H. Yu Hua's works in English translation：An interview with Allan H. Barr. *Asia Pacific Translation and Intercultural Studies*，2021，8（1）：93.

④ 参见该社官网：https://www.textpublishing.com.au/about.

⑤ Hanke，A. 年度国际出版趋势报告（澳大利亚分报告）. 木尧，译. 中国出版传媒商报，2015-08-25（15）.

人次的评分中,49%的读者给它评了五星,27%的读者评了四星。我们可以将其与《许三观卖血记》做比较——后者在亚马逊网站上有29人次的评分,其中51%的读者评了五星,22%的读者评了四星——这说明,看起来这两部小说的认可度大体相当。目前为止,《第七天》英文版不是一本畅销书①,但对一部中国当代严肃小说来说,它的销量是可观的,而且会有更多的人来读它。②

或许由于手头没有准确数据,白亚仁没说《第七天》英文版的销量。不过,余华说《许三观卖血记》英文版当年销售了1.3万册,而白亚仁说《第七天》的销量还不错,同时亚马逊网站上读者对这两本小说的评分大体相当,由此可以推算,《第七天》英文版总销量(包括电子书)应该超过了1万册。

最后来看《第七天》英文版全球馆藏量。WorldCat 检索结果显示(截至2020年8月):全球收藏万神殿版精装本的图书馆有542家,藏有铁锚版平装本和澳大利亚文本版平装本的图书馆分别为25家和56家。以上数据表明,万神殿版在全球图书馆的流通范围远大于两个平装版,从而证实了白亚仁的说法——精装本对图书馆更有吸引力,也更适合收藏。截至2020年8月,全球有750家图书馆藏有维京企鹅出版的莫言《蛙》英文版精装本③,全球收藏《十个词汇里的中国》万神殿精装本④的图书馆有925家。以上数据显示,《第七天》全球馆藏量略小于《蛙》。鉴于维京企鹅版《蛙》与万神殿版《第七天》都在2015年1月推出,这种比较准确反映了这两本小说在全球图书馆流通上的差距,但《蛙》在莫言获诺奖后出版,能

---

① 白亚仁2019年在浙江大学做讲座时提到,《兄弟》英文版出版后在英美评论如潮,轰动一时,但它不是畅销书。由此可见,中国当代严肃小说很难在英美成为真正的畅销书。

② 汪宝荣,白亚仁. 余华作品在美国的译介与传播——白亚仁教授访谈录. 东方翻译,2021(1):63.

③ Mo, Y. *Frog: A Novel*. Goldblatt, H. (trans.). New York: Viking Penguin,2015.

④ Yu. H. *China in Ten Words*. Barr, A. H. (trans.). New York: Pantheon Books,2011.

拉动图书营销，可见《第七天》的表现也很不错。《十个词汇里的中国》全球馆藏量大于《第七天》，说明前者确实很成功。

综上，《第七天》目前有三个英文版本，兰登书屋的两个版本主要在美国和加拿大发行，澳大利亚版本主要面向澳大利亚和新西兰。由于该书迄今没有在英国发行，一定程度上限制了它在英语世界的传播。迄今为止，《第七天》不是一本畅销书，也不太可能成为畅销书，但对这部中国当代严肃小说来说，它的销量、全球馆藏量与普通读者的反馈和接受均属相当不错，可说是取得了不小的商业成功。

## 二、学术与社会认可

本节基于笔者所见资料，考察英语世界对《第七天》的学术和社会认可。

王德威在《第七天》中文版出版后即评论指出："平心而论，《第七天》写得不过不失"；余华写了一个"后死亡"的故事，其叙事是一个标准的"陌生化"过程，"他借死人的眼光回看活人的世界，发现生命的不可承受之轻"；这部新作见证了余华与自己以往的写作风格"对话的努力"，"代表了余华对当代现实的逼视"①；《第七天》弥漫着一种虚无气息，"相对于小说标题的宗教命题，《第七天》逆向思考，原应该可以发挥它的虚无观……但我们所见的，仅止于理所当然的社会批判，催泪煽情的人间故事"②。王德威被誉为美国的中国现代文学研究第三代领军人物③，在国际汉学界有较大影响。该文发表在国内的《读书》杂志上，但也可视为英美学术界对《第七天》的评论及认可。

美国《今日中国文学》杂志也评论了《第七天》中文版。作者指出：这部小说不是美国纪录片《一千种死法》的中文版，余华笔下人物各种奇怪

---

① 余华称："《第七天》是我距离现实最近的一次写作。"详见：余华. 我们生活在巨大的差距里. 北京：北京十月文艺出版社，2015：214.

② 王德威. 从十八岁到第七天. 读书，2013(10)：11-15.

③ 吕周聚. 美国现代中国文学研究的现状与展望——王德威教授访谈. 海南师范大学学报(社会科学版)，2009(2)：43-53.

的死法隐射了"社会的残酷和荒谬";故事从一个死者的角度讲述,这种叙事是"荒谬、怪异、叛逆的","余华有意挑战关于死者世界和生者世界的传统观念:鬼魂世界的苦难被移到了生者的世界,而生者世界的美好、和谐和平等属于不得安生的鬼魂世界"①。

美籍华裔学者黄忆菊(音译)在国际名刊《世界文学与比较文学评论》(*Neohelicon*)上评论指出:《第七天》的鬼魂叙事不仅让我们想起中国古代志怪小说中那些熟悉的元素,而且作者把它们重新加工,以回应新的历史语境,应对新的社会问题。这部小说中的鬼魂既不顺应历史发展的时间之轴,也不进入生命轮回的周期,他们的安息地即"死无葬身之地"表现了一种"乌托邦式的冲动",必须联系作者对世俗世界的反乌托邦式的观念才能理解这种冲动。"余华小说有时读起来极具政治讽刺意味,其叙事与晚清谴责小说颇为相似"②。该文通篇引用白亚仁的译文,可视为其作者对白亚仁译文的一种认可。

至于社会认可,笔者看到在由英国《金融时报》与美国奥本海默公司赞助的 2016 年度"新兴之声奖"(FT/Oppenheimer Emerging Voices Award)评选中,《第七天》入围了短名单(阎连科的《四书》也入围了)。评委会主席斯卡宾克(M. Skapinker)指出:"它们都是杰作,强烈推荐给想要了解当代中国及其现代史的读者。"③此外,白亚仁指出:"美国读者用'别具一格''与众不同'等字眼描述《第七天》。他们发现这部小说的语言很抒情,有一种温情之美,同时喜欢它的幽默基调和现实主义与超现实主义的交融。"④

---

① Lu. B. L. Review of *The Seventh Day*. *Chinese Literature Today*,2014,4(1):146-147.

② Huang,Y. J. Ghosts and their contemporary return:The case of Yu Hua's *The Seventh Day*. *Neohelicon*,2016,43(1):59-71.

③ Skapinker,M. Emerging voices awards become better established. *Financial Times*,2016-09-27.

④ 汪宝荣,白亚仁. 余华作品在美国的译介与传播——白亚仁教授访谈录. 东方翻译,2021(1):63.

## 三、英文书评

《第七天》用荒诞的笔触和鬼魂叙事,讲述了一个普通人在死后七天的遭遇,围绕当今中国的一系列社会问题而展开。小说出版后引发了很大争议,批评的焦点集中在余华对新闻素材的运用(被诟病为"新闻串烧"①)和小说语言上(被指责为"苍白、枯燥无味、白开水一样"②)。有论者指出:"从1993年《活着》出版开始,余华就开始引起文坛一些争议。如果说《兄弟》出版时的争议还存在'惊呼上当'的可能,《第七天》又出现类似情景,表明了余华在当代文坛上尽管极具争议却是具有巨大影响力的存在。"③

以下基于书评来考察英语世界精英读者对《第七天》的评论。笔者找到英文版出版前后两年内美、加、澳、新等国刊发的书评30多篇(重要者见表7)④。其中,影响力较高的普及性媒体有《纽约时报》《华尔街日报》《纽约客》《国际纽约时报》及美国全国公共广播电台;重要学术性刊物有《塞万尼评论》《科克斯评论》《纽约书评》等;图书行业杂志有《出版人周刊》《图书馆杂志》《书单》等。以上均属于美国。此外,加拿大、澳大利亚、新西兰的重要报纸也登载了书评。

---

① 详见:吴树桥.文学与当下中国的现实景观——评余华新作《第七天》.小说评论,2013(5):107-111.
② 转引自:余华.我们生活在巨大的差距里.北京:北京十月文艺出版社,2015:219.
③ 吴树桥.文学与当下中国的现实景观——评余华新作《第七天》.小说评论,2013(5):107.
④ 包括专业网站上发布的书评。笔者未见英国有书评发表,推测与该书没有在英国发行有关。美、加两国的书评评论兰登书屋版本,澳、新两国的书评评论的是澳大利亚文本出版公司的版本。

表7 《第七天》重要英文书评一览

| 序号 | 书评人 | 发表刊物及时间 | 刊物所在地 | 备注 |
|---|---|---|---|---|
| 1 | K. Kalfus 卡尔富斯 | *The New York Times Book Review*，2015-03-22 | 美国 | 《纽约时报书评》 |
| 2 | K. Kalfus 卡尔富斯 | *International New York Times*，2015-03-22 | 法国 | 《国际纽约时报》，在巴黎发行 |
| 3 | J. Khatib 哈提卜 | *The New York Times*，2016-01-31 | 美国 | 《纽约时报》 |
| 4 | C. White 怀特 | *The Wall Street Journal*，2015-03-26 | 美国 | 《华尔街日报》 |
| 5 | Fan Jiayang 樊嘉扬 | *The New Yorker*，2015-01-19 | 美国 | 《纽约客》杂志 |
| 6 | N. Dahiya 达希亚 | *National Public Radio*，2015-01-19 | 美国 | 全国公共广播电台 |
| 7 | S. J. Lyons 莱昂斯 | *Star Tribune*，2015-01-18 | 美国 | 《明星论坛报》 |
| 8 | A. Good 古德 | *The Toronto Star*，2015-01-11 | 加拿大 | 《多伦多星报》，加拿大大报 |
| 9 | C. Woodhead 伍德海德 | *Canberra Times*，2015-02-07 | 澳大利亚 | 《堪培拉时报》，澳大利亚大报 |
| 10 | C. Woodhead 伍德海德 | *Sydney Morning Herald*，2015-02-07 | 澳大利亚 | 《悉尼先驱晨报》，澳大利亚大报 |
| 11 | S. Johnson S. 约翰逊 | *New Zealand Herald*，2015-02-21 | 新西兰 | 《新西兰先驱报》，新西兰大报 |
| 12 | I. Johnson I. 约翰逊 | *New York Review of Books*，2017-06-22 | 美国 | 《纽约书评》杂志，著名书评半月刊 |
| 13 | Anon. 匿名书评人 | *Kirkus Reviews*，2014-11-01 | 美国 | 《柯克斯评论》，著名书评杂志 |
| 14 | D. Stone 斯通 | *Sewanee Review*，Fall 2016 | 美国 | 《塞万尼评论》，美国办刊历史最悠久的文学季刊 |
| 15 | Anon. 匿名书评人 | *Publishers Weekly*，2014-10-20 | 美国 | 《出版人周刊》，权威图书行业期刊 |

| 序号 | 书评人 | 发表刊物及时间 | 刊物所在地 | 备注 |
|---|---|---|---|---|
| 16 | Terry Hong（中文姓名不详） | *Library Journal*，2014-10-15 | 美国 | 《图书馆杂志》，老牌图书行业期刊(1876 年创刊) |
| 17 | C. Haggas 哈格斯 | *The Booklist*，2014-11-15 | 美国 | 《书单》杂志，美国图书馆协会会刊 |
| 18 | C. White 怀特 | *The Wall Street Journal Asia*，2015-03-26 | 中国 | 《华尔街日报亚洲版》①，在香港发行 |

### （一）普及性主流媒体

卡尔富斯(K. Kalfus)在《纽约时报书评》和《国际纽约时报》上评论指出：余华因《活着》《兄弟》《十个词汇里的中国》而享誉国际，"在这部超现实、尖刻而又风趣的新作中……他更猛烈地批判了……尤其政府的腐败和轻率的消费主义"；"有些故事读起来像是取材于耸人听闻的媒体报道，作者利用它们来讽刺社会现实"；"《第七天》或许是余华对……现实最有力的批判"②。

怀特(C. White)在《华尔街日报》上评论道：余华因其描写现代中国的史诗般小说《活着》《许三观卖血记》《兄弟》而得名。《第七天》在形式上有所突破，故事发生在七天之内，叙述了死者的世界，这是"自我反思的沃土"。小说人物说话的语气弥漫着对当代中国的忧虑——例如，一个死者说："(如今)死也死不起啊！"作者写李月珍与 27 个死婴在树林里唱歌一幕，"有着挽歌般的忧伤和美丽"，其结果是一部批判的小说。怀特指出，《第七天》在叙事结构上有一个瑕疵：在小说结尾处，次要人物的叙述越来

---

① 《亚洲华尔街日报》由道琼斯公司拥有，英文原名为 *The Asian Wall Street Journal*，现名《华尔街日报亚洲版》于 2005 年 10 月 17 日开始使用，同时，由原先的大开版改为小开版。

② Kalfus，K. Broke souls. *The New York Times Book Review*，2015-03-22（22）；Kalfus，K. Where inequality outlives mortality. *International New York Times*，2015-03-24（L9）.

越长,使杨飞的声音退居后台。他最后指出:当前中国的新闻审查越来越严,小说成了讲述现实的另一条路径,因此《第七天》的出版适逢其时,"余华缩小了自己的叙事视角,他的作品却带来了新的紧迫感"①。

美籍华裔记者樊嘉扬(Fan Jiayang)在《纽约客》杂志发表短评指出,《第七天》这部"荒诞"小说用一个死者的视角,讲述了"来自中国社会边缘""被困于生与死之间"的普通人的故事;小说中有一个死者说:"(如今)死也死不起啊!""余华似乎想告诉读者,普通中国人的命便宜得惊人"②。

达希亚(N. Dahiya)在美国全国公共广播电台评论道:余华把《第七天》写成了寓言故事,"总体上文字优美,文笔犀利","时而创意迭出,时而令人捧腹,时而阴暗森然,时而令人不安";"里面的幽默大多粗俗,但对这部令人不安的作品来说是适当的";"余华没有回避现代中国的严酷现实,但也彰显了普通人的善良、每天为生活挣扎和对政府指令的抗争"③。

莱昂斯(S. J. Lyons)在美国《明星论坛报》上评论道:《第七天》是"一部政治寓言",描写了普通人"在剧变的现代中国的一片混乱中经历生与死"④。

古德(A. Good)在加拿大《多伦多星报》上指出:余华的作品都"试图把握、解释、探讨当代中国人的生活",因此他在西方很有名;余华小说大多用传统叙事方式写主人公的生平故事,但他真正关注的是整个民族的生活⑤;《第七天》试图告诉读者:"当代中国不适合弱者,经济奇迹的列车不会因为任何人而停下来",在贫富差距进一步扩大的今天,"死后平等"

① White, C. Death with Chinese characteristics: Review of *The Seventh Day*. *The Wall Street Journal*, 2015-03-26(2).
② Fan, J. Y. Review of *The Seventh Day*. *The New Yorker*, 2015, 90(44): 75.
③ Dahiya, N. Dark, disturbing and playful, 'Seventh Day' takes on modern China. National Public Radio, 2015-01-19.
④ Lyons, S. J. Adventures in purgatory: Review of *The Seventh Day*. *Star Tribune*, 2015-01-18(10E).
⑤ 余华曾说他"想写出一个国家的疼痛"。详见:王侃,余华. 我想写出一个国家的疼痛. 东吴学术,2010(1):25-32.

的愿景足以安慰人心①。

伍德海德(C. Woodhead)在《堪培拉时报》《悉尼先驱晨报》等四家澳大利亚报纸上同时评论道:"主人公杨飞生活中的重要事件与当代中国社会的弊病交织在一起";"小说写到了被过劳和过度开发带来的危害毁灭的生命、伪造死亡记录的贪官等,也描写了普通人的善良、勇气和温情,给作品增添了若干亮色"②。

S. 约翰逊(S. Johnson)在《新西兰先驱报》上评论指出:"用一个死去的人物来写一部小说是冒险的",余华却成功了;《第七天》是一则关于现代中国的"颠覆性哥特式寓言",主人公杨飞在死后七天里遇到的鬼魂都是疯狂开发、官僚主义、腐败、环境破坏的牺牲品;死无葬身之地的鬼魂讲述各自的故事,它们大多是悲剧,尽管其中不乏反抗和讽刺的幽默;正如童话故事里所常见的,这部小说有一些重复的描写和短语(例如,27个死婴在树林里"像夜莺般唱歌"),也有"意蕴深刻的隐喻和令人震惊的意象";总之,"《第七天》令人难忘,富有独创,是一部为成人而写的《格林童话》"③。

(二)学术性期刊

斯通(D. Stone)在《塞万尼评论》上评论道:"与莫言几乎纯中国式的粗俗幽默和乡土现实主义不同,余华的《第七天》能获得更普遍的欣赏";"这部温情与社会批判交融的小说让人想起狄更斯,事实上,它开篇描写的雾很像狄更斯的写法";"余华曾说自己受到了茨威格(S. Zweig)④的影响,《第七天》温情的感伤和讽刺的幽默确有茨威格的遗风"⑤。

---

① Good,A. A ghostly walk through an economic miracle. *The Toronto Star*,2015-01-11(IN6).
② Woodhead,C. In short fiction:Review of *The Seventh Day*. *Canberra Times*,2015-02-07(F024).
③ Johnson,S. Life after death:Review of *The Seventh Day*. *New Zealand Herald*,2015-02-21.
④ 斯蒂芬·茨威格(1881—1942),奥地利作家,结交罗曼·罗兰和弗洛伊德等人并深受影响,以传记和小说成就最为著称。
⑤ Stone,D. The new China. *Sewanee Review*,2016,124(4):672-673.

I. 约翰逊(I. Johnson)在《纽约书评》杂志上评论道:"《第七天》像一则寓言,讲述了主人公的死亡和对自己飘荡人生的追索";"这些故事读起来像中国的互联网上时常出现的丑闻","通过复述这些花边新闻式的故事,余华希望揭示当代社会的道德沦丧";"父子情深的故事很好,很感动人,但部分内容让人感觉赘余";"《第七天》的最大亮点是它写到了中国人开始了解自己的历史,事实与虚构交错的历史"①。

《柯克斯评论》的书评指出:与余华史诗般的《兄弟》一样,《第七天》的主人公杨飞的人生故事也从厕所(中国火车上的蹲坑)开始;余华或许想表达人死但爱永恒的意思,但他无疑在对当代中国如何看待生与死进行尖刻的评论;"《第七天》读来既悲伤又恐惧,但引人入胜的温情时刻和黑色幽默冲淡了这种感觉。它结构松散,改编后或许适合雷吉扎莫(J. Leguizamo)②表演个人秀,但还算不上是一部完美的小说"③。

(三)图书行业杂志

《出版人周刊》评论道:《第七天》讲述了杨飞在死者世界游荡七天的经历,以此说明疏离感延伸到了死者的世界;"这部作品有一种悦耳和挽歌般的质感,读来既抚慰人心,又有一种缥缈感,但余华塑造的人物形象和鬼魂一样都是不丰满的"④。

《图书馆杂志》评论指出:余华的这部新作比《活着》《兄弟》温情得多了;余华认为当代中国是荒诞冷漠的,《第七天》保留了这种看法,但它更像是"描写家庭亲情的令人伤感的寓言。这种亲情并非源于血缘关系,而是建基于坚不可摧的情感之上"⑤。

《书单》杂志评论道:"《第七天》描绘了令人着迷的来世图景,余华通

① Johnson, I. Novels from China's moral abyss. *New York Review of Books*, 2017, 64(11): 55.
② 美国演员、配音演员、制片人、编剧,因参演电影《现代罗密欧与朱丽叶》(1996)而出名。
③ Anon. Review of *The Seventh Day*. *Kirkus Reviews*, 2014-11-01.
④ Anon. Review of *The Seventh Day*. *Publishers Weekly*, 2014, 261(42): 28.
⑤ Hong, T. Review of *The Seventh Day*. *Library Journal*, 2014, 139(17): 86.

过一个令人神往的寓言故事，揭示了比死更糟糕的普通人的命运。"①

（四）英译点评

英美书评人很少评论翻译本身，即便有评论，也多为蜻蜓点水式的短评，很少展开详论。以下是笔者见到的对白亚仁译文的点评。

卡尔富斯："《第七天》有不少恐怖喜剧的场景，可惜的是，虽然白亚仁的翻译中规中矩(workmanlike)，但有些冗赘，未能把最好的笑点用英文传达出来。"②

怀特："由于白亚仁精彩的翻译，这本小说带给我们的感受清晰地再现在英译本中。"③

罗杰斯(A. Rogers)在《新西兰邮报》上评论道："余华擅长运用新鲜有效的隐喻，它们在白亚仁一流的译文中得以保留。"④

英格兰(K. England)在澳大利亚《广告人报》指出："余华善于运用巧妙的寓言和可爱的幽默，在白亚仁的翻译中，其语言形式有效衬托出这部温情与讽刺交融的小说。"⑤

齐林涛在《澳大利亚文学翻译协会会刊》指出：白亚仁为想要了解当代中国普通人生活的西方读者提供了一本好读物。"他的翻译不仅可读易懂，而且有可能改进原作粗糙、沉闷的语言。而被斥为'新闻串烧'的那些社会事件，在西方读者看来可能是超现实的。"⑥

英国 *TimeOut* 杂志上海版评论道："白亚仁的翻译抓住了原作中强度与美感的平衡，严肃社会问题与逃避主义意象的平衡，使该书既扣人心

---

① Haggas，C. Review of *The Seventh Day*. *Booklist*，2014，111(6)：24.

② Kalfus，K. Broke souls. *The New York Times Book Review*，2015-03-22(22).

③ White，C. Death with Chinese characteristics：Review of *The Seventh Day*. *The Wall Street Journal*，2015-03-26(2).

④ Rogers，A. Deathly chill：Review of *The Seventh Day*. *The Dominion Post*，2015-02-21(28).

⑤ England，K. Well read：Review of *The Seventh Day*. *The Advertiser*，2015-02-07(27).

⑥ Qi，L. T. Review of Yu Hua's *The Seventh Day*. *The AALITRA Review：A Journal of Literary Translation*，2015(10)：27.

弦,有时又叫人忍俊不禁。"①

美国的"图书浏览网"上有读者评论道:"这部引人深思的小说由白亚仁完美地译成了英文,余华迷们不会对它失望。"②

综上所述,英语世界尤其美国的一些重要媒体和刊物发表了《第七天》书评,且在书评数量和媒体、期刊的影响力方面并不逊色于6年前引起轰动的《兄弟》③。书评人普遍承认余华是西方最知名的中国当代作家之一,大多赞赏他对当代中国社会的讽刺性批判,指出《第七天》的主题和题材能引起西方读者的兴趣,而余华对新闻素材的小说化处理并未引起争议,而是被视为批判社会现实的有效工具。不少书评人肯定了余华的鬼魂叙事手法和温情与批判交融的写作立场,一些评论者则指出,小说叙事结构有瑕疵,人物形象欠丰满,语言粗俗、沉闷等,但总体上好评远多于差评。最后,书评人普遍认可白亚仁的译文,尽管都未能明确指出其质量特色。总之,《第七天》不仅获得了学术和社会认可,而且取得了评论上的成功。

# 小 结

本章以余华小说《第七天》在美国翻译出版为个案,考察了"中国作家发起、西方商业出版社出版"模式,着重分析了项目发起过程及其运作机制。中国作家用这种方式发起个人作品译介项目,并选择由西方商业出版社出版,决定其发起行动成败的前提或资本条件至少有以下四个:

(1)该作家在目标国有一个固定的出版社,且之前出版的该作家作品市场效应不错,出版社对其有了信心,即作家拥有社会资本。

---

① Middlehurst,C. Review of *The Seventh Day*. (2015-02-10)[2020-07-29]. http://www.timeoutshanghai.com/features/Books_Film-Book_Reviews/25216/The-Seventh-Day-by-Yu-Hua.html.

② Downunder,C. https://www.bookbrowse.com/bb_briefs/detail/index.cfm/ezine_pReview_number/10150/the-seventh-day.

③ 参见:汪宝荣,全瑜彬.《兄弟》英译本在英语世界的评价与接受——基于全套英文书评的考察.外国语文,2015(4):65-71.

（2）之前出版的该作家作品被目标国精英读者普遍认可，在图书市场有一定的传播影响力，即作家作品积累了符号资本。

（3）由作家申请翻译出版的作品本身适销对路，有为出版社带来经济效益或占有更大市场份额的潜力，即作品本身蕴含语言文学资本。

（4）由作家提议的译者人选被出版社认可，即译者至少要有出版社认为必需的语言文化资本。曾在法国多年从事文学代理的陈丰指出："出版社为一部作品物色译者，就好像为一个角色物色演员。我们要了解他擅长的语言风格，他喜欢什么样的作品，他的中文理解程度，特别是他的母语是否漂亮"，"把中国文学作品翻译成任何一种语言，这种语言必须是译者的母语"①。

在以上前提均满足的情况下，发起行动的成功概率无疑会很大。这正是余华主动发起其作品（包括《第七天》）译介并取得商业及评论成功的原因所在。显然，要同时满足上述条件即具备所需的各种资本并非易事，因此目前这种模式还不常用，更不是主流的做法，但也不乏成功的个案：残雪既懂英语，又"尝试与世界文化积极对话"，因而参与发起了自己作品在美国的翻译出版②；《兄弟》英译出版项目也由余华发起，他甚至在书稿未写成前就预约罗鹏、周成荫夫妇翻译这部作品③。

该模式的特点及利弊：中国作家通过发起译介项目向目标文化输出自己的作品，因而属于出发文化"输出型"译介和传播模式。相较于第五章探讨的国家外宣机构译介与传播中国文学模式，该模式的利与弊都很明显：所谓"利"，一是中国作家发起自己作品译介一般出于文学目的，即扩大其在目标国的文学声誉，通常不会由于非文学因素而遭到抵制；二是

---

① 陈丰. 中国文学翻译在法国//中国作家协会外联部. 翻译家的对话. 北京：作家出版社，2011：40-41.

② 参见：蒋梦莹. 资本、场域与文学"神圣化"——残雪小说在美国的译介研究. 山东外语教学，2017(5)：96-103.

③ 资料来源：2018年10月笔者对罗鹏的电邮访谈（未公开发表）。有趣的是，白亚仁说余华先找的是他，但当时他家里出了状况，所以没有承担《兄弟》的翻译。参见：汪宝荣，白亚仁. 余华作品在美国的译介与传播——白亚仁教授访谈录. 东方翻译，2021(1)：62.

西方商业出版社长于图书出版发行的商业运作,熟悉编辑出版惯例,营销手段灵活多样,且其出版物主要瞄准大众读者,因而能让中国文学译作进入西方商业图书流通传播渠道。所谓"弊",主要指该模式下的发起行动比其他模式更依赖各种形式的资本及其转化,也需要行动者职业惯习的介入(例如,余华关注自己作品"走出去",又经常出国,所以积极发起译介项目)。以上资本条件一般缺一不可,否则难以成事,因此中国作家发起译介项目的风险较高,不确定性较大。

余华指出:"国内讨论中国文学在世界上的境遇时,经常只是强调翻译的重要性,翻译当然重要,可是出版社不出版,再好的译文也只能……存在硬盘里;然后就是读者了,出版后读者不理睬,出版社就赔钱了,就不愿意继续出版中国文学作品,所以翻译——出版——读者三位一体,缺一不可。"①西方商业出版社注重市场效应,而翻译出版中国当代小说往往要赔钱,因此出版社发起译介项目的积极性不高。中国作家主动发起自己作品的译介,可以促成其翻译出版,而能否取得期待的传播效果,不仅取决于原作本身的适销性,能不能打动人心,也取决于译文是否流畅优美,能否被读者欣赏,更依赖出版社的营销传播手段。

白亚仁指出,莫言、余华、苏童、阎连科等中国当代重要作家在国外有媒体关注,也有不少读者,但迄今他们的作品都没有成为畅销书;"比较严肃、传统的(中国当代)文学作品可能都还没有取得突破。"②锐意进取的余华主动发起个人作品在美国的翻译出版,并取得了令人振奋的成功。为使中国当代文学在西方的传播和接受取得突破,余华的大胆尝试值得当代作家们效仿,同时政府有关部门也应为作家在西方发起译介项目创造条件。而如何提高作家发起译介项目的成功率,如何实现"中国作家发起、西方商业出版社出版"模式下传播影响力的最大化,则需要我们进行更深入的研究。

---

① 余华. 我只知道人是什么. 南京:译林出版社,2018:45-46.
② 白亚仁,杨平. 美国汉学家白亚仁谈中国小说在英美的翻译与传播. 国际汉学,2019(4):21.

# 结　论

　　本书主要从社会翻译学理论视角,以鲁迅、莫言、余华小说英译与传播为个案,比较分析五种重要译介与传播模式的运作机制,并探讨对中国文学"走出去"的启示意义。主要研究结果、结论和观点归纳如下。

　　第一,通过整合行动者网络理论和布迪厄的社会学理论,构建了中国文学"译介与传播行动者网络模式"。该模式的提出基于以下假设:通过行动者网络构建与运作,中国文学译作才能被成功生产并进入目标国图书市场,进而发挥其传播影响力,才能被目标国的文化生产场域认可,甚至最终被世界文学场域认可。该网络先后运作于项目发起,翻译生产(包括翻译、编辑、出版),译作传播(包括评论推介、营销流通、学术或社会认可等)三个过程,每个过程都依赖特定网络的构建和运作才能实施相关行动。与之对应的是"项目发起行动者网络""翻译生产行动者网络""译作传播行动者网络"。每个网络又可细分,如翻译生产涉及"释疑解惑行动者网络""译稿编修行动者网络"的构建与运作;译作传播涉及"营销流通行动者网络""评论推介行动者网络""认可行动者网络"的构建与运作。项目发起和翻译生产一般在文化生产场域或翻译场域展开,评论推介和认可主要在传媒场域和学术场域进行,营销流通主要在经济场域开展。由于行动者网络在有关场域中运作,必然受到场域的影响,因而需要遵守场域内部规则,才能实现最大传播影响力。在网络中制订的行动方案必须基于行动者的职业惯习和资本才能实施。中国文学译介与传播过程涉及各种人类行动者(包括个人和机构)和非人类行动者(包括媒体、电影、文本等)。人类行动者带着各自的惯习和"初始资本"进入场域,参与中国文学译介与传播实践。惯习驱使行动者做出决策并采取行动,初始资本使其有能力招募其他行动者或有资格被招募。资本往往需要经过转化才能发挥其效用。行动者网络构建需要"初始行动者"来启动,一旦有了惯习生成的行动目标和方案,他们就会利用自身资本积极招募其他行动者,而被招募者又会利用自身资本去招募更多行动者,最终构建成一个抱着共同目标的行动者网络。其运作受制于市场法则,但主要基于符号资本积累而运作,因此中国文学在西方的译介与传播是"有限制生产"。中国文学译介与传播依赖网络的有效运作;运作越有效,译作传播影响力就越大。

第二,提出了一套核心概念工具,包括"传播影响力""被认可度""中国现当代小说翻译场域""译介与传播行动者网络"等。"传播影响力"是衡量传播与接受效果的基本依据,指中国文学作品进入目标国图书市场后,被评论研究、购买阅读、编入文集、获奖上榜等所体现的实际传播效果和影响力。"被认可度"是传播效果的重要表征,体现在中国作家作品被英语世界的文化生产场域中握有认可权力的行为者和机构所认可,有的被世界文学场域中握有认可权力的行为者和机构所认可。中国作家作品一旦被认可,就完成了经典化过程。由是观之,中国文学译介与传播实际上是有关行动者和机构借助翻译生产、营销流通、评论推介等手段,最大程度发挥其传播影响力,使其被认可的过程。假定英语世界的文化生产场域中有一个"中国现当代小说翻译场域",将其结构、运作机制及方式描述如下:该场域与经济场域、政治场域、学术场域、文学评论场域等形成同构关系,其运作受到其他场域的制约或影响;该场域内部争斗不断,会引起场域结构和行为者位置的变化,进而使场域的边界发生变化;这种争斗又是场域运作的内动力,为把其他中国作家作品和新的译介与传播手段引入场域开辟了道路;该场域主要通过有限制生产、基于符号资本积累而运作。在中国现当代小说翻译场域中,存在着自治与他治、积累符号资本与攫取经济资本、严肃文学与通俗文学、面向小众读者与针对大众读者、"维护派"与颠覆派、"商业性翻译"与"学术性翻译"之间的张力;这种张力支配并协调着场域结构和运作方式。

第三,基于"由谁发起＋由谁出版"这个运作机制,析出了七种中国文学译介与传播模式。本书着重考察的五种模式的运作机制、方式及效果各具特点。华裔学者发起并翻译、西方学术出版社出版属于目标文化"输入型"模式。译者根据个人喜好及教学与研究之需确定翻译选题,一般为纯学术目的;华裔学者通常中英文功底深厚,误读误译少,译文忠实与流畅兼顾,特别适合用作教材;大学出版社出版的译作一般难以进入商业流通渠道,但以专业读者为主,可多年持续稳定地销售。该模式因其市场定位准确,目标读者指向明确,至今仍不可替代。汉学家发起并翻译、西方学术出版社出版模式的运作机制与上述模式大体相同,主要区别在于译者的文化身份:汉学家是本文化内部人士,理论上说其译作更易获得本国读者的认同,但实际情况可能不是这么简单,需要对特定个案进行具体分析。

国家外宣机构发起并资助、外文出版社出版属于出发文化"输出型"模式。外文局及外文社根据国家对外宣传战略需要制订翻译选题计划。翻译前遵循一定的原则编辑原作,一般指定国内译者翻译,要求其恪守机构翻译规范,由"外国专家"负责译文润色,最后由国内专家定稿。20世纪70年代前一直采用"内产外销"模式,即在国内翻译出版,由外文局下属的国际书店负责对外发行,主要通过西方左翼图书经销商代售及委托我国驻外使领馆赠送。国家机构文学译介往往带有对外宣传目的,容易遭到冷遇甚至抵制,加之发行渠道受限,进不了西方主流图书流通渠道,因此主要在专业读者及左翼读者圈子里流通。对该模式的效果及实践意义,应辩证、理性看待。一方面,由于受制于机构规范及外宣固有之弊,其传播影响力被削弱,有时效果不尽如人意。另一方面,在国家机构运作模式下,"内产"环节往往组织得力、管理有序、质控严格,因此生产流程运作高效,翻译质量(尤其准确性)一般有保障。借助这种国家机构"输出型"模式,大批中国文学作品被输出到目标国家。鲁迅小说杨译本不仅成功走进英语世界的学术场域和教育场域,获得了国际汉学界普遍认可,而且迄今仍有其独特价值,表明该模式有其不可替代的实践意义。

中国作家发起、西方商业出版社出版也属于出发文化"输出型"模式。

相较于国家机构运作机制,该模式也有其利弊。中国作家发起自己作品译介一般出于文学目的,通常情况下不会由于非文学因素而遭到抵制。西方商业出版社长于商业运作,熟悉市场规则,有自己固定的图书营销流通网络,因而能确保译作进入商业图书流通渠道,进而发挥最大传播影响力。中国作家发起译介项目有一定的风险,且目前该模式还不常用,更非主流做法。不过,作家发起译介项目有其实践意义,值得推广。

汉学家发起并翻译、西方商业出版社出版属于目标文化"输入型"模式,是当前主流模式之一。汉学家本着个人喜好,自主发起翻译出版项目,一般在获得中国作家授权后试译样章,然后通过经纪人联系商业出版社;出版社如被作品的语言文学资本和译者的符号资本打动,双方即洽谈并签订翻译出版合同。因商业出版社愿意投钱进行广告宣传,参与图书评论推介的媒体、期刊和书评人各式各样,推介力度较大;译作面向大众读者和专业读者,流通面较广,因此其传播影响力远远大于西方学术出版社出版模式或国家机构译介模式。然而,汉学家的翻译选题难免带有主观性或不够理性,导致有的译作出版后市场表现欠佳或接受度不高,有时甚至译稿被拒而无法出版。

上述五种模式中,汉学家发起并翻译、西方商业出版社出版模式最有效,其传播影响力最大。在项目发起顺利、译者翻译能力强且有市场号召力的前提下,中国作家发起、西方商业出版社出版模式的效果并不逊色于上述模式。总体上,华裔学者/汉学家发起并翻译、西方学术出版社出版模式的效果不及商业出版模式(后者效果如何,主要取决于出版社性质、规模和资本实力),但译者招募出版社成功概率较大,译作能在学术圈和图书馆长期传播流通,特别适用于不可能畅销的经典作品。国家机构出版模式的效果有时不易确定,但总体上与学术出版模式相近。这五种模式效果各异,却都有不可替代的实践意义。

第四,从译介与传播模式运作机制的角度,厘清了影响中国文学译作传播影响力和被认可度的各种因素。一是"外力因素",包括中国的综合实力及国际地位,中国与西方国家的关系,汉语及中国文学的语言文学资本及其在全球翻译图书系统中的位置,采用的译介与传播模式,出版社的资本、声誉和市场号召力,由原作改编的影视作品,获得的国际奖项,参与评论、推介、认可的机构和个人的权威性和影响力,等等。二是"内力因素",主要包括原作的语言文学资本及其在西方书市的适销性,译作的质量、特色及其适销性。在西方适销的中国文学作品,要有较高的文学品质和价值及出色的写作技巧和手法,更要有异于凡品、能打动人心的题材和主题,包括对中国社会现实的深刻反思、本土经验中的普适主题、批判与反思的中国形象等。在西方适销的文学译作,既要通顺流畅、优美生动、可读易懂,也要兼顾学术性与商业性,处理好忠实与创造性的冲突。目前,以上内外部因素尚不能俱备,但达到的条件越多,就越能提升传播影响力和被认可度。

第五,本研究对中国文学"走出去"有以下重要启示:

(1)要创造更好的外部条件,包括提升中国的综合实力和国际地位,改善与目标国的关系,更大规模"输入"世界上占主导地位的语言文学,同时扩大中国文学"输出"规模,不断积累汉语及中国文学的语言文学资本。

(2)要尝试采用多种译介与传播模式,探索有效的运作机制;要重点资助国际知名的译者、出版商、媒体与机构、评论家及专家学者,来翻译、出版、评论、推介、研究中国文学作品,以构建一个强强联合的中国文学译介与传播行动者网络。

(3)要继续大力资助国家机构文学外译活动,在选题策划、翻译、出版发行、营销推介等方面积极开展中外合作,改变过去"以我为主""内产外销"等影响评介与传播效果的做法。

(4)要加大把优秀中国文学作品改编为影视作品的力度,提高中国电影的国际竞争力和传播影响力,从而助推中国文学"走出去"。

(5)要努力培植更好的"内力因素"。中国作家要有全球视野,要了解外部世界,积极吸纳国际先进写作技巧和手法,同时要从本国文学传统中汲取有益的养分,创造性运用独具一格的东方叙事手法,题材和主题要创新求变,要体现出一种关注人类命运和情感的悲悯情怀,写出有译介与传播价值的世界级作品。要改革国内现行出版制度和编辑惯例,赋予责任编辑修改书稿的权力。另外,要译出高质量且有销路的文学作品,使其顺利跨越语言文化障碍。除了依赖国际声誉卓著的西方译者,还要着力培养自己的高端翻译人才,并积极探索中外译者合作的途径和方式。要改变以牺牲流畅可读为代价的"忠实于原作"的传统翻译观念,赋予译者更大自主权和创造性,以提升中国文学译作在西方图书市场的适销性。

这是一个目前研究不足的课题,加之笔者能力所限、文献资料数据不足、出版社限制书稿篇幅等,本研究尚有改进、拓展、深入的空间,包括:(1)探讨更多常用且行之有效的模式,包括西方商业出版社发起并出版、招募汉学家翻译模式,西方商业出版社系统策划并出版、招募汉学家翻译模式等;(2)考察更多重要作家作品和译者,前者如贾平凹、苏童、阎连科、王安忆、刘震云、毕飞宇等,后者如金介甫、杜迈可、安道、蓝诗玲等资深译者和近年来活跃多产的韩斌(N. Harman)、辛迪·卡特(C. Carter)、徐穆实(B. Humes)等自由译者。本书重点关注学者型译者,未能把自由译者纳入研究视野中,而后者的翻译实践和译者惯习很可能不同于前者,将带来新的发现和启示;(3)在研究方法上,尚需加强实证研究和定量分析,通过深度访谈、资料挖掘等手段等获得第一手资料,丰富对出版传播途径和接受效果的分析和评估手段;尚需深入研究经纪人、编辑、出版商、读者、主流媒体、学术及教育机构等译介与传播行动者。

# 参考文献

## 一、中文参考文献

### （一）著作类

鲍晓英．中国文学"走出去"译介模式研究——以莫言英译作品译介为例．青岛：中国海洋大学出版社，2015．

葛浩文．葛浩文随笔．史国强，编．闫怡恂，译．北京：现代出版社，2014．

葛浩文．葛浩文文集：论中国文学．史国强，编．闫怡恂，译．北京：现代出版社，2014．

葛浩文．从美国军官到华文翻译家．台北：九歌出版社，2015．

耿强．晚清至现代中国文学的对外译介研究——一段隐形的翻译史．广州：世界图书出版公司，2015．

耿强．中国文学：新时期的译介与传播——"熊猫丛书"英译中国文学研究．天津：南开大学出版社，2019．

何明星．新中国书刊海外发行传播六十年．北京：中国书籍出版社，2010．

胡牧．译本世界与现实世界的碰撞——翻译社会学视阈．上海：上海外语教育出版社，2011．

季进．另一种声音——海外汉学访谈录．上海：复旦大学出版社，2011．

贾燕芹．文本的跨文化重生——葛浩文英译莫言小说研究．北京：中国社会科学出版社，2016．

江帆．他乡的石头记——《红楼梦》百年英译史研究．天津：南开大学出版社，2019．

姜智芹. 中国新时期文学在国外的传播与研究. 济南:齐鲁书社,2011.

雷音. 杨宪益传. 香港:明报出版社,2007.

刘江凯. 认同与"延异":中国当代文学的海外接受. 北京:北京大学出版社,2012.

马士奎,倪秀华. 塑造自我文化形象——中国对外文学翻译研究. 北京:中国人民大学出版社,2017.

马祖毅,任荣珍. 汉籍外译史. 武汉:湖北教育出版社,1997.

莫言,王尧. 莫言王尧对话录. 苏州:苏州大学出版社,2003.

倪秀华. 1949—1966年中国文学对外翻译研究. 广州:广州出版社,2021.

苏艳. 从文化自恋到文化自省:晚清中国翻译界的心路历程. 武汉:华中师范大学出版社,2018.

孙轶旻. 近代上海英文出版与中国古典文学的跨文化传播(1867—1941). 上海:上海古籍出版社,2014.

汪宝荣. 异域的体验——鲁迅小说中绍兴地域文化英译传播研究. 杭州:浙江大学出版社,2015.

王德威. 当代小说二十家. 北京:生活·读书·新知三联书店,2006.

王洪涛. 社会翻译学研究:理论、视角与方法. 天津:南开大学出版社,2017.

王家平. 鲁迅域外百年传播史(1909—2008). 北京:北京大学出版社,2009.

王建开. 中国当代文学作品英译的出版与传播. 上海:复旦大学出版社,2020.

杨宪益. 漏船载酒忆当年. 薛鸿时,译. 北京:北京十月文艺出版社,2001.

杨扬. 莫言研究资料. 天津:天津人民出版社,2005.

张志忠. 莫言论. 北京:北京联合出版公司,2012.

邹霆. 永远的求索:杨宪益传. 上海:华东师范大学出版社,2001.

(二)研究论文类

傅敬民. 社会学视角的翻译研究:问题与前瞻. 上海大学学报(社会科学版),2014(6):101-111.

高方. 世界文学与翻译的构建力量——卡萨诺瓦《文学世界共和国》评析. 中国翻译,2017(4):53-58.

高方,许钧. 现状、问题与建议——关于中国文学走出去的思考. 中国翻译,
　　2010(6):5-9.

管兴忠. 王际真英译作品在海外的传播和接受. 外语教学,2016(3):
　　104-108.

胡安江. 中国文学"走出去"之译者模式及翻译策略研究——以美国汉学家葛
　　浩文为例. 中国翻译,2010(6):10-16.

江帆. 中国大陆与台湾文学对外译介模式对比研究. 翻译季刊,2013(69):
　　66-116.

蒋梦莹. 资本、场域与文学"神圣化"——残雪小说在美国的译介研究. 山东
　　外语教学,2017(5):96-103.

姜智芹. 中国当代文学海外接受中的解读偏好. 中国比较文学,2015(3):
　　187-194.

姜智芹. 当代文学在西方的影响力要素解析——以莫言作品为例. 甘肃社会
　　科学,2015(4):124-128.

李慎,朱健平. 王际真英译《阿Q及其他》叙事建构研究. 中国翻译,2018
　　(2):83-89.

李伟荣. 中国文化"走出去"的外部路径研究——兼论中国文化国际影响力.
　　中国文化研究,2015(3):29-46.

刘亚猛,朱纯深. 国际译评与中国文学在域外的"活跃存在". 中国翻译,2015
　　(1):5-12.

吕敏宏. 中国现当代小说在英语世界传播的背景、现状及译介模式. 小说评
　　论,2011(5):4-12.

马会娟. 英语世界中国现当代文学翻译:现状与问题. 中国翻译,2013(1):
　　64-69.

孟祥春. Glocal Chimerican 葛浩文英译研究. 外国语,2015(4):77-87.

宁明. 莫言作品的海外接受——基于作品海外销量和读者评论的视野. 南方
　　文坛,2016(3):70-74.

潘文国. 译入与译出——谈中国译者从事典籍英译的意义. 中国翻译,2004
　　(2):40-43.

王洪涛. 建构"社会翻译学":名与实的辨析. 中国翻译,2011(1):14-18.

王洪涛."社会翻译学"研究:考辨与反思.中国翻译,2016(4):6-13.

王宏印.筚路蓝缕,锲而不舍——关于我国当下社会翻译学的可贵探索//王洪涛.社会翻译学研究:理论、视角与方法.天津:南开大学出版社,2017:1-23.

王宁.世界文学与中国.中国比较文学,2010(4):10-22.

王悦晨.从社会学角度看翻译现象:布迪厄社会学理论关键词解读.中国翻译,2011(1):5-13.

武光军.翻译社会学研究的现状与问题.外国语,2008(1):75-82.

谢天振.中国文学、文化走出去:理论与实践.东吴学术,2013(2):44-54.

谢天振.中国文学走出去:问题与实质.中国比较文学,2014(1):1-10.

邢杰.译者"思维习惯"——描述翻译学研究新视角.中国翻译,2007(5):10-15.

许钧.试论中国文学外译研究的理论思考与探索路径——兼评《中国现代文学在法国的译介与接受》.中国比较文学,2018(1):109-118.

徐敏慧.文化生产场域与文学译介模式.中国翻译,2016(3):41-45.

张奂瑶,马会娟.中国现当代文学英译研究——现状与问题.外国语,2016(6):82-89.

周领顺.葛浩文式意译.中国外语,2018(3):96-103.

(三)其他中文文献

赋格,张健.葛浩文:首席且惟一的"接生婆".南方周末,2008-03-27(D21).

高方,余华."尊重原著应该是翻译的底线"——作家余华访谈录.中国翻译,2014(3):59-63.

葛浩文.关于中国现当代文学在美国的几点看法.潘佳宁,译.当代作家评论,2014(3):188-192.

河西.葛浩文与他的汉译之旅.新民周刊,2008-04-09.

李晶.鲁迅在英语世界中的传播.文汇报,2016-10-17(W01).

李文静.中国文学英译的合作、协商与文化传播——汉英翻译家葛浩文与林丽君访谈录.中国翻译,2012(1):57-60.

刘绍铭.入了世界文学的版图——莫言著作、葛浩文译文印象及其他//杨扬.

莫言研究资料. 天津:天津人民出版社,2005:505-510.

史国强. 葛浩文文学翻译年谱. 东吴学术,2013(5):103-123.

术术. 莫言、李锐:"法兰西骑士"归来. 新京报,2004-04-15.

王东风. 中国典籍走向世界——谁来翻译? 汉语言文学研究,2014(1):7-8.

夏志清. 王际真和乔志高的中国文学翻译. 董诗顶,译. 现代中文学刊,2011
(1):96-102.

许方,许钧. 翻译与创作——许钧教授谈莫言获奖及其作品的翻译. 小说评
论,2013(2):4-10.

许方,许钧. 关于加强中译外研究的几点思考——许钧教授访谈录. 中国翻
译,2014(1):71-75.

许钧."忠实于原文"还是"连译带改". 人民日报,2014-08-08(24).

杨宪益. 略谈我从事翻译工作的经历与体会//金圣华,黄国彬. 因难见巧:名
家翻译经验谈. 北京:中国对外翻译出版公司,1998:79-84.

## 二、英文参考文献

### (一)著作类

Bourdieu, P. *Outline of a Theory of Practice*. Nice, R. (trans.).
Cambridge:Cambridge University Press, 1977.

Bourdieu, P. *Distinction:A Social Critique of the Judgement of Taste*. Nice,
R. (trans.). Cambridge, MA:Harvard University Press, 1984.

Bourdieu, P. *The Logic of Practice*. Nice, R. (trans.). Cambridge:Polity
Press, 1990.

Bourdieu, P. *Language and Symbolic Power*. Cambridge, MA:Harvard
University Press, 1991.

Bourdieu, P. *The Field of Cultural Production:Essays on Art and Literature*.
New York:Columbia University Press, 1993.

Bourdieu, P. *In Other Words:Essays Towards a Reflexive Sociology*.
Adamson, M. (trans.). Cambridge:Polity Press, 1994.

Bourdieu, P. *The Rules of Art:Genesis and Structure of the Literary Field*.

Emanuel, S. (trans.). Cambridge: Polity Press, 1996.

Bourdieu, P. & Wacquant, L. J. D. *An Invitation to Reflexive Sociology*. Chicago: University of Chicago Press, 1992.

Casanova, P. *The World Republic of Letters*. DeBevoise, M. B. (trans.). Cambridge, MA: Harvard University Press, 2004.

Charlston, D. *Translation and Hegel's Philosophy: A Transformative, Socio-narrative Approach to A. V. Miller's Cold-War Retranslations*. London & New York: Routledge, 2020.

Chesterman, A. *Reflections on Translation Theory: Selected Papers 1993—2014*. Amsterdam: John Benjamins, 2017.

Choy, H. Y. F. *Remapping the Past: Fictions of History in Deng's China, 1979—1997*. Leiden & Boston: Brill, 2008.

Hanna, S. *Bourdieu in Translation Studies: The Socio-cultural Dynamics of Shakespeare Translation in Egypt*. London & New York: Routledge, 2016.

Holmes, J. S. *Translated! Papers on Literary Translation and Translation Studies*. Amsterdam: Rodopi, 1988.

Hsia, C. T. *A History of Modern Chinese Fiction*. New Haven: Yale University Press, 1961.

Jenkins, R. *Pierre Bourdieu*. London & New York: Routledge, 1992.

Latour, B. *Reassembling the Social: An Introduction to Actor-Network-Theory*. Oxford & New York: Oxford University Press, 2005.

Lefevere, A. *Translation, Rewriting, and the Manipulation of Literary Fame*. London & New York: Routledge, 1992.

Luo, W. Y. *Translation as Actor-Networking: Actors, Agencies, and Networks in the Making of Arthur Waley's English Translation of the Chinese Journey to the West*. London & New York: Routledge, 2020.

Lyell, W. A. *Lu Hsün's Vision of Reality*. Berkeley: University of California Press, 1976.

Pym, A. *Method in Translation History*. Manchester: St. Jerome, 1998.

McDougall, B. S. *Translation Zones in Modern China: Authoritarian Command versus Gift Exchange*. Amherst, NY: Cambria Press, 2011.

Saldanha, G. & O'Brien, S. *Research Methodologies in Translation Studies*. London & New York: Routledge, 2014.

Sela-Sheffy, R. & Shlesinger, M. (eds.). *Identity and Status in the Translational Professions*. Amsterdam & Philadelphia: John Benjamins, 2011.

Thompson, J. B. *Merchants of Culture: The Publishing Business in the Twenty-First Century*. Cambridge & Malden: Polity Press, 2010.

Toury, G. *Descriptive Translation Studies and Beyond*. Amsterdam: John Benjamins, 1995.

Tyulenev, S. *Applying Luhmann to Translation Studies: Translation in Society*. London & New York: Routledge, 2012.

Venuti, L. *Translation Changes Everything: Theory and Practice*. London & New York: Routledge, 2013.

Vorderobermeier, G. M. (ed.). *Remapping Habitus in Translation Studies*. Amsterdam & New York: Brill & Rodopi, 2014.

Wolf, M. & Fukari, A. (eds.). *Constructing a Sociology of Translation*. Amsterdam: John Benjamins, 2007.

Yang, X. Y. *White Tiger: An Autobiography of Yang Xianyi*. Hong Kong: The Chinese University of Hong Kong Press, 2002.

Yue, G. *The Mouth That Begs: Hunger, Cannibalism, and the Politics of Eating in Modern China*. Durham, NC: Duke University Press, 1999.

（二）研究论文类

Bourdieu, P. The field of cultural production, or: the economic world reversed. *Poetics*, 1983, 12(4-5): 311-356.

Bourdieu, P. The forms of capital. In Halsey, A. H., Lauder, H., Brown, P. & Wells, A. S. (eds.). *Education: Culture, Economy, and Society*. Oxford & New York: Oxford University Press, 1997: 46-58.

Bourdieu, P. The social conditions of the international circulation of ideas. In Shusterman, R. (ed.). *Bourdieu: A Critical Reader*. Oxford & Malden, MA: Blackwell Publishers, 1999: 220-228.

Bourdieu, P. A conservative revolution in publishing. Fraser, R (trans.). *Translation Studies*, 2008, 1(2): 123-153.

Buzelin, H. Unexpected allies: How Latour's network theory could complement Bourdieusian analysis in translation studies. *The Translator*, 2005, 11(2): 193-218.

Buzelin, H. Sociology and translation studies. In Millán, C. & Bartrina, F. (eds.). *The Routledge Handbook of Translation Studies*. London & New York: Routledge, 2013: 186-200.

Buzelin, H. How devoted can translators be? Revisiting the subservience hypothesis. *Target*, 2014, 26(1): 63-97.

Callon, M. Actor-network theory—The market test. In Law, J. & Hassard, J. (eds.). *Actor Network Theory and After*. Oxford: Wiley-Blackwell, 1999: 181-195.

Casanova, P. Consecration and accumulation of literary capital: Translation as unequal exchange. In Baker, M. (ed.). *Critical Readings in Translation Studies*. London & New York: Routledge, 2010: 285-303.

Charlston, D. Textual embodiments of Bourdieusian *hexis*: J. B. Baillie's translation of Hegel's *Phenomenology*. *The Translator*, 2013, 19(1): 51-80.

Eber, I. The reception of Lu Xun in Europe and America: The politics of popularization and scholarship. In Lee, L. O.-F. (ed.). *Lu Xun and His Legacy*. Berkeley: University of California Press, 1985: 242-273.

Gouanvic, J.-M. A model of structuralist constructivism in translation studies. In Hermans, T. (ed.). *Crosscultural Transgressions: Research Models in Translation Studies II*. Manchester: St. Jerome, 2002: 93-102.

Hanan, P. A study in acculturation—The first novels translated into Chinese.

*Chinese Literature*: *Essays*, *Articles*, *Reviews* (*CLEAR*), 2001, 23: 55-80.

Heilbron, J. Towards a sociology of translation: Book translations as a cultural world-system. *European Journal of Social Theory*, 1999, 2(4): 429-444.

Hung, E. Blunder or service? The translation of contemporary Chinese fiction into English. *Translation Review*, 1991(36/37): 39-45.

Law, J. Notes on the theory of the actor-network: Ordering, strategy, and heterogeneity. *Systems Practice*, 1992, 5(4): 379-393.

Sapiro, G. Translation and the field of publishing. *Translation Studies*, 2008, 1(2): 154-166.

Sapiro, G. Editorial policy and translation. In Gambier, Y. & van Doorslaer, L. (eds.). *Handbook of Translation Studies*: *Vol*. *3*. Amsterdam: John Benjamins, 2012: 32-38.

Sela-Sheffy, R. How to be a (recognized) translator: Rethinking habitus, norms, and the field of translation. *Target*, 2005, 17(1): 1-26.

Simeoni, D. The pivotal status of the translator's habitus. *Target*, 1998, 10(1): 1-39.

Venuti, L. Translation, interpretation, canon formation. In Lianeri, A. & Zajko, V. (eds.). *Translation and the Classic*: *Identity as Change in the History of Culture*. Oxford & New York: Oxford University Press, 2008: 27-51.

Wacquant, L. Pierre Bourdieu. In Stones, R. (ed.). *Key Sociological Thinkers*. 2nd ed. London & New York: Palgrave Macmillan, 2006: 261-277.

Yan, J. A study on Howard Goldblatt's translation habitus from the Bourdieusian sociological perspective. Ji'nan: Shandong University (Doctoral Dissertation), 2013.

Yu, J. Q. & Zhang, W. Q. From Gaomi to Nobel: The making of Mo Yan's fiction as world literature through English translation. *Archiv Orientální*, 2021, 89 (2): 261-282.

（三）其他英文文献

Goldblatt, H. Of silk purses and sows' ears: Features and prospects of contemporary Chinese fiction in the West. *Translation Review*, 2000 (59): 21-28.

Goldblatt, H. The writing life. *The Washington Post*, 2002-04-28 (BW10).

Goldblatt, H. A mutually rewarding yet uneasy and sometimes fragile relationship between author and translator. In Duran, A. & Huang, Y. H. (eds.). *Mo Yan in Context: Nobel Laureate and Global Storyteller*. West Lafayette, IN: Purdue University Press, 2014: 23-36.

Hawkes, D. Told over the tea-cups: Review of *The Scholars*. *The Times Literary Supplement*, 1958(2939): 364.

Heller, S. A translation boom for Chinese fiction. *The Chronicle of Higher Education*, 2000, 47(2): A22-A24.

Henderson, K. R. The wrong side of a Turkish tapestry. *Hemisphere*, 1980, 25(1): 32-36.

Kinkley, J.C. A bibliographic survey of publications on Chinese literature in translation from 1949 to 1999. In Chi, P.-Y. & Wang, D. D.-W. (eds.). *Chinese Literature in the Second Half of a Modern Century: A Critical Survey*. Bloomington & Indianapolis: Indiana University Press, 2000: 239-286.

Kinzer, S. America yawns at foreign fiction: Publishers, fixated on profit and blockbusters, offer less from abroad. *The New York Times*, 2003-07-26(B7).

Kowallis, J. E. On translating Lu Xun's fiction. *Studia Orientalia Slovaca*, 2012, 11(2): 193-213.

Lovell, J. Great leap forward. *The Guardian*, 2005-06-11(34).

Milliot, J. Mo Yan's Nobel a win for Arcade, Skyhorse. *Publishers Weekly*, 2012, 259(43): 6-7.

Qian, D. X. & Almberg, E. S-P. Interview with Yang Xianyi. *Translation*

Review, 2001(62): 17-25.

Stalling, J. The voice of the translator: An interview with Howard Goldblatt. *Translation Review*, 2014(88): 1-12.

Wimmer, N. The U.S. translation blues. *Publishers Weekly*, 2001(21): 71-74.

# 附录一　作者发表的相关论文

## 一、中文论文

汪宝荣,李伟荣. 余华《第七天》在英语世界的传播与接受. 汉学研究, 2021
(31):页码待定.

汪宝荣,周恩奇. 中国文学译介与传播模式研究述评. 外国语言与文化, 2021
(4):68-76.

汪宝荣,周恩奇. 余华小说《活着》英语译介与传播社会学分析. 亚太跨学科
翻译研究, 2021(2):156-168.

汪宝荣,白亚仁. 余华作品在美国的译介与传播——白亚仁教授访谈录. 东
方翻译, 2021(1):59-63, 77.

汪宝荣,阎连科. 关于阎连科作品在欧美译介与传播的对谈. 燕山大学学报
(哲学社科版), 2021(2):32-39.

汪宝荣,张姗姗. 美国汉学家莱尔的学术性翻译及其译者惯习形塑. 燕山大
学学报(哲学社科版), 2021(3):58-64.

汪宝荣,李伟荣. 海外华裔学者发起中国文学译介项目社会学分析——以王
际真的《鲁迅小说选集》为例. 外语与翻译, 2020(4):45-50.

汪宝荣,李梦婕. 鲁迅小说王译本在美国传播与接受的社会学分析. 绍兴文
理学院学报. 2020(7):79-85.

汪宝荣,李伟荣. 杨宪益、戴乃迭的译者惯习比较探析. 复旦外国语言文学论
丛, 2020(1):141-146.

汪宝荣. 中国文学译介与传播行动者网络模式——以西方商业出版社为中

心. 解放军外国语学院学报,2020(2):34-42.

汪宝荣. 葛浩文译者惯习历时变化考察——以《红高粱家族》《酒国》为中心. 燕山大学学报(哲学社科版),2020(1):17-25.

汪宝荣,崔洁. 英籍汉学家白亚仁的译者惯习探析——以余华小说《第七天》英译为中心. 外国语文研究,2019(4):47-56.

汪宝荣,李伟荣. 同一译介传播模式下的译作传播影响力差异社会学分析——以《红高粱家族》《酒国》为例. 外国语文,2019(5):124-129.

汪宝荣. 国家外宣机构发起中国文学外译运作机制社会学分析——以鲁迅作品英译出版项目为例. 燕山大学学报(哲学社科版),2019(4):10-16.

汪宝荣. 国内社会翻译学研究现状述评. 亚太跨学科翻译研究,2019(1):68-78.

汪宝荣. 中国文学译介传播模式社会学分析. 上海翻译,2019(2):1-6.

汪宝荣. 西方社会翻译学核心研究领域:述评及启示. 解放军外国语学院学报,2018(6):81-89.

汪宝荣. 文学翻译中的译者姿态——以林译《浮生六记》和王译《阿 Q 正传》为中心. 外国语文研究,2018(3):74-83.

汪宝荣. 译者姿态理论与中华文化外译——以王际真英译《阿 Q 正传》为例. 燕山大学学报(哲社版),2018(1):33-39.

汪宝荣. 中国文学译作在西方传播的社会学分析模式//冯全功,卢巧丹. 中国文学译介与传播研究(卷三). 杭州:浙江大学出版社,2018:120-134.

汪宝荣. 寻求文化荣耀的译者姿态——《浮生六记》林译本文化翻译策略新解. 外语学刊,2017(6):118-123.

汪宝荣. 社会翻译学学科结构与研究框架构建述评. 解放军外国语学院学报,2017(5):110-118.

汪宝荣. 中国文学译作在西方传播的社会学分析模式. 天津外国语大学学报,2017(4):1-7.

汪宝荣.《重绘惯习概念在翻译研究中的位置》评介. 天津外国语大学学报,2017(1):75-79.

汪宝荣. 葛浩文英译《红高粱家族》生产过程社会学分析//王洪涛. 社会翻译学研究:理论、视角与方法. 天津:南开大学出版社,2017:252-272.

汪宝荣.《红高粱家族》葛浩文英译本在美国生产与传播的社会学分析//潘文国. 英汉语比较与翻译·第11辑. 上海:上海外语教育出版社,2016: 442-471.

汪宝荣. 阎连科小说《受活》在英语世界的评价与接受——基于英文书评的考察. 南方文坛,2016(5):60-66.

汪宝荣. 葛浩文英译《红高粱》生产过程社会学分析. 北京第二外国语学院学报,2014(12):20-30.

汪宝荣. 资本与行动者网络的运作:《红高粱家族》英译本生产及传播之社会学探析. 编译论丛,2014(2):35-72.

汪宝荣. 鲁迅小说英译面面观:蓝诗玲访谈录. 编译论丛,2013(1):147-167.

汪宝荣. 鲁迅小说英译历程综述. 翻译季刊,2010(56):56-98.

蒋梦莹,汪宝荣. 试论英语世界当代中国小说翻译场域的历史演变. 外国语文研究,2018(3):102-111.

缪佳,汪宝荣. 麦家《解密》在英美的评价与接受——基于英文书评的考察. 中国现代文学研究丛刊,2018(2):229-239.

缪佳,汪宝荣. 文学走出去的"内力"与"外力". 光明日报,2018-04-17(16).

## 二、英文论文

Wang, B. R. & Barr, A. H. Yu Hua's works in English translation: An interview with Allan H. Barr. *Asia Pacific Translation and Intercultural Studies*, 2021, 8(1): 84-97.

Wang, B. R. Translating the Chinese cultural other: Yan Lianke's *Shouhuo* in English translation. In Moratto, R. & Choy, H. (eds.). *The Routledge Companion to Yan Lianke*. London & New York: Routledge, 2021: 417-436.

Wang, B. R. George Kin Leung's English translation of Lu Xun's *A Q Zhengzhuan*. *Archiv Orientální*, 2017, 85(2): 253-281.

Wang, B. R. An interview with Julia Lovell: Translating Lu Xun's complete fiction. *Translation Review*, 2014(89): 1-14.

Wang, B. R. Lu Xun's fiction in English translation: The early years. Hong

Kong: The University of Hong Kong (Doctoral Dissertation), 2011.

Wang, B. R. Translation practices and the issue of directionality in China. *Meta: Translators' Journal*, 2011, 56(4): 896-914.

# 附录二 《红高粱家族》第四章 葛译本主要删节统计表

| 删节序号<br>及页码 | 删节内容 | 删节在英文<br>版中的位置 | 人文版与洪范<br>版对应情况 |
|---|---|---|---|
| ①<br>第 313 页 | 一进村庄,郎中就跳下瘦骨伶仃的骡子,一手摇着金光灿灿的铜铃,一手揽着青绿色的麻缰绳,大摇大摆地往村中央走。骡子已经老狠了,遍身死毛尚未褪尽,露出新毛的地方明亮,附着死毛的地方晦暗,看去像通体生了癞疮。它不时地卷一下松驰地下垂着遮不住紫色牙床的下唇,眼睛上方两个涡子深得能放进去两个鸡蛋。 | 第 240 页倒数第 2 段段尾 | 以下字词有出入:<br>老狠了:很老了<br>看去:看上去<br>涡子:窝子 |
| ②<br>第 314 页 | 这场大殡之后,从我们村庄到墨水河边,有几万亩暄腾腾的高粱地被踩硬了,高粱芽苗被踩进泥土里去,变成一线线绿色的汁液;一直等到五月里又一场大雨降临,板结的土地才重新发过来。残存的高粱苗在连绵的野草造成的荒芜中倔强地钻出利刃般的顶梢,高粱茎叶和野草造成的荫影遮蔽了一颗颗绿锈斑斑的黄铜弹壳。 | 第 241 页第 2 段段尾 | 以下字词有出入:<br>荫影:阴影 |
| ③<br>第 328 页 | (乌鸦们)先是盘旋,后是破砖烂瓦般齐齐落下,骡尸和人尸上覆盖着一大片钢蓝色的、活泼地多动着的羽毛。众百姓们想起昨天傍晚还是生龙活虎的骑骡郎中,几乎是一眨眼的工夫,就变成了乌鸦们的美餐,心里都是千头万绪,嘴里讷讷无声。 | 第 249 页第 3 段 | 对应 |
| ④<br>第 335 页 | 父亲周身遍被着万恶的人眼射出的美丽光线,心里先是像紫红色的葡萄一样一串接一串愤怒,继而是一道道五彩缤纷的彩虹般的痛苦。 | 第 254 页第 3 段段尾 | 对应 |

续表

| 删节序号<br>及页码 | 删节内容 | 删节在英文<br>版中的位置 | 人文版与洪范<br>版对应情况 |
|---|---|---|---|
| ⑤<br>第 335 页 | 他粘汗遍体，心里却不断涌起一阵又一阵的阴凉，从吹鼓手嘴中发出的凄厉鸣叫和锋利的金线中，从板块一般呆滞的看殡人群中，从那一只只圆溜溜的眼睛里，父亲脊椎里那些超敏的白色丝络里，发出了一阵阵轻微的、寒如三月冰霜的信号。 | 第 254 页第 4段中 | 以下字词有出入：<br>粘汗：黏汗<br>从吹鼓手嘴中：从吹鼓手嘴中乐器 |
| ⑥<br>第 344 页 | 綦家死去的和活着的人都只会冷笑而不会别的人类笑容和笑声，一种饱受侮辱的感觉、还有一种对庞然大物的愤怒、还有一种因脊椎痛楚而诱发的对死亡的恐惧，交织成一股污浊的水流、猛烈冲击着他的心头。 | 第 260 页第 4段段尾 | 对应 |
| ⑦<br>第 344 页 | 曹二老爷一口咬破了自己的中指肚子，黑色的血咕嘟咕嘟涌流，他尖利地叫着："兄弟们，为了高密东北乡！" | 第 260 页第 6段前 | 对应 |
| ⑧<br>第 346 页 | 干过绝活儿的爷爷，对围着奶奶的棺材束手无策的铁板会会员们从心里瞧不起，但他不愿意再说什么，等到那个铁板会员抱着一捆用湾水浸湿的粗白布飞跑过来时，爷爷走上去，亲自动手，捆绑住棺材，又精选了十六个会员，安排停当，喊一声起，棺材就离了地……奶奶的棺材抬进了三十二杠大罩，爷爷又想起当年的情景……綦家大殡像白色的巨龙，从胶县城的青石板道上爬过，路旁行人顾不上去看那些高跷、狮子、火大人，都神色凄然地看着六十四个杠子夫死灰般的面孔，看着七八个杠子夫们鼻孔里淅淅沥沥滴答着血，那时候，爷爷被调换到棺材后头，抬着一根负荷最轻的杠子，满腹灼热，满嘴腥甜，坚硬的青石路面，像脂油般四处飞溅…… | 第 261 页第 3节前 | 2 处标点有出入 |
| ⑨<br>第 347 页 | 父亲如果不是手拄长枪，早就头重脚轻栽倒到地上。莫名其妙的黑眼走上来，把我父亲从板凳上抱下来。吹鼓手们吹出的美丽乐声，人堆里发出的冲天臭气，殡葬仪仗的灿烂光彩，三合一成高级塑料薄膜一样的妖雾魔瘴，包裹住了父亲的肉体和灵魂。 | 第 262 页第 1段段尾 | 对应 |

续表

| 删节序号及页码 | 删节内容 | 删节在英文版中的位置 | 人文版与洪范版对应情况 |
|---|---|---|---|
| ⑩ 第 348 页 | 父亲看着燕子和青蛙,看着残留着三九年痛苦烙印子的墨水河大桥,心里涌起类似孤独与荒莽的情绪。蛰伏一冬的黑色百姓在黑土上播种高粱,石礤蛋子敲击礤仓的响声节奏分明,传得很远很远。 | 第 262 页第 3 段前 | 以下字词有出入:三九年:一九三九年烙印子:烙印 |
| ⑪ 第 349 页 | 黑眼把我父亲抱到荫凉处,用巴掌轻轻地拍着我父亲的腮帮子,叫着:"豆官!醒醒!"父亲醒了,但不想睁眼,身上热汗如注心里却一片清凉,好像从奶奶墓穴里溢发出的凉气深入持久地冰镇着他的心……墓穴已经清晰地现出来了,铁锹刃儿碰着高粱秸秆发出滋儿滋儿的声响,会员们的手哆嗦起来。 | 第 263 页第 2 段前 | 以下字词有出入:荫凉处:阴凉处 |
| ⑫ 第 350 页 | 铁板会员们抬起衣袖捂住鼻孔和嘴巴,眼睛都像抹了蒜泥一样,眨巴眨巴地流泪。 | 第 263 页第 5 段中 | 对应 |
| ⑬ 第 350 页 | 他看到愈往下高粱秸秆上汪着的水愈多,颜色愈鲜红。父亲想也许是奶奶身穿的红色上衣染红了高粱,他知道奶奶流尽了最后一滴血,奶奶临死前的肉体像成熟的蚕体一样光亮透明,只能是那件红褂子的颜色染红了翠绿的高粱秸秆。只剩下最后一层高粱秆子了,…… | 第 263 页第 5 段中 | 对应 |
| ⑭ 第 351 页 | 父亲承认这时候他确实闻到了难以忍受的扑鼻恶臭,但他内心里根本否认这骨架是奶奶的骨架,自然,这骨架发出的恶臭也不是奶奶的气味。那时候爷爷神色极其沮丧。 | 第 264 页第 2 段段尾 | 对应 |
| ⑮ 第 352 页 | 炎阳高挑中天,黑土地里青烟滚滚,战马都汗水淋漓,鼻孔张开,嘴边胡须上挂着泡沫,泡沫上沾着尘土。每匹马油光光水汪汪的臀上都反射着一片太阳。马蹄腾起的黑色尘埃冲起三五丈高,迟迟不敢消散。 | 第 264 页倒数第 2 段段尾 | 以下字词有出入:太阳:太阳光 |
| ⑯ 第 354 页 | 耍马叉和尚早累得满身臭汗,黄袍溻湿,马叉响声疲惫,飞不高也飞不远了。……五乱子队长率领的马队最辛苦,他们穿梭般地从村庄跑到墓地,又从墓地跑到村庄,所有的马都气喘吁吁,马腿和马肚皮上,沾着厚厚一层黑土。(删去大半段,194 字) | 第 266 页第 1 段段尾 | 以下字词有出入:佯做悲壮:佯作悲壮 |

续表

| 删节序号及页码 | 删节内容 | 删节在英文版中的位置 | 人文版与洪范版对应情况 |
|---|---|---|---|
| ⑰<br>第 357 页 | 父亲从爷爷的腋窝里挣脱出来,掏出了他的橹子枪,喧嚣的声浪震得他眼花耳聋。他下意识地开了一枪。……那女人睁着两只柔情脉脉的灰绿色大眼睛,看着我父亲,然后,急遽地栽倒在黑土上,人流立刻把她淹没了。(删去整段,227字) | 第 267 页倒数第 2 段前 | 对应 |
| ⑱<br>第 357—358 页 | 花马像痨病鬼一样喘息着,马脖子上的汗像蜂蜜一样又粘又稠。……五乱子的日本马刀寒光一闪,那个留着小平头的脑袋就被削去了一个尖。那块头尖、像个黑色毡帽头一样飞到百姓们的头上,十几个人的脸上都溅上了黑血。(删去大半段,322字) | 第 267 页倒数第 2 段中间 | 以下字词有出入:<br>那人：八路 |
| ⑲<br>第 359 页 | 这一排手榴弹,使滞留在道路两侧的吹鼓手、高跷、狮子倒了大霉。吹鼓手们为他人哭丧的喇叭唢呐伴随着他们残缺不全的肢体飞上了天,又悠悠晃晃落下地来。踩高跷的人,腿脚绑在高木上,活动不便,一遇慌乱,多半被挤到路边,高跷腿像木桩子一样陷在黑土里,他们像枯树一样被栽在高粱地里。被弹片击中的踩高跷者,发出的叫声更加残忍,面部的恐怖表情更为出色。 | 第 268 页第 1 段段尾 | 以下字词有出入:<br>悠悠晃晃：晃晃悠悠<br>挤到：挤倒 |
| ⑳<br>第 360 页 | 十几个人马都没受伤的铁板会员冲进胶高大队人员队里,他们砍杀胶高大队人员,胶高大队人员用枪刺、用扎枪头子捅他们的马肚子。一阵噼噼啪啪、噗噗哧哧的响声后,这十几个铁板会员与陪伴着他们的胶高大队队员一起,用脊背或者是肚腹亲热着高密东北乡的黑色土地,再也站不起来了。在爆炸中侥幸逃脱的两匹马,扬着鬃毛向河边奔去,空空的脚蹬子不断地抽打着它们的肚腹,它们乍煞开的尾巴在黑色灰尘中飘拂着,显得潇洒奔放。 | 第 268 页倒数第 3 段段尾 | 以下字词有出入:<br>胶高大队人员：八路<br>噼噼啪啪：劈劈啪啪<br>噗噗哧哧：扑扑哧哧<br>乍煞开：拃挲开 |
| ㉑<br>第 360—361 页 | 三个胶高大队队员贪婪地扑在他身上,抢夺那支挂在他脖子上的俄国造花机关枪和插在他腰间的德国造驳壳枪。一只被万千只脚撵得丢魂落魄的蜥蜴,跑到了他的胸脯上,喘息不定地蹲着,血濡染了蜥蜴灰白的粗糙身体,它的冷滞的眼睛里,射出了爬行动物特有的那种令人心悸的光芒。 | 第 268 页倒数第 2 段段尾 | 以下字词有出入:<br>驳壳枪：驳壳手枪 |

续表

| 删节序号及页码 | 删节内容 | 删节在英文版中的位置 | 人文版与洪范版对应情况 |
|---|---|---|---|
| ㉒ 第 361 页 | 有一个腿被炸断的年轻的铁板会会员,把马枪、马刀扔在眼前,对着扑上来的胶高大队队员,举起了苍白的双手,他的刚刚钻出几十根细软胡须的上唇可爱地上噘着,细眯的双眼里盈着怕死的泪水,他哀求着:"大叔……别杀我……大叔……别杀我……"那个黄眼珠子的胶高大队队员犹豫了一下,把准备擂到小伙子头上的手榴弹收回去,弯腰捡起地上的马枪和马刀,没等他抬直腰,就听到噗哧一声,一杆扎枪从小伙子的肚子进去,从脊背上出来,黄眼老队员看到眼前这个嫩黄瓜一样的漂亮小伙子浑身颤抖着,双手攥住了枪杆,嘴大张着叫了一声:"亲娘……"那颗年轻漂亮的头颅就耷拉在了他自己的双臂上。黄眼队员愤怒地转回身,看到腰部中了枪弹的同伴——一个面孔黧黑的中年人,正痛苦地伏在与小伙子连成一体的枪杆子上——他在把扎枪捅进铁板会会员肚子里的同时,铁板会受伤马兵的匣子枪子弹打穿了他左侧的肾脏。 | 第 268 页倒数第 2 段与第 1 段之间 | 以下字词有出入:噗哧:扑哧黄眼老队员:黄眼珠子老队员黄眼队员:黄眼珠子老队员 |
| ㉓ 第 363 页 | 这三支花机关枪是爷爷绑了冷麻子的票换来的,换来了准备杀人,丢掉了,就变成了别人杀自己的工具。冷麻子从什么地方搞古来这些花机关枪,鬼都不知道。 | 第 269 页倒数第 2 段段尾 | 以下字词有出入:搞古:搞鼓 |
| ㉔ 第 363—364 页 | 墨水河结了厚厚的冰,靠近狗尸的冰上,密布着乌鸦们排泄的绿屎。洼地里也结着一片片的白冰,洼地里水浅,冰块与土地连在一起,走在这样的白冰上,白冰会啪啪地破裂。 | 第 270 页第 3 段段尾 | 对应 |
| ㉕ 第 364 页 | 他们穿著刘氏缝制的狗皮裤子狗皮袄,戴着刘氏和母亲共同制作的狗皮帽子,趴在洼地后的土丘子上,打狗的伏击。前来洼地吃死人的,是些无组织无纪律的野狗。 | 第 271 页第 1 段中间 | 对应 |

续表

| 删节序号<br>及页码 | 删节内容 | 删节在英文<br>版中的位置 | 人文版与洪范<br>版对应情况 |
|---|---|---|---|
| ㉖<br>第365—<br>367页 | 当然他们也偶尔调调口味。爷爷带父亲去洼地里猎雁。<br>太阳落山时他们动了身,躲在乱蓬蓬的死高粱棵子里,见一个大太阳像一个椭圆的血饼子慢慢坠落,洼地里的白冰上像喷了一层红血,原先半露出水面的人的尸骨或狗的尸骨现在半露出冰面,死狗龇牙咧嘴,死人也龇牙咧嘴。……那群鸿雁有四十多只,一边滑翔一边勾儿嘎儿地鸣叫。雁声凄凉,好凄凉。父亲想到我的奶奶他的娘。……第二天拿了枪去,片刻功夫就打了三只雁,拿回来撕净了羽毛,扒出了肚肠,下锅煮了。煮熟了,四个人围着饭锅吃雁肉,母亲把父亲的"钓雁术"讲了,大家一齐笑。这一夜有风,风从田野里刮过,吹得高粱秸子响,高空中有孤雁鸣声。远处有朦胧的狗叫。雁肉有一股清新的青草味道,肉很粗糙,味道极一般。(删去整段,1151字) | 第271页第2段与第3段之间 | "父亲想到我的奶奶他的娘。"这句后面加入以下对话:父亲肛门里排出一股气,极臭。爷爷掩着鼻低声说:"你少吃点!"父亲笑着说:"臭狗屁。"爷爷拧了父亲一把,说:"揍你个小杂种!" |
| ㉗<br>第369—<br>370页 | 爱情是什么? 每个人都有自己的答案。这件鬼事儿折磨死了无数的英雄好汉、淑女才媛。我根据爷爷的恋爱历史、根据我父亲的爱情狂澜、根据我自己的苍白的爱情沙漠,总结出一条只适合我们一家三代爱情的钢铁规律:……所以真正的恋爱者都面如白霜,体温二十五度,只会打牙巴鼓,根本不会说话,他们不是不想说话,而是已经不会说话,别人以为他们装哑巴。(整段432字被节译) | 第272-273页大幅度缩译 | 对应 |
| ㉘<br>第370页 | 所以,狂热的、残酷的、冰凉的爱情等于胃出血加活剥皮加装哑巴。如此循环往复,以至不息。<br>爱情的过程是把鲜血变成柏油色大便的过程,爱情的表现是两个血肉模糊的人躺在一起,爱情的结局是两根圆睁着灰白眼睛的冰棍。 | 第273页第1段与第2段之间 | 对应 |

备注:中文依据洪范书店1988年版("洪范版"),与人民文学出版社2007年版("人文版")比对。英文依据1994年企鹅版。

# 后 记

这部书稿,脱胎于我主持的国家社科基金项目"翻译社会学视阈下中国现当代小说译介模式研究"的结题成果。2015年课题获批后,我就着手构思书稿提纲。同年8月,我又顺利获得国家留基委全额资助,赴美国杜克大学东亚系访学一年,合作导师为罗鹏(Carlos Rojas)教授。当时的我踌躇满志,以为在这所世界顶尖的研究型大学专心研修,既有丰富的外文资料,又有罗教授耳提面命,一年后定能携书稿而归。未料初到美国,水土不服,又心有旁骛,间作他事,包括翻译一部专著样章,申请密歇根大学博士后,耗去数月,竟均无果。由于合作导师任由我自由展开研究,我自行调整了访学计划,打算先写论文。回国后,杂事缠身,余暇仍用于论文写作。直至2019年春,才写成书稿初稿。后经修改完善,于2020年11月顺利结项。此后,我又忙于访谈译者白亚仁和作家阎连科。直到2021年5月初,出版社催签合同,我才忙中偷闲修订原稿,终于交出了这部自己不甚满意的书稿。

近20年来,我一直专注于中国文学外译和社会翻译学研究。多年的阅读和思考使我认识到,中国文学译介与传播是一个依靠网络运作的系统工程,其效果不光取决于所谓的"译者模式"、翻译策略或译文质量。我认为,要考量中国文学外译效果,探讨中国文学"走出去",可从译介与传播模式及其运作机制切入。通过整合有关社会学理论,本书提出了"译介与传播行动者网络"概念,构建了一个分析中国文学在西方译介与传播的网络模式。同时,着重分析了五种译介与传播模式的运作机制、方式及效果。本书仅仅是一种尝试,其中的论述是否确当或有一定说服力,尚需读者来鉴定、批评。

　　本书的付梓归功于很多人，而其中错谬，责任自然在我。感谢国家社科基金项目通讯评审和会评专家对本课题的肯定和支持，使我有机会挑战自我，攻克课题难关。衷心感谢许钧教授把书稿列入"中华译学馆·中华翻译研究文库"出版。许老师对末学后进的提携之情，殷殷之心，令我感佩不已。以下亦师亦友的教授们曾以各种方式关心支持本课题研究和本书写作：罗选民、黄忠廉、周领顺、李德凤、傅敬民、李伟荣、胡牧、魏家海、白立平、陈伟、邵璐、王洪涛、覃江华、陆志国、王树槐、王祥兵、王晓元、冯正斌、王文华、王峰，等等。在此，一并致以最热烈的谢忱！最后要感谢浙江大学出版社包灵灵主任对本书的重视，以及责任编辑诸葛勤老师倾注的大量心力。

作　者

2021 年 6 月于杭州钱塘江畔

**图书在版编目(CIP)数据**

中国文学译介与传播模式研究:以英译现当代小说
为中心 / 汪宝荣著. —杭州:浙江大学出版社,
2022.1

(中华翻译研究文库 / 许钧总主编)

ISBN 978-7-308-22128-3

Ⅰ.①中… Ⅱ.①汪… Ⅲ.①小说－英语－文学翻译
－研究－中国－现代 ②小说－英语－文化交流－研究－中
国－现代 ③小说－英语－文学翻译－研究－中国－当代 ④
小说－英语－文化交流－研究－中国－当代 Ⅳ.
①H315.9 ②I207.4

中国版本图书馆 CIP 数据核字(2022)第 006541 号

**中国文学译介与传播模式研究:以英译现当代小说为中心**
汪宝荣 著

| | |
|---|---|
| 出 品 人 | 褚超孚 |
| 丛书策划 | 张 琛 包灵灵 |
| 责任编辑 | 诸葛勤 |
| 责任校对 | 宁 檬 |
| 封面设计 | 程 晨 |
| 出版发行 | 浙江大学出版社 |
| | (杭州市天目山路 148 号 邮政编码 310007) |
| | (网址:http://www.zjupress.com) |
| 排 版 | 浙江时代出版服务有限公司 |
| 印 刷 | 杭州高腾印务有限公司 |
| 开 本 | 710mm×1000mm 1/16 |
| 印 张 | 24.5 |
| 字 数 | 365 千 |
| 版 印 次 | 2022 年 1 月第 1 版 2022 年 1 月第 1 次印刷 |
| 书 号 | ISBN 978-7-308-22128-3 |
| 定 价 | 88.00 元 |

中華譯學館·中华翻译研究文库

许　钧◎总主编

## 第一辑

## 第二辑